일제 강점기
여성해방
운동의
선구자

차미리사 평전

차미리사 평전

한상권 지음

일 제 강 점 기 여 성 해 방 운 동 의 선 구 자

푸른역사

독립운동가이며 여성교육운동가인 덕성학원 설립자 차미리사(1879~1955)의 스캐리트 신학교 재학 시절(1910~1912) 모습이다. 차미리사를 '안국동 할머니'라고 부르던 최선학의 집(미국 샌프란시스코에 거주)에서 발견되었다.

구두에 코드를 입고 보닛bonnet을 썼으며 핸드백과 우산을 들고 있는 등 완전히 서양풍으로 치장했다. 오른 손에 양산을 들고 있는데, 양산이 유행하게 된 것은 장옷이 사라지면서부터였다. 여성들이 거추장스러운 장옷은 내던졌지만 얼굴을 다 드러내고 거리를 오갈 수도 없었기에 대신 양산으로 얼굴을 가렸던 것이다. 이러한 복장을 한 여자는 따가운 질타의 시선을 받기 일쑤였으므로 1921년 차미리사가 전국순회강연을 떠날 때의 복장은 전통적인 여성들의 옷맵시와 머리 모양으로 완전히 바뀌었다. 따라서 이 사진은 그 이전에 찍은 것으로 보인다. 조카 차형기의 집에서 발견되었다.

新進女流의 氣焰

一千萬의 女子에게

새 생명을 주고자하노라

婦人女子 夜學의 師長? 金美理士女史談

〈일천만 여자에게 새 생명을 주고자하노라〉(《동아일보》 1921년 2월 21일자)

《동아일보》가 기획한 〈신진여류의 기염〉 난에는 차미리사를 필두로 김활란, 김일엽, 나혜석 등 당시 조선 여성계를 대표하는 신여성 열 명의 글이 연재되었다. 이를 통해 1920년대 들어 차미리사가 신여성들 사이에서 두각을 나타내고 있었음을 알 수 있다. 교육을 통해 일천만 여성에게 새 생명을 주겠다는 웅대한 포부를 밝힌 이 논설은 그가 귀국한 후 언론에 발표한 첫 번째 글이라는 점에서도 중요하다. 차미리사가 조선 여성 중에서도 특히 주목한 대상은 문맹 상태에 있는 가정부인들이었다. 그의 교육론이 엘리트교육론이 아닌 대중교육론이었음을 보여준다.

〈근화여자실업학교 새 간판과 김 교장〉

1934년 재단법인을 설립한 차미리사는 근화여학교를 근화여자실업학교로 변경하기 위해 모든 설비를 완성하여 당국에 인가원을 제출, 1935년 2월 7일 근화여자실업학교로 정식 인가받았다. 재단법인 근화실업학원 설립은 "생활안정을 위한 실제적 교육이 아니면 참된 가르침이 아니다"라는 차미리사의 교육철학이 반영된 새롭고도 진취적인 결정이었다. 또한 재단법인 근화실업학원의 인가는 1934년 조선 중등여자교육계에서 이루어진 가장 이채를 띠는 일의 하나로 평가받았다.

차미리사의 말년 사진으로 덕성여자고등학교 1954년도 졸업앨범에서 발견되었다.

독립유공자 훈장, 훈장증

새 천년 들어 극심한 학내분규를 겪으면서 덕성인은 비로소 차미리사를 주목하기 시작했다. 그가 세운 학교가 3·1독립정신을 계승하여 세운 최초의 여성교육기관이라는 찬사도, 순전히 조선인에 의한, 그것도 지식과 금전과 권력 어느 것 하나 가지지 않은 잔약한 여성이 온갖 고난과 역경을 딛고 설립한 민족사학이라는 자존自尊의 역사도 까맣게 잊힌 지 반세기만의 일이었다. 그리고 차미리사에 대한 학문적 연구 성과를 바탕으로 독립유공자로 추서해 줄 것을 요청했다. 차미리사 사후 47년 만인 2002년, 정부는 민족의 독립을 위해 노력한 그의 공적을 기려 독립유공자(건국훈장 애족장)로 서훈했다.

책을 내며
오래된 약속

잊혀진 독립운동가를 복원하며

2008년 2월 취임사에서 이명박 대통령은 지난 10년 '이념의 시대'를 청산하고 새로운 '실용의 시대'로 나가겠다고 선언했다. 보다 구체적으로 건국 60년의 산업화와 민주화를 기반으로 선진화를 이루겠다고 선언하며, '투쟁의 시대'를 끝내고 '동반의 시대'를 열어야 한다고 강조했다. 이념=투쟁, 실용=동반이 이명박 정부의 기본 철학인 셈이다.

자유주의 시장경제를 이념적 지향으로 하는 뉴라이트 역시 실용을 제일의 가치로 부각시키고 이를 과거 역사를 평가하는 기준으로 삼았다. 이명박 정부와 일란성쌍생아의 관계에 있는 뉴라이트는 이명박 정부의 출현을 자랑스러운 대한민국의 '현재'로 보고, 이를 기준점으로 삼아 바로 이 현재를 있게 한 원인을 '과거' 속에서 찾고 있다. 최근 발간된 《대안 교과서 한국 근현대사》가 바로 그것이다. 뉴라이트의 실용주의적 역사관은 반민족행위인 친일마저 '순응과 적응'이라는 논리로 정당화시켜주고 있다는 점에서 충격적이다.

국내에서 총독부의 폭압적인 전시동원정책에 대해 한국인이 정면으로 대항하기는 어려웠다 …… 총독부는 약간의 민족적 색채를 띤 단체나 활동도 여지없이 탄압했으며, 이에 한국인들은 어쩔 수 없이 일제의 폭력에 굴종하였다. 다른 한편, 만주 사변 이래 일제가 계속 전쟁에 승리하자 많은 한국인은 점차 독립의 희망을 잃어 갔다. 나아가 그들은 일제의 침략전쟁에 협력하면 이제까지의 차별을 벗어날 것으로 기대했다. 그리하여 과거 민족주의 활동으로 이름 높던 많은 지도적 인사가 일제의 침략전쟁을 지지하는 협력자가 되었다 …… 보통의 한국인들도 강제적으로 또는 자발적으로 전시체제에 참여하였다. 황민화 교육이 한창이던 전시기에 수많은 한국인 학생이 각급 학교에 다투어 진학하였다. 졸업생들은 전시공업화 정책으로 늘어난 국내외 일자리에 취업하였다. 하급직의 관료와 회사원은 징집된 일본인들이 떠나면서 남긴 자리를 이어받았다. 상공업자들은 1943년 전반까지 계속된 전시경제의 호황으로 사업을 확장하였다. 일제의 광기어린 전시체제에 저항하기는 어려웠다(132쪽).

황국신민화와 전시동원정책은 조선인이 거역할 수 없는 불가항력적인 것이었고, 체제에 순응한 조선인은 관청과 회사에서 보다 높은 자리로 상승하고 보다 높은 임금을 받았으며, 경제 환경의 변화에 잘 적응한 상공업자들은 경쟁에서 살아남아 대기업으로 성장할 수 있었다는 주장이다. 순응과 타협, 곧 친일이 당대를 지혜롭게 살아간 삶이었다는 입장이다.

이러한 시각에서 보면 민족의 자주와 독립을 위한 저항과 투쟁은 시대착오적인 낡은 관념일 뿐이다. 뉴라이트는 실용이라는 이름으로 친일 행위에 면죄부를 줌으로써 민족의 독립과 정의로운 사회 건설을 꿈꾸었던 독립운동가의 저항정신을 정면으로 부정했을 뿐만 아니라 사실적으로도 무력화시켰다. 그러나 친일 행위는 민족적 억압과 차별을 정당한 것으로 받아들였다는 점에서 반민족적이며, 지극히 폭력적인 파시즘적 지배를 옹호했다는 점에서 반민주적이며, 일제의 전시총동원체제 하에서 전쟁에 협력했다는 점에서 반평화적인 범죄 행위다(박한용, 〈뉴라이트《대안교과서》의 친일문제 인식에 대한 비판〉, 2008).

순응과 적응을 최고의 미덕으로 삼는 실용정신은 '힘이 정의'라 보고 역사적 정의에 회의와 냉소를 보내고 있다. 반면, 각종 억압과 차별, 폭력과 권위에 맞서 싸우는 저항정신은 '정의가 힘'이라 보고 자유와 평등과 민주 등 인류의 보편적 가치 실현을 위해 노력한다.

실용을 내세운 이명박 대통령이 취임한 지 100일도 안되어 저항의 촛불이 타올랐다. 촛불은 순응과 굴종을 강조하는 실용정신에 맞서 정당한 자기 권리를 되찾고자 하는 주체의식의 발로다. 그 이념적 뿌리는 가까이로는 4월항쟁, 광주민주화운동, 6월항쟁 등이며 멀리로는 일제강점기 항일독립정신이다. 이에 일제강점기 여성해방과 민족 독립이라는 인류 보편적 가치 실현을 위해 치열하게 살았던 한 잊혀진 독립운동가의 삶을 복원함으로써 촛불이 지향하는 주체적이고 창의적이며 실천적인 삶에 대해 성찰하는 계기로 삼고자 한다.

기록은 기억을 지배한다

새 천년이 시작되는 2000년, 덕성여대에서는 '기억을 둘러싼 투쟁'이 벌어지고 있었다. 지금까지 일방적으로 강요된 하나의 기억—덕성여대의 설립자이자 민족·여성교육의 선구자라는 송금선에 대한 기억—을 거부하고 덕성학원의 뿌리를 다시 찾아 새로운 기억을 만들려는 싸움이었다. 그것은 망각의 저편으로 영원히 사라질 수도 있었던 또 하나의 기억—교육운동가이며 독립운동가인 덕성학원 설립자 차미리사에 대한 기억—을 역사의 이편으로 되살리려는 노력이었다.

지금까지 망각의 나락에 떨어져 있던 기억을 이편으로 끌어내어 내가 몸담고 있는 학교에서 친일 잔재를 청산할 수 있다면, 그리고 이를 통해 학교가 구성원의 염원대로 민족·민주대학으로 거듭날 수 있다면, 이 '또 하나의 기억을 되살리는 작업'은 기록을 다루는 역사학자인 내가 해야 한다고 나 자신과 마음속으로 약속했다. 기록은 기억을 지배하기 때문이다. 2000년 6월 열린 '덕성여자대학교건학80주년기념 덕성여대뿌리찾기대토론회'가 이 책을 집필하는 출발점이 되었다.

이 작업은 두 가지 점에서 의미가 있을 것이다. 하나는 순연히 조선 사람의 재력과 노력으로 설립·운영된 덕성여대가 민족사학으로서의 자랑스러운 전통을 되찾는 계기가 될 수 있다는 점이다. 지난 수십 년간 덕성여대는 '분규사학'의 대명사처럼 불려왔다. 만성적인 학내분규로 얼룩진 덕성여대의 설립자가 독립운동가이며 덕성여대가 이 설립자의 3·1독립정신(기미정신)을 이어받아 시작되었다는 사실이 밝혀진다면, 덕성여대는 그동안 실추되었던 명예를 되찾고 민족사학으로 거듭나게 될 것이다. 뿐만 아니라 덕성여대의 정통성을 확립하는 작업은 우리나라 사학의 공익적인 전통을 되살리는 작업이기도 하다. 우리나라의 사립학교는 근대교육을 통한 민족의식의 고취와 국권회복을 그 이념적 기반으로 삼아 출범했다. 사립학교에서 인재양성·실력양성·애국계몽을 위한 교육을 실시했지만, 최고의 이념은 비운에 빠진 조국과 고통에 허덕이는 민족을 구하고 자주 독립 국가를 건설하는 데 있었던 것이다. 그러나 민족의 공기公器였던 사학이 해방 이후 사유화·세습화되면서 '비리사학', '부패사학'이라는 용어가 상용화되다시피 했다. 이러한 암울한 현실에서 전국순회강연을 통해 모은 돈으로 순 조선적인 학교를 건립한 차미리사에 대한 기억을 되살리는 작업은 족벌세습, 친인척비리, 만성적인 학내분규로 얼룩진 대학사에 새로운 획을 긋는 이정표가 될 수 있을 것이다.

다른 하나는 친일 잔재를 청산하는 작업이 될 수 있다는 점이다. 2000년 당시까지만 해도 덕성여대 설립자는 송금선(1905~1987)으로 알려져 있었다. 그러나 송금선은 일제로부터 귀족 칭호를 받은 자들의 부인들이 중심이 되어 일제의 침략 전쟁에 필요한 전쟁 비용을 마련하기 위해 금비녀와 금가락지 등을 뽑아 헌납하자는 목적에서 결성한 애국금차회愛國金釵會에서 간사로 활동했으며, 이 이외에도 국민정신총동원조선연맹, 국민총력조선연맹, 임전대책협의회, 조선임전보국단 등 각종 친일단체에서 활약했다. 1940년 8월 덕성여자실업학교 교장으로 취임한 송금선은 이후 후쿠자와 에이코福澤玲子로 창씨개명을 했으며, 1943년에 접어들면서 젊은이들의 학병지원을 독려하는 등 일제의 침략전쟁을 옹호하기도 했다. 이러한 반민족 행위 때문에 송금선은 1948년 백범 김구와 임정 계열이 지목한 숙청 대상 친일 인사 명단에 포함되었다. 그러나 송금선은 해방공간에서 어떠한 처벌도 받지 않았다. 차미리사 서거 이후 덕성학원은 송금선의 부친, 남편, 본인, 아들에게로 승계되었다. 이러한 현실에 비추어 볼 때, 차미리사를 복권하는 일은 사학의 공익적인 전통을 되살리는 동시에 우리 사회에서 여전히 생명력을 발휘하고 있는 친일 잔재를 청산하는 작업의 일환이 될 수 있을 것이다.

차미리사는 누구인가

차미리사는 1879년 8월 21일(음력) 서울 아현동에서 '섭섭이'라는 이름으로 태어났다. 열일곱에 출가하여 딸 하나를 낳고 3년 만에 남편 김 씨와 사별한 후 기독교를 받아들여 상동교회에서 '미리사'라는 세례명을 받았다. 이후 그는 교회의 관습에 의거하여 남편 성을 따라 '김미리사'라는 이름으로 사회 활동을 했다.

자유와 민권사상이 질풍과 노도처럼 조선으로 밀려들어오던 20세기 초, 차미리사는 스물 셋의 나이에 중국으로 유학을 떠났다. 이때 남겨두고 온 어린 딸과 늙은 어머니에 대한 걱정, 외국어를 배우며 고학하느라 심신이 지쳐 지독한 열병을 앓았다. 그리고 그 후유증으로 평생 남의 말을 잘 알아듣지 못하는 고통에 시달렸다. 중국 유학을 마친 차미리사는 다시 미국으로 건너가 교육 구국을 목적으로 조직된 대동교육회 발기인이 되었다. 이것이 그의 첫 국권회복운동이었다. 미국으로 건너간 이후 교육운동, 사회 활동, 독립운동, 언론활동 등을 활발하게 펼친 차미리사는 미주리주 캔사스시에 있던 스캐리트 신학교The Scarritt Bible and Training School에 입학했다. 그의 나이 서른 두 살 되는 해였다.

학업을 마친 후, "외국에 있기보다는 차라리 고국에 돌아와서 여러 동지들과 손을 잡고 직접으로 사회의 일도 하며 청년 여성을 교육시켜서 우리의 실력을 양성하는 것이 무엇보다도 필요하다"고 판단하고 1912년 귀국했다. 조국을 떠난 지 10여 년 만으로 그의 나이 서른 네 살 되는 해였다.

귀국 후 배화학당 사감 및 교사로 있으면서 학생들에게 민족정신을 불어 넣어주는 교육을 하던 차미리사는 3·1운동이 발발하자 1920년 조선여자교육회를 조직하고 산하에 부인야학강습소를 설치했다. 이는 여성의 손에 의해 만들어진 자립적 자생적 자각적 여성교육기관이라는 점에서 중요한 의미를 지닌다. 차미리사는 여성이 인격적으로 독립하기 위해서는 남성처럼 교육을 받아야 한다고 생각했다. 그가 주 교육 대상으로 삼은 여성들은 적령기 학생들이 아니라 여성의 대다수를 차지하며 배움의 기회로부터 소외된 가정부인들이었다.

차미리사는 순전히 여성들로만 구성된 전국순회강연단을 조직하여 84일간 예순일곱 개 고을, 만여 리를 순회하면서, 가정부인들을 대상으로 낡은 관습·낡은 사상 타파, 생활 개조, 여성교육, 여성해방, 남녀평등, 신문화·신사상을 고취하는 계몽 활동을 했다. 그리고 전국순회강연회에서 모은 성금으로 청진동에 사옥을 마련하고 부인야학강습소의 이름을 근화학원이라 했다. 여성들이 주체가 되어 교육운동을 벌인 결과로 세운 근화학원은 조선 사람의 뜨거운 사랑과 땀과 피의 결정체였다. 근화학원은 1925년 근화여학교로 승격되었고, 1934년 다시 재단법인 근화여자실업학교로 설립인가를 받았으며, 1938년 일제의 압력으로 덕성여자실업학교로 개명했다. 차미리사가 세운 근화학원이 현 학교법인 덕성학원의 뿌리인 셈이다.

1930년대 후반 황국신민화정책이 노골화되면서 일제는 차미리사가 민족사상을 품은 교육자라는 것을 문제 삼기 시작했다. 조선총독부 학무국은 학생들의 머릿속에 민족사상을 고취시키기 위해 애쓰던 차미리사에게 교장 자리에서 사퇴하라고 압력을 가했다. 교육을 하는 것이 아니라 독립운동을 하는 것으로 판단하고 교장직을 박탈하려 한 것이다. 이로 인해 그는 1940년 8월 교육 일선에서 물러났다.

그의 나이 62세 되는 해였다.

일제 강점기 민족의 독립을 위해 활동했던 차미리사의 열정은 해방 후 통일민족국가 수립운동으로 이어졌다. 조국이 독립의 길이냐, 예속의 길이냐 또는 통일의 길이냐 하는 분수령에 서 있던 1948년 4월, 독립운동가, 문학인, 학자, 언론인, 법조인 등이 모여 민족적 자주독립운동을 성원할 목적으로 자신들의 충정을 밝혔다. 분단정부 수립을 저지하고 통일정부를 수립할 것을 호소하는 이 지식인 108인 성명에 차미리사도 기꺼이 동참했다.

일생을 민족의 예속과 분단에 맞서 해방과 통일을 위해 노력한 차미리사는 1955년 6월 1일, 77세의 나이로 세상을 떠났다.

일제 강점기 여성해방운동과 차미리사

1920년대 여성해방운동의 기본이념은 개인의 인격 존중과 자유, 평등이었다. 자유와 평등의 원리에 입각하여 여성의 자아각성과 해방을 이루어야 한다는 것이었다. 그 결과 여성을 각종 억압으로부터 해방시켜 남성과 동등한 지위에 올라갈 수 있도록 변모시켜야 한다는 새로운 흐름이 형성되었다. 여성해방운동을 주도한 이들은 신여성들이었다. 1920년대는 신여성의 시대였다. 신여성들은 인권과 남녀평등을 주장하면서, 그 실현방도로 교육평등, 인습타파, 자유결혼 등 세 가지 점을 주로 강조했다. 교육평등은 인격적 자유를 중심으로 하고 그 인격을 완성할 만한 교육의 기회를 부여하는 것을 의미했다. 인습타파, 즉 각종 불합리한 제도를 타파한다는 것은 도덕, 법률, 정치, 생활 현장에서 차별적 조건이 있으면 그것을 개선하거나 철폐해야 한다는 주장이었다. 자유결혼은 자유연애를 전제로 하는 것이었다. 결혼에 대한 제3자의 간섭은 당사자의 인격을 무시하는 것이며 자유를 침범하는 것이므로 제3자의 간섭은 절대로 금물이기 때문이었다.

1920년대 들어 신여성이 가장 먼저 자각한 것은 연애, 즉 여성도 자유로이 연애할 수 있다는 것이었다. 나혜석, 김일엽, 김명순 등 자유주의 계열의 신여성들은 성과 사랑의 문제에 초점을 맞추어 여성의 자유와 평등을 부르짖었다. 이들은 여성을 억누르는 봉건적인 가족제도와 결혼제도에 신랄한 비판을 가하고 여성들의 권리 주장에 목소리를 높였다. 이들은 사랑에 충실한 것이 바로 정조라고 주장하며 전통적 정조 관념에 도전장을 던졌다. 이들은 "정조는 도덕도 법률도 아무것도 아니요 오직 취미"(나혜석), "사랑을 떠나서는 정조가 있을 수 없다. 그러므로 만일 애인에 대한 사랑이 식어진다면 동시에 정조 관념도 없어질 것이다"(김일엽), "애정 없는 부부생활은 매음"(김명순)이라고 부르짖었다. 이들이 주장하는 자유연애, 결혼과 이혼의 절대자유, 성적 자유의 남녀평등은 스웨덴의 여성사상가 엘렌 케이 Ellen Key(1849~1926)와 일본 최초의 여성잡지 《세이토靑踏》를 창간한 히라스카 라이초平塚雷鳥(1886~1971)의 영향을 받은 것이었다.

자유주의 계열의 신여성들은 자유연애나 자유결혼, 자유이혼 그리고 여성으로서의 자기정체성과 같은 사적인 주제를 민족이나 계급과 같은 공공의 쟁점보다 우선시했다는 점에서 특징적이다. 그러나 자유주의적 급진주의자들인 신여성들은 소수였기 때문에 남성 지배 사회에서 쉽게 고립되었다. 여전히 전통과 인습에 사로잡혀 있었던 대다수 여성들의 호응이나 동정을 이끌어내는 데도 실패했다. 결국 여성의 개성과 평등에 기반을 둔 신세계를 건설하려 했던 이들의 시도는 좌절되고 만다. 이들은 서양화, 서구문화에 대한 동경과 이상에 치우친 나머지 정작 가장 중요한 식민지 현실에 대해서는 외면했다는 비판을 받았다. 이들의 옷차림이나 사고는 식민지 현실과 거리가 멀었다. 따라서 현실을 직시하고 민중 속으로 파고들지 못했다는 비난을 피할 수 없었다.[1]

1923년 무렵부터 신여성들은 자신에게 가해지는 모든 억압과 차별이 사회 전반의 구조와 긴밀하게 연결되어 있다는 점을 깨닫기 시작했다. 그리고 자유주의 계열의 여성해방운동을 유산자층의 운동이라고 비판하고 식민지 민중의 입장에서 여성문제를 해결하려는 흐름이 대두했다. 허정숙, 박원희, 정종명 등 사회주의 계열의 여성들은 자유연애론자들이 스스로 독립하고 자기 생활을 자기 손으로 영위하려면 자유연애를 주장하기에 앞서 경제적 독립이 근본이라고 본 것이다. 남자가 재산상의 권력을 독점하고 있는 현재의 경제적 조건을 해결하지 않고서는 여성해방운동은 공허하다는 주장이었다. 여성 문제는 성적 차별만이 아니라 정치적·사회적·경제적 불평등을 해소하여 사람의 의식까지 바꾸어야 해결될 수 있다고 인식하기 시작한 것이다. 그 결과 여성의 권리를 신장하려는 데서 출발했던 여성운동은 여성에게 가해지는 모든 제도적 억압을 철폐하려는 여성해방운동으로 전환되었다.[2]

그러나 사회주의 계열의 여성해방운동 역시 주의 주장만 앞설 뿐 민중 속에 파고들어 그들과 하나 되는 실천적인 운동을 이끌어내지 못했다는 비판을 받았다. 1920년대 중·후반 단발을 둘러싼 시행착오가 그 한 예다. 허정숙, 주세죽, 정종명 등 사회주의 계열의 여성들은 봉건적인 인습을 타파하기 위해 누구보다 앞서 단발을 결행했다. 그러나 자신들을 마치 딴 세상 사람 보듯 하는 대중의 정서를 감안하여 머리를 다시 기르는 방향으로 선회하지 않을 수 없었다. 단발이 대중화되지 못했기 때문에 민중과 같이 일을 하려면 민중의 정서를 따라가야 되겠다는 취지에서 장발로 복귀한 것이었다. 이러한 태도 변화는 사회주의 계열 여성들의 여성해방운동이 '의식적이지 못하고 기분적이다' 라는 비판을 받기에 충분한 것이었다.[3]

한편 민족주의 계열의 여성들은 여성해방운동을 교육을 통한 인격의 해방이라는 관점에서 접근했다. 여성도 교육을 받도록 함으로써 스스로 인격의 주체임을 깨닫고 인성을 충분히 발달시켜 남녀평등의 사회를 이루자는 입장이었다. 차미리사, 김활란, 신알베트 등 기독교계통의 민족주의 계열 여성들이 이러한 입장이었다. 이들은 성 문제에 대해 보수적인 입장을 견지했다는 점에서 성 해방을 자아 해방의 본질로 보는 자유주의 계열의 여성들과 구분된다. 차미리사는 '정조는 여성의 면류관' 이라 하여 전통적인 정조관을 옹호했다. 1926년 세간의 이목을 집중시켰던 윤심덕의 김우진과의 '현해탄 정사情死' 에 대해서도, 차미리사는 "사회의식이 실종된 현실도피에 불과하다"고 비판했다.

교육운동을 통해 여성의 인격해방을 이루려는 차미리사는 조선 여성의 다수를 차지하는 구舊가정부인들에 주목했다. 그리고 여성의 인격해방은 물질적인 기초가 마련될 때 가능하다며 실업교육을 중시했다. 대중교육론을 주장하고 여성해방의 경제적 기초를 중시했다는 점에서 그의 여성해방운동은 사회주의 계열의 여성과도 일맥상통한다. 그러나 차미리사는 여성해방운동을 사회 제도적인 관점이 아니라 개인적으로 접근했다는 점에서 사회주의 계열의 여성들과는 구별된다. 차미리사는 계급보다는 민족을 우선시했으며, 여성의 성 해방보다는 교육평등을 통한 인격 해방을 강조했고, 적령기 여학생보다는 배움의 기회를 박탈당한 구舊가정부인을 교육의 대상으로 삼은 여성해방운동가였다.

'기억을 둘러싼 투쟁'을 바라보는 또 하나의 시선

차미리사에 대한 기억을 되살리려는 우리의 노력을 반대편의 사람들은 어떻게 이해하고 있을까? 앤서니 파욜라Anthony Faiola 《워싱턴포스트》도쿄 주재 특파원은 일제 강점기 친일 행위와 권위주의 정권 시절의 인권 유린 사건 등에 대한 재조사를 한국의 식민지 해방과 정치·경제적 민주화 과정상에서 역사적 의미를 지니는 행위라고 파악하지 않았다. "일부에선 부유층에 대한 공격으로 본다"는 부제가 보여주듯 '부유한 엘리트나 상류층에 대한 먹칠하기'라는 정치적 논란에 초점을 맞췄다. 그는 "(과거사) 재평가의 일부는 이미 사망한 부모나 조부모에도 초점을 맞추고 있다"며, 그 사례로 박원국 전 덕성여대 이사장을 예시했다(《워싱턴포스트》 2005년 2월 13일자).

　《워싱턴포스트》는 "박 전 이사장의 어머니[남해 송금선]가 일본에 부역한 후 이 대학 소유권을 확보했다는 비난 속에" 박 전 이사장이 대학 소유권을 잃었다고 표현함으로써, 대학 소유권 박탈이 과거사 청산 때문이라는 인상을 주었다. 신문은 특히 "당시는 일본 사람들이 잡고 있어 어쩔 수 없었다"며 "그들은 이 나라의 오늘이 있게 한 사람들, 우리를 공산주의로부터 보호한 사람들을 공격하고 있다"는 박 전 이사장의 주장을 상세히 소개했다. 식민지 권력의 강압 때문에 어쩔 수 없이 친일할 수밖에 없었다는 변명이었다.

그러나 이들의 변명처럼 친일이 자유의지에 따른 것이 아니라 불가피한 선택이었다면 해방 후 자신들의 민족반역 행위를 사죄하고 용서를 구하는 것이 상식이다. 과거를 반성하고 자숙하는 삶을 살았다면 이러한 주장이 어느 정도 설득력을 얻을 수 있다. 그러나 친일 인사들 거의 모두가 해방 후 사죄는커녕 식민지 시대와 똑같이 민족의 지도자로서의 화려함과 영광을 그대로 누리는 뻔뻔함을 보여주었다. 또한 그의 후손들은 친일 잔재를 청산하여 역사의 정의를 세우려는 움직임을 '정치적 음모'라고 몰아붙이며 반발하고 있다. 이들은 그저 과거가 망각되기만을 간절히 바라고 있을 뿐이다. 그러나 기억이야말로 구원의 열쇠다. 우리는 더 나은 미래를 꿈꾸기 위해 과거에 대한 올바른 기억을 되살려야 한다.

'기억을 되살리는 작업'에 도움을 주신 분들

차미리사에 대한 기억을 되살리는 데 많은 분들의 도움이 있었다. 임대식 학형이 수집해준 자료가 이 책의 기초가 되었다. 차미리사의 미국에서의 활동은 안형주 선생과 여성사 연구자인 박용옥 교수의 연구에 많은 도움을 받았다. 특히 안형주 선생은 차미리사가 미국에서 활동할 당시의 자료와 사진을 발굴해 주었다. 평전 초고를 꼼꼼히 읽어주고 잘못된 부분을 바로잡아 준 동료 연구자들의 도움도 빼놓을 수 없다. 김정인(춘천교대 교수), 김태웅(서울대 역사학과 교수), 김항수(동덕여대 교수), 이상의(연세대 연구교수), 허수(동덕여대 연구교수) 선생 등이 잘못된 부분을 바로 잡아 주었다. 글의 논지를 분명히 하고 문장을 다듬기 위해 윤독 모임을 2년간 30차례 가졌다. 이 모임에 작가 한순영(필명 한수영, 덕성여대 약학과 85)과 이지현(덕성여대 사회학과 87)이 한 번도 빠지지 않고 참여하여 문제점을 지적하고 문장도 다듬어 주었다. 사진 작업은 한금선(덕성여대 심리학과 85)의 도움이 컸다. 박현옥(덕성여대 사학과 00)이 사진 자료를 정리해 주었고, 지관순(덕성여대 사학과 05)과 나의 딸 예선이도 글을 읽고 좋은 지적을 해 주었다.

인생의 반려자인 동시에 학문적 동반자인 양보경 교수와 아들 호준에게 한때나마 해직의 고통을 안겨준 것에 대해 늘 미안한 마음이다. 해직으로 인해 집필하게 된 이 책의 출간으로 지난날의 마음의 상처가 치유되었으면 하는 바람이다. 끝으로 여러 모로 부족한 글을 선뜻 출판해준 푸른역사 출판사에도 감사를 드린다. 원래 계획은 차미리사 서거 50주기가 되는 해에 평전을 간행하려 했으나, 여러 가지 사정으로 예정된 일정보다 많이 늦어졌다.

공자는 말했다.

이로움을 보고 의로움을 생각하며, 위태로움을 보고 목숨을 바치며, 오래된 약속에 평소의 말을 잊지 않는다면, 인격이 완성된 사람이 될 수 있을 것이다.

비록 늦어졌지만 '오래된 약속'을 지키게 되어 인격 완성의 길에 한 걸음 더 다가간 것 같아 더없이 기쁘다.

2008년 6월
독립유공자차미리사연구소에서
한상권

책을 내며 | 오래된 약속_010

1
쓰개치마를 벗어버리고
더 넓은 세상으로

여자로 태어나 '섭섭이'로 불리다_029 | 꽃다운 나이에 남편을 잃다_034 | 쓰개치마를 쓰고 예배당에 나가다_036 | '미리사'로 다시 태어나다_040 | 쓰개치마를 벗고 중국을 향하여_045 | 황금의 나라, 자유의 나라 미국으로_052 | 재미 한인사회의 첫 사회복지가가 되다_058 | 자선사업으로 여성 사회를 활성화시키다_062 | 나라를 위하여 피 흘리는 것은 백성 된 의무다_068 | 다시 그리운 조국으로_075

2
일천만 조선 여성이여
오라, 다 내게로 오라

우리는 죽더라도 독립을 해야 한다_085 | 배우자! 새로운 지식을 배우자_094 | 조선인 본위의 교육을 획득하자_102 | 여자의 해방이라 함은 곧 인격의 해방이라_106 | 조선 여성의 교육은 조선 여성의 손으로!_113 | 나는 학교에 갈 수 있는 사람을 인도하려는 것이 아닙니다_117 | 꽃 같은 처녀의 불같은 혀_127 | 개조, 개조하라!_141 | 눈 뜨고 귀 열려서 나갈 때가 제일 기쁘다_145 | 폭풍과 파란을 헤치고 한줄기 빛이 되다_150

3
조선 방방곡곡을 누비는
만 리 대장정을 떠나다

백두에서 한라, 그리고 서해에서 동해까지_165 | 예배당이 강연 장소로 되었다_179 | 결혼은 아내, 사랑은 첩_184 | 물을 들여 입어라 다듬이질을 멈추어라_191 | 얼굴을 내놓고 좀 다녀봅시다_194 | 충성과 정직으로 서로 사랑하라_198 | 수레는 외바퀴로 구르지 못한다_205 | 조선문화사상의 제일 기록이 되다_208

4
조선 사람의 뜨거운 사랑과
땀과 피의 결정, 근화

청진동 가옥에 핀 무궁화_221 │ 암탉이 알을 품듯, 조선 여성을 품다_239 │ 살되 네 생명을 살아라_249 │ 보통교육을 받고 빵을 구할 수 있는 교육이 필요합니다_254 │ 조선의 딸들과 같이 울다가 세상을 떠나겠습니다_261 │ 실제적으로 실업지식을 넣어 주려는 것이 저에게 둘도 없는 큰 계획입니다_271 │ 자아를 잃은 곳에 무슨 참된 아내가 있으며 진실한 어머니가 있겠습니까_277 │ 현재 조선 여성에게 필요한 것은 사회에 나갈 수 있는 기술교육입니다_284

5
한순간도 조선 민족을
잊은 적이 없다

만경창파 성난 물결을 일엽편주로 건너듯_297 │ 물밀듯하는 구경꾼_303 │ 혹한에 핀 천자만홍_319 │ 실로 민족의 딸임을 잊지 말라_339 │ 황국신민의 서사를 외지 못하니 교장 될 자격이 없다_350 │ 온전한 독립을 못 보고 죽는 것이 한이로다_363 │ 글을 마치며_373

주석_380
참고문헌_408

부록1 차미리사 연보_412
부록2 차미리사 관련 글_422

찾아보기_455

《대동공보大同公報》(1907년 11월 14일자)

동지단결과 민지계발을 목적으로 창립된 대동교육회를 확대 개조한 대동보국회는 샌프란시스코 웹스터 스트리트Webster Street에 중앙 총회관을 열고 1907년 10월 3일부터 《대동공보》를 발행했다. "조국이 문명국이 되려면 인민의 정신이 신선하며 지혜가 발달해야 한다. 인민의 생명은 문명이고 문명의 생명은 신문이다. 애국지성으로 문명을 실행하는 이들을 돕고자 창간한다"는 것이었다. 차미리사는 1907년 11월 〈상제를 믿고 나라를 위할 일〉이라는 논설을 《대동공보》에 기고했다. 나라의 독립과 자유는 국민 모두가 식민통치의 억압에 맞서 싸울 때에만 얻을 수 있다는 의열투쟁론義烈鬪爭論이었다.

1
쓰개치마를 벗어버리고
더 넓은 세상으로

여자로 태어나 '섭섭이'로 불리다

"아이고, 섭섭이고나!"

하루가 다르게 하늘이 높아가던 가을날, 아버지는 문밖에서 가슴 졸이며 아이의 첫 울음소리를 애타게 기다리고 있었다. 그의 귀는 오로지 안방 쪽으로만 열려 있었다. 위로 다섯 아이를 모두 잃고 슬픔 속에서 살다가 산천에 기도를 드린 후 오십 줄에 얻게 된 아이였다. 아내 장 씨에게 태기가 비쳤을 때 온 집안의 기쁨은 말할 수 없이 컸다. 다른 누구보다도 대가 끊어질 것을 걱정하던 그에게 새로 태어날 아이는 큰 선물이었다.

안방에서 아이의 기운찬 첫 울음소리가 터져 나오자 아버지는 숨이 멎는 듯했다. 오로지 이 순간을 위해 평생을 살아온 것만 같았다. 사내아이만 태어나 준다면 집안의 대를 이어 조상께 불효를 면할 수 있었다. 설레는 마음을 지그시 누르며 안방 문을 열었다. 하지만 간절하고 설레던 그 마음도 잠시, 갓난아이를 본 아버지는 허탈한 마음에 주저앉고 말았다. 그의 입에서 나온 첫 마디는 '아이고, 섭섭이고나!' 였다.

섭섭이!

딸로 태어난 덕분에 '섭섭이'라 불리게 된 차미리사는 1879년 음력 8월 21일(양력 10월 6일)[4] 한성부 서부 공덕리[현 서울 마포구 아현동]에서 아버지 차유호車柳鎬와 어머니 장 씨張氏 사이에서 6남매 중 막내로 태어났다. 손위 5남매는 이미 모두 요절한 터였다.

오십 줄에 당신 혈육이라고 얻은 아이가 아들이 아니었으니 섭섭이라고 말한 아버지의 절망도 무리는 아니었다. 대가 끊겨 조상에게 불효를 저지르게 되었기 때문이었다.

당시 사회에서 딸은 부모를 봉양할 수 없고 제사를 모실 수도 없었기 때문에 환영받지 못하는 존재였다. 딸아이는 소용없는 존재, 남의 집으로 보내버릴 존재, 바느질이나 배워 집안 살림살이나 잘하면 그만인 존재로 생각했다. 시집간 여성의 가장 큰 의무는 아들을 낳아 그 집안의 대를 이어주는 일이었다. 이 때문에 아이가 출산하는 순간 거의 혼절했던 산모도 '아들이다' 하면 가슴을 쓸어내리며 웃었지만 '딸이다' 하면 서운한 마음에 눈물을 흘렸다. 딸을 낳은 산모는 첫 미역국 상을 그대로 물림으로써 염치없음을 나타내야 했다. '못났어도 아들', '잘났어도 딸'이었다. 딸의 출생은 찡그린 얼굴과 울음으로 맞았으며, 아들의 출생은 상서롭다 하여 '아들이오!' 하고 큰 소리로 떳떳이 말했다. 남아선호사상은 출생 당시뿐만 아니라 양육 과정에도 끈질기게 영향을 미쳤다. 말끝마다 반드시 '계집애가 그러면 못써' 하면서 딸의 기를 꺾는 반면, 아들의 경우에는 무리한 요구라도 무조건 들어주면서 맹목적 우월감을 길러주었다.

차미리사는 남계 혈통이 존중되는 사회에서 딸이라는 차별 받는 인간으로 태어났다. 하지만 부모님은 처음에 서운했던 마음과는 달리 무남독녀 섭섭이를 애지중지 키웠다. 어머니는 어찌도 그리 후덕한지 불씨를 얻으러 오는 동네 사람을 한 번도 그대로 보내는 일이 없었다. 또한 엽전 한 닢에 두 묶음씩이나 하는 솔 성냥[소나무를 쭉쭉 깎은 끝에 황을 묻힌 것]을 두 셋으로 곱게 쪼개 쓰시며 "이렇게 알뜰해야 쓴다"라고 가르치시곤 했다.[5]

이처럼 자애롭고 알뜰한 부모님의 따뜻한 기운 속에서 섭섭이는 포근히 자라났다. 부모님의 사랑 속에서 평화롭게 자라난 섭섭이는 집안에 형제가 없어 항상 외롭고 동무가 그리워 남을 믿고 의지하기를 좋아했다.

섭섭이가 열 살 되던 해 정월 초하룻날 아침에 세배를 받으시고 아버지는 다음과 같은 말씀을 했다.

섭섭아! 이 세상은 누구에게든지 쓸쓸하고 괴로운 법이다. 그렇다고 하여 자기 일개인의 속사정을 남에게 쏟아 보이는 것은 아주 경솔한 짓이며 뜻을 세우고 항상 전진하려는 데 결국 큰 방해거리가 되고 마는 것이니 너는 언제든지 이 시간의 나의 교훈을 다시없는 병법으로 기억해야 된다.[6]

지금은 아버지 어머니의 품속에서 살고 있지만, 머지않아 남의 집 귀한 며느리가 될 사람이요 남의 아내가 될 사람이니, 스스로 독립해야지 다른 사람에게 의지할 생각을 해서는 안 된다는 가르침인 것이다. 아버지의 말씀은 이어졌다.

누구에게든지 네 마음속을 다 털어놓지 말고, 무슨 일을 당할 때에 남의 도움으로 살아가겠거니 하는 마음을 절대 갖지 말아라. 완전히 독립하여 살아갈 생각을 하여라. 내게 혈육이라고 너뿐이니 우리 내외가 죽으면 누가 너를 보살피고 도와주겠느냐. 그러니 절대로 남의 힘을 믿고 살 생각을 말아라.[7]

절대로 남에게 의존하지 말고 평생을 완전히 독립하여 살아라! 아버지는 순종을 미덕으로 삼는 봉건적인 가치관을 뛰어 넘어 딸에게 독립심과 자립심을 갖도록 교육했다. 당신의 딸 섭섭이에게 하신 이 가르침은 일생동안 고난과 역경의 바다를 헤쳐 나가야 했던 차미리사에게 꺼지지 않는 등대가 되어주었다.

나는 나의 전 생애를 바친 내 사업을 위하여서는 뜨거운 눈물도 많이 흘리고 한숨도 많이 지었으나 내 개인에 관한 일로써 해서 눈물 흘리거나 한숨 쉰 일은 여태 없었다. 누가 보던지 나를 외로이 사는 사람이라 한다. 그러하나 나 자신은 쓸쓸하구나 하는 마음을 가져본 적이 없다. 나에게는 사업이 곧 내 생명인 까닭이다. 나 개인의 일은 내 눈 안에 들어오지 않는다. 나는 지금까지라도 결코 남에게 힘을 빌려는 또는 남에게 의지하려는 생각은 조금도 없다. 그러나 사업을 위한 일이면 같이 손을 맞잡고 나아갈 것이다. 나의 아버지의 교훈이 그만큼 나에게 큰 힘이 되고 인도자가 되었다.[8]

남자의 덧붙이가 되지 말라!
기생충 노릇을 말며 약자란 소리를 듣지 말라!
차미리사는 여학생들에게 늘 이렇게 부르짖었으며, 자신 스스로도 남의 힘을 빌려 하거나 의지하려는 생각을 가지지 않았다. 물론 그 또한 '내가 남자로 태어났으면' 하는 생각을 해본 적도 있었다. 지금 세상은 아무래도 여자에게 장애가 많은 사회이니 '나도 한 번 남자가 되었으면' 하는 생각에 눈물이 날 때도 많았다. "내가 남자가 되었으면 아내를 지극히 사랑하여 애정을 숨김없이 드러내는 정다운 사람이 되는 동시에 사회를 위해 전 생명을 바치고 더 높은 이상을 세워 분투하는 좀 더 커다란 사람이 되어보겠다"는 포부를 밝히기도 했다. 그러나 그는 여자라는 한계를 뛰어 넘어 놀라운 실행력과 영웅적 희생정신으로 일생의 역경과 고난을 헤쳐 나갔다. 이러한 힘은 어린 시절 아버지의 가르침에서 비롯된 것이었다. 그가 비록 개신교 신자였지만 외국인 선교사의 도움을 전혀 받지 않고 온전히 조선적인 교육 기관을 설립할 수 있었던 것도 모두 아버지에게서 가르침 받은 자립정신을 철저히 실천했기 때문이었다.

남에게 의존하지 말고 평생을 완전히 독립하여 살라!

이 말은 차미리사뿐만 아니라 온 조선 여성의 삶에 힘이 되고 가르침이 되었다.

조선 여성이여, 자립, 자립하라!

차미리사는 다른 무엇보다도 여성의 자아 확립과 인격적 독립을 강조했다. 그의 이러한 정신은 근화여학교 교훈에도 잘 드러나 있다.

살되, 네 생명을 살아라
생각하되, 네 생각으로 하여라
알되, 네가 깨달아 알아라

꽃다운 나이에 남편을 잃다

뭇 이웃의 칭찬과 부러움을 받으며 함박꽃처럼 아름답게 피어난 섭섭이는 열일곱이 되던 해에 무교동에 사는 김진옥金振玉에게 출가했다.[9] 결혼 생활은 즐거움과 행복한 꿈으로 무르녹았다. 그때까지만 해도 섭섭이는 세상의 사무치는 근심과 슬픔을 도무지 알지 못했다. 세상살이의 근심과 슬픔은 섭섭이와는 아무 상관없는 일이었다. 하지만 신혼의 행복도 잠깐, 남편은 결혼한 지 삼 년이 채 못 되어 중병에 걸려 앓아누웠다. 다른 특별한 약을 구할 수도 없는 형편이었다. 섭섭이는 눈앞이 캄캄했다. 죽을 사람에게 산 사람의 피를 먹이면 살아날 수 있다는 말을 듣고 정신없이 왼손 무명지를 깨물어 남편의 입에 흘려 넣었다. 그렇게 모든 정성을 다했지만 천명이라 어쩔 수 없었는지 남편은 유일한 혈육인 딸 하나만 남겨둔 채 그만 눈을 감았다. 섭섭이의 나이 열아홉 되던 해였다.

그 때는 바로 여름이었다. (남편의) 병이 꽤 중하였고 또 몸도 퍽 허약하여졌을 어느 날이었다. 더운 여름이라 대청에 평상을 놓고 누워 있었다. 목이 마르다고 하기에 과일이나 드릴 양으로 평상 바른쪽에 있는 찬장 위에 놓여 있는 목판을 내리려고 두 팔을 들고 무의식중에 김 씨의 얼굴을 잠깐 내려다보았다. 몹시도 수척한 그의 얼굴을 볼 때 나는 깜짝 놀랐다. 아직도 이십도 못된 새 아씨가 무슨 경험이 있었으랴마는 그의 얼굴을 본 나는 말할 수 없는 일종의 불안을 느꼈었다. 간신히 과일을 끌어내려 한 알을 베껴드렸다. 한 알 베어 물고 씹는 그의 입을 유심히 나는 보았다. 입을 벌렸다 다무는 것조차 힘들어 하는 것을 보고 나는 즉각적으로 그의 생명이 풍전등화와 같음을 알았다. 다른 식구의 도움으로 나는 곧 김 씨를 안방으로 옮겨 뉘었다. 나를 쳐다보는 김 씨의 시선에는 어쩐지 무슨 뜻이 잠겨있는 듯하였다. 베개를 바로잡는 나의 왼손을 김 씨는 붙잡고 마치 이별하는 사람 모양으로 처량스러운 시선으로 나를 보았다. 갑자기 내 왼손 둘째 가락이 찍개에 집히는 듯이 몹시 아프기에 엉겁결에 홱 뿌리쳤다. 알고 보니 김 씨가 깨물었다. 사라져 가는 그의 목숨의 마지막 발악이었다. 나는 아파서 어쩔 줄을 모르고 있었는데 김 씨는 내 얼굴을 쳐다보면서 마지막 미소를 보여주었다. 김 씨는 영원히 저 세상으로 가버리고 나는 열아홉에 홀로 낫다[되었다].[10]

남편을 잃은 섭섭이는 하루아침에 낙원에서 외로운 섬으로 귀양살이를 온 것 같았다. 넓고 휑한 빈방을 지키고 앉아 시름없이 세월에 몸을 맡기는 수밖에 없었다. 그가 돌아갈 수 있는 곳은 친정 밖에 없었다. 마침내 섭섭이는 어린 딸을 데리고 친정으로 되돌아왔다. 과부가 재혼한다는 것은 생각도 할 수 없는 시절이었다. 개가하는 여자는 신분이 떨어지고 자녀의 앞길도 막혔다. 차라리 죽었으면 죽었지 재혼한다는 것은 가문의 씻을 수 없는 수치였다. 섭섭이는 어린 딸을 안고 하염없이 눈물로 세월을 보낼 수밖에 없었다. 밤낮 무슨 수심이 가득한 얼굴을 기울이고 멀거니 앉아서 무엇을 생각하고 궁리하고만 있었다.

한숨은 겨워서 동남풍 되고 눈물은 흘러서 한강수 된다 …… 는 노래는 아마 청춘과수의 설움을 두고 한 노래인 것 같다 …… 금화산에 해 떨어질 때에 까마귀의 지저귀는 소리를 들어도 남편의 죽던 때 생각이 나고 한강어구에 봄들 때에 푸른 버들을 보아도 눈물이 자연 흘렀다. 더욱이 가을 바람이 선들선들 불고 나뭇잎이 뚝뚝 떨어지며 기러기 무리가 짝을 불러 만리창공으로 휠휠 내려올 때에는 산란한 심회를 금하기 어려웠다. 그 중에도 아비 없는 어린 아이가 이웃집 아이들과 놀다가 와서 나는 왜! 아버지가 없느냐고 물을 때에는 불상도 하고 측은도 하여—아무 대답도 못하고—가슴이 미어져 가만히 앉아 있을 적이 많았었다.[11]

비록 친정어머니의 따뜻한 위로를 받았지만 외로움과 막막함의 크기는 열아홉의 나이로 감당해내기 어려운 것이었다. 혼자 한가로이 앉아 있을 때나 아무도 없는 방에 홀로 시름없이 누워 있을 때 곰곰이 생각하면 멀고 먼 앞길은 아주 캄캄하고 막막하여 아무 희망이 보이지 않았다. 언제 어디서 무슨 일을 할 때나 누구와 이야기할 때나 도무지 적막과 비애가 한순간도 떠나지 않았다. 열아홉의 그녀 앞에 놓인 것은 슬픔과 막막함뿐이었다.

쓰개치마를 쓰고 예배당에 나가다

섭섭이에게는 고모 한 분이 계셨다. 그 분 역시 일찍이 젊은 나이에 남편을 잃어 같은 처지의 조카딸을 몹시 안쓰러워했다. 천주교 신자였지만 도중에 개신교로 신앙을 바꾸어 북감리교파인 상동예배당에 다니고 있던 그 분은 섭섭이에게 진심으로 권유하여 교회에 나오도록 했다. 섭섭이 나이 열여덟 되던 해인 1896년 어머니마저 혼자되었기에 섭섭이는 어머니, 고모와 함께 교회에 나가기 시작했다. 그때만 해도 여자는 외출이 자유롭지 못했다. 상류 계급이나 중류 계급의 여자들이 밖에 나갈 일이 있으면 사람들 눈에 띄는 낮이 아니라 밤에 외출해야 했으며 남의 집을 방문할 때는 엄격하게 밀폐된 가마를 타고 나갔다. 당시 조선을 방문했던 비숍Isabella Bird Bishop 여사는 "조선의 여행지 어떤 곳에서도 나는 여자들이 그의 어머니의 방에서 무심하게 시간을 보내는 모습을 제외하고서는, 여섯 살 이상의 소녀를 (거리에서) 본 적이 없다"고 했다.[12] 대낮에도 거리를 활보하며 다닐 수 있었던 여성은 광대, 기생, 무당 등의 직업여성뿐이었다. 이들만이 출입의 자유를 누릴 수 있었다. 그러나 그들의 사회적 신분은 천민이었다. 남성들과 접촉하여 비교적 자유로이 활동할 수 있는 사람일수록 천한 계급에 속했으며 귀부인일수록 규중에서 내외를 해야만 했다.

당시에는 여성들이 외출할 때 얼굴을 가리는 풍습이 있었으므로, 양반 여성은 나들이할 때 반드시 옥교屋轎[지붕이 있는 밀폐된 가마]를 타고 몸종을 거느렸으며, 혹 밤에 걸어 다닐 때는 군상裙裳[치마 모양으로 된 옷가지]으로 낯과 몸을 감추었고 촛불을 든 몸종들이 앞길을 인도했다. 가마를 탈 형편이 못되는 상민층 부녀자들은 장옷이나 치마를 쓰고 다녔다. 장옷은 초록색 명주로 지은 긴 옷으로 종아리까지 내려가는데, 여자들은 남자들에게 자신의 얼굴이 보이지 않게 하기 위해 이것을 머리에 썼다.

섭섭이도 치마로 얼굴을 가리고 예배당 출입을 하기 시작했다.

꽃피는 아침 달 돋는 저녁, 날마다 애통함을 금할 길 없을 새 하루는 도를 전하는 어떤 부인의 권함을 입어 다듬은 옥색 옥양목 쓰개치마를 오긋이 숙여 쓰고 그 부인의 뒤를 따라 남대문 안 상동예배당에 첫 발을 들여 놓았다.

섭섭이는 달성궁達城宮[지금의 한국은행 자리]에 있던 상동교회, 즉 달성교회에 출입하면서 개신교 신앙을 갖게 되었다. 상동교회는 감리교 의료 선교사인 스크랜턴William B. Scranton에 의해 1889년 10월 서울 남대문 근처에 세워졌다. 일찍이 의료 선교를 목적으로 서울에 온 스크랜턴은 정동貞洞에 병원을 열고 환자들을 돌보았다. 하지만 정동은 외국인 거주지역이라 한국인이 드나들기에 불편한 점이 많았다. 이에 비하면 지금의 남대문시장을 중심으로 한 상동지역은 민중들의 삶의 중심지이자 교통의 요지였다. 스크랜턴은 자신의 병원이 민중을 위한 병원이 되기 위해서는 민중 가운데로 들어가야 한다고 생각했다. 가난한 자들의 영혼과 육신을 구하기 위해서는 그들이 모여 사는 곳으로 가야 한다! 이것이 스크랜턴이 상동을 택한 이유였다.

교회와 병원을 따로 운영하자 달성교회는 교인들이 급증하기 시작했다. 특히 스크랜턴의 어머니가 전도부인으로 활약했기 때문에 부인반의 교인수가 크게 늘어나 공간이 비좁게 되

1900년대 상동교회
1889년 10월 미국인 선교사 스크랜턴이 정동에서 상동으로 병원을 옮겨 상동병원교회를 시작했는데, 이것이 상동교회의 시작이다. 그러나 병원과 교회가 함께 있어 불편을 느끼던 중, 1895년 6월 스크랜턴은 상동교회 건너편에 있는 달성궁達城宮[지금의 한국은행 자리]안에 큰 한옥을 한 채 장만하여 교회로 쓰고, 지금까지 예배를 보던 상동병원교회의 건물은 환자들만을 위해 쓰도록 했다. 교회와 병원을 완전히 분리한 것이다. 교회와 병원이 따로 운영되면서 교회의 교인들이 급증하기 시작했다. 특히 스크랜턴의 어머니가 전도부인으로 활약했기 때문에 부인반의 교인수가 크게 늘어나 공간이 비좁게 되었다. 이에 1900년 7월 30일 지금의 상동교회 자리에 기공식을 갖고 새 예배당 건축을 시작하여 1901년 5월 12일 완공하는데 이것이 오늘날 상동교회다.

었다. 하는 수 없이 부인반은 천막을 쳐서 수용하기까지 했다. 달성교회는 1900년 7월 새 예배당 짓는 공사를 시작하여 이듬해 5월에 마쳤다. 이것이 중구 남창동에 있는 오늘날의 상동교회다.[13]

새 예배당은 교인의 헌금으로 건립했는데, 섭섭이(세례명 미리사)도 어머니와 함께 건립 성금을 냈다.[14]

섭섭이가 달성교회를 다닐 당시 회당 내에는 상동청년회가 있었다.[15] 1897년 9월 결성된 상동청년회는 교회 안의 젊은 청년들을 중심으로 한 신앙단체로서 출발했다.[16] 상동청년회는 단체 활동을 통해 축적된 역량을 바탕으로 독립협회가 만민공동회 등을 통해 정치개혁운동을 본격화하는 과정에서 최일선 행동대로 활약하면서 근대적 청년운동·학생운동의 새로운 장을 열어나갔다. 상동청년회의 활약은 의회개설운동 당시 독립협회가 1차 해산되고 다시 설립되는 과정에서 특히 두드러졌다. 1898년 11월 대한제국 내의 보수파가 독립협회 간부들을 체포하고 독립협회 해산 명령을 내리는 사건이 일어나자, 상동청년회를 중심으로 시민 학생들은 경무청 앞에서 대대적인 만민공동회 투쟁을 전개했다. 11월 5일부터 연일 계속된 투쟁의 결과 정부는 구속된 독립협회 간부를 모두 석방하고 이어 독립협회의 복설을 허용했다.[17]

청년회 활동이 한창인 시기에 상동교회를 다닌 섭섭이는 문명개화를 통

공옥초등학교
독립협회가 해산될 무렵인 1897년 9월 5일 남대문 안 달성회당 내에 상동청년회가 설립되었다. 상동청년회는 젊은 청년들이 모여 국권회복운동을 벌이는 조직이었다. 상동청년회는 독립협회가 해산될 무렵에 창립되었기에 독립협회에서 활약했던 사람들이 참여했다. 차미리사는 상동청년회에서 운영하는 초등교육기관인 공옥攻玉학교에서 어린이들을 모아 놓고 한글을 가르쳤다.

해 부강한 독립국가를 건설하려는 청년들의 활동에 많은 영향을 받았다. 당시 상동교회 안에는 상동청년회에서 운영하는 초등 교육기관인 남녀 공옥攻玉학교가 있었다.

섭섭이는 여기서 어린이들을 모아 놓고 한글을 가르쳤다.

나는 19세의 청상과부라는 끔찍스러운 일홈을 가지게 되었었다. 萬事休矣라[모든 일이 어쩔 도리가 없게 되었다]. 나에게는 '홍'이라는 것이 없어졌다. 영원히 영원히 있을 이가 없다. 이때에 나는 맘을 결하야 글 배우기를 힘쓰고 교회당에 울니는 종소리 흘너 나오는 찬미가를 드를 때마다 나의 외로운 영은 기뻤으니 내가 처음으로 다니든 교회는 상동예배당이었으며 어린이들을 모으고 조선 언문을 가르쳤었다. 그때에 나의 제자이든 이로 말하면 연전에 작고한 이은라 씨와 그밖에도 여럿이였다.[18]

섭섭이는 상동교회에 다니면서 청년들의 애국계몽 활동에 감화를 받아 생애 최초의 교육 활동을 시작했다.

'미리사'로 다시 태어나다

상동교회 출입은 섭섭이의 생애에 하나의 커다란 전환점이 되었다. 무엇보다도 외로움과 어려움을 견딜 수 있는 신앙의 힘을 얻게 되었다. 기독교 신앙을 통해 과부로서의 슬픔을 극복하고 희망찬 세계에서 자신의 인생을 독립적으로 창조, 개척해 나가겠다는 강한 의지를 가지게 되었다. 치마를 쓰고 상동예배당에 출입한 차미리사는 독실한 기독교인이 되었으며, 누구보다도 신심이 굳어 교회의 많은 사람에게 신임을 얻었다.

한번 예배당에를 가서 한울님께 단단한 맹세를 한 뒤에는 전일의 비애와 고독이 다 어디로 사라지고 앞길에 희망과 광명만 있을 뿐이었다. 눈을 뜨면 천당이 황연히 보이고 귀를 들면 한울님의 말씀이 순순히 들리는 듯하였다. 더구나 동무 신자들과 같이 찬미도 하고 풍금도 치며 놀 때에는 세상의 만사를 다 잊어버리고 환락의 세계에서 사는 것 같았다. 그때에 나의 신심이야말로 참으로 철석보다도 더 굳었었다.[19]

그녀는 기독교인으로서의 생활을 통해 아직까지 경험해 보지 못한 희망찬 삶을 갖게 되었으며, 상동교회에서 얻은 신앙의 힘을 통해 이후 당시 여성으로서는 감히 생각하기도 힘든 선각자의 삶을 살아갈 수 있는 정신력을 갖추게 되었다. 또한 하나님을 통하여 남성과 평등한 인격체로서의 여성 자아를 발견하게 되었다. 섭섭이는 상동교회

스크랜턴William B. Scranton(施蘭敦, 1856. 5~1922. 3). 스크랜턴은 미국 코네티컷주의 뉴헤이븐New Haven에서 아버지 스크랜턴W. T. Scranton 과 어머니 메리Mary F. Scranton의 아들로 태어났다. 스크랜턴은 어머니와 부인 그리고 어린 딸과 함께 1885년 6월 20일 제물포에 상륙하여 서울로 올라왔다. 의료선교를 목적으로 서울에 온 스크랜턴은 처음에는 정동에 병원을 열고 환자들을 돌봤다. 하지만 정동은 외국인 거주지역이라 한국인이 드나들기에 불편한 점이 많았다. 이에 비하면 현재 남대문시장을 중심으로 한 상동지역은 민중들 삶의 중심지이자 교통의 요지였다. 스크랜턴은 자신의 병원이 민중을 위한 병원이 되기 위해서는 민중의 가운데로 들어가야 한다고 생각했다. 가난한 자들의 영혼과 육신을 구하기 위해서는 그들이 모여 사는 곳으로 가야 한다! 이것이 스크랜턴이 상동을 택한 이유였다.

에서 스크랜턴 선교사로부터 '미리사Mellisa'라는 세례명을 받았다. 섭섭이에서 미리사가 된 것이다.

조선시대 여성은 남편에 예속된 존재에 불과했다. 이름에는 조선 여성들의 눈물겨운 흔적이 잘 나타나 있다. 족보에도 여자는 기재하지 않고 다만 사위 이름을 기입할 뿐이었다. 이후 여자의 호적 등재가 요구되면서 임시방편으로 지어냈던 이름이 '이씨 성을 가진 여자'라는 뜻의 이성녀李姓女, '김씨 성을 가진 여자'라는 뜻의 김성녀金姓女니 하는 이름이었다. 이름이 없이 그저 성으로만 구별되었던 것이다. 사실상 익명이나 다름없었다.

여자는 이름이 없기 때문에 사회적 활동에서 제약을 받을 수밖에 없었고 법률적 행위는 남편이나 가장의 허가를 필요로 했다. 1908년 정부에 의해 설립된 한성고등여학교[현 경기여자고등학교]는 개교 1년 후인 1909년에 이미 본과 90명, 예과 68명 도합 158명의 학생이 재적하고 있었다. 그러나 여학생들은 자기 이름이 없었다. 그래서 초대 교장인 어윤적 선생이 일일이 여학생들의 이름을 지어 학적부에 기재했다는 일화가 전해지고 있다.

여자도 이름을 쓰기 시작했다는 사실은, 여성들이 익명의 시대를 벗어나 자신의 정체성을 가지기 시작했음을 의미한다. 섭섭이는 '미리사'라는 세례명을 받으면서 차별적인 유교적 여성관을 극복하고 평등한 기독교적 인간관을 갖게 되었다. 이후 그는 교회의 관습에 의거하여 남편 성을 따라 김미리사金美理士로 사회 활동을 했으며 세상 사람들도 그를 김미리사 여사라고 불렀다. 한 잡지는 유머란에서 김미리사를 '금미리사'로 읽어 "첫 새벽에 금광 흥정한 부인"이라 재미있게 부르고 '금을 미리 산다'는 의미로 금예매金預買라고 표기하기도 했다.

차미리사는 부부가 별성이었던 조선의 관습을 부정하고 서구식으로 남편 김 씨의 성을 따랐다.

나는 약자인 여자로 태어나온 까닭에 소위 여필종부라는 옛 습관에 의지하여 나의 본성을 떼어버리고 남편인 김 씨의 성을 따라서부터 김씨가 된 것이다 (조선 습관에는 여자가 반드시 남편의 성을 따르는 것이 아니나 서양이나 일본에는 여자가 대개는 남편의 성을 따르는데 나도 예수교회에 들어갈 때에 교회 습관에 의지하여 성명을 그와 같이 지었다).[20]

조선에서는 여성이 결혼 후에도 자신의 성을 그대로 유지했다. 하지만 개화기 신여성의 경우 성과 이름이 종래와 크게 달라진 경우도 있었는데, 이는 이 시기 하나의 문화적 산물로 특기할 만하다. 부부가 다른 성을 쓰는 것은 시집을 가도 여자는 남자의 집에 받아들여지지 않는 증거라고 해석하면서 남편과 같은 성을 쓰는 여성들이 새롭게 나타나기 시작했던 것이다. 이들은 교회를 통해 부부가 같은 성(남편의 성)을 쓰는 서양 문화를 접하고 이를 모방했다. 미 공사관 참서관 김윤정의 딸은 학무국장인 남편 윤치오를 따라 윤고려라고 했으며, 정화여학교를 세운 김정혜도 양재천의 딸이었으나 남편 김영종의 성을 따라 김정혜로 이름하고 여성교육에 헌신했다. 이 같은 여성의 성 바꾸기와 서구식 이름은 특히 기독교계 여성들에게 두드러지게 나타났다. 변화한 것은 성만이 아니었다. 대부분의 여성의 이름은 순종적이고 정숙한 의미의 한자이거나 태어난 해에 따른 의미 없는 이름이었기에, 신여성들은 스스로 그리스도교의 세례명을 가지고 그 소리를 한자로 표기했다. 예를 들면 마리아瑪利亞, 헬렌活蘭, 멜리사美理士, 에스터愛施德 등이다. 그들의 성은 남편을 따라 불렀거니와 이름도 기독교식 세례명이었다. 차미리사도 남편을 따른다는 유교적 관습과 교회를 통해 접한 서양의 관습에 따라 김미리사로 사회 활동을 했다. 한동안 김미리사라는 이름으로 활동하던 그가 자신의 본성은 연안 차씨라고 세상에 처음 밝힌 것은 1928년 그의 나이 50세 되던 해였다. 그러나 "지금 와서 다시 차씨로 행세하기는 도리어 새삼스러운 일 같아서 아직 그대로 행세한다"며 여전히 김미리사로 활동했다.[21] 그가 본래의 성을 되찾아 차미리사라는 이름을 공식적으로 쓰기 시작한 것은 1936년부터였다.

차미리사는 상동교회를 다니면서 자아의식을 확립했을 뿐만 아니라, 불쌍한 이웃에 대한 관심, 즉 사회의식을 형성하기도 했다. 한국에 들어온 기독교 신앙 중 평안도를 본거지로 하여 한국 기독교계의 주류로 발돋움한 미국 북장로교단의 신학은 정교분리의 원칙하에 순수 영적 신앙을 강조하는 근본주의 신학으로서 보수적 성향이 강한 반면, 서울·경기·충청 일원에서 선교 사업을 펼친 감리교단은 대체로 내세 못지않게 현실세계 속에서의 인간 구원을 중시하여 사회 문제나 민족 문제에 깊은 관심을 갖는 사회복음주의social gospel의 성향이 강했다.[22]

상동교회의 교인들은 중류계급에 속한 사람들과 상업에 종사하는 사람들이 주를 이루었지만 가난한 사람들도 많았다. 겨울에 일감이 없어서 굶주리는 남대문 시장 일대의 가난한 사람들을 구제하는 데도 이 교회는 앞장섰다.

가난한 자에게 복음을!

포로된 자에게 해방을!

억눌린 자에게 자유를!

병든 자에게 건강을!

고통 받는 자에게 평안을!

상동교회의 이러한 사회복음정신은 서서히 차미리사를 변화시키고 있었다. 훗날 차미리사가 개인의 영혼 구제보다는 사회 제도를 바꾸는 사회복음의 입장을 견지하고, 가난하고 못 배운 소외된 여성들 속으로 들어가 사회 활동과 교육 활동을 하는 사회봉사 정신의 싹이 이곳에서 움트기 시작한 것이다.[23]

쓰개치마를 벗고 중국을 향하여

차미리사는 상동교회에 다니면서 조선 여성의 비참한 처지에 눈을 뜨게 되었다. 남존여비사상에 찌들어 제대로 숨도 못 쉬고 사는 조선 여성의 처지는 망국의 위기에 처한 조국의 운명과 하나도 다를 게 없었다. 조선 여성의 처지를 개선하고 기울어져 가는 나라를 구하기 위해서는 먼저 새로운 세계와 근대 문물을 알아야 했다. 예배당을 통해 신문물을 접한 차미리사의 가슴속에서 새로운 세계를 향한 열망이 타오르기 시작했다. 좀 더 넓은 세상, 좀 더 새로운 세상에서 날아보고 싶었다. 조국의 운명과 조선 여성의 삶을 변화시키기 위해서는 먼저 자신이 많은 것을 배우고 깨우쳐야 했다. 마침 같은 교회의 여신

도이며 일찍이 과부가 된 조신성趙信聖(1873~1953)이 미국으로 유학 갈 것을 권유했다.[24]

자신이 믿고 따르는 선배로부터 이런 권유를 받자 차미리사의 열망은 더 간절해졌다. 하지만 차미리사는 마음속으로 애를 태울 뿐이었다. 큰 뜻과 배움에의 열망은 간절했지만 그녀는 가난했다. 때마침 미국으로 의학 공부를 떠났던 박에스더Pak Esther(본명 김점동, 1877~1910)가 한국 최초의 여의사가 되어 경이로운 모습으로 돌아왔다.[25] 박에스더는 미국으로 건너가 볼티모어시에 있는 여자의과대학에 입학하여 우등으로 졸업했다. 그녀는 미국에서 일할 수 있는 기회를 뿌리치고 귀국하여 의사로서, 교육자로서 활동을 했다. 혜성같이 눈앞에 나타난 여의사 박에스더에게 자극을 받은 차미리사는 마침내 유학을 결심했다.

시국은 변천하야 교육의 필요를 일반이 느낄 때이었다. 서양 부인들의 활발한 거름거리와 미국 가서 의학 졸업하고 귀국한 박 씨를 보고 나는 말할 수 없이 부러웠으며 이를 동기로 하여 학교에 입학하기를 결심하였었다.[26]

조신성趙信聖(1873~1953). 근우회 집행위원장으로 여성독립운동을 주도한 조신성은 1873년 생으로 차미리사보다 여섯 살 위였다. 19세에 남편이 죽자 기독교인이 된 조신성은 24세 되던 해인 1896년 이화학당과 상동 소재 교원양성소를 졸업한 후 상동 소재 학교에서 교편을 잡았다. 이 때 상동교회를 출입하던 조신성은 같은 교회의 여신도이며 일찍이 과부가 된 차미리사에게 미국으로 유학할 것을 권유했다.

이 때 마침 친한 사람의 소개로 서양선교사 헐버트H. B. Hulbert를 알게 되었다. 차미리사의 염원을 안 헐버트는 중국 소주교회에 있는 같은 감리교 계통의 목사를 연결해주었다. 차미리사는 중국으로 유학을 갈수 있게 되었다. 어느덧 칠순을 넘긴 노모와 아비 없는 어린 딸을 두고 가는 발걸음이 차마 떨어지지 않았다. 하지만 차미리사는 같은 교회의 신도 조신성에게 집안일을 부탁하고 결연한 심정으로 중국을 향했다.

여성의 몸으로 오로지 소개장 하나를 밑천 삼아, 인심과 풍속이 전혀 다르고, 사방을 둘러보아 의지할 사람 하나 없으며, 말조차 전혀 통하지 않는 먼 나라로 홀연히 유학을 떠난 것이다. 그녀의 과감한 결단력과 강인한 도전 정신이 빛을 발하는 순간이었다. 차미리사는 늘 "나는 우리나라에 인재가 많지 못한 것을 근심하지 않고 기백이 부족함을 근심하며, 지혜력이 이르지 못함을 걱정하지 않고 결단력이 부족함을 걱정한다"고 말하곤 했는데, 그의 기백과 용단력은 중국 유학시절부터 진가를 발휘하고 있었다.

1901년 5월 차미리사는 인천에서 상해로 향하는 한성호에 몸을 실었다. 그의 나이 스물 세 살이었다. 차미리사는 배에 오르기 전 그동

박에스더金點童(1877~1910). 최초의 한국여성 의학도인 박에스더의 본명은 김점동이다. 그는 당시 한국에 나와 있던 미국인 선교사 아펜젤러의 집안일을 돕던 김홍택金弘澤의 셋째 딸로 태어났다. 그의 부친은 스크랜턴 부인이 여아들을 맡아 가르친다는 소문을 듣고 점동을 이화학당에 맡겼다. 점동은 선교사 목사에게서 세례를 받고 에스더Esther라는 세례명을 받았다. 이화학당에 있으면서 하루 몇 시간씩 보구여관保救女館에 나와 통역을 위시하여 병원에서 필요로 하는 일을 돕게 된 점동은 의사가 언청이를 수술해서 고치는 것을 보고 감탄하여 자신도 의사가 되려는 결심을 했다. 에스더는 17세 되는 해인 1893년 미국 유학을 위해 박유산과 결혼한 후 서양의 풍습에 따라 남편 성으로 이름을 박에스더로 바꿨다. 박에스더는 미국에 건너가 1896년 10월 볼티모어시에 있는 여자의과대학에 입학하여 우등으로 졸업하고, 1900년 한국최초의 여의사가 되어 귀국했다.

안 늘 쓰고 다니던 쓰개치마를 벗었다. 세상에 자신의 얼굴을 온전히 드러내놓는 순간이었다. 조선의 여성이 감내해야 했던 멍에를 스스로 벗어내는 몸짓이기도 했다.

오월의 햇살이 그녀의 맨 얼굴 위에서 빛을 냈다. 그 순간에는 오직 오월의 빛나는 햇빛과 봄 바다의 푸른 물결과 그리고 그 바다 끝에 새로운 세계가 열릴 거라는 부푼 희망만이 가득했다. 배 삯 8원이 없어 화륜선의 맨 아래층 석탄을 실은 칸에 쪼그리고 앉아 항해를 해야 했지만 조금도 서글프지 않았다. 석탄처럼 새까맣게 되어도 배울 수만 있다면, 그 배움으로 조국을 위해 활활 타오를 수만 있다면 아무렇지도 않았다.

마침 그 배에는 모시두루마기 차림으로 상해로 향하는 동갑내기 양주삼梁柱三(1879~?)이 타고 있었다. 양주삼은 평안남도 용강군에서 가난한 선비 집안의 맏아들로 태어났다. 가정이 빈곤한 탓으로 집에서 조부에게 한문을 배웠는데 열아홉의 나이에 처음으로 예수교를 믿게 되었다. 서양 문명을 부러워하게 된 양주삼은 1900년 몹시 추운 1월에 큰 뜻을 품고 대담히 적

〈양주삼, 갓쓰고 도포 입은 상해유학시절 양주삼 씨〉
(《조선일보》 1937년 1월 7일자)

양주삼梁柱三(1879~?)은 1879년 1월 25일 평안남도 용강군 산남면 홍문리에서 가난한 선비 양정섭의 맏아들로 태어났다. 어려서부터 조부에게 한문을 배웠고 한학자에게서 전통 유학을 배웠다. 유교, 불교, 동학에서 실망을 느낀 양주삼은 1898년, 열아홉 나이에 스스로 용강읍에 있는 교회를 찾아가 기독교인으로서의 삶을 시작했다. 그는 집을 떠나 1900년 3월 인공양잠전습소에 들어가 7개월 강습을 받으며 신교육을 처음 맛보았다. 이어 헐버트H. B. Hulbert와 콜리어C. T. Collyer 선교사의 소개장을 받아 들고 인천을 떠나 중국 상해 도착, 1901년 5월 남감리교회에서 운영하는 중서서원에 입학했다. 재학 중 파커 원장에게 세례를 받았고(1902. 10. 7), 졸업(1905. 6) 후 영국 런던을 거쳐 1906년 1월에 미국에 도착했다.

수공권으로 서울로 올라왔다. 물론 그때는 기차가 없었던 때이므로 천리원정을 도보로 올라왔다. 서울에 와서는 친구의 소개로 숙명여학교 뒤에 있는 인공양잠전습소人工養蠶傳習所에 입학하여 7개월 만에 졸업했다. 그리고는 그 이듬해인 1901년 남궁억南宮檍과 오인택吳仁澤의 도움으로 여비 25원을 장만하고 헐버트와 콜리어C. T. Collyer 두 선교사의 소개장을 받아 들고 원대한 희망을 품고 상해로 공부하러 가는 중이었다.[27]

상해에 도착한 후 두 사람은 홍구에 있는 중서서원中西書院(Anglo Chinese College)의 파커 원장을 찾아갔다. 학교에 찾아가 서울에서 가지고 간 소개장을 내어놓고 입학시켜 달라고 했더니, '영어를 아느냐?', '그러면 중국어는 아느냐?' 고 물어보는 눈치였다. 이들이 벙어리 말하듯 손짓을 써가며 아무것도 모른다고 했더니 "이거 안 되겠다. 중국어도 모르고 영어도 모르고서야 어떻게 공부를 할 수 있느냐. 우선 말을 들을 수가 있어야지 강의도 들을 수 있는 게 아니냐"며 난감해하는 눈치였다. 양주삼은 생각 끝에 원장에게 종이와 붓을 청하여 난숙한 한문으로 필담을 시작하였다. 그것을 본 원장은 혼자 말로 "하~하~ 이 청년이 보기에는 그래도 속에는 선생님이 들어앉았구나" 하면서 약 한 시간의 필담을 마친 후에 중서학원 입학을 흔쾌히 승낙했다.[28]

한문에 능한 양주삼은 곧 입학이 허가되었지만, 언문밖에 깨우치지 못한 차미리사는 입학에서 제외되었다. 다행히 파커 원장 부인의 따뜻한 배려가 있어 5개월간 입학 준비 교육을 받은 후 그 해 11월경 소주에 있는 남감리교 계통의 버지니아 여학교Virginia School에 입학할 수 있었다.[29] 이 학교는 배화학당과 계통이 같은 미국 남감리교계에서 경영하는 학교였다. 차미리사는 이곳에서 1905년까지 4년 동안 신학 공부를 했다.

중국 유학 생활은 참으로 고달팠다. 영어도 중국어도 배우지 못하고 건너온 유학이기 때문에 무엇보다도 언어로 받는 답답함이 여간 크지 않았다. 더구나 돈을 넉넉히 가지고 온 것이 아닌 만큼 낯선 땅에서 학비까지 스스로 마련해야만 했다. 배워야 한다는 일념뿐 그가 지니고 있는 것이라고는 아무 것도 없었다. 둘러보면 낯선 하늘과 땅, 낯선 사람들과 알아들을 수 없는 말뿐이었다. 이렇게 이중 삼중으로 고생을 하면서도 맨 손으로 언 땅을 헤집는 심정으로 학업에 매달렸다. 외로움과 두려움을 이기는 방법은 그것밖에 없었다. 하지만 그의 의지만큼 잘되지는 않았다. 건강이 심상치 않았지만 어떻게 해볼 도리가 없었다.

차미리사는 여러 달 동안 신음하며 위험한 지경까지 이르렀다. 병을 이기고 일어났지만 평생 그때의 후유증을 안고 가야만 했다. 어릴 적에는 귀가 어찌나 밝았던지 조금 과장하면 10리 밖에서 가랑잎이 떨어지는 소리까지 잘 듣던 그녀였다. 그러던 그가 지독한 열병에 걸려 몇 달을 고생하다가 다행히 완쾌되었는데, 그 뒤로는 귀가 어두워

귀가 안들려요
차미리사는 나이가 들수록 청력감퇴가 심하여 나팔 같은 보청기를 하고 있었다. 상대방과 이야기할 때는 소뿔로 마이크를 만들어 줄로 이어서 이야기를 나눴다. 대문과 안방에 끈을 연결하여 외부인이 대문에 끈을 잡아당기면 흔들리는 끈을 보고 문을 열어주곤 했다. 그러나 보는 눈이 빨라 상대의 얼굴을 금세 외우고 잘 알아봤다.

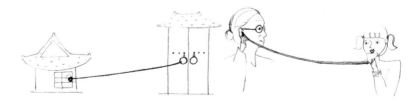

져 잘 듣지 못하게 되었다. 뇌막염으로 인해 청각 장애가 생긴 것이다. 그 이후로 차미리사는 나팔 같은 보청기를 늘 쓰고 있었는데 "몸이 약해지던지 무슨 생각을 많이 하면 머리가 아프고 귀가 더 어두워서 정신을 차릴 수가 없다"고 호소하곤 했다.

그의 청각 장애와 관련한 일화가 있다. 1921년 조선여자교육회 주최로 전국순회강연을 하던 중 사리원인가 해주인가에서 강연할 때의 일이었다. 차미리사가 연사로 나와 강연을 하는데 무슨 불온한 말이 있었던지 임석 경관이 주의 호루라기를 불었으나 그대로 계속했다. 경관이 최후로 중지까지 시켜도 여전히 개의치 않고 말을 계속 이어 가자, 청중이 칭찬하며 말하기를 "부인이라도 저와 같이 강경하여야 한다"고 했으며, 경관은 노발대발하여 "당신은 어찌하여 경관을 무시하고 중지시켜도 계속 말을 하느냐"고 소리를 질렀다. 차미리사가 그제야 알아듣고 하는 말이 "나는 귀가 먹은 사람이라 잘 알아듣지 못하였다"고 하니, 경관도 어이가 없어서 그만 웃고 청중도 박장대소했다.[30]

또 이런 일화도 있다. 평소에도 귀가 어두운 그는 겨울철에 방한모를 눌러쓰니 더구나 절벽강산이었다. 어느 날 안국동 네거리를 지나가는데 마침 자동차 한 대가 그의 뒤로 오면서 경적을 울렸으나 정오를 알리는 대포 소리를 듣고도 여학생더러 방귀 뀌었다고 호령을 하는 그에게는 아무리 경적을 울려도 들릴 리가 만무했다. 운전사는 한참 경적을 울리다가 성이 톡톡히 나서 그를 한번 나무라려고 뛰어 내려서 본즉 자기가 친하게 지내는 차미리사였다. 할 말이 없어서 머리를 꾸벅하고 인사를 하니 차미리사는 그의 친한 운전사가 정차를 하고 인사하는 것을 보고 자기더러 차를 타라고 그러는 줄만 알고 손을 휘휘 저으며 "나는 청진동까지 가니까 고맙지만 자동차는 그만 두겠다"고 했다 한다.[31]

청각 장애인인 그를 우스갯소리로 '농과聾科여자대학 총장'이라고 부르기도 했으며, 만일 귀가 멀지 않았으면 더 총명하고 모든 일에 한층 더 민활할 것이라며 안타까워하기도 했다. 이후 나이가 들수록 더욱 귀가 들리지 않아 상대방과 이야기 할 때는 소뿔로 마이크를 만들어 줄로 이어서 이야기를 나누었다. 대문과 안방에 끈을 연결하여 외부인이 대문에 끈을 잡아당기면 흔들리는 끈을 보고 문을 열어주곤 했다. 그러나 보는 눈이 빨라 상대의 얼굴을 금세 외우고 잘 알아보았다.

황금의 나라, 자유의 나라 미국으로

차미리사가 중국 유학을 마치고 미국 유학길에 올라 샌프란시스코에 도착한 것은 1905년 10월경이었다.[32] 그의 나이 스물일곱 살 되는 해였다. 중국에서 다녔던 중서학원이 선교회에서 운영하는 것이었으므로 학업을 마치자 곧바로 연락을 취해주어 미국으로 건너갈 수 있었다. 당초 차미리사는 미국으로 유학 갈 꿈을 키우고 있었다. 차미리사가 상동교회에 다닐 당시, 미국 부인선교사가 예배당에서 혹은 집에까지 일부러 심방을 와서 자기 나라의 문화시설을 이야기해주고 그 나라 여성들의 활동 상황을 말해 주곤 했다. 이것이 동기요 인연이 되어 미국에 대한 관심이 커지고 동경하는 마음이 적지 않았다. 장차 교육에 헌신하여 민족의 지도자가 되려면 미국에 유학하는 길밖에 없다며 각오를 다지고 있었다. 그런데 예배당에서 친밀히 사귀던 미국 부인선교사가 갑자기 중국으로 떠나는 바람에 하는 수 없이 아는 이의 소개로 중국 유학을 떠났던 것이다.[33]

차미리사는 미국에서 1912년까지 약 8년 동안 머물렀다. 중국에서와 달리 미국에서는 머무는 동안 학업보다는 사회 활동에 더 치중했다. 조국이 반식민지에서 식민지로 전락하는 등 정세가 긴박하게 돌아가고 있었기에 편안히 학업에만 전념할 수 없었기 때문이다.

내가 미주에 있을 때에는 공부보다도 사회의 일에 비교적 많은 활동을 하였었다. 혹은 국민회 혹은 신문사 혹은 부인회 기타 각 방면으로 거기에 있는 여러 동지들과 같이 일을 하였었다. 지금 여기에서 자세한 말은 발표할 자유가 없음으로 생략하지만은 그 때에는 그래도 자유가 많은 까닭에 우리의 활동도 다소 볼만한 일이 많았었다. 나도 특별히 한 일은 없었으나 많은 노력을 한 것은 사실이었다.[34]

샌프란시스코에 도착한 이후 1910년 8월 중부 미주리주에 있는 스캐리트 신학교[35]에 입학하기까지 6년 동안, 차미리사는 교육운동, 사회봉사 활동, 국권회복운동, 언론운동 등에 전념했다. 그가 학업에 전념한 기간은 1910년부터 1912년까지의 2년 동안이었다.

1905년 12월 9일 장경을 비롯하여 차미리사, 김우제, 변창수, 이병호, 서택원, 방사겸 등의 발기로 교육구국운동 단체인 대동교육회가 창립되었다. 군주정을 옹호하는 장경은 공화주의를 내세운 도산 안창호와 의견 차이로 갈라선 후 로스앤젤레스 근교에 있는 한적하고 작은 도시 패서디나Pasadena로 내려왔다. 패서디나는 좋은 날씨 덕분에 겨울철 휴양 도시로 각광받고 있었다. 캘리포니아 남쪽에 있는 최대의 휴양지인 이곳으로 세계 각지에서 돈 많은 관광객이 몰려들었다. 관광객이 머무는 곳은 산타페 기차역 바로 옆에 있는 호텔 그린

Hotel Green이었다.

호텔 그린에서는 한인들 20여 명이 정원사, 청소부, 심부름꾼, 접시닦이 등의 잡일을 하고 있었다. 차미리사는 호텔 그린에서 객실 담당 메이드가 되어 객실을 청소하고 침대 홑이불을 갈고 정리하는 일을 맡았다. 패서디나로 내려온 장경은 이들 한인들을 자기 집에 모아 놓고 대동교육회를 창립했다. 발기인 중 한 사람이었던 방사겸은 당시의 상황을 다음과 같이 술회했다.

한번은 패서디나에 사는 한인이 다 모여 보자고 해서 모였는데 참석자는 장경 씨와 부인, 이병준, 유홍조, 김밀리사와 나, 그리고 새로 오신 분도 6~7명이었다. 장 선생께서는 "우리나라는 오래지 않아서 망하게 되는데 해외에 나와 있는 한인으로서 가만히 앉아서만 있어 되겠느냐"며 "나라를 구하는 활동을 하자"고 그 취지를 말씀하셨다. 그리고 교육기관을 조직하자고 하시면서 명칭은 대동교육회라 하는 것이 어떻겠느냐고 물으셨다. 이것이 바로 대동교육회가 북미 패서디나에서 설립된 것이고 회장은 장경 씨가 맡게 되었다. 회를 만든 지 여러 달이 지나고 나성[로스앤젤레스]에서도 호응을 하여 40~50명에 이르게 되었고 제법 회의가 모든 격식을 제대로 따르게 되었다.[36]

국권이 상실되는 위기에 직면하여 힘을 합해 나라를 구하는 활동을 하자는 취지로 대동교육회를 창립했으며, 창립 멤버는 자신과 장경 부부 등 10여 명이었다는 것이다. 이 자리에는 "상해에서 방금 건너 온 김미리사 부인" 즉 차미리사도 함께 했다.[37]

대동교육회의 '대동大同'은 청나라 말기 변법자강론자인 강유웨이 康有爲의 대동사상大同思想에서 따온 것이다.[38] 대동교육회의 정치적 지향점은 군주의 통치권 보전을 강조하고 있어 대한제국 황실에 충성을 바치는 보황적保皇的 성향이 강했다. 군주제를 이념적 지향으로 하는 대동교육회는 민주주의를 기본이념으로 했던 안창호의 공립협회와는 그 성격이 달랐다. 공립협회의 종지宗旨는 세계열강과 공립하고 안으로는 군신과 빈부귀천, 사농공상이 모두 공립하여 공동의 이익과 목표를 추구하는 공화주의를 내세우고 있었다. 또한 입헌제도를 채택하여 1909년 2월에 국민회로 통합되기까지 북미한인지역의 한인보호와 항일 활동을 주도해 나갔다.[39]

대동교육회를 창립할 당시 재미 한인사회는 커다란 충격에 휩싸여 있었다. 이 해 11월 한국에서는 을사보호조약이 체결이 되어 외교권을 빼앗겼고, 이보다 앞선 9월 미국 대통령 루즈벨트Theodore Roosevelt가 러일전쟁을 중재하기 위해 평화회담을 주선했을 때 하와이 한인대표 옵서버로 윤병구가 참가하려 했으나 실패했다. 샌프란시스코에서

그린 호텔
로스앤젤레스 근교에 있는 한적하고 작은 도시 패서디나Pasadena는 좋은 날씨 덕분에 겨울철 휴양 도시로 각광받고 있었다. 캘리포니아 남쪽에 있는 최대의 휴양지인 이곳으로 세계 각지에서 돈 많은 관광객이 몰려들었다. 관광객이 머무는 곳은 산타페 기차역 바로 옆에 있는 호텔 그린Hotel Green이었다. 1905년 12월 9일, 이 호텔에서 접시닦이라든지 먼지떨이 등 잡일을 하는 한인들이 모여 대동교육회를 조직했다.

방사겸

차미리사 앞에 앉아 있는 이가 방사겸이다.
방사겸은 공부를 하기 위해선 노동 이민으로 하와이에 왔다가
북미주로 다시 이주해온 유학 지원생이다. 젊고 잘생기고
말 잘하는 방사겸은 장경의 오른팔 노릇을 하여
한인들을 찾아다니며 차미리사가 써준 연설문을 낭독하고
동포들에게 대동교육회에 입회하기를 권고하여
짧은 시일 내에 많은 회원을 얻었다. 이때에 차미리사는
방사겸에게 한자로 '일편단심 영원불망—片丹心 永遠不忘' 이라고
맹약서를 써주었다. 그는 당시 활동을 기록하여
《방사겸평생일기》로 남겼다.

는 동양인 배척운동이 일어나서 동양 아동들은 공립 초등학교에 못 다니게 하는 운동이 일어났고, 연방정부의 캘리포니아주 출신 하원, 상원들이 한국인과 일본인들이 하와이에서 미국 서해안으로 이주해오는 것을 막는 법안을 상정할 것이라는 소문이 파다하게 퍼져 있었다.

이 절박한 때를 당하여 대동교육회는 "나라를 사랑하는 일, 동족끼리 서로 돕는 일, 어려운 일을 당하면 서로 도와주는 일" 등을 설립 취지로 내세우고, 교육을 통해 인재를 길러 조국을 구하고자 했다. 대동교육회는 나라를 구하는 교육운동을 진흥하기 위해 새로운 지식을 담은 서적을 출간하고 신문을 번역하여 배포했다. 또한 본국과 해외 소식을 널리 알리고 동양과 서양의 정치 상황을 두루 보게 하여 한인들이 스스로 돕고 스스로 닦도록 했다.

차미리사는 교육 활동에 남다른 생각을 가지고 있었으며, 자신이 품은 큰 뜻을 펴기 위해 중국을 거쳐 미국까지 유학 온 것이다. 그가 교육운동을 국권 회복의 중요한 방편으로 삼고 있는 대동교육회의 발기인으로 선뜻 참여할 수 있었던 것은 이 때문이었다. 차미리사의 대동교육회에의 참여는 그의 생애에서 첫 민족주의 운동이요 국권회복운동이었다는 점에서 중요한 의의를 지닌다. 대동교육회에의 참여는 향후 그가 민족교육운동에 매진할 수 있는 단초가 되는 것이기도 했다.[40]

장경. 장경(본명 장홍범)은 개화에 눈뜬 한학자로 강유위, 양계초와 서신 연락을 하면서 해외 화교들과 연대를 이루어 구국운동을 모색하던 재미한인 지도자였다. 그는 화교들에게 인삼을 팔아서 생계를 유지하고 또 독립자금도 마련했다. 1903년 9월 장경은 도산 안창호와 함께 샌프란시스코에서 친목회를 조직했다. 그러나 1905년 4월 안창호가 이를 공립협회로 확장시키자 의견충돌로 1905년 12월 패서디나로 내려와 대동보국회를 조직했다. 1907년 9월 식구들을 데리고 상해로 떠났다.

재미 한인사회의 첫 사회복지가가 되다

로스앤젤레스에서 막노동을 하며 떠돌아다니는 한인들을 위해 직업 알선, 숙소 제공 그리고 성경을 가르치던 셔먼부인Mrs. Florence M. Sherman[41]이 세운 감리교 한인전도관Methodist Episcopal Korean Mission을 돌아본 차미리사는 샌프란시스코에 가서 미국 감리교 국내 여선교회의 도움으로 하와이에서 건너오는 한인들에게 숙소 제공, 직업 알선, 전도를 위한 일을 하기로 결심했다.[42]

미 본토로 이주하는 하와이 노동자들의 첫 기착지가 샌프란시스코였으므로 이들을 위한 사회 활동을 하려면 로스앤젤레스를 떠나야만 했다. 1907년 샌프란시스코에 도착한 차미리사는 하와이에서 본토로 건너오는 한인 노동자들을 위해 숙소, 직업알선, 전도 활동 등의 사회봉사 활동을 본격적으로 시작하여 1910년까지 초창기 재

하와이 한인노동자

미국 이민은 1903년 102명의 노동이민단이 갤릭호를 타고 하와이에 도착한 이후 1905년까지 7천여 명의 노동자가 하와이에 도착하면서 새로운 변화가 일어나게 되었다. 한인노동자들의 대규모 이주는 1860~70년대의 중국인 노동자, 1880~90년대의 일본인 노동자로 이어지는 하와이 사탕농장 노동자의 계보를 잇는 것이었다. 하지만 일본 정부는 1905년 을사조약 이후 한인 노동자들이 일본인 노동이민의 경쟁상대가 되는 것을 방지하기 위해 이들의 하와이 이민을 전면 금지시켰다. 대부분 선교사를 통해 이민회사에 소개된 인연으로 인해 하와이 사탕농장에 취업한 노동자들은 기독교인들이 많았다. 그들의 대다수는 총각이나 홀아비였다. 노동자 가운데 일부는 고향에 대한 그리움과 외로움을 달래고자 도박이나 도벽 등 흐트러진 생활태도를 보이거나 거친 행동을 하는 등 심리적인 안정을 찾지 못했다. 그래서 정착하지 못한 사람 가운데 약 1천여 명은 이후 귀국했다. 그러나 이러한 상황은 '사진寫眞결혼'을 통해 어느 정도 해소되기 시작했다.

미 한인사회를 위해 헌신적으로 봉사했다. 여성으로서 첫 재미 한인 사회활동가가 된 것이다.[43]

한인노동자들은 3년간 노동한다는 조건으로 하와이농장에 건너온 이들이었다. 하와이 이주민들의 초기 하와이 생활은 "낮이면 사탕 밭에서 살고 밤이면 농막에 들어가 밤을 지낼 때 피곤한 몸의 사지가 아프고 결려서 누웠거나 편치 않아 전전불매하던" 고된 날들이었지만,[44] 국내에서보다는 비교적 많은 돈을 벌 수 있었다.

그러나 한인 노동자들은 집단농장의 통제와 백인 감독들의 가혹한 노예적 사역으로 인내의 한계를 느끼고 있었다. 하와이에 체류할 수밖에 없었던 한인들은 이런 처지에서 벗어날 방법을 강구하기 시작했다. 그 방법 중의 하나가 미 본토로 이주하는 것이었다. 하와이 한인들이 미 본토 이주를 결심할 즈음, 미 본토 철도회사에서는 호놀룰루에 사람을 보내어 노동자를 모집했으며, 캘리포니아 지방에서도 때마침 새로이 전개되는 미작농원에서 노동력을 필요로 했다.

하와이 한인들이 미 본토로 이주하려 한 데에는 경제적인 이유도 크게 작용했다. 실제로 1903년 8월 당시 하와이 노동임금은 매일 10시간에 69센트인데 반해 미주에서는 1달러 25센트에서 2달러까지로, 많은 경우 하와이 임금의 3배에 달하고 있었다. 이러한 일련의 계기는 하와이 한인들이 열악한 노동 조건에서 벗어나 경제적으로 성장하려는 욕구를 상승시켜 1905년경부터 한인들이 대거 미 본토로 이주하는 데 결정적 역할을 했다.[45] 철도건설 이외에도 캘리포니아, 오리건, 워싱턴주 등 미국 서부의 쌀 농장 등에서의 노동에 종사하기 위해 하와이 농장을 이탈한 한인 노동자는 1905년에서 1907년까지 약 1,100명에 달했다.

그러자 미국 본토에서 동양인 배척 움직임이 일기 시작했다. 하와이 농장에서 일하던 동양인 노동자들이 집중적으로 몰려든 샌프란시스코 지역의 학교나 일반 사회에서 동양인에 대한 배척운동이 가장 심했다.[46] 또한 1898년 미국은 하와이를 자국의 영토로 만들면서 계약노동 이민을 불법화했으며 50달러를 소지하거나 생활 능력을 실증할 수 있는 사람들만 입국시키는 정책을 수립했다.[47] 이러한 점들 때문에 하와이에서 본토로 건너오는 노동자들의 생활 능력을 보증할 수 있는 기관이 필요했다.

이에 하와이에 있는 한인협성협회가 미국 본토로 건너가는 사람들 명단을 샌프란시스코에 보내면 공립협회와 대동보국회 대표가 선창에 마중 나가서 이민국 조사를 도왔다. 그리고 각자 일자리를 찾을 수 있는 곳으로 기차표를 사서 목표지 정거장 이름을 쪽지에 써주면 한인들은 그것을 가지고 한인들이 있는 농장으로 갔다.

이 과정에서 차미리사는 노임이 2~3배 되는 캘리포니아로 무작정 마구 건너오는 이주 한인들에게 직업을 알선하고 숙소를 마련해주었다.[48] 미 본토로 이주한 이들은 음식점 조역, 고용살이, 혹은 영업으로 기숙사, 세탁소 등을 운영했으므로 차리미사는 한국 부인들에게 미국 가정의 부엌일과 집 청소하는 것 등을 가르쳤다. 타국 땅에서 어떻게든 살아남아야 하는 한국 부인들을 파출부로 취직시키고, 아이들을 위해 탁아소를 경영하며 한국어, 영어, 성경을 가르쳤다. 남자들이 하지 못하는 여자들만이 할 수 있는 꼭 필요한 일을 맡아서 해결해 주었던 것이다.

이처럼 차미리사가 이주노동자들에게 도움을 줄 수 있었던 것은 일본인, 한국인 그리고 중국인 여자들을 상대로 활발한 선교 활동을 하여 칭송을 받던 미스 마거리타 레이크Miss Marguerrita J. Lake의 도움이 있었기 때문이다.

　미스 레이크는 샌프란시스코에 여성들을 위한 숙소shelter를 마련하고 그곳에서 여자들에게 영어, 성경, 재봉, 바느질을 가르쳤다. 또한 한국 아이들이 미국 학교에서 공부를 하되 자기 나라말과 글을 알지 못하면 후일에 큰 장애가 될 수 있다며, 대학생을 초빙하여 매일한 시간씩 한글을 가르치도록 배려했다.[49]

　차미리사가 함께 일한 미국 선교사들은 동양에 나가서 생명을 내놓고 수억의 이교도인들에게 복음을 전한 경력이 있는 여성들이었다. 이들은 개인의 영혼을 구원하는 개인복음주의가 아닌 사회복음주의의 입장에서 '우리가 살고 있는 현 세상을 하늘나라로 만들자' 며, 자선, 구제, 교육, 헌금 등을 강조했다. 또한 '하느님의 피조물인 인간은 모두가 평등하다' 는 인류평등주의egalitarian의 입장에서 남녀 차별을 반

미스 마거리타 레이크
차미리사가 샌프란시스코에서 최초의 한인사회활동가로 활동하게 된 데에는 일본인과 한국인 그리고 중국인 선교 담당이었던 미스 마거리타 레이크의 영향이 컸다. 차미리사는 1906년 봄부터 1907년 3월까지 레이크 밑에서 이주 한인노동자들을 위해 사회활동가로서의 활동을 익혔으며, 그를 통해 직업교육의 중요성도 배웠다. 백만장자의 딸 레이크는 자기 집을 선교회로 이용하도록 했으며, 미주 부인회의 첫 조직인 한국부인회를 결성하는 데 산파 역할을 했다. 그는 본래 유명한 자선가로 한국 부인과 여자아이를 수용하여 상당한 친절을 베풀었으며, 한국 아이들이 미국 학교에서 공부를 하되 자기 나라 말과 글을 알지 못하면 후일에 큰 장애가 되겠다고 하여, 대학생을 매일 한 시간씩 초빙하여 한글을 가르치도록 배려했다. 레이크를 통해 직업교육의 중요성을 터득한 차미리사는 귀국한 후 여성들이 자기의 노력으로 운명을 개척할 수 있도록 하기 위해 "일인일기一人一技 교육"을 강화했다. 사진 중앙에 친부모처럼 아기Home Baby를 안고 앉아 있는 사람이 레이크 양이다.

대했다. 여자도 능력을 다하면 국민의 당당한 구성원이 되고 민족의 지도자가 될 수 있다는 생각이다. 이들은 '부지런한 능력이야말로 하느님의 축복이다'라고 하여 노력과 개척 정신을 강조함으로써 팔자타령에 젖어 있는 여성들을 깨우쳤다. 이들이 속한 감리교 여전도회에서는 여성들이 자기의 노력으로 운명을 개척할 수 있도록 하기 위해 한 사람이 한 가지 기술을 익히는 '일인일기一人一技 교육'을 강조했다.

훗날 차미리사가 개인의 영혼 구제보다는 사회 전체가 제도적으로 구원받는 복지사회를 만들어야 한다는 신념하에 사회 활동, 교육 활동을 벌이게 된 데에는 일찍이 상동교회에서의 감화와 이후 미국 유학시절 받은 사회복음주의의 영향이 크게 작용했다. "여성의 권리를 확장함에는 여성의 경제적 능력이 필요하며, 그 능력을 얻기 위해서는 실제적, 전문적 기술이 필요하다"며 일인일기 교육을 위해 근화여학교 내에 양복과, 사진과 등을 조선 최초로 설치한 것도 이러한 경험을 바탕으로 이루어진 일이었다.

자선사업으로 여성 사회를 활성화시키다

1907년 당시 미국 경제는 불경기였고, 미국 본토 입국 허가를 받지 못한 일본인과 한국인은 하와이로부터 미국 본토로 이주할 수 없다는 미국 대통령의 명령The Executive Order 589이 이 해 3월 17일에 발표되어 샌프란시스코로 입국하는 하와이 한인들이 많이 줄어들었다. 그리고 한인들은 큰 도시에서 생활 터전을 잡는 것보다 농촌으로 가 농사짓기를 선호했고 자연히 그들은 농토를 빌리는 조건이 좋거나 익숙한 농사를 지을 수 있는 지방으로 이주해 갔다. 1908년 차미리사는 샌프란시스코에 남은 한국 가정들을 모아서 마음을 다잡고 안정된 삶을 이룰 수 있도록 돕기 위해 한국부인회를 창립하고 회장으로 선임되었다.[50] 그의 나이 30세 되는 해였다.

상항[샌프란시스코]에 있는 한국 부인들이 미쓰 레익 홈에서 부인회를 조직하였는데 회장은 밀리사 김부인이오 서기는 장경씨 부인이오 회원은 꾸레쓰문 부인 신운호씨 부인 이민식씨 부인 이성민씨 부인 박창순씨 부인이며 그 목적은 "도덕을 힘써 행하며[勵行] 국민 자격을 확충"하기로 종지를 삼았다 하며 거[지난] 화요일 오후 8시에 친목회를 열고 상항에 있는 남자 동포를 청첩하였으니 당일에 참석한 남자가 수십 인이며 회장 김부인이 취지를 설명하고 그 집주인 미쓰 레익 부인은 오르간으로 곡조를 맞추어 그 집에 수용하여 있는 한인 여자 아이들이 영어찬미가를 합창하였으며 양주삼 최정익 문양목 안정수 최운백 이명진 제씨가 해회該會[이 회]를 찬성하야 여자 의무와 사회 권한을 차례 연설한 후에 다과례를 행하고 주빈이 모두 화락한 빛으로 11시에 산귀하였다더라.[51]

"도덕을 숭상하며 자선 사업에 힘써 여성 사회를 활성화할 것"을 목적으로 조직된 한국부인회는 최초의 재미 한인 여성단체였다.[52] 이날 창립대회에는 차미리사와 인천항에서 같은 배를 타고 상해로 유학을 떠났던 양주삼이 참석하여 축하를 해주었다. 양주삼은 파커 원장의 배려로 남감리교회에서 운영하는 중서서원에 입학한 후 열심히 공부한 결과 약 3년 뒤에는 영어에 능통하게 되어 중서서원이 주최하는 전 상해학생 영어 웅변대회에 출전, 일등상을 타기도 했다. 그리고 1905년 5월 중서서원을 졸업한 후 9월 상해를 떠나 런던을 거쳐 이듬해 1월 미국에 도착했다. 미국에 건너와서는 단순히 학교생활만 한 것이 아니고 샌프란시스코에서 동포들을 위해 선교에도 종사하고 단체도 조직하고 회당도 설립하여 동포들의 친목을 도모했다. 1908년 12월에는 《대도大道The Korean Evangel》라는 기독교 월간잡지를 발행하여 한인사회를 깨우치고 고국으로 보내어 청년들을 격려했다.[53]

또한 대동공보사의 사장 문양목, 신한민보 편집 겸 발행인이며 대한인국민회 총회장이 되는 최정익 등 한인사회를 대표하는 인사들이 참석하여 부인회 창립을 축하해주었다. 1907년 10월, 대동보국회 회원이었던 차미리사는 문양목 등과 함께 나라가 날로 위급해지는 것을 염려하여 이승만에게 장문의 편지를 보내 독립운동 지원을 요청한 바 있었다.[54] 특히 이후 최정익과는 각별한 관계가 된다. 훗날 차미리사가 귀국하여 배화학당 사감으로 있을 당시 자신의 제자를 최정익의 아들 최동에게 소개하여 두 사람이 결혼했기 때문이다.

한국부인회는 정치적으로는 중립을 지켰으며, 자녀들에게 한국어를 가르치고, 교회 사업을 후원하며, 동포 간의 친목을 증진하는 등의 활동을 했다.[55] 이미 대동교육회부터 여성교육을 비롯한 여성 문

문양목文讓穆(1869~?). 문양목은 충남 서산에서 태어났으며, 향리에서 후학을 가르치던 중 동학농민전쟁이 발발하자 서산의 북접北接 조직을 통해 농민군에 가담하여 활동했다. 동학농민군으로 활동 중 체포되었다가 탈출한 문양목은 1903년 인천으로 피신, 서당 교사를 하던 중 1905년 '을사조약'으로 한국이 사실상 일제의 강점 하에 들어가자 하와이 사탕수수농장 노동자 모집에 응해 하와이로 이주했다. 이듬해 샌프란시스코로 건너간 문양목은 1907년 3월 장경張景·백일규白一圭 등과 함께 국권회복을 목적으로 대동보국회大同保國會를 결성, 회장으로 재임하면서 기관지인 《대동공보》의 주필도 겸했다. 1908년 3월 전명운田明雲과 장인환張仁煥이 대한제국 외교고문인 스티븐스를 처단하자 문양목은 두 의사의 재판후원회 결성을 주도하여 양 의사의 공판을 '독립재판'으로 규정하는 등 재판 과정을 통해 한국인의 독립의지를 미국 사회에 인식시키는 노력을 전개했다.

근화교정에서의 최선학과 차미리사
최정익의 아들 최동은 세브란스의대를 졸업한 후 아들 최선학과 부인을 차미리사에게 맡기고 유학을 떠났다. 최선학은 차미리사를 '안국동 할머니'라고 불렀는데, 이는 어머님을 모시고 안국동 근화여학교에서 차미리사와 함께 살았던 경험에서 연유한 것이다.

최정익崔正益. 최정익은 1909년 2월 10일 미국에서 재미교포 단체가 창간한 신문인 《신한민보》 초대 편집 겸 발행인이었다. 최정익의 손자 최선학은 차미리사와의 관계를 다음과 같이 증언했다. "고 차미리사 여사는 나의 유일한 친조모와 같은 인물이셨다. 나의 모친께서 배화고녀 재학시 복부수술(맹장수술)차 세브란스 병원에 입원 중 젊은 의학도셨든 나의 부친[최동]과 상봉하셔서 당시 배화 기숙사 사감을 겸임하고 계시든 차여사께서 나의 조부님[최정익]과 미국에서 구국운동의 동지이셨든 연줄로 나의 양친의 혼인을 중매하셨다고 들었다."

제에 관심을 가지고 있던 대동보국회 계열에서 이러한 단체를 결성했던 것은 자연스러운 일이었다. 그러나 한국부인회는 그들만이 아니라, 공립협회 계열의 여성들과 공동으로 활동했을 것이다. 당시 미주에서 여성단체의 운영이 대동보국회 계열의 여성만으로는 쉽지 않았을 것이기 때문이다.[56]

차미리사는 한국부인회 회장으로 활동하면서 본국에 고아원을 설립하는 운동에도 깊숙이 관여했다. 1908년 11월, 대동보국회는 본국과 연계되는 민족적 애국사업으로서 평안북도 선천에 대동고아원大同孤兒院을 설립하고 주로 미주에 있는 교포들로부터 성금을 거두어 운영하도록 했다. 국내에 고아원을 설립하려는 움직임은 이미 1907년경부터 있었다. 이 대동고아원 설립에 적극적으로 개입한 인물 가운데 하나가 바로 스티븐스 저격사건을 감행한 장인환이었다. 대동고아원은 평안도의 목사인 양전백에게 맡겨져 선천에 설립되었으며 주무 담당자들은 모두 선천 지역의 목사들이었다. 대동고아원을 후원하는 이들 중에는 이승만, 이대위와 같은 거물급 민족 지도자들도 포함되어 있었다.

대동고아원의 설립 취지는 불쌍한 고아를 거두어 양육하여 완전한 국민으로 성장시키는 데 있었다. 고아원의 설립 운영은 애국계몽운

장인환張仁煥(1875~1930). 평안남도 대동군에서 태어나 어려서 고아가 되어 어렵게 자란 장인환은 1905년 하와이로 이민을 떠났고 1906년 샌프란시스코로 이주했다. 이곳에서 대동보국회 회원으로 활동하던 중, 1908년 통감부의 식민정책을 옹호하던 스티븐스를 저격하여 살해했다. 재판 결과 금고 25년형을 선고받았으나 10년만인 1919년 가출옥하여 대동고아원 사업을 돌봤다.

동의 일환이었다. 이 사업을 통해 재미 교포 유지들을 결속하고 구국운동의 힘을 다지려는 것이었다. 대동고아원 설립운동은 대동보국회 회장 이병준과 대한부인회 회장 차미리사가 중심이 되어 이끌어갔다. "교회사업 후원"을 목적으로 조직된 한국부인회에서는 회원들이 상당한 액수의 의연금을 냈다. 회장 차미리사도 총 40원[40달러]를 출연했는데, 학비와 생활비를 스스로 마련해야 하는 처지에서 40원이란 결코 적지 않은 액수로 이 사업에 대한 차미리사의 열정을 잘 보여주는 것이라 하겠다.

대동고아원 사업은 일본의 한인 유학생 사회에까지 알려졌다. 1909년 2월, 유학생 사회에서 간행하는 《대한흥학보》에는 대동보국회 회원 이병준, 차미리사, 장성산 등이 한국에 고아원을 설립하기로 발기하고 우선 평양을 그 적임지로 삼았다는 기사가 실렸다.[57] 1910년 8월 차미리사가 학업을 계속하기 위해 캔사스시로 출발한 이후 고아원 사업은 대동보국회 회장 이병준이 운영에 직접 참여했으며 1919년 이후로는 가석방된 장인환이 맡았다.

이처럼 차미리사가 30세의 젊은 나이로 미주 한인사회의 지도자가 될 수 있었던 데에는 백만장자의 딸 미스 레이크의 도움이 컸다. 남북전쟁 이후 미국 전역에 사회복음주의가 팽배했는데, 미스 레이크도 이를 실천하던 여선교사 중 한사람이었다. 유명한 자선가인 미스 레이크는 자기 집을 선교회로 이용하도록 했으며, 미주 부인회의 첫 조직인 한국부인회를 결성하는 데 산파 역할을 했다. 차미리사는 미스 레이크와 함께 벌여왔던 사회봉사 활동을 인정받아 한국부인회 회장이 될 수 있었다. 차미리사는 미스 레이크로부터 사회복음주의 정신을 배우면서 조선의 여성들을 구원할 지도자로서의 자질을 키우고 있었던 것이다.

차미리사는 미국 생활에서 인상 깊었던 일로 여성들의 활발한 사회 활동을 꼽았다.

황금의 나라 자유의 나라 미주에 있을 때 가장 느낀 바는 그 나라 여성들의 사회사업 열입니다. 나는 그 철저함과 범위가 굉대한 것을 보고 한편으로 놀라운 마음도 있었고 또 한편으로는 조선 여성들은 언제나 이러한 일을 해볼까 하는 비관을 한 일이 있습니다.[58]

그러나 그들의 문화가 그렇게 진보한 것은 그들의 노력과 지성이 있기에 가능했다는 사실을 깨달았다. 그리고 조선 여성도 노력과 열성만 있다면 무엇이든지 할 수 있다는 것을 믿게 되었다. 그는 귀국 후 여성교육사업을 본격적으로 시작했는데, 이는 자신이 미국에서 느낀 바를 실천에 옮기려는 것이었다.

나라를 위하여 피 흘리는 것은 백성 된 의무다

차미리사가 떠돌이 한인노동자들을 위해 사회봉사 활동에 전념하고 있을 때 조국의 운명은 한층 더 기울어갔다. 1905년 을사조약으로 주미 한인공사관이 철폐되자 해외 한국인은 망국인으로 전락했고, 한국 정부는 해외 한인들에게 일본 영사의 보호를 받으라고 선언했다. 1907년에는 고종황제의 강제 퇴위, 정미 7조약 체결, 신문지법, 보안법, 군대 해산령 등 식민지화 소식이 연이어 고국에서 들려왔다. 단군 이래 사천 년의 예악문물과 삼천리강토가 유린되고, 이천만의 생명이 위태로우며, 오백 년 종묘사직이 무너진다는 소식이 미주 한인 사회를 격동시켰다. 이처럼 급박하게 변하는 국내외 정세에 대응하기 위해, 1907년 1월 샌프란시스코에서 "동지의 단결과 지혜의 계발"을 목적으로 하는 대동보국회大同保國會가 결성되었다.[59] 대동보국회는 앞서 교육구국운동을 위해 결성했던 대동교육회를 확대 개편한 것이었다.

샌프란시스코에서 사회봉사 활동을 하고 있던 차미리사도 대동보국회 창립에 참여했다. 모든 국민이 대동 협력하여 군주와 나라를 보존한다는 취지하에 창립된 대동보국회는 2대 주의와 3대 강령을 제창했다. 2대 주의란 "밖으로는 천하의 여론을 환기하여 동양의 평화를 보유하고, 안으로는 동포의 마음을 결합하여 한국의 안전을 보전한다"는 것이었다. 즉 대외적으로는 동양평화론을 수용하고, 대내적으로는 민족의 대동 결합을 촉구하는 것이었다. 이와 아울러 3대 강령으로 "인민 교육의 확장, 인민 실업의 흥기, 인민 자치의 창설" 등을 내세웠다. 그것이 바로 기울어져 가는 나라를 보존할 수 있는 길이라는 주장이다.[60] 요컨대 대동보국회는 교육과 실업, 그리고 자치라는 실력양성에 기초한 보국론을 주장한 것이다. 1905년 결성된 대동교육회는 국권을 되찾는 방안으로 교육만을 강조했는데, 이제 대동보국회에서는 교육과 함께 실업, 자치와 같은 문제도 아울러 주장했던 것이다. 즉 대동교육회를 대동보국회로 개편한 배경에는 실력양성론의 확대 · 강화가 작용하고 있었음을 알 수 있다.

그러나 대동보국회는 실력양성론에 입각한 사회단체적인 성격뿐만 아니라 정치적 목적의 수행을 주장한 단체이기도 했다. 이들은 일제에 의해 강제로 체결된 정미 7조약의 부당함을 주장하며 동포의 궐기를 촉구하는 격문을 국내로 보냈다. 격문에는 "보국단체를 결성하여 백성들의 기운을 크게 일으키고, 엉터리 조약을 맺은 간신을 쏘아 죽이고, 간신배 도적들이 맺은 미치광이 7조약을 결사반대한다"고 했으며, "간신의 목을 베지 않으면 한국 민족은 영원한 노예가 된다. 간신배 도적들의 조약을 폐지하지 않으면 한국은 영원히 망한다. 대동단체를 결성하지 않으면 나라를 보존할 수 없다. 나라를 위한 의로운 피를 흘리지 않으면 한국은 독립할 수 없다"는 내용이었다. 이것은 대동보국회가 무력 투쟁을 통해서라도 정미 7조약을 무효화해야 한다는 정치적 입장을 취하고 있었음을 보여주는 것이다. 대동보국회는 이념적으로 군주체제의 옹호에 관심을 가지고, 황제권의 강화를 통한 국권 회복을 추구했다. 그리고 그 실천 강령으로 실력양성론과 의혈투쟁을 주장했다.[61]

1907년 10월 3일 대동보국회는 강경한 항일언론을 펴는 《대동공보 大同公報》를 기관지로 발행했다. 《대동공보》 논설의 주요 논지는 국권 회복, 애국심 고취, 황제 존숭, 의병 활동 지지 등이었다. 이 해 11월 14일 차미리사는 〈상제를 믿고 나라를 위할 일〉이라는 논설을 《대동공보》에 기고했는데, 이 글은 '나라의 독립과 자유는 국민 모두가 창칼에 맞서 피 흘려 싸울 때에만 얻을 수 있다'는 취지의 독립전쟁론이었다.

그는 이 글을 쓰게 된 동기를, 자신은 비록 이 세상에 성명 없는 일개 여자이지만 나라를 위해 동포를 사랑하는 데는 남녀가 없으며, 또한 나라가 망하는 지경에 적은 체면을 차리고 수수방관만 할 수 없어, 국민들이 조선의 독립을 위해 영웅적으로 투쟁하기를 기대했기 때문이라고 밝혔다.

차미리사의 독립전쟁론은 기독교 신앙에 근거를 두고 있었다. 차미리사는 현재 눈앞에 보이는 나라와 동포를 사랑하지 않으면서 내세의 천당을 믿고 사랑한다고 하는 것은 거짓신앙이라고 했다.

우리 상제를 믿는 형제자매여. 우리가 이 세상에서 보는 나라와 동포를 사랑하여 선을 행치 못하면 어찌 보이지 않는 천국을 사랑한다 하리오. 이는 거짓 착한 체하는 자라. 어찌 실상으로 믿는다 하리오.

이웃의 고통을 외면하는 내세지향적인 영혼구원 신앙, 정의롭지 못한 현실 사회에 대해 무관심한 초월주의적 신앙, 정교분리를 내세우며 민족의 아픔을 외면하는 경건주의적 신앙 모두를 비판한 것이었다. 차미리사의 신앙은 현실을 외면하는 신비주의적인 것이 아니었기에 국권 회복이라는 시대적 과제를 직시할 수 있었다. 그리고 조국의 독립을 위해 순교하는 것이야말로 진정으로 하나님의 뜻에 따르는 것이라고 했다.

대개 죽음이 여러 가지 죽음이 있는 중에 오직 한 가지 요긴한 죽음이 있으니 이는 나라를 위하여 이혈보국의 제일 죽음이니 차는 하나님의 진실된 이치라. 진리를 모르면 어찌 내가 죽고 남을 구할 정신이 있으리오.

차미리사는 "내 한 몸 사는 사사 정욕"인 사익을 버리고, "살신 구국하며 망한 국권을 회복하여 이천만 동포를 구하는 선"인 공익을 취할 것을 호소했다. 나라가 망할 즈음에 하나님을 믿는 기독교인이 해야 할 가장 큰 책무는 억압받는 동포들에게 자유를 되찾아 주는 일이라는 것이다. 이러한 기독교 신앙관에 비추어 볼 때, 나라가 망하고 민족이 고통을 받고 있는데도 수수방관하는 것은 기독교 정신에 위배되는 것이며 하나님 앞에 죄를 짓는 것이 된다. 반면 피로써 나라를 지키는 "이혈보국以血保國"이야말로 가장 공익적인 삶이 된다. 조국의 독립을 위해 피 흘려 싸우는 것이야말로 하나님의 뜻에 순종하는 정의로운 일이기 때문이다.

차미리사는 우리가 어떠한 어려움에도 굴하지 않고 하나님에 대한 믿음을 가지고 청결한 피를 흘려 노예상태를 끊으려 한다면 하나님은 반드시 도와줄 것이라고 확신했다. 하나님의 선하신 능력은 거룩하고도 어질기 때문이다. 그 실례로 조지 워싱턴의 미국 독립전쟁을 들었다. 워싱턴이 하느님을 믿고 독립전쟁을 일으켜 대영제국의 군대에 맞서 싸워서 이긴 것처럼 한국인도 기독교 신앙으로 무장하여 독립전쟁을 일으킨다면 일본을 물리치고 국권을 회복할 수 있다는 것이다.

조국이 국권을 되찾으려면 '애국신앙'과 '하나님의 성령'이 함께 해야 한다는 것이 차미리사의 생각이었다. 애국신앙이란 워싱턴처럼 조국의 독립과 자유를 위해 기꺼이 제물이 될 각오를 말한다. 따라서 하나님의 도움으로 나라를 되찾으려면 먼저 이천만 국민이 일본의 대포와 군함의 위협에 맞서 피 흘려 싸울 각오를 해야만 한다. 즉 워싱턴과 같은 영웅이 8년간의 혈전을 치루며 미국을 독립시킨 것처럼 우리도 독립을 쟁취하기 위해 피 흘려 싸워야만 한다. 독립과 자유는 아무런 대가 없이 저절로 주어지는 것이 아니기 때문이다.

이에 차미리사는 워싱턴과 같은 애국신앙을 가지고 조국의 독립과 자유를 위해 무기를 들고 싸울 것을 호소했다. 고통 받는 민족을 위해 목숨을 버릴 때 그것은 숭고한 죽음이고, 고난당하는 조국을 해방시키는 것은 하느님의 뜻에 맞는 정의로운 일이므로, 우리가 독립과 자유를 위해 피를 흘리면 자비로운 하느님의 성령은 반드시 우리와 함께 하실 것이라는 믿음이었다.

우리나라가 이와 같이 급한 때를 당하여 성신의 방위가 아니면 승전키 어렵도 다. 우리 이천만 형제자매가 일심으로 상제를 믿고 대포 앞에 나가 원수를 대적하면 대자대비하신 상제께서 도와주실 것은 명명이 소연토다. 우리의 믿는 정성이 상천께 감동하면 지극히 공평하시고 널리 사랑하시는 상제께서 그 자녀로 하여금 어찌 독립을 주시지 않으리오.

그리고 차미리사는 정의로운 하나님의 뜻에 따라 자신이 앞장서서 독립전쟁에 참여하여 기꺼이 희생을 하겠다고 다짐했다.

취하리라 취하리라 이혈보국 취하리라. 저 원수의 대포알이 우리 한국 독립 결과될 꽃봉이라. 이 내 몸은 대포알에 집이 될지라도 내 나라만 독립되면 나의 죽음 꽃이로다. 동포 동포여 내가 참으로 고하노니 나라를 위하여 피 흘리는 것은 백성 된 의무요 동포를 위하여 피흘리는 것은 사람의 직책이라. 우리의 직책을 다하여 세상에 빛이 되고 나라에 꽃이 되옵시다.

차미리사의 "피 흘려 나라를 지키겠다"는 이혈보국의 맹세는 "나라를 위한 의로운 피를 흘리지 않으면 독립할 수 없다"는 대동보국회의 실천 강령과도 일맥상통하는 것이었다. 이와 같은 차미리사의 의혈투쟁론은 독립을 최우선 가치로 두는 즉각독립론, 절대독립론이다. 이는 약육강식, 우승열패, 적자생존의 사회진화론에 입각하여 국가 민족 간의 생존 경쟁에서 살아남기 위해서는 우선 힘을 길러야 하며 실력양성을 통해 독립을 이룩해야 한다는 '선실력 후독립'의 문명개화론과 대비되는 반침략투쟁 논리인 것이다.

독립혈전을 주장하는 대동보국회의 기관지《대동공보》가 재정난으로 정간될 상황에 처하게 되자 차미리사는 신문 발간을 위해 대동공보 찬성원 동맹회 의연금을 꾸준히 내는 한편 샌프란시스코에 머무는 동안 신문사를 위해 노력 봉사를 다할 것을 약정했다.[62] 1908년 1월 22일 열린 대동보국회 중앙회 3차 대의회에서 차미리사는 여자로서는 유일하게 상의원에 선임되었다.[63] 명실상부하게 미주 독립운동의 여성 지도자가 된 것이다. 그리고 국내에서 "우리 조국의 사천여 년 교화의 기관이요 우리 동포의 이천만 인명의 생명"인《제국신문》이 자금난으로 정간되자, 이를 복간하고 영원히 보존하는 영보제국신문永保帝國新聞운동의 발기인이 되었다.

1909년 2월 1일 공립협회는 하와이의 협성협회와 통합하여 국민회를 결성했다. 재미 독립운동 세력이 국민회로 통합됨에 따라 대동보국회는 자연 세력이 미약해질 수밖에 없었다. 또한 1910년경 들어 미국 경제가 침체되고 대통령의 행정조치법(제589호)으로 인해 한인들이 하와이에서 샌프란시스코로 더 이상 건너오지 않았다. "경제공황으로 회비가 한 푼도 걷히지 않아 아무런 활동도 하지 못한 채 시간만 허비하고 하와이에서도 본토로 이주하려는 동포가 생기지 않는"[64] 등 전반적으로 침체된 사회 분위기 하에서, 국민회와 대동보국회를 합치자는 논의가 본격적으로 제기되었다. 그 결과 1910년 5월 10일 대동보국회와 국민회가 통합하여 대한인국민회가 결성되었다.

이 무렵 차미리사는 사회 활동을 중단하고 미주리주에 있는 스캐리트 신학교로 유학을 떠난다. 그동안 그의 사회 활동을 적극 지원해 주던 미스 레이크가 은퇴하고, 경제 공황과 행정조치법으로 인해 미국 본토로 이주해 오는 한인 노동자도 거의 없었으며, 자신이 몸담고 있었던 대동보국회가 대한인국민회에 사실상 흡수 통합되어 활동 기반마저 축소되었기 때문이었다. 그리고 무엇보다도 그가 사회활동가로서 활발하게 봉사 활동한 것이 미국 선교사들 간에 소문이 나서 그들의 도움으로 감리교 계통의 스캐리트 신학교에 장학금을 받고 입학할 수 있게 되었기 때문이었다.[65]

다시 그리운 조국으로

1905년 10월경 미국에 도착한 후, 약 5년간의 교육운동(대동교육회 활동), 사회운동(이주노동자 숙소 및 취업알선, 한국부인회 활동), 독립운동(대동보국회 활동), 언론운동(《대동공보》 간행과 논설문 기고) 등을 활발하게 펼친 차미리사는 1910년 8월 2일 미국 중부 미주리주 캔사스시에 있던 스캐리트(여자) 성경학원The Scarritt Bible and Training School,[66] 즉 스캐리트 신학교에 입학하기 위해 샌프란시스코를 떠났다. 그의 나이 서른 두 살 되는 해였다.

미주 한인사회의 대표적인 신문인 《신한민보》는 차미리사가 미국 선교사들의 추천으로 여성신학교에 장학금을 받고 가게 되었다고 축하해주었다. 이어 갖은 고난과 역경을 이기고 여성의 광명을 위해 학업 길에 오른 차미리사를 '한인 여성계의 영광'이라고 대서특필했다.

다년간 상항[샌프란시스코]에 두류하던 밀리사 김부인은 본래 독실한 신교인으로 증왕에 상해 중서학원에서 공부하다가 다시 유학차로 미국에 건너온 지 여러 해에 학비를 마련하기에 노고를 피치 않더니 마침내 그 뜻과 같이 되어 금에 학업을 전공할 차로 작일에 상항을 떠나 칸사스시티를 향하였더라. 장하도다 김부인의 품은 뜻이여. 천신만고를 무릅쓰고 스스로 학자를 마련하여 독행독립으로 학업을 마치고자 할 뿐 아니라 그 목적은 자기의 일신을 위함도 아니라. 우리나라의 여자 사회에 교편을 들고 광명한 길로 인도코자 함이니 돌아보건데 전국 일 천만 명 자매 중에 이와 같은 이가 그 몇 분이 되는지 기필치 못하는 바라. 우리는 아국의 자매를 위하야 하례하며 또한 그 성공이 속히 있기를 축수하노라.[67]

스캐리트 신학교는 남감리교에서 미 국내와 외국 선교사를 양성하기 위해 운영하던 2년제 특수 성경학교였다. 이 학교 졸업생들은 외

스캐리트 신학교
1892년 미국 남감리교회 해외여선교회를 창립하고 초대 회장을 맡았던 베네트B. H. Benett(1852~1922)와 스캐리트Nathan Scaritt가 여선교사 양성을 목적으로 캔자스시에 설립하여 많은 선교사를 배출한 학교. 국내에서는 이 대학을 흔히 스캐리트 (여자) 성경학원이라고 지칭했다. 일종의 여교역자 양성 전문 신학교와 같은 대학이었다. 1924년에는 학교의 위치를 테네시주 내슈빌Nashville로 옮겼다가 1995년경 폐교된다. 학교 규모는 학생 200명가량 밖에 안 되는 소규모 대학으로 선교사 훈련을 철저하게 시켜 졸업 후 중국, 한국 등지에 파견하여 선교 교육 사업을 담당하게 했다. 차미리사는 1912년 이 학교에서 2년간 수학한 후 여성 토박이 전도사로 본국에 파송되었다.

국보다는 미국 내 큰 도시에 있는 여자를 위한 쉼터에서 사회복지가 social worker, 전도사, 보모로 일했다. 차미리사는 "학교 기숙사에서 생활하였던 것이 나의 일생을 통하여 제일 재미있었다"고 학창 생활을 회고했다.

나는 기숙사를 불러 가로대 평화와 기쁨의 집Peace and happy home이라 하였었다. 이 기숙사에서 생활하든 때에 나의 지금 하는 교육 사업을 꿈 꾸어보 았으며 결심도 하였든 것이었다.[68]

차미리사의 학창 생활 또한 놀라운 신앙심과 헌신적인 생활 태도로 동료 학생들에게 깊은 감동을 주었다. 그의 기숙사 룸메이트였던 그루츠필드Olga. V. Grutchfield 부인은 남편에게 다음과 같이 편지를 썼다.

이곳[스캐리트]은 지금까지 내가 있었던 곳 가운데서 가장 즐거운 곳입니다 …… (85명의 기숙사생 가운데는) 멕시코에서 온 두 명과 한국에서 온 사람이 있습니다. 한국인은 그녀의 사진을 나에게 보여주었습니다. 그의 신앙과 헌신은 참으로 놀라우며 그리고 그녀의 공익적인 삶의 이야기는 소설보다 훨씬 재미 있습니다. 많은 사람들이 그녀에게 삶의 이야기를 써서 출판하도록 요구하기

때문에 곧 그렇게 할 예정이라고 합니다. 그녀의 이름은 김 씨 부인이며 어려서 과부가 되었습니다. 그녀의 나이는 34세가량입니다.[69]

차미리사는 1910년 가을 학기부터 1912년 봄 학기까지 2년을 다니고 스캐리트 신학교를 졸업했다. 이 대학에는 일반 대학생과 2년 간 수학하는 시니어 반이 있었는데 차미리사는 시니어 반 출신인 것으로 생각된다. "일천만 여성들을 광명의 길로 인도하겠다"는 큰 뜻을 품고 학업의 길에 들어선 차미리사는 서른 네 살 되는 1912년 7월, 한국인으로서는 최초로 스캐리트 신학교를 수료했다.[70]

차미리사가 미국에서 활동하는 동안 평생에 한이 되는 일이 두 가지 있었다.

내가 미주에 가서 있을 때에 칠십 노모의 돌아가시는 것을 임종 못한 것도 평생에 유한이 되는 일이지마는 그보다도 더 가슴에 맺히고 쓰린 것은 본국 떠나갈 때에 두고 간 여섯 살 먹은 딸의 소식을 알지 못하는

스캐리트 신학교 학창시절
스캐리트 신학교 기숙사 앞에서 동료들과 함께 찍은 사진이다. 차미리사는 기숙사를 '평화와 기쁨의 집'이라고 불렀으며, "학교 기숙사에서 생활하였던 것이 나의 일생을 통하여 제일 재미있었다"고 회고했다. 기숙사 생활은 규율이 엄격했다. 아침 6시에 기상하여 7시에 아침 식사를 한 다음 명상 시간을 가진 후 9시부터 12시까지 오전 수업을 받았다. 12시에 점심 식사를 한 후 오후 2시부터 4시까지 오후 수업을 받았다. 오후 6시에 저녁 식사를 했으며 밤 10시까지 공부하고 잠자리에 들었다.

그것이다. 그 자식이 그 뒤에 죽고 말았는지 혹은 살아서 이 세상에 있는 것을 내가 잘 알지를 못하는지 아직 의혹을 풀지 못하였다. 내가 미주에 가던 그 해 (1905년) 가을에 모친의 편지를 본즉 그 아이가 놀러나갔다가 행위불명이 되었다는 말이 있었다. 그러나 그 해에는 공부에 잠심을 하는 까닭에 그저 심상히만 생각하고 또 잃어버렸더라도 그동안 찾았거니만 믿었더니 급기야 귀국하여본즉 가족이라고는 다 각처로 흩어져서 어찌 되었는지 알 수가 없고 딸의 소식도 들어보지 못하였었다.[71]

노모의 임종을 지켜보지 못한 것과 고국을 떠나면서 늙은 홀어머니에게 맡긴 딸을 잃어버린 일이 평생 한이 된다는 것이다. 차미리사는 귀국 후 가출한 딸을 찾기 위해 백방으로 노력했다. 지방의 교인과 선교사들이 왕래할 때면 딸을 좀 찾아달라고 부탁도 하고 신문(매일신보)에 광고까지 했다. 일 년이면 찾아오는 가짜 딸도 많았고 자신이 직접 찾아가 본 가짜 딸도 많았다. 성만 비슷하다 해도 찾아가 보고 일찍 부모를 여의었다는 여자만 보아도 차미리사는 유심히 살펴보았다. 길을 걷다 딸아이 또래의 여자를 만나면 그 자리에 얼어붙은 듯 멈추곤 했다.

그러다가 어떤 사람이 황토현 서 씨 집에 여자 하나가 있는데 꼭 차미리사의 딸 같다고 말해주었다. 차미리사는 모든 일을 제치고 찾아가 보았다. 하지만 도무지 친딸인지 아닌지 알 수가 없었다. 다만 어렸을 때 있던 우두자리와 수가마 위에 흔적이 있는 것이 맞아떨어질 뿐이었다. 서로 증거가 확실하지 않으니 피차 어떻다고 말도 못하고 마음만 더 아려오고 안타까울 뿐이었다.

그 뒤로부터는 그 여자도 차미리사를 어머니라 부르며 가끔 찾아오곤 했다. 차미리사도 그를 다른 사람과는 달리 생각했다. 그러다가 1919년 3·1운동 소란 통에 그 또한 어디로 갔는지 아주 소식도 닿지 못하게 되었다. 항상 궁금하던 차에 몇 년이 지난 다음 그 여자가 다시 찾아와 만났는데 결혼을 하여 진남포에 가서 사는데 벌써 아들까지 낳았다고 했다. 차미리사는 자신의 애끓는 심정을 다음과 같이 토로하곤 했다.

아~ 인간의 일이란 참으로 알 수가 없다. 내가 낳은 자식이라도 내가 참으로 알 수가 없다. 그 여자가 과연 나의 딸인가 또는 아닌가 생각할수록 가슴만 답답하다. 평소에는 과히 그러한 줄을 모르지만 밤이 고요하던지 몸이 좀 아프던지 하여 혼자 누웠을 때에는 여러 가지의 생각이 머리 위에서 돌 뿐이다.[72]

차미리사 호적등본
차미리사는 1879년 음력 8월 21일(양력 10월 6일) 한성부 서부 공덕
리(현 서울 마포구 아현동)에서 아버지 차유호車柳鎬와 어머니 장 씨張
氏 사이에서 6남매 중 막내로 태어났다. 1939년에 환갑을 맞이했으
므로 출생연도는 1879년이 맞다. 그러나, 호적부에는 출생 연월일
이 1880년 8월 21일로 기재되어 있다. 1879년에 출생했으나 호적
에 뒤늦게 올린 탓에 이런 차이가 있는 것으로 보인다.

〈나의십세전후, 엽전한닙에두묵
씩하는 솔석냥을 또조개썼다〉
(《동아일보》1930년 4월 16일자)

조선에서는 출생 시뿐만 아니라 양육할 때도 언제든지 아들을 주로
했다. 아들에 대해서는 무리한,맹목적 우월감을 길러주는 반면, 딸
에 대해서는 강제적 의무와 복종만을 요구했다. 그 결과 여성은 아
내로서의 어머니로서의 참된 지위를 잃었다. 그리고 자아까지 잃었
다. 반면 차미리사 부모는 무남독녀외딸에게 "완전히 독립하여 살
아 갈 생각을 하라"고 가르쳤다. 독립심과 자립심을 가지라는 어릴
적 아버지의 가르침은 차미리사의 일생을 통해 꺼지지 않는 등대가
되어 주었다.

상동교회 건립성금 명부
나이 열여덟 되던 해인 1896년 차미
리사는 혼자 된 어머니, 고모와 함께
상동교회에 나가 스크랜턴 선교사
로부터 '미리사Mellisa'라는 세례명
을 받았다. 새 예배당은 교인의 헌금
으로 건축했는데, 차미리사도 어머
니와 함께 건립성금을 냈다.

〈염정동 예배당 지하실에서 사무를 보든 감회 깊흔 옛날 광경〉

종다리 예배당 종탑에서 학생 10명 남짓으로 시작한 부인야학강습소의 학생 수가 계절이 한번 바뀐 뒤 160여 명으로 급속하게 늘어나자 열 평도 안 되는 종탑 교실이 비좁게 되었다. 부인야학이 반년 만에 큰 성황을 이루자 종다리 예배당에서는 자기들도 이 사업을 하겠다며 집을 내놓으라고 했다. 종다리 예배당 측에서 그동안 중단되었던 남자야학교를 재개한다고 하니 공간이 문제였다. 사회의 이목도 있고 해서 남자와 여자가 밤중에 같은 공간에서 공부할 수 없었다. 이 때문에 부인야학은 일시 중단되었다. 하는 수 없이 차미리사는 내리는 비를 맞으며 온 시내를 돌아다니다 그 해 9월 18일 염정동 새문안교회 의 캄캄한 지하 방 하나를 겨우 얻게 되었다. 차재명 목사의 배려가 있었기에 가능했다. 석탄과 묵은 짐 짝이 수북한 지하실이었지만 덕분에 조선여자교육회는 다시 야학을 계속할 수 있었다.

2 일천만 조선여성이여
오라, 다 내게로 오라

우리는 죽더라도 독립을 해야 한다

여섯 살 된 딸아이를 늙은 어머니에게 맡기고 중국과 미국으로 건너갔던 차미리사는 1912년 8월 서른넷의 나이에 귀국했다. 쓰개치마를 벗어 던지고 배움의 길을 찾아 떠난 지 11년 만이었다. 조국을 떠날 때에는 국운이 기울어지기는 했지만 그래도 어엿한 주권 국가였다. 그러나 이제는 완전히 나라 잃은 식민지가 되었다. 차미리사는 "나라를 빼앗긴 처지에서 외국에 있느니보다는 차라리 고국에 돌아와서 여러 동지들과 손을 잡고 직접으로 사회의 일도 하며 청년 여성을 교육시켜 우리의 실력을 양성하는 것이 무엇보다도 필요하다"고 판단하고 귀국을 서둘렀다. 때마침 배화학당에서는 기독교 신앙심이 독실하고 서양 근대문명을 체험한 능력 있는 여교사를 찾고 있었다. 미국 감리교 외국 선교부는 차미리사의 깊은 신앙심과 샌프란시스코에서의 사회봉사 활동을 높게 평가하여 그를 한국에 토박이 선교사로 파견하기로 결정했다. 차미리사는 배화학당에 교사 겸 선교인으로 파송되었다.[73]

배화학당은 감리교회 계열의 개신교 학교였으므로 스캐리트 신학교 출신의 선교사 교사들이 이미 여러 명 와 있었다. 차미리사가 부임할 당시 배화학당은 여러 가지 어려움에 처해 있었다.[74] 무엇보다도 주권을 잃고 신음하는 민족의 아픈 현실 속에서 망국의 설움을 안고 찾아오는 학생들에게 민족 독립의 의지와 삶의 희망을 확고히 심어주는 일, 즉 민족교육의 터를 확고히 닦는 일이 시급했다. 이와 같은 시대적 요구에 부응하여 부임한 교사가 남궁억과 차미리사였다. 이들은 설립 초기부터 꾸준히 성장해 온 배화학당 한국인 교사의 맥을 이어 민족교육과 여성교육의 기초를 다져 나갔다. 차미리사는 1912년부터 1920년까지 거의 10년 동안 배화학당에 재직하면서 학생들에게 성경과 영어를 가르쳤다. 뿐만 아니라 기숙사 사감으로 있으면서 학생들에게 자립심과 민족의식을 고취시키는 역할도 훌륭히 해냈다.[75]

차미리사는 학생들이 자기 삶에 대해 주인 의식을 갖고 낡은 사고와 구태의연한 생활방식을 개선해 나가도록 교육했다. 그는 항상 "우리의 생활을 우리가 개선해 나가자"는 주체적인 주장으로, 기숙사생

배화학당 졸업식(1913)
1913년 배화학당 졸업식 사진이다. 차미리사는 1912년 8월 스캐리트 신학교를 졸업하자마자 배화여학교의 교사 겸 선교인으로 파송되었다. 앞줄 왼쪽에서 두번째가 차미리사다. 귀국 직후의 모습을 보여주는 사진이다. 당시 차미리사의 나이는 35세였다.

배화학당, 현관에 모여선 직원과 생도
배화학당은 1898년 미국 켄터키에 있는 남감리교회 여선교부에서 조선에 선교를 위해 병원과 함께 설립한 학교다. 여선교사 미스 캠벨이 조그마한 글방으로 시작하여 교인의 자녀를 가르치다가 1915년 필운대 산 밑에 이층의 교사를 신축하고 설비를 확장하여 가르쳤다. 배화학당은 미국 남감리교회 계열의 기독교 학교였으므로 배화에는 이미 스캐리트 대학 출신의 선교사 교사들이 여러 명 있었다. 1910년에 배화의 교장으로 부임한 니콜라스Lillian Nicholas가 1906년에 스캐리트 신학교를 졸업했고, 1912년에 배화에 와서 1914년에 교장이 된 핸킨스Hankinseh도 1910년에 스캐리트 신학교를 졸업했으며, 1920년에 교장으로 취임한 에드워즈Laura Edwards도 스캐리트 신학교를 1909년에 졸업했다. 이처럼 배화는 스캐리트 신학교의 중요한 선교학교였다.

차미리사는 배화학당에 재직하면서 성경과 영어를 가르쳤으며 기숙사 사감으로도 활약했다. 미국에서 기숙사 생활을 하면서 공부한 차미리사는 학생들을 가정에서와 똑같이 훈련시켰으며, 특히 독립의식을 고취시키는 일에 역점을 두었다. 학생들이 자기 인생에 대한 주인 의식을 갖고 구태의연한 사고와 생활을 개선해 나갈 수 있도록 했으며, 민족의 독립을 위해 내조하고 헌신하는 민족 여성을 양육하는 독립교육을 시켰던 것이다.

들에게 "옷을 물들여 입어야 실용적이다", "빨래 방망이질을 말아라", "다듬이질도 말아라", "미신을 버려라" 등 아주 구체적이고 실용적인 여성교육을 했다. 학생들이 진실하고 검박한 학풍 속에서 훗날 조선 어머니로서의 자질을 익히도록 가르쳤던 것이다.[76]

또한 서양 선교사들이 운영하는 배화학당에 조선의 정신을 불어넣으려고 노력했다. 실례로 배화학당의 기숙사를 장흥동의 것과 누하동의 것을 합쳐 확장하여 다른 곳에 옮겨 세우려 할 때 선교사들은 서양식으로 침대 생활을 할 수 있도록 계획했으나 차미리사는 반대했다. 학생들이 학교를 졸업하고 출가하게 되면 모두 온돌 생활을 하니 기숙사도 우리 실정에 맞게 온돌로 해야 한다는 것이었다. 이처럼 그의 실용적이고도 근대적인 여성교육은 서양인의 문화와 생활을 단순히 모방하는 것이 아니라 한국인의 실정에 맞도록 새롭게 개선하는 것이었다.

이와 함께 학생들이 조국의 독립을 위해 내조하고 헌신하는 여성이 되도록 교육했다. 그는 평소 "우리는 다 나가서 죽더라도 독립을 해야 한다. 죽는 것이 사는 것이다. 나라 없는 설움 당해 봤지. 나 한 목숨이 죽고 나라를 찾으면 대대손손이 잘 살게 될 것이 아닌가"라며 학생들의 머릿속에 불길처럼 뜨거운 독립 정신을 넣어 주었다.[77] 신간회 중앙집행위원장이었던 허헌의 딸 허정숙도 이러한 민족교육의 영향을 받은 학생들 가운데 하나였다.[78]

차미리사는 남궁억과 함께 무궁화 수본 작업 등을 통해 학생들에게 나라 사랑 정신을 심어주는 노력을 하기도 했다. 조선 13도를 무궁화 꽃 한 송이씩 도별로 배정해 놓고 꽃송이로 우리나라 지도를 수놓음으로써 삼천리금수강산의 아름다움을 표현하려 했던 무궁화 수본 작업은 남궁억이 창안한 것으로 배화학당 학생들이 맨 처음 수를 놓았다. 삼천리금수강산을 아름답게 수놓음으로써 민족의 독립과 부활을 내다본 무궁화 수본 작업은 예술적으로 표현된 민족정신의 발로였다.[79]

이러한 민족교육은 배화학당에서의 만세운동에 큰 역할을 했다. 훗날 차미리사가 부인야학강습소의 명칭을 근화학원으로 정하게 된 것도 배화학당에서의 무궁화 수본 작업의 경험이 있었기 때문이다.

차미리사는 학교생활에만 안주하지 않았다. 민족의 계몽과 독립을 향한 열정으로 그는 방과 후 밤늦게까지 시내에 나가 여성계몽운동에 헌신했다. 1919년 1월 종로거리를 활달하게 걷고 있는 차미리사의 모습을 한 잡지사 기자는 다음과 같이 묘사했다.

한 사십이 될락말락한 여인이 높은 구쓰[구두]에 검은 두루마기를 휘둥그렇게

남궁억(1863~1939)과 무궁화 수본. 배화학당은 한일합방 후 주권을 잃고 신음하는 민족의 아픈 현실 속에서 망국의 설움을 안고 찾아오는 학생들에 게 민족독립의 의지와 삶의 희망을 고취시킴으로써 민족교육의 정초를 놓 는 일을 했다. 한서 남궁억과 차미리사는 이러한 요구에 응답하며 부임했  다. 남궁억이 남자 교사로서 한국 역사와 지리를 가르치며 무궁화 심기, 무 궁화 묘목 가꾸기, 무궁화 자수, 무궁화 찬가, 무궁화 시 등을 통해 민족교 육의 정초를 놓았다면, 여자 교사로서 활동하며 배화에서 여성교육의 정초 를 놓은 이는 차미리사였다. 특히 배화학당에서 학생을 지도하면서 영원하고도 인상적인 민족의식을 심어주기 위해 수예 시간을 활용했다. 우리나라의 국화 무궁화 꽃을 가지고 삼천리금수강산을 상징한 지도를 만들고 각 도마다 무궁화 한 송이씩을 수놓는 수본을 고안했다.

입고 검양빛 치마를 차랑차랑하게 걸쳤는데 뒤에는 열칠팔세 남직한 여자들
이 따르는 것을 보건대 어느 학교에 중한 책임을 가진 부인인 듯하고, 활발한
그의 동작은 보잘 것 없는 여자계의 깨우침을 재촉하려고 북을 울리면서 앞서
가는 듯도 하며, 방금 종로 마루터기에 의회가 열림에 참언권을 얻으려고 피
를 흘리며 싸울 준비를 단단히 하고 불연듯이 가는 모양도 같으며, 덕성스러
운 그의 얼굴이 다시금 보이는데……. [80]

신여성의 옷차림을 하고 구두를 신고 시내거리를 당당하게 걷는
모습은 당시로서는 파격적인 것이었다. 불과 20년 전까지만 해도 신
여성이라 하더라도 구두를 신지 않았다. 1900년대 초 어느 한 개화
남성이 구두를 한 켤레 얻어 신고 종로에 나갔다가 구두를 처음 보는
장안시민이 괴물이 왔다고 구름같이 모여들어 구두에 돌팔매질을 하
여 간신히 목숨을 구했다고 할 정도로 구두 착용은 파격 그 자체였
다.[81] 길거리에서 신여성과 구여성은 걸음걸이와 옷차림 등 외모에서
확연히 차이가 났다. 길을 갈 적에도 구여성들은 고무신을 신고 얼굴
을 낮게 숙이고 땅을 쳐다보며 다소곳이 걷는 반면 신여성들은 구두
를 신고 얼굴을 높이 쳐들고 당당하고도 활기찬 걸음걸이를 했다.[82]

3·1운동이 발발하자 차미리사는 본격적으로 여성교육을 실시할 목
적으로 종로구 도렴동에 있는 종다리[宗橋] 예배당 종각을 빌려 야학을
열었다.[83] 1919년 9월의 일로 그의 나이 마흔 한 살 되는 해였다. 차미
리사가 교육 대상으로 주목한 여성들은 구식 가정부인들이었다. 구식
가정부인은 전통적으로 내려오는 압박과 제재에 억눌려 한평생을 한
숨과 눈물로 번민하며, 남편과 시댁 봉양에 평생을 바쳐 살아온 이들
이었다. 대부분이 까막눈인 이들은 이제 와서 뒤늦게 어린 아이들과

같이 학교에 가서 공부하기도 난처하여 할 일 없이 자기 무식한 것만 한탄하고 있었다. 이들을 향해 차미리사는 다음과 같이 부르짖었다.

우리나라는 절름발이 나라다. 절름발이 나라는 흥하지 못한다!
여자도 배워야 산다!
장옷을 벗고 긴 치마를 짤라 버리고 첩첩이 닫힌 속에서 뛰쳐나오너라!

차미리사의 외침에 열 명 남짓의 학생들이 모여들었다. 낮이면 배화학당 사감으로 근무하고 밤이면 코 흘리는 종종머리[끝을 모아 땋아서 댕기를 드린 머리] 여자아이, 소박데기 젊은 부인들을 모아 놓고 자정까지 가르쳤다. 이들 중 집안이 너무 가난하여 연필이나 공책 같은 것을 사서 쓸 수 없는 이들에게는 연필 공책 등을 주어가며 하루에 다만 한자씩이라도 배우기를 권유했다.

일흔 일곱의 나이로 임종하기 직전에도 그는 이 당시의 일을 또렷이 기억하고 있었다.

내가 이 기관을 시작할 때는 삼십칠 년 전 기미년인데 내가 배화 기숙사에 있으면서 종다리 예배당 종 집에 귀밑머리 계집애, 쪽진 여사, 소박떼기, 혼인 준비하는 여자들을 끌어내다가 "우리의 급선무가 여자교육이니 아들딸들 돈 물려 줄 것 없이 곳간 문을 열어 놓고 교육을 시키라"고 외치면서 낮에는 배화의 사감을 하고 밤이면 야학을 가르쳤지요.[84]

그러자 배화학당의 선교사들은 교육 사업은 우리가 할 것이니 사감으로 들어가 앉아 있으라고 야단이었다. 차미리사는 "당신은 미국에서 선교사라는 사명을 받고 왔지만 나는 미국 선교부에서 병든 몸으로 하나님의 사명을 받아 조선에 가서 일을 하라, 삼천만명의 여성과 같이 울고 같이 먹으며 살려고 우리나라에 왔오. 그래서 소박떼기 하나라도 더 끌어다 가르치려고 왔오" 하면서, 야학을 계속 했다.[85]

1920년 들어 배화학당의 학내 분위기는 매우 악화되어 있었다. 3·1운동 1주년을 기념하여 일어난 만세사건 때문이었다. 1920년 3월 1일 새벽 배화학당 기숙사생 전체가 필운대 언덕 위로 올라가 "대한독립 만세!"를 불렀다. 종로서 형사대가 기겁을 해서 학교로 달려왔다. 형사들은 학생들을 전부 기도실로 불러 들여 감금한 다음 다른 방으로 한 명 씩 불러내어 심문했다. 형사들은 반항이 심한 학생을 종로서로 연행했다가 돌려보내면서 교장에게 주모자를 조사하여 종로서에 보고하고 처벌할 것을 요구했다. 그러나 스미스 교장이 "원래 내가 선교부의 파견을 받아 한국에 온 것은 교육이 목적이요 정치와는 아무 상관이 없는데 자기 나라가 독립하기 위하여 만세를 불렀다고 어떻게 벌을 줄 수 있겠는가" 하며 처벌을 거부했다. 그러자 경기도 학무과는 교장인가를 취소하고 학생 전원을 보안법위반으로 기소하여 처벌했다.[86]

경찰은 학생들이 필운대 뒷산 언덕에 올라 만세를 부른 사건의 배후로 기숙사 사감 차미리사를 지목하고 있었다. 차미리사는 민족의식이 강한 배화학당 교사들과 교류하면서 배화의 만세운동을 모의했다. 1920년 3월 1일 새벽, 그의 조카 이수희를 비롯하여 그의 지도를 받은 기숙사 학생들이 주도한 3·1운동 1주년 기념 배화학당 학생들의 필운대 만세운동 때문에 총독부나 선교부와의 관계가 어렵게 되었다.[87] 이에 아랑곳하지 않고 차미리사가 야학 활동을 계속하자, 하

필운대弼雲臺

배화여고 뒷산에 있는 높다란 암벽이다. 필운弼雲은 이곳에 살았던 이항복의 호다. 1920년 3월 1일 새벽 차미리사의 지도를 받은 기숙사 학생들이 이곳에 올라와 3·1운동 1주년 기념 만세시위를 했다. 이 필운대 만세운동 때문에 차미리사는 선교부와의 관계가 어렵게 되어 마침내 배화학당을 떠나게 된다.

루는 새로 부임한 에듀스 교장이 불러 "사감과 야학 둘 중에 어느 것 하나는 버려야 하지 않겠느냐?"고 말했다. 이에 차미리사는 주저하지 않고 대답했다.

지금이 어느 때라고 내가 배화학교 사감 노릇만 하고 있겠소. 나는 우리 동포를 가르치는 일을 해야겠소.

배화학당 여학생들의 3·1운동 1주년 기념 만세시위 사건을 계기로 차미리사는 남감리교회 여선교부와의 관계를 정리하고 독자적인 여성교육운동을 전개하기로 결심했다. 1920년 4월 차미리사는 배화학당을 떠났다. 배화학당 사감 자리를 내놓음으로써 감리교 선교회로부터도 이탈하게 되었다. 비록 경제적으로는 어려웠지만 교육운동을 마음껏 할 수 있는 정신적 자유를 얻게 된 것이다. 10년 동안이나 정들었던 배화학당을 떠나면서 그는 다음과 같이 선언했다.

그동안 내가 학교 배화여학교의 일을 보느라고 교육회의 일은 비교적 등한히 하였으나 이번에 학교 당국자의 양해도 얻었은 즉 이제부터는 나의 한 몸을 조선 여자교육에 바치어 아주 헌신하려 합니다.[88]

배우자! 새로운 지식을 배우자

1차 세계대전의 발발은 세계 지성계에 큰 충격과 함께 각성을 가져다주었다. 그 결과 힘이 지배하는 제국주의와 자본주의의 병폐에 눈을 뜨고 정의롭고 인도적인 사회를 건설해야 한다는 주장이 제기되기 시작했다. 참혹한 전쟁으로 세계의 평화와 인류의 행복이 짓밟히자 인류는 "강약의 차별이 없고 빈부의 구별이 없으며, 계급 간에 우열을 가리지 않는 인도와 정의"를 인류가 추구해야 할 최고 가치로 내세워 세계를 개조하고자 했다.

개조라는 관념이 세계인의 사상을 지배하게 되면서 전 세계를 통해 개조라는 말이 크게 유행했다. 1차 세계대전이 끝나고 파리에서 열린 평화회의를 '세계를 개조하는 회의'라고 했으며, 국제연맹은 '세계를 개조하는 기관'이라고 했다. 큰일에나 작은 일에나 '개조'라는 말이 유행했다. 신간서적이나 신문잡지, 연설이나 심지어 상품광고, 일상의 회화에까지 개조라는 말이 쓰이는 것은 이전에 볼 수 없던 현상이었다. '지금은 개조의 시대다!'라는 것이 당시의 표어요 시대정신이었다.

제국주의의 세계를 민주주의의 세계로 개조하여라!
자본주의의 세계를 공산주의의 세계로 개조하여라!
생존경쟁의 세계를 상호부조의 세계로 개조하여라!
남존여비의 세계를 남녀평등의 세계로 개조하여라!

이런 것이 당시 사상계의 전체적인 목소리였다. 인도와 정의를 지도 이념으로 삼아 3·1운동이 일어나자, 조선에도 민족적 각성이 촉진되면서 개조의 기운이 사회 전반에 충만했다. 이 가운데 사람의 정신을 개조해야만 사회가 개조된다면서 정신 개조에 의한 사회 개조를 주장하는 논자들이 등장했다. 이들은 사람의 정신을 개조하기 위한 방법으로 교육을 강조했다.[89] 3·1운동이 조선교육운동의 커다란 분기점이 된 것이다. 3·1운동 직후 분출된 청년의 향학열과 학부형의 교육열은 침체된 교육 분위기를 일거에 타개했다. 1920년대 개조론의 열기 속에서 신문과 잡지는 붓이 닳도록 향학열을 고취했으며, 피가 끓는 지사들은 침이 마르게 배움을 부르짖었다.

배우자! 아는 것이 힘이다.

배워라! 배워야 한다. 상놈도 배우면 양반이 된다.

가르쳐라! 논밭을 팔고 집을 팔아서라도 가르쳐라.

그나마도 못하면 고학이라도 해야 한다.

공자 왈 맹자 왈은 이미 시대가 늦었다. 상투를 깎고 신학문을 배워라.

서당이 학교로 변하고 글방 아이가 생도가 되어 뒤로 길게 땋아 내린 머리를 깎고 모자를 쓰게 되었다. 전국 각지에 앞 다투어 보통학교가 들어서고 중요한 도읍에는 고등보통학교, 여학교 등이 설립되어 학교교육이 수적으로 급진적인 팽창을 보였다.

개조론에 힘입어 1920년대에 새롭게 대두된 교육운동의 흐름은 세 가지였다. 하나는 교육열, 향학열이 크게 고조되어 조선인의 힘으로 학교를 세우려는 교육 열풍이 분 것이며, 다른 하나는 민족교육에 대한 요구가 높아지면서 외국인 선교사 중심의 교육에 대한 불만이 일어나 동맹휴학이 빈발한 것이다. 마지막으로 소외되었던 여성을 위한 교육운동이 활성화되고 여성교육기관이 건립되기 시작했다는 것이다. 먼저 학교설립운동의 열기에 대해 알아보자.

3·1운동 이전의 조선인의 교육 행위는 식민 교육기관으로 탈바꿈

한 신식학교, 즉 보통학교에 대한 거부로 나타났다.[90] 일제는 통감부 시기부터 이미 각종 학교령을 만들어 학제를 개편하는 한편 관·공립학교를 증설하여 학교마다 일본인 교사를 배치하고 일본어 교육을 강화해 나갔다. 이와 같은 일제의 식민지 동화정책에 맞서 조선인은 완강히 저항했다.

> 한국 교육계의 현상을 듣건대 소학교마다 일인 교사가 있어서 아침마다 학도를 모아 세우고 먼저 일본 역사를 강연하는데 일본은 세상에 둘도 없는 천국으로 헛 포장을 들이 하여 아이들 정신을 뽑으며 다른 학과는 어떠하든지 일어를 잘하는 아이에게 우등을 주며 작문할 때에도 일본을 숭배하는 말이 들어야 합격하게 한다 하니 위험하도다 소학 교육이여.[91]

일본 역사와 일본어를 중점적으로 가르치는 초등 교육은 조선 어린이들의 정신세계를 파괴하는 대재앙이라는 것이다. 조선인들은 식민지 교육정책에 냉담했다. 2대 통감 소네曾禰가 일본 외무대신에게 보고한 외교문서에서 일제의 초등 교육에 대한 조선인의 이 같은 감정을 엿볼 수 있다.

> 최근 도처에 교육열이 발흥함에도 불구하고 세상 사람들의 다수는 옛날 학문에 얽매여 인습이 오래되어 아직 새로운 교육을 이해하는 자가 매우 드물며, 왕왕 보통학교의 취학 권유에 응하지 않는 자 있는 바, 보통학교에 관한 감상을 살펴보면 …… 시세에 어두운 유생과 사립학교 관계자 등이 이들 보통학교를 중상하고 또한 일본어를 교육함으로 특히 일본국의 이익을 위한 것이라고 퍼뜨리고 있다.

조선인은 보통학교를 총칼을 앞세운 헌병경찰제도와 동일한 제국주의의 압제 장치로 인식했다. 학교에 다니면 나중에 일본 병정으로 끌려간다는 바람에 학교 소리만 들어도 금방 경련을 일으켰다.[92] 보통학교를 노예교육의 장으로 인식하였기에, 아무리 입학을 호소해도 "아니다. 학교 가면 일본사람 된다. 절대 안 된다"는 생각이 팽배했다.

이러한 냉담한 사회 분위기 때문에 3·1운동 이전까지 보통학교는 학생 모집에 적지 않은 곤란을 겪었다.

누가 그 자녀를 학교에 보내야지요. 학교에서는 선생이 갖은 방법으로 생도를 모집하려고 하여도 없었지요. 심지어 등사판에 광고지를 박이여 집집마다 찾아가서, "제발 따님이나 누이가 있으시면 잘 가르쳐 드릴 터이니 학교로 보내주십시오 돈 한 푼도 들지 않고 공부시켜 드립니다" 하고 힘써 말해도 잘 보내지 않았습니다.[93]

국민들은 관·공립학교야말로 일제의 앞잡이인 "정부의 이익을 위한" 학교로서 "조선의 독립과 부강을 위해서는 가장 부적당"한 것이라 하여 그것을 거부하고, "인민을 위한 학교요, 인민의 이익을 위해서 교육하는" 학교인 사립학교에서 교육을 받으려 했다. 그리하여 많은 이들이 관·공립학교에 입학하기를 싫어했고, 경비를 보조하는 것까지도 좋아하지 않았으며, 중류 이상의 가정에서는 아동이 공립소학교에 입학하는 것을 꺼려 한때는 소학교가 빈민학교란 이름을 얻게 되었다. "공립은 정부를 위한 학교로서 정부의 이익 때문에 교육을 시키는 것이요, 사립은 인민을 위한 학교로서 우리들의 이익 때문에 교육을 시키는 것"이라는 생각이 조선인의 일반적인 인식이었다.[94]

민족교육에 대한 열망을 차단하기 위해, 초대 총독 테라우치寺內正毅는 "조선인은 우리의 법규에 복종하든지 아니면 죽음을 각오하든지 그 어느 것을 택하지 않으면 안 된다"며, 독립을 고취하고 제국에의 반항을 장려하는 사립학교는 무력으로 진압하겠다고 윽박질렀다. 일제는 식민 통치에 순응하는 '충량한 신민'을 육성하기 위해 1911년 제1차 조선교육령을 발표하고, 민족의식 말살을 위해 관공서와 학교 등에서 쓰는 모든 공용어는 일본어로 한다고 선포했으며, 일본말을 '국어'라고 하면서 조선말을 쓰지 못하게 했다. 이어 사립학교 규칙을 제정·공포하여 국권회복운동의 구심점이었던 사립학교를 탄압하는 한편 교육 내용도 강제로 개편시켜갔다. 이에 따라 전체 사립학교 수는 1908년 당시 약 5천 개였으나 1910년에는 1,900여 개로 절반 이하로 줄어들고 3·1운동 직전에는 742개로 줄어들었다.

이처럼 사립학교에 대한 일제의 통제가 강화되자 오히려 서당교육이 신장되어, 서당 수가 1911년 16,540개, 학동 수 141,606명에서 1917년 24,294개, 학동 수 264,835명으로 급증했다. 이 시기의 서당은 전통교육이나 봉건교육 일색이 아니라 근대교육을 실시하는 경우가 많았으며, 항일교육이 가능하여 민족교육의 중요한 몫을 담당하게 되었다. 서당교육의 성장세에 당황한 일제는 1918년 총독부령 제18호로 서당규칙을 공포하여 "학교와 같이 다수의 학동을 수용하고 학기에 의하여 학년과 반을 조직하고 각종 사항을 교수하는 따위의 일은 서당에서 할 것이 아니므로, 서당의 학동 수는 30명을 넘지 못하게 하고 현지 사정과 서당 실정에 따라서 한문 외에 일어와 산술도 가르치게 할 것이며, 서당의 이름을 빌어 가지고 사립학교 규칙의 적용을 면하려는 것은 그렇게 못하도록 단속하라"고 지시했다. 반일적

서당의 설치 억제와 교과 과정에 대한 간섭 강화를 통해 민족교육을 봉쇄하려 한 것이다.[95]

1910년대 관·공립보통학교에 대한 취학 기피와 서당교육의 신장은 식민지 지배에 대한 교육 부문에서의 민족주의적 저항이었다. 그러나 3·1운동을 겪으면서 조선인 교육 행위의 지향점은 서당에서 보통학교로 급선회하게 된다.[96] 1920년대에 들어서면서 오히려 거꾸로 보통학교가 팽창하고 서당은 축소되는 현상이 전개된 것이다.

> 그 이듬해 대정 9년(1920년) 봄에 이르러 일반 사회는 활기를 띠어 여자의 향학열도 늘어서 각 학교에는 학생이 드리 밀리고 들어오려는 학생을 다 받지 못하게 되었습니다. 그럼으로 입학시험을 비로소 보게 되었지요.[97]

3·1운동 이후 급격히 고조된 교육열과 향학열은 도회와 향촌은 물론 산간벽지에까지 파급되었다. 그러나 학교 수의 부족으로 인해 심각한 입학난을 초래했다. 교육열의 팽창으로 학교가 매우 부족하게 되자 야학, 학술 연구회, 의숙義塾[공익을 위해 의연금으로 설치한 교육기관] 등이 생겨나 아이들을 가르쳤다.

이 때문에 1920년대 교육운동은 학교 수의 부족을 메우기 위한 학교 설립운동과 학교에 입학하지 못한 이들을 위한 각종 준학교準學校 교육운동으로 전개될 수밖에 없었다.[98] 학교 설립운동을 보면, 1920년대에는 개별적으로 자녀를 보통학교에 취학시키려는 입학 경쟁의 수준을 넘어서서 집단적으로 결집하여 보통학교를 설립한다거나 학급을 증설하는 등의 운동 형태를 띠기 시작했다. 그러다가 1930년대들어 전국적으로 거의 모든 면에서 그 운동이 전개되어 실질적으로

보통학교의 급격한 팽창이 나타났다.[99]

조선인들은 학교 설립을 위해 면민·군민대회 등을 개최하여 학교 증축 또는 설립을 결의하고 기금을 모았다. 민간의 유지는 돈을 거둬 학교를 세웠으며 청년회에서는 야학을 세웠다. 또한 학교에 진학할 수 없었던 이들을 대상으로 학교교육에 준하는 준학교교육운동이 펼쳐지기도 했다. 준학교교육운동의 구체적인 움직임들이 바로 서당개량운동과 주·야학강습소 설치운동이었다. 서당의 개량이란 기존의 서당에서 한문만이 아니라 일본어, 조선어, 산술 등을 가리키는 것을 의미했다.[100] 개량서당은 이미 1910년대 사립학교가 일제의 탄압을 받으면서 등장하기 시작했는데, 1920년대 초 문화운동론자들은 교육열의 고조와 그에 따른 입학난의 문제와 관련하여 서당개량론을 활발히 개진했다.

개량서당
20세기 초 신교육 실시에 따라 재래의 서당을 시대에 맞는 교육기관으로 개조하는데, 이 서당을 개량서당이라 한다. 개항 후 근대적 교육의 전개와 함께 교육의 대중화가 이루어지면서 전통적 교육기관은 자취를 감추게 되었으나, 사설교육기관인 서당은 계속 유지되어 일반대중의 초등교육을 담당해왔다. 당시의 서당은 조선 시대의 형태를 그대로 유지한 재래서당과 시대변천에 적응하여 성격을 달리한 개량서당으로 나눌 수 있다. 당시의 개량서당은 재래서당을 개량하여 설립하는 경우와 새로이 설립하는 경우의 두 가지가 있었다. 새로 설립하는 경우, 처음에는 사립학교나 사설 학술강습소學術講習所를 설립하려다 일제의 탄압책으로 인가받지 못해 계획을 바꾸어 개량서당을 설립하는 경우도 있었고, 처음부터 개량서당을 설립하는 경우도 있었다. 재래서당을 개량서당으로 개조한 경우에는 2, 3개 또는 3, 4개를 병합하여 하나의 개량서당을 만들기도 했다. 개량서당은 근대교육의 교과를 사용하고 교원도 신교육을 받은 사람을 채용하여, 정규 학교를 대신해 신교육을 실시하는 한편 민족의식을 고취시키는 민족교육의 장으로서의 역할을 담당했다.

주·야학강습소(혹은 강습회)는 크게 두 가지 종류로 나눌 수 있는데, 하나는 입학난 혹은 가정 형편 등으로 인해 학교교육을 받기 어렵게 된 아동들을 상대로 한 것이고, 다른 하나는 노동자·농민을 상대로 한 것이었다. 1920년대 초의 강습회는 대체로 각 지방의 유지, 청년회, 개량적 노동운동 단체, 종교 단체에 의해 설치되었으며, 특히 각 지방 청년회는 강습회 설치를 주요사업으로 정하고 실행하고 있었다. 강습회는 1920년대 초 문화운동의 주요 사업 가운데 하나였던 것이다.[101]

조선인 본위의 교육을 획득하자

3·1운동 이후 외국인 선교사의 가르침을 배척하는 동맹휴학이 빈발했다. 동맹휴학은 학원 내의 사소한 문제로부터 발단이 되어 일제식민지 노예교육에 대한 규탄, 나아가 총독부 식민정책에 대한 비판으로 확대·발전했다. 교사와 학생 간 이념적 갈등에서 비롯된 동맹휴학이 민족의 독립을 부르짖는 민족운동으로 승화되어 들불처럼 번져나갔던 것이다. 동맹휴학은 외국인 선교사가 경영하는 교회 계통의 저명한 학교에서 유독 많이 일어났다.

지금까지 교회가 경영하는 학교는 교육을 일으킨 선봉이었고, 조선인들은 선교사들이 어려움 속에서도 백방으로 노력하여 조선 교육의 발전을 가져온 것에 대해 누구나 인정하고 감사해왔다. 그러나 3·1운동을 겪으면서 조선 청년들의 사상은 급변하여 민족적·계급적 자각이 크게 고양되었다. 선교사들은 청년의 사상을 발표하는 잡지를 보고 청년의 부르짖음을 들어 조선의 사정을 이해해야만 했다. 그러나 선교사들은 '조선이 식민지가 된 책임이 조선인 자신에게 있다'고 가르쳐 많은 젊은이들을 분노케 했다.

한국이 잘못을 저질렀기 때문에 하나님께서 한국에 벌을 내리고 계시는 것입니다. 지금 한국은 그 대가를 지불하기 위해 고통을 당하고 있는 것입니다. 하나님께서는 죄의 보상이 끝난 다음에 한국을 원래대로 돌려놓으실 것입니다. 만일 하나님께서 보상이 끝났다고 생각하신다면 한국은 독립을 얻게 될 것입니다. 그러나 그 전에는 안 됩니다.[102]

교회가 한국에서 가장 훌륭한 기구이며, 기독교적 순교 정신을 영웅적인 것이라 생각했던 한국의 젊은이들은 교회의 가르침이 식민지 조국의 현실에서는 별로 도움이 되지 않는다고 생각하기 시작했다. 이들은 평화적인 시위 군중이 일제의 총칼 앞에 무참히 쓰러지는 현실을 보고 "왜 한국만이 유일하게 기독교 윤리를 실천해야만 하는가" 하고 반문했다.

3·1운동 이후 새로운 사상을 접한 청년들은 기독교가 제국주의의 수족이요, 자본주의의 앞잡이로 일제에 협력하고 있으며, 현실에 대한 무조건적인 복종을 강요하여 독립 정신을 말살시키고 있다는 점을 깨닫기 시작했다. 선교사 중심의 기독교 교육이 제국주의 이념을 전파하는 첨병임을 알아차린 것이다. 교회와 병원에서도 선교사의 전횡과 전제에 분개하는 비판적인 여론이 형성되어, 그들의 횡포, 교만, 몰인정, 무정견, 무성의 등의 자세를 시정 반성할 것을 촉구했다. 이제 새 시대에 걸맞은 새로운 이념을 불어넣어줄 사립학교 설립이

긴요하게 되었다.

학생들의 이러한 자각은 선교사 교육을 배척하는 동맹휴학으로 나타났다. 찬양과 감사의 대상이었던 선교사가 거꾸로 배척과 타도의 표적이 된 것이다. 동맹휴학은 학생들의 정치의식을 급속히 높여 주었다. 3·1운동을 겪으면서 처음으로 정치의식에 눈을 뜨고 대중운동의 힘을 자각한 김산(본명 장지락, 1905~1938)은 당시의 학교 분위기를 다음과 같이 전한다.

3·1운동 이후부터 전국의 수많은 학교들은 끊임없이 동맹휴학을 일으켜왔다. 어느 학교에서나 학생들이 내세운 맹휴의 이유는 거의 동일했다. 일인 교사나 일인 교장의 배척, 식민지 노예 교육의 철폐, 조선어 교육의 강화, 조선인 교사들의 학대 같은 것을 내세웠다. 그건 단순한 교내 문제가 아니라 학생의 입장에서 전개한 항일투쟁이었고 독립투쟁인 것은 두말할 것이 없었다.[103]

동맹휴학에 참여한 학생들의 주요 요구사항은, 교육 과정이 불충분하거나 부적당하니 이를 개정할 것, 교수나 교사가 부족하며 불충실하니 이를 개혁할 것, 학교 설비가 부족하니 이를 완전히 갖추도록 할 것 등 주로 교육 환경과 관련된 문제들이었다. 교육 과정이나 교사 그리고 학교 설비 등에 대한 불만이 동맹휴학으로 폭발한 것이었다. 따라서 선교사들이 조선 청년들의 생각을 이해하고 이를 바탕으로 학교제도를 개선하는 등의 노력을 조금만 기울였다면 동맹휴학의 대부분은 막을 수 있었다.

학생들이 선교사의 교육에 불만을 드러내기 시작하고 동맹휴학이라는 최후수단까지 선택하게 된 데에는 3·1운동 이후 새롭게 고조된 민족의식이 작용했기 때문이었다. 학생들은 동맹휴학을 계기로 참담한 현실에 눈을 뜨게 되었고, 대중을 조직화·의식화하는 데 필요한 사회주의 사상에 매력을 느끼기 시작했다. 학생들의 맹휴 투쟁은 사회주의 물결이 거세지면서 차츰 빈번해지고 격렬해졌다. 그건 결코 우연한 일이 아니었다. 사회주의 비밀 조직이 배후에서 학생들을 지도하고 있었던 것이다.[104] 사회주의 사상의 영향을 받아 1926년 일어난 6·10학생운동을 계기로 그 이후의 동맹휴학 운동은 교육적인 문제와 함께 정치적인 체제에 대한 문제 제기로까지 확대되었다. 1920년대 후반에 각종 학교에서 발생한 동맹휴학의 쟁점을 정리해 보면, 노예 교육의 철폐, 조선 역사에 대한 교수, 교내에서 조선어 사용, 학생회의 자치 허용, 언론·집회의 자유 등이었다.

이처럼 사회주의운동과 결합한 동맹휴학 운동에 대해서 일제는 치안 유지의 차원에서 경계하고 있었다. 당시 대부분의 동맹휴학 운동이 벌어진 학교에서 뿌려진 격문의 쟁점과 내용은, "조선인 본위의 교육을 획득하자", "식민지 차별적 교육 제도를 타도하자"는 것으로 사회주의적인 교육 사조에 경도되는 경향을 보이고 있었다. 6·10학생운동 이후 전국 각지의 학교에서 벌어졌던 동맹휴학 운동은 1929년 광주를 중심으로 일어난 전국적인 학생운동에서 그 절정을 이루게 되었다. 광주학생운동은 학생들이 자체 역량으로 계획하고 조직한 운동으로서 사회주의 사상과 민족주의 교육사상이 결합한 것이었다.[105]

여자의 해방이라 함은 곧 인격의 해방이라

문호 개방 이후 서양의 근대문화를 접하게 된 조선 정부는 근대교육에 눈을 돌리게 되었다. 개화·개혁의 필요성을 절감한 민간인들도 제국주의 열강의 침략에 대처하기 위해 근대교육운동을 폭넓게 추진했다. 당시 대표적인 계몽운동단체인 독립협회는 "어머니의 지식과 학문 유무가 자녀의 교육에 크게 관계되는 것"이며, "지식 있는 부인이 진정한 내조자가 된다"라고 하여, 여성교육과 여학교 설립의 중요성을 역설했다. 이것은 양반 중심, 남성 중심의 전통교육에서 여성도 아우르는 전 국민에 대한 보통교육의 필요성을 주장했다는 점에서 중요한 의미를 지닌다. 당시 계몽운동가들이 여성교육을 강조한 까닭은 여성들의 실력양성을 통해 국가 경쟁력을 높이려는 점 때문이었다. 유길준은 《서유견문》에서 다음과 같이 말했다.

> 여자는 자녀를 낳아 기르며 집안일을 주관하는 기둥이므로 내외법에 묶여 남자보다 학식이 부족하다면 자녀들의 가정교육에 부족함이 있을 뿐만 아니라 가사를 관리하는 데도 폐단과 미숙함이 많다. 그러므로 여성들에게 평등한 교육의 기회를 허락하여 자녀 양육과 가정 관리에 충실히 함으로써 국가를 더욱 부강하게 할 수 있다.

여성도 교육을 받을 수 있도록 시간과 자본을 투자하여 부강한 국가를 만들자는 주장이다. 이처럼 개화기 인사들이 여성교육의 당위성과 필요성을 제기한 점은 의미심장하다. 하지만 여전히 여성의 역할을 가정에 국한시켜 현모양처를 양성하는 데 중점을 두었다는 점에서는 기존의 가부장적 가치관과 크게 달라진 것이 없었다. 이러한 입장은 3·1운동 이전까지 지속되었다.

실제로 20세기 초에 설립된 관립여학교들의 교육 방침은 독립적이고 주체적인 인격 함양보다는 현모양처를 양성하는 데 중점을 두었다. 1908년 정부는 여성의 중등교육을 위한 고등여학교령을 공포한 후 관립한성고등여학교를 설립했다. 한성고등여학교의 교육 방침은 "인격 양성은 현모의 손으로"였으며, 항상 신사임당을 본받아 현모양처가 되기를 강조했다. 여성교육의 목표가 여성을 하나의 독립된 인격체로 기르는 데 있지 않았음을 잘 보여준다.

민간단체들의 여성교육론도 이와 크게 다르지 않았다. 이들 역시 나라가 망하게 된 현실이 여자를 교육시키지 않은 데 그 원인이 있다고 생각했다. 이들은 이천만의 절반인 일천만 여성을 교육시켜 실력을 갖추게 하여 국권을 회복하자고 주장했다. 여성교육의 필요성을 여성해방과 여권 신장이라는 인격적 측면보다는 국가를 부강하게 하여 나라를 되찾자는 구국운동의 차원에서 접근하고 있었던 것이다.[106]

그러나 이러한 여성교육론은 여성교육을 철저하게 국권 회복, 실력 양성의 방편과 도구로만 이해함으로써 여성을 하나의 주체적 인간으로 설 수 있도록 한다는 교육 본래의 목적은 뒷전으로 밀릴 수밖에 없다는 점에서 문제가 있다. 설사 여성도 남성과 동등한 인격체라는 주장이 제기된다 할지라도, 여성의 역할은 가정 내에서의 '어머니'와 '아내'로서의 역할에 중점을 두었다. 이러한 여성교육론은 새로운 가부장적 이데올로기를 만들어 내어 여성을 여전히 종속적인 인간으로 길러내고자 했다는 점에서 한계를 지니고 있었다.[107] 19세기 말~20세기 초의 여성교육론이 이러한 한계에 머물 수밖에 없었던 까닭은 국권 회복이라는 당면한 시대적 과제가 너무나 막중했기 때문이었다. 나라가 망하는 절박한 현실에서 바람직한 여성상은 국가자강을 위해 노력하는 현모양처의 모습으로 제한될 수밖에 없었다. 이 때문에 막연하게 여성도 남성과 동등하다고 인식했을 뿐, 그러한 인식이 사회적 존재로서의 여성의 전반적 지위와 권리에 대한 인식으로까지 확대되지는 못했다.[108] 식민지하 지상 과제는 민족이 대동단결하여 독립을 쟁취하는 것이었으므로, 여성이 남성과 맞서 싸우면서 자신의 정치적, 경제적 권리를 신장하는 방향으로 여성운동을 이끌고 나아갈 수 없었던 것이다.

조선에서 여성의 자유와 평등 그리고 해방을 본격적으로 주장하기 시작한 것은 3·1운동 이후부터였다. 대외적으로는 거족적인 독립선언이자 내적으로는 인간 해방과 새로운 사회 건설을 지향하는 민주주의 운동인 3·1운동을 경험하면서, 조선에서도 여성의 인격적 독립을 주장하는 여성해방운동이 일어났다. 여성해방을 남편 내조, 자녀 교육이라는 현모양처의 관점이 아니라, 인격을 지닌 주체적 인간의 형성이라는 남녀평등의 관점에서 접근하기 시작한 것이다. 그리고 지금까지의 여성교육의 목적인 현모양처주의는 "아무리 선의로 해석할지라도 남자를 위하야 노예노릇 잘하라는 것을 의미함"이라며 신랄하게 비판했다.[109]

일제 강점기 혁명운동가 중의 한 사람이었던 김산은 3·1운동으로 분출된 시대적 열망을 이렇게 이야기한다.

1919년에서 1923년까지는 한국 학생들의 사회적 사고방식이 중국 학생들보다 훨씬 앞서 있었다 …… 비록 달성하려는 방법은 달랐지만, 모든 한국인들이 단 두 가지만을 열망하고 있었다―독립과 민주주의. 실제로는 오지 한 가지만을 원했다―자유. 자유란 말은 자유를 알지 못하는 사람들한테는 금덩어리처럼 생각되었다. 어떤 종류의 자유든 그들에게는 신성한 것으로 보였던 것이다. 그들은 일제의 압제로부터의 자유, 결혼과 연애의 자유, 정상적이고 행복한 삶을 살아갈 자유, 자기 삶을 스스로 규정할 자유를 원했다. 무정부주의가 그토록 호소력을 가질 수 있었던 것은 이 때문이다. 광범위한 민주주의를 향한 충동은 한국에서는 진정 아주 강력한 것이었다.[110]

이 자유는 일제하의 우리 민족에게는 무엇보다도 제국주의 착취와 압제로부터, 그리고 그 압제에 의해 유지되고 있던 모든 질곡으로부터의 해방을 지향하는 것이었다. 이런 의식 속에 1920년대 초에는 정의, 인도, 자유, 평등, 데모크라시에 입각한 세계 개조, 사회 개조의 사조가 풍미했다. 《동아일보》는 창간 사설에서 프랑스 혁명의 이념, 즉 자유와 평등과 박애의 실현을 세계 개조의 원리로 천명했다. 이는 프랑스 혁명으로부터 시작된 보편적인 인간 해방에 기초한 근대 사회를 건설하려는 시대적 과제를 반영한 것이었다. 한용운이 조선독립의 이유로 "자유는 만유萬有의 생명"이라고 천명했던 것도 이런 시대정신의 표현이었다.[111]

1920년대 문화운동의 기본이념은 인격과 자유, 평등이었다.[112] 이러한 시대사조에 힘입어 여성을 가부장제의 억압으로부터 해방시켜 남성과 동등한 인격적 지위에 올라갈 수 있도록 개조해야 한다는 새로운 흐름이 대두했다. 사회 개조, 세계 개조론의 확산은 이러한 변화를 추동했다. 당시 한 교육인사는 〈조선 여자 해방관〉을 다음과 같이 피력했다.

여자의 해방이나 노예의 해방이나 무슨 해방이나 한마디로 말하면 사람을 '해방'한다 함은 그 인격을 인정하고 또 존중한다 함이니 이 인격의 인정과 존중을 떠나서는 해방의 의미가 없다 하리로다. 이제 여자의 해방을 사고하건대 그 정신과 의미가 여자의 인격을 존중함에 있으니 곧 인격의 해방이라. 전날에 여자의 인격을 멸시하던 것을 고쳐 그 인격을 남자와 다름없이 인정하여 주고 또 존중함이니라. 그 인격을 존중하지 아니 하였으므로 남자와 동일한 교육을 베풀지 아니 하였고 동등의 대우를 하지 아니 하였고 상당한 자유를 부여하지 아니 하였도다. 그럼으로 진정한 해방은 그 인격을 존중함에 있고 해방하는 모든 운동은 반듯이 이 인격 존중에 기본하지 아니하지 못할지니 이 인격 존중을 떠나서는 여자 해방의 의미가 없는 때문이니라.[113]

한편 1920년대 들어 조선에 사회주의 이념이 도입됨에 따라, 20년대 중반에 이르러 여성해방의 범위와 실현 방법을 둘러싸고 여성해방 운동의 흐름이 서로 다른 두 방향으로 갈라지고 있었다. 하나는 정신적·도덕적 자각에 기초하여 인격과 능력의 향상을 통해 실력을 양성함으로써 여성해방을 이루자는 입장이다. 남성과의 인격상의 평등을 전제로 교육을 통해 여성들이 자유롭게 다양한 능력을 발휘토록 해야 한다는 것이다. 민족주의자와 개신교 계통의 인사들은 여성이 인격의 함양을 도달하게 하기 위해 남자와 같은 교육의 기회를 주고 인격의 발휘를 돕기 위해 남자와 대등한 기회와 대우를 해주어야 한다고 주장했다. 개량적·점진적인 여성해방론으로, 이러한 입장의 여성단체로 차미리사가 조직한 조선여자교육회를 필두로, 조선여자청년회, 경성여자기독교청년회YWCA 등이 있었다. 1921년 4월 회장 신알베트와 임영신 등의 발기로 "조선 여자의 문화 향상을 촉진하고 생활 제도를 개선함에 노력하자"는 기치를 내걸고 조선여자청년회가 창립되었으며, 이듬해 12월에는 "청년여자의 기독교적 품성을 개발하며 영적, 지적, 사교적, 신체적 행복을 증진케 함"을 목적으로 삼고 김필례, 유각경 등의 발기로 경성여자기독교청년회가 발족되었다.

다른 하나는 여성을 억압하는 기존의 사회 체제를 전면적으로 타파하고 차별적인 규제를 철폐하여 혁신적인 사회 질서를 수립함으로써 전면적인 여성해방을 이루자는 입장이다. 혁명적 · 급진적인 방법의 여성해방론으로, 이러한 주장을 하는 이들은 생존 경쟁의 자본주의 이념을 부정하고 상호부조론 또는 전통사상 가운데 대동사상을 기반으로 사회주의 사상을 수용하고 있었다. 사회주의 여성들이 중심이 되어 조직한 조선여성동우회, 경성여자청년동맹, 경성여자청년회 등이 이러한 입장을 견지하는 여성단체였다. 1924년 5월 허정숙, 주세죽, 정종명, 박원희, 정칠성 등 사회주의 여성들이 모여 "사회 진화 법칙을 표준삼은 새 사회의 건설과 여성해방운동에 설만한 일군의 훈련과 교양을 도모하고, 조선여성해방운동에 참가할 여성의 단결을 기약한다"는 강령을 내걸고 조선여성동우회를 창립했다. 이는 조선 최초의 사회주의 여성 단체였다. 이듬해 1월에는 김조이 등의 발기로써, "청년 여자의 대중적 교양과 조직적 훈련을 도모하며 청년 여자들의 단결의 힘과 상호부조로써 여성해방운동에 노력하고 당면의 이익을 의논하여 분투"할 목적으로 경성여자청년동맹을 창립했으며, 같은 해 2월 박원희 등의 발기로 경성여자청년회를 창립하여 부인 해방에 대한 서적을 읽고 토론하는 것을 중요한 일로 삼았다.

두 흐름은 1927년에 이르러 통합되었다. 좌우 합작과 민족유일당 운동의 일환으로 신간회가 조직되자, 4월 이에 발맞추어 민족주의와 사회주의 여성들이 한 자리에 모여 "조선 여성운동에 대하여 각 방면 운동가가 역량을 집중하여 전국적 기관을 조직하자는 의견에 일치를 보아" 근우회를 조직하기로 결의했다. 차미리사도 근우회 발기위원으로 참여했다.[114]

근우회 발기총회

3·1운동을 경험하면서 여러 여성단체들이 조직되어 교육운동, 종교운동, 생활개선운동 등을 전개했다. 여성운동은 1924년 사회주의 사상의 영향을 받아 조선여성동우회가 조직된 뒤부터는 민족주의적 방향과 사회주의적 방향으로 양분되었다. 분열된 국내외의 항일민족운동을 통합해 더욱 강력한 민족운동으로 추진하기 위해 1927년 2월 신간회新幹會가 조직되었다. 여성계에서도 여성운동의 통합론이 일어나, 마침내 그 해 5월에 근우회가 조직되었다. 강령은 여성의 공고한 단결과 지위 향상이었으며, 운동 목표로는 봉건적 굴레에서 벗어나는 여성 자신의 해방과 일제 침략으로부터의 해방이라는 양대 방향이 제시되었다. 창립의 중요 인사로는 김활란, 유각경, 최은희 등 민족주의 계열 여성과 박원희, 정칠성, 정종명 등 사회주의 계열 여성들이었다.

조선 여성의 교육은 조선 여성의 손으로!

조선의 여성들은 오랜 동안 가부장적 제도 하에서 노예처럼 얽매여 아무런 가치 없이 살고 있었다. 조선 여자는 조선 사람 가운데 제일 불쌍한 존재였다. 조선 여자가 사람대접을 못 받게 된 까닭은 윤리적, 경제적, 사회적으로 가해지는 삼중의 압박 때문이었다.

윤리적 압박이란 삼강오륜, 삼종지도, 칠거지악 등 유교적 여성관을 말한다. 여자는 8~9세만 되면 집안에 갇혀서 바깥세상과 일체 접촉을 끊고 남자와 자리를 달리 해야 했다[삼강오륜三綱五倫]. 집에 있을 동안은 부모의 통제를 받아야 하고, 출가해서는 남편의 속박을 받아야 하고, 심지어 남편이 죽은 뒤에는 자기가 낳은 아들에게까지 매어 살아야만 했다[삼종지도三從之道]. 남자는 첩을 두는 것이 자유지만 부인된 자는 조금도 질투심을 일으키지 않아야 한다. 여자는 한번 부정하다는 의심을 받게 되면 당장 집에서 쫓겨나고 사회적 비난을 받게 된다. 대를 이을 남자아이를 낳지 못해도 쫓겨나게 되고, 몹쓸 병에 걸려도 쫓겨나게 되고, 남편과 사이가 아무리 좋을지라도 시부모가 싫어하면 쫓겨나게 된다[칠거지악七去之惡].

여성들은 경제적 압박도 심하게 받았다. 육아, 식사, 세탁, 재봉 등으로 매일 10시간 이상의 가정 노동에 매달려 있지만 아무도 그들의 노동을 중요시하지 않았다. 사회적 압박 또한 견디기 어려운 것이었다. 여자는 외출만 해도 문제가 되고, 머리만 짧게 깎아도 문제가 되고, 의복만 좀 달리 입어도 문제가 되고, 심지어 걸음만 좀 활발히 걷고 말만 좀 크게 해도 그것을 문제 삼는 사람이 있었다. 이와 같은 윤리적, 경제적, 사회적 압박 하에서 일천만 조선 여성은 그저 팔자이려니 운명이려니 하고 무기력하게 삶을 살아왔다.

차미리사는 이처럼 무권리 상태에 놓여 아무런 가치 없이 살고 있는 조선 여성이야말로 인류의 수치라고 했다.

사람의 사회라 하는 것은 본래에 '사나히'와 '계집' 두 가지로 된 것인대 종래에는 계집은 아모 사람다운 갑이 업시 살아오지 아니하였습니까. 혹자는 말하기를 이것은 여자의 큰 수치라 하나 나는 말하되 온 인류의 큰 수치라 하겟습니다.[115]

조선 여성이 노예적 지위에서 벗어나기 위해서는 여성운동이 전 사회적으로 일어나야 했다. 그러기 위해서는 먼저 여성 자신이 인격체로서 자각을 해야 했다. 그런 자각을 위해서는 여성교육이 무엇보다 시급했다. 차미리사가 조선 사회에서 가장 시급한 것이 여자교육이라고 말한 것은 이 때문이었다.

조선 여자의 교육! 이것이야말로 우리 사회에서 제일 큰 문제올시다. 지금 우리 사회에는 여러 가지 할 일이 많이 있고 해결해야 할 문제가 허다하지만 교육 문제처럼 큰 문제는 없는 줄로 생각합니다. 그리고 교육 문제에서도 가장 급한 것은 여자교육으로 생각합니다.[116]

차미리사는 여성교육의 필요성을 국권 회복과 여성의 권익신장이라는 두 가지 관점에서 제기했다. 먼저, 차미리사는 여성교육을 민족운동의 일환으로 인식하고 있었다. 거족적인 민족운동인 3·1운동이 발발한 그 해가 가기 전인 음력 섣달 그믐날(양력 1920년 2월 19일) 조선여자교육회를 발기했다는 사실이 이를 잘 말해준다.

기미년에 00 운동[3·1운동]이 일어난 뒤로 나는 무슨 충동이 있었던지 구가 정의 부인들로 한번 가르쳐 보았으면 하는 생각이 나서 거기에 대한 결심을 하고 다년간 정들었던 배화학교를 사퇴하고 새문안 염정동 예배당의 지하실을 빌려 가지고 부인 야학을 설시하였으니 이것이 오늘날 근화여학교의 전신이다.[117]

3·1운동정신을 계승하여 조선여자교육회를 창립했다는 것으로, 그의 여성교육운동이 국권회복운동의 일환이었음을 말해주는 것이다.

한편, 3·1운동을 경험하면서 여성들의 사회세력화가 현저히 이루어지고 있었다. 따라서 여성교육을 국권 회복의 일환으로만 생각할 수 없었다. 여성의 인격적인 해방, 즉 여성의 권리 신장 또한 국권 회복 못지않게 중요한 문제였다. 차미리사는 다음과 같이 말했다.

수레의 두 바퀴와 가튼 남녀의 관계가 종래와 현재에는 한쪽이 기우러졌으니까 이것을 바로잡자 함이 곧 여자교육의 필요로 생각합니다.[118]

수레의 두 바퀴처럼 여자도 남자와 동등한 인격체이므로, 남녀가 불평등한 현 사회를 개조하여 양성평등의 문명 사회로 나아가기 위해서는 여성교육이 필요하다는 주장이다.

남녀 불평등의 낡은 사상을 개조하기 위해서는 이를 담당할 교육기관이 필요했다. 차미리사는 이를 담당할 수 있는 중심기관으로 조선여자교육회를 창립했다. 남자의 압박 하에서 노예적 생활을 하고 있는 일천만의 조선 여성들에게 배움의 기회를 베풀어 인간으로서의 권리를 되찾아 주겠다는 판단에서였다.[119]

조선 여성 중에서도 차미리사가 특히 주목한 대상은 전체 여성의 90퍼센트를 차지하고 있는 가정부인들이었다. 여성이 인격적인 존재로 새롭게 태어나기 위해서는 무엇보다도 먼저 가정부인들에게 새로운 삶을 줄 교육기관이 시급했다. 물론 학령 아동의 삼분의 일 이상이 취학하지 못하므로 아동 교육도 시급한 문제이기는 하나 아동 교육에 대해서는 부족하나마 학교가 존재했으며 또한 점차 학교를 확대하려는 움직임이 있었다. 그러나 봉건적 압박에 억눌려 신음하는 가정부인을 위한 교육기관은 없었으므로 이들은 교육 기회를 영원히 박탈당할 처지에 있었다. 배움의 기회를 놓쳐 문맹 상태에 있는 가정부인들은 자유가 무엇인지, 평등이 무엇인지, 인권이 무엇인지 알지 못하며, 오직 굴종의 정신에 물들어 자신의 삶을 다른 사람에게 내맡기고 있었다. 이들은 가부장적 가족제도의 희생양으로 인격적 대우를 받지 못하고, 권리도 주장하지 못한 채 남편의 노리개로 전락해 있었다. 가정에서 해방되어 인격을 향상시키고, 남편에게서 독립하여 인권을 주장할 수 있다는 생각은 꿈에도 하지 못했다.

〈일천만 여자에게 새 생명을 주고자하노라〉
(《동아일보》 1921년 2월 21일자)
《동아일보》가 기획한 〈신진여류의 기염〉 난에는 차미리사를 필두로 김활란, 김일엽, 나혜석 등 당시 조선 여성계를 대표하는 신여성 열 명의 글이 연재되었다. 이를 통해 1920년대 들어 차미리사가 신여성들 사이에서 두각을 나타내고 있었음을 알 수 있다. 교육을 통해 일천만 여성에게 새 생명을 주겠다는 웅대한 포부를 밝힌 이 논설은 그가 귀국한 후 언론에 발표한 첫 번째 글이라는 점에서도 중요하다. 차미리사가 조선 여성 중에서도 특히 주목한 대상은 문맹 상태에 있는 가정부인들이었다. 그의 교육론이 엘리트교육론이 아닌 대중교육론이었음을 보여준다.

이처럼 일생을 노예적 생활에서 방황하는 가련한 가정부인들에게 삶의 활로를 개척해 주기 위해, 차미리사는 조선여자교육회를 창립했다. 일찍이 배운 것 없고 배울 기회를 얻지 못해 깊은 안방 속에서 오직 한숨과 탄식으로 지내는 일천만 조선 여성들로 하여금 인격적인 존재로 당당하게 살아갈 수 있도록 하겠다며 창립된 조선여자교육회는 여자의 새로운 낙원이었다. 조선여자교육회의 창립은 "깊은 단잠에 들어 있는 일반 여자계에 각성을 촉구하는 폭발탄을 던지는 것"과 같았다.[120] 차미리사는 어디든지 가서 강연의 첫머리에 다음과 같이 열렬히 부르짖었다.

> 전 조선 일천만 여성은 다 내게로 오너라! 김미리사한테로 오너라!
> 남편에게 버림받은 여성, 과부된 여성, 남편에게 압제받는 여성, 천한 데서 사람 구실을 못하는 여성, 뜨고도 못 보는 무식한 여성들은 다 오면은 어두운 눈 광명하게 보여주고 이혼한 남편 다시 도라오게 해주마.
> 그저 고통 받는 여성은 다 내게로 오너라![121]

나는 학교에 갈 수 있는 사람을 인도하려는 것이 아닙니다

조선여자교육회는 산하에 교육부, 강연부, 잡지부 등 세 부서를 두었다. 교육부는 야학을 열어 한글을 깨우치지 못한 구가정 부녀자들에게 일반 상식을 가르쳤으며, 강연부는 한 달에 한 번씩 정기적으로 강연회 또는 토론회를 열어 새로운 지식을 전달하고 가끔 특별강연회도 열어 여성 개조의 필요성을 강조했다. 잡지부는 《여자시론》을 인수하여, 2호부터 6호까지 매달 1회씩 발행하여 봉건적인 인습의 타파와 새 생활을 부르짖었다.

조선여자교육회를 창립할 당시, 대부분의 여성들은 편지 한 장도 쓰지 못하고 신문 한 장도 읽지 못하는 문맹 상태에 있었다. 여자도 사람이기는 하나 배우지 않고는 사람 노릇을 할 수 없게 된 시대에 학교에 다닐 수 없는 여성들을 위해 조선여자교육회를 창립한 이상, 자기의 의사대로 편지 한 장이라도 마음껏 쓸 수 있도록 해주어야 했다. 이를 위해 조선여자교육회는 1920년 4월 19일 시내 도렴동에 있는 종다리宗橋 예배당에서 부인야학강습소를 열었다. 배화학당 사감 시절부터 운영해오던 야학을 계승·발전시킨 것이었다.

적어도 자기의 손으로 편지 한 장을 쓸 줄을 알아야만 하겠고 남이 써 놓은 것을 대강은 알아보아야만 하게 되었다. 그러나 그들은 아무리 타는 마음 끓는 정성으로 밤이나 낮이나 지식을 원할지라도 아직은 아무도 그들에게 지식을 주지 아니함으로 그들은 이때까지 홀로 답답한 마음을 억제치 못하고 지내오더니 다행히 이번에 조

《여자시론女子時論》
근대의 여성 관련 잡지로는 1906년에 창간된 《가뎡잡지》와 1908년에 창간된 《녀자지남》이 있다. 그러나 본격적인 여성지는 1917년이 되어서야 등장한다. 그 출발점이라 할 수 있는 《여자계》가 1917년 발간되고 뒤를 이어 1920년 《신여자》와 《여자시론》이 발간되었다. 1920년 1월 창간된 《여자시론》은 순한글로 이루어진 여성계몽잡지로 여자교육, 여자해방, 결혼, 여자의 지위 등의 문제를 다루었다. 조선여자교육회는 《여자시론》을 인수하여 2호부터 발행했으나 총독부의 탄압과 재정의 어려움으로 발간된 지 1년여 만에 통권 6호로 마감했다.

선여자교육회라는 기관이 생기어서 그네들 아낙네의 갑갑한 것을 풀어주기 위하여 여러 가지로 노력한다 함은 이미 보도하였거니와 지난 십십일[십구일의 오기] 월요일부터 동회에서는 특별히 가정에 있어 지식을 얻을 기회가 적은 아낙네들을 위하여 종다리 예배당 안에 여자야학회를 열게 되었다.[122]

차미리사가 여자야학을 처음 시작한 곳은 종교교회 예배당 가운데 모서리 종 탑 아래층이었다. 종교 교회 담임목사인 양주삼이 공간을 기꺼이 내주었고 교회의 교인 특히 부녀자들을 동원하여 야학 활동을 여러모로 지원했다. 미국에서 차미리사와 함께 활동하다가 1914년 귀국한 양주삼은 1919년 9월부터 종교교회 담임목사가 되어 시무하고 있었다.[123]

종다리 예배당 종집
조선여자교육회 산하 부인야학강습소는 종다리 예배당 종탑 교실에서 잉태되고 탄생했다. 종교 교회 담임목사인 양주삼이 공간을 기꺼이 내주었고 교회의 교인, 특히 부녀자들을 동원하여 야학 활동을 여러모로 지원했다. 부인야학강습소는 종다리 교회 종탑에서 태어나 걸음마를 할 수 있는 단계에서 염정동 새문안교회로 옮겨갔다가 청진동에 보금자리를 마련하고 근화학교로 성장했다.

부인야학강습소에 나오는 학생들은 거의가 집안에 들어앉아 있던 가정부인으로, 시집살이에 쪼들리는 이들, 무식하다고 남편에게 구박받는 이들, 남편에게 소박 받은 이들, 일찍이 교육을 받지 못한 설움에 울면서 공부를 하고 싶어 하는 이들이었다. 이들 대부분이 시부모나 남편의 반대를 무릅쓰고 배우러 오는 학생들이었다. 이들은 야간에 외출하는 문제로 남편이나 시부모와 심한 갈등을 겪으면서도 치마를 쓰거나 가마를 타고 배우러 오는 등 놀라운 향학열을 보였다. 이러한 사정을 차미리사는 다음과 같이 말했다.

처음에는 강연도 하고 또 가정을 하나씩 찾아도 다녔었는데 맨 처음에는 열세 명이 왔더구먼요. 그리고 일주일쯤 지나니까 한 오십 명되더니 한 학기를 지나고 다음 학기를 시작할 때에는 일백 한 오륙십 명 되었습니다. 대개는 유학생의 부인이 많았어요. 밤에 오면서 치마를 쓰고 오는 학생도 있었답니다.[124]

부인야학강습소는 설립 당시에는 학생 수가 10여 명에 불과했으나, 이후 지원자가 꾸준히 몰려들어 한 달 만에 100여 명이 될 정도로 비약적으로 발전했다. 당시에는 가정부인이나 혹은 학교에 못 간 사람이 배울 만한 교육기관이 없었고 물론 학교에서도 입학시키지 않았기 때문이었다.

남자들은 종로 중앙기독교청년회관에서 대규모로 설치한 야학 이외에도 몇 군데 그런 강습소가 있었으나 그때까지도 여자들을 모아 가르치는 기관이 없었는고로 이 소문이 널리 퍼지매 신통히 생각하여 지팡이를 집고 일부러 찾아와서 구경하는 노인들이 있는가 하면 나도 좀 다닐가말가하고 주저하는 중년

부인들도 가끔 나타나는 것이었다. 종종머리를 따아서 붙잡아매고 코를 훌적 훌적하는 어린 계집애들도 달려 나오고 삼단 같은 머리를 처억척 뉘어 따아서 제비꼬리 자주 당기를 물려디린 정혼한 처녀들도 오게 되었다. 머리를 새로 쪽진 애숭이 색시들도 밀려들었다. 차선생도 신이 나고 그 청년[신봉조]도 신이 났다. 걸상도 집어치우고 땅바닥에 앉아도 종각이 터질 지경이었다.[125]

3·1운동 직후 사회 전반적으로 고조되는 향학열에 힘입어 여성들도 높은 교육열을 보였으나 여성교육시설이 터무니없게 부족하고 학교교육의 기회는 여전히 제한되어 있는 현실에서, 야학, 서당, 사설 강습소 등은 여성들에게 중요한 교육 수단이 아닐 수 없었다. 이러한 점에서 볼 때, 차미리사의 부인야학강습소 설치는 여성계뿐만 아니라 일반 사회에서도 감사하고 축복할 만한 일이었다.

조선여자교육회 산하의 부인야학강습소는 교계나 일반 사회의 주목을 받았다. 뿐만 아니라 선교사 사회에서도 지대한 관심을 표명했다. 한말 이후 한국의 근대교육은 주로 선교부 지원을 받아 선교사들이 운영하는 선교사학교Mission School에서 대부분 이루어졌으므로 막대한 자금이 들어가는 학교를 과연 한국인이, 그것도 여성이 경영할 수 있을까 하는 우려와 호기심이 선교사들 사이에 퍼지게 된 것은 당연했다. 선교사들이 내던 초교파 영문 잡지 《코리아 미션 필드The Korea Mission Field》가 1920년 10월 차미리사를 단독 인터뷰하여 교육사업의 취지와 계획을 자세하게 소개한 것은 그 때문이었다. 《코리아 미션 필드The Korea Mission Field》는 부인야학강습소의 비약적인 발전상을 다음과 같이 소개했다.

《코리아 미션 필드The Korea Mission Field》 표지 및 원문

한국에 파송된 선교사들에 의한 수많은 한글 작품의 번역, 외국 작품의 한글 번역, 그리고 한국의 역사와 언어에 대한 심도 있는 연구는 한국의 문화를 세계에 소개하는 데 중요한 역할을 했다. 선교회가 발행하는 신문은 교회 통신, 신앙 강좌, 성경 연구, 교계 소개가 주목적이었지만, 새로운 서양 문화와 과학을 소개하고 해외 교계의 소식을 전해주어 한국 민족이 세계 속에 어떤 위치에 있으며, 어떤 역할을 감당해야 할 것인가를 일깨워주는 데 적지 않게 기여했다. 《코리아 미션 필드The Korea Mission Field》(1905~1942)는 선교회가 발행한 가장 영향력 있는 영문 잡지였다. 1901년 빈톤에 의해 첫 출판된 《코리아 필드The Korea Field》와 거의 같은 기간에 존속. H. Jones에 의해 시작된 《코리아 메소디스트The Korea Methodist》가 1905년 장·감 연합공회가 결성되면서 연합운동의 일환에 따라 통합되어 《코리아 미션 필드》라는 이름으로 출간되기 시작했다. 이 선교지는 자주 다른 정기간행물 편집인들과 해외 선교부 총무들에 의해 탁월하다는 예찬을 받았다. 이 선교지의 편집인으로 수년 동안 언더우드H. Underwood가 수고했고, 1913년에는 디캠프A. F. DeCamp가 그 뒤를 이어 1927년까지 봉사했고, 이어 수년간 윌리엄 커William C. Kerr가 그리고 그 뒤를 이어 와그너Ellasue Wagner 양이 편집 책임자로 봉사했다.

학교는 지난 봄 개학한 이후 급속히 성장하여 현재는 160명의 학생들이 다니고 있다. 교육의 기회에 여성들의 반응은 굉장히 열성적이어서 학교는 여름에도 쉬지 않고 계속했다. 학생들의 열의와 교사들의 헌신으로 여성들을 위한 야학이란 이 첫 실험은 가장 흥미 있고 유망하게 되었다. 이 최초의 성공적인 경험으로 인해 다른 곳에서도 이 같은 학교가 설립될 것을 확신한다.[126]

학생 열 명 남짓으로 시작한 야학강습소가 계절이 한번 바뀐 뒤 160여 명으로 급속하게 늘어나자 열 평도 안 되는 종탑 교실이 비좁게 되었다. 차미리사가 시작한 부인야학이 반년 만에 큰 성황을 이루자 종다리 예배당에서는 자기들도 이 사업을 하겠다며 집을 내놓으라고 했다. 종교교회 엡윗청년회가 자극을 받아 그동안 중단 상태에 있던 남자야학교를 재개할 계획을 세웠기 때문이다. 남자 청년들을 가르쳐야겠다는 것이었다. 1908년 종교교회는 도렴동으로 예배당을 옮기면서 사회선교의 중요한 매체로서 매일학교와 함께 야학교를 시작했었다. 야학교는 1910년 종교교회 엡윗청년회 회원들의 적극적인 후원으로 노동야학강습소로 발전하여 노동자와 극빈자들을 대상으로 초등학교 과정을 가르치며 신년축하음악회 같은 다양한 사회활동을 전개했었다. 그러나 남성 중심의 이 노동야학교는 3·1운동이 발발할 무렵에 폐지되었다. 대신 차미리사가 시작한 여자야학교가 교회 안에서 출발하여 지금까지 운영해오고 있었다.[127] 종교교회 측에서 그동안 중단되었던 남자야학교를 재개한다고 하니 공간이 문제였다. 사회적 이목도 있고 해서 남자와 여자가 밤중에 같은 공간에서 공부할 수 없었다.

이 때문에 조선여자교육회의 부인 야학은 일시 중단되었다. 하는 수없이 차미리사는 내리는 비를 맞으며 온 시내를 돌아다니다 그 해 9월 18일 염정동 새문안교회의 캄캄한 지하 방 하나를 겨우 얻게 되었다. 차재명 목사의 배려가 있었기 때문에 가능했다. 조선여자교육회는 석탄과 묵은 짐짝이 수북한 지하실에서 다시 야학을 계속했다.

여자교육회에서는 특히 이미 혼인한 부인을 모집하여 종교 예배당宗橋禮拜堂에 여자야학회를 설립하였는데 회원이 150여 명에 달하였으나 그동안 종교예배당을 사용치 못하게 되기 때문에 일시 중지 하였다가 다시 염정동 예배당廉井洞禮拜堂을 빌어서 오는 18일 저녁 여덟시부터 개학할 터인데 이미 다니던 사람은 물론이거니와 다수한 신입생을 희망한다 하며……. [128]

조선여자교육회는 부인야학강습소를 종교교회에서 새문안교회로 옮겼다. 그러나 새문안교회 지하실도 항구적인 장소가 될 수 없었다. 차미리사는 조선여자교육회 이름으로 전국을 순회하며 강연회를 개최하여 야학 설립 기금을 모금했다. 그리하여 1921년 10월 종로 청진동에 새 교사를 마련하고 학교를 옮긴 후 1923년부터 근화학원槿花學院이라는 이름으로 여성교육을 새롭게 시작했다. 비록 6개월 미치지 못하는 짧은 기간이었지만 차미리사의 조선여자교육회와 부인야학강습소가 종교교회 예배당과 종탑교실에서 잉태되고 탄생했다. 모두가 '조선에서 처음 보는' 토착 여성교육운동의 효시였다. 부인야학강습소는 종교교회 종탑에서 태어나 걸음마를 할 수 있는 단계에서 염정동 새문안교회로 갔다가 청진동에 보금자리를 마련하고 근화학교로 성장했다. [129]

부인야학강습소는 가난 때문에 배우러 오지 못하는 것을 염려하여 수업료를 받지 않고 혹 공책 연필 등이 없어서 곤란한 학생에게는 필수품을 무료로 공급하여 학업을 장려했다. 수업 과목은 일반 상식에 관한 것을 중심으로 조선어, 일어, 영어, 이과, 한문, 지리, 위생, 생리, 산술, 습자, 수신(도덕), 음악 등이었다. 《동아일보》는 부인야학강습소의 수업 광경을 다음과 같이 보도했다.

조선여자교육회 야학부의 시험답안을 조사해보면 "개인의 수건을 차용하지 말라 혹 병이 전염될가 염려한다" 하는 문구를 일어로 조선어로 기록한 것도 있으며, "동맥은 좌편에 잇고 정맥은 우편에 있느니라" 하는 생리학의 가르침도 있으며, "가장이 외출하였다가 돌아오면 주부된 자는 위선 그 신발을 주의하야 청결히 하야 다시 외출할 때에 누추하지 말게 하며 쾌감이 일어나게 하라" 하는 등의 작법상의 언사도 있도다! 사십 세 된 여자가 남편의 과로를 제거하기 위하여, 자녀의 공부를 보조하기 위하여 '에이, 비, 씨!'의 공부를 시작한 미담도 있으며, 팔십 노부가 '장옷 속에 쌓인' 과년한 손녀를 손잡고 와서 그 향학심의 만족을 간청한 일도 있고, 시험장에 들어와서 처음에는 "잘 부러지던" 연필도 이제는 부러지지 아니하며 답안지에 대하여 처음에는 떨리기만 하던 손도 지금은 순순히 내려가는 지식 발달의 표징도 있도다.[130]

부인야학강습소는 부인들에게 초등교육을 시켰으며, 15세에서 50세 사이 여성이면 누구나 입학할 수 있었다. 《코리아 미션 필드*The Korea Mission Field*》에는 부인야학강습소의 성격을 엿볼 수 있는 문답이 두 건 소개되어 있다. 하나는 교육 대상과 관련된 부분이다.

문(경기도 학무국): 감옥에 갔던 사람들도 입학시키는가?

답(차미리사): 우리는 단 두 부류의 여성만 받지 않는데 그들은 첩과 기생이다. 우리는 도움이 필요한 모든 여성을 돕고자 한다. 당연히 나약하고 과오가 있는 여성들은 도움을 필요로 할 것이며, 우리는 즐거운 마음으로 그들을 위해 우리가 할 수 있는 일을 다 할 것이다. 여자교육회의 목적은 섬기는 데 있다.[131]

차미리사의 답변은 구약성서(〈이사야〉 61:1~2)의 "주께서 나를 보낸 이유는 가난한 사람에게 복음을, 묶인 사람에게 해방을, 눈먼 사람에게 눈 뜨임을, 억눌린 사람에게 자유를 주며 주님의 은총의 해를 선포하기 위해서다"를 연상케 할 만큼 감동적이다. 차미리사는 여자교육회의 교육 목적이 약자를 섬기는 데 있다고 했는데, 섬김은 그의 기본 교육정신이었다. 차미리사는 조선 청년들에게 봉사 정신을 가지라며, "사람은 섬김을 받으러 이 세상에 온 것이 아니라 섬기러 온 것이니 조선의 청년제군은 봉사적 정신을 가져야만 한다"고 주장했다.[132]

다른 하나는 교육 내용과 관련된 부분이다.

문(경기도 학무국): 조선 여성이 어떤 여성들이 될 수 있도록 가르치려 하는가? 미국 여성과 같이 되기를 원하는가, 아니면 일본 여성 또는 중국 여성과 같이 되기를 원하는가?

답(차미리사): 특이한 질문이다. 우리는 조선 여성도 미국 여성같이 기독교 교육을 받아 사회적으로 평등한 기회를 갖기를 원한다. 우리는 일본 여성같이 부지런하기를 원하나 그들의 복식을 받아들이는 것은 원치 않는다. 중국 여성들에게서는 성실함을 배우기를 원한다. 그리고 조선 여성들은 위의 모든 좋은 점에다 우리 고유의 겸손과 순결을 지키기를 원한다.[133]

미국 여성에게서 평등정신을 배우고, 일본 여성에게서 근면성을, 중국 여성에게서 성실성을 배워야 하겠지만, 조선 여성들은 어디까지나 조선 여성으로 남아야 한다는 것이 차미리사의 신념이었다. 차미리사는 특히 조선 여자의 정조관을 높이 평가했다.

우리 조선 여자는 무엇보다도 그 정조가 세계에 참 비할 곳이 업슬 것이외다 …… 과거의 조선 여자로 말슴하면 참으로 순결하고 고상하얏습니다. 청산백옥靑山白玉이나 추수부용秋水芙蓉인들 엇지 비할 수가 잇겟습니까. 자기의 정조라 하면 재산보다도 생명보다도 더 귀중하게 넉이엿습니다 …… 나는 중국이나 미주에 잇슬 때에 그 나라 사람들에게 항상 조선 여자의 정조를 자랑하엿고 또 그 사람들도 항상 충찬하엿습니다 …… 엇지하던지 우리는 이 자랑거리를 영구히 보존하야 남에게 수치가 되지안토록 하여야 되겟습니다.[134]

여자의 정조는 얼음과 서리처럼 희고 깨끗하며 생명보다 고귀하다는 것이다.

꽃 같은 처녀의 불같은 혀

대중에게 문화를 선전하고 사상을 보급하는 수단과 방법으로는 말과 글이 있다. 말을 통한 방법으로는 강연, 토론, 연설 등이 있으며, 글을 통한 방법으로는 신문이나 잡지에의 기고가 있다. 짧은 시간에 많은 이들의 마음을 격동시키며 뇌리에 자극을 주어 새로운 사상에 눈 뜨도록 하는 데에는 강연이나 토론이 무엇보다 효과적이었다. 뿐만 아니라 강연이나 토론은 청중들의 폭넓은 참여를 유도하는 장점이 있었다. 강연회나 토론회는 새로운 사상을 소개하고 공론公論을 형성하는 공개적인 교육장이었다.

3·1운동 이후 사회 분위기가 활성화됨에 따라 강연회·토론회가 학생은 물론이고 지식인들 사이에서도 일주일에 몇 차례씩 열리곤 했다. 1920년대 초반은 가히 '강연회·토론회의 전성시대'라 할 만했다. 군중이 모이는 곳에는 반드시 연단이 있었고 연단이 있는 곳에는 반드시 청년 논객이 있었다. 이러한 사회 분위기에 힘입어 차미리사는 매월 한 두 차례씩 강연회·토론회를 개최했다. 경기도 학무국 관계자가 "왜 월례강연회를 개최하려 하는가?" 하고 묻자, 차미리사는 다음과 같이 답변했다.

학교교육만으로는 충분하지 않다. 현재로서는 여성들이 그들의 가사에 관련된 대화만 할 수 있다. 우리는 여성들이 좁은 울타리를 벗어나 가정 바깥의 일, 세계정세에 대해서도 알기를 희망한다. 그래서 월례강연회를 개최하는 것이다.[135]

조선여자교육회는 1920년 4월 12일 종다리 예배당에서 첫 강연회를 개최했다. 조선여자교육회 창립 이후 스스로의 힘으로 처음 치르는 행사였기에 의미가 남달랐다. 이날 강연회는 오후 8시부터 2시간 반 동안 다음 순서로 진행되었다.

(1) 개회 선언/조선여자교육회장 김미리사
(2) 피아노(풍금) 독주/송애경

(3) 기도/최정옥

(4) 강연 : 우리의 요구하는 주모主母/홍애스더(이화대학 졸업생)

(5) 독창 : 사랑하는 나의 친구/홍금후(이화학당 졸업생)

(6) 강연 : 고침改/이숙정(배화학당 교사)

(7) 강연 : 충성/방신영(정신여학교 졸업생)

(8) 바이올린 독주/백경애(배화학당 교사)

(9) 조선여자교육회 소개/김미리사

강연회는 음악, 강연, 홍보 등 세 부분으로 이루어진 일종의 종합 문화 공연이었다. 조선여자교육회장 차미리사의 개회 선언에 이어 음악 연주로 강연회의 막이 열렸다. 송애경 양의 피아노 독주로 강연 회장의 분위기를 가다듬은 다음, 이화학당 졸업생 홍금후 양의 독창, 배화학당 교사 백경애의 바이올린 독주를 사이사이 배치하여 청중의 기분을 상쾌하게 했다. 이 날 강연은 세 차례 있었다.

이화학당을 졸업한 20세가량의 꽃같이 젊은 홍애스더 양이 제일 먼저 단상에 올라와 신시대가 요구하는 주부의 자격에 대해 발언을 한 후 "적게 알음은 위험하다"는 말로 끝을 맺었다. 이어 이화학당 출신으로 배화학당에서 교사를 하고 있는 이숙정은 '고침'(개조)이라 는 주제로 "새로운 시대가 왔고 요구도 새로운 이때에 우리는 마땅히 우리의 인격을 고치는 동시에 사상과 행동을 모두 고쳐야 한다. 우리 여자도 종래의 노예적 지위에서 벗어나 인격적 지위에 올라가지 않으 면 아니 될 것이다. 그리하자면 교육이 필요하다. 여자교육은 남녀동 등을 위해서 뿐만 아니라 조선의 문명화를 위해서도 반드시 필요하 다"라는 요지로 개조와 여자교육의 필요성을 주장했다. 마지막으로 정신여학교 졸업생 방신영 양이 "사람이 이 세상에 살려면 지식도 있어야 하고 금전도 있어야 하고 여러 가지가 있어야 한다. 그러나 사람은 충성이 없으면 살수가 없다. 무엇보다도 먼저 자기에게 충성되지 아니하면 살 수 없다"는 내용의 강연을 하여 청중을 감동시켰다.

홍보와 모금 활동도 강연회에서 빼놓을 수 없는 부분이었다. 조선여자교육회 설립 취지와 사업 내용을 소개한 후 청중들에게 회원 가입과 재정 지원을 호소했다. 차미리사는 "조선여자교육회는 일 천만 여자에게 새 생명을 주려는 포부로 출생하였다. 특히 가정부인에게 일반 상식이라도 넣어 주어 어두운 가운데서 그들을 구원함이 주요한 목적이다. 우리는 금전과 지식이 모두 부족하나 오직 열성을 다할 뿐이다"는 요지의 발언을 하여 청중에게 많은 감동을 주었다.

이날 강연회는 철저하게 여성들이 주도하고 이끌었다는 점에서 사회적 관심을 크게 불러일으켰다.

비가 옴을 불고하야 여자만 삼백여명의 청중이 모이엿고 더욱이 그 중에 안방마님 건너방 아씨가 삼분의 이 가량이나 되얏슴은 매우 깃분 현상이며 조선에서 순전한 여자의 모임과 여자의 스사로 주최한 강연회는 이번이 처음인데 강연의 내용으로던지 방청객의 출석으로던지 실로 예상 이외의 성황을 이루엇더라.[136]

언론은 '안방마님', '건너방 아씨' 등 서울의 양반 계층 부인들이 강연회에 나온 것에 특별한 의미를 두었다. 당시 신여성은 트레머리[여자의 머리를 꼭뒤에다가 틀어 붙인 머리]에 깡동치마[짧은 치마], 뾰족 구두 그리고 화장한 얼굴에 비단 양산을 들고 거리에 나왔지만, '안방마님', '건너방 아씨' 들은 외출이 자유롭지 못했으며 집안에 갇혀서 내외를 해야만 했다. 따라서 이들의 대규모 출현은 언론의 주목을 받기에 충분했다. 또한 여성들이 여성 문제를 주제로 강연회를 개최한 것은 '이번이 처음' 이라 하면서 사회에 미칠 파장에도 주목했다. 실제로 많은 남자들이 여성만으로 구성된 최초의 강연회에 커다란 호기심을 보였다.

> 녀학생의 한 떼와 안방마님 건너방 아씨가 물미듯 모히기를 시작하야 칠시 반에는 거의 자리가 업스리만큼 방쳑객이 모혓섯고 순서지에는 "방청은 여자에 한함" 이라고 썻스나 전일에 광고를 잘못한 까닭으로 남자 방청객도 일백 오십 명 가량이나 입장 허가하였다.[137]

승동교회와 차상진 목사

승동교회는 1893년 미국 북장로회 선교사 무어S. F. Moore와 16명의 교인으로 시작되었다. 이 때 승동(공단골)에 교회가 있었기 때문에 이에 따라 현재의 이름이 붙여졌다. 무어가 봉건사회의 잔재인 계급제도 타파에 관심을 가지고 전도 사업에 노력한 결과 백정들이 많이 교회에 출석하게 되어 한때 백정교회라는 별명이 붙기도 했다. 1905년 8월 지금의 위치로 이전했으며, 1919년 3·1운동 때에는 항일민족운동에 적극적으로 참여했다. 이처럼 신분해방·민족해방운동을 이끈 유서 깊은 곳에서 조선여자교육회의 여성해방을 위한 토론회가 개최되었다. 당시 담임목사는 차상진(1875~?)이었다. 그는 1919년 3·1운동이 일어났을 때 의주교회 집사 문일평文一平 등과 함께 〈조선독립애원서朝鮮獨立哀願書〉를 작성하여 조선총독부에 보낸 뒤 만세시위를 벌인 인물로, 민족의식이 깊은 목사였다.

5월 1일에는 승동교회에서 토론회를 개최했다. 승동교회 교인들 중에는 양반가의 첩실들과 백정 같은 기층민들이 많았는데, 백정 출신의 초대 장로 박성춘을 배출한 곳으로 유명했다. 아직 반상의 구별과 차별 의식이 많이 남아있던 시절에 천민 중의 천민으로 꼽혔던 백정 출신이 장로가 되었다는 것은 놀라운 일이 아닐 수 없었다. 그는 1898년 10월 독립협회가 주관한 관민공동회에서 연사로 나서서 "양반사족만이 아니라 사농공상의 모든 신분을 초월하여 국가의 기둥으로 삼아야 국가의 힘이 더욱 공고해 질 수 있다"고 연설하여 세인들의 주목을 받았다. 이 교회는 또한 3·1운동 당시 학생단의 거점으로도 유명한 곳이었다. 훗날 차미리사의 후견인으로 활동하는 여운형도 승동교회 출신 인사였다. 이처럼 신분해방·민족해방운동을 이끈 유서 깊은 곳에서 여성해방을 위한 토론회를 개최한다는 것은 대단히 의미 있는 일이었다.

토론회는 미리 마련한 주제에 따라 찬성과 반대 양편으로 나누어 각기 대표 발언자와 찬조 발언자가 주장을 펴게 하고, 청중에서도 어느 한편에 대한 지지 발언 또는 반대 발언을 하도록 한 다음, 다시 양편 대표 발언자의 최종 토론을 거쳐서 청중 다수결로 시비를 결정하는 방식으로 이루어졌다. 이날 토론회 주제는 '오늘날 조선 여자계의 급선무가 조선에서 활동함이냐 혹은 해외에 유학함이냐'였다. 《동아일보》는 토론회의 광경을 〈꽃 같은 처녀의 불같은 혀〉라는 제목으로 보도했다.

회장 김미리사의 개회사에 이어 주악과 기도가 있은 후 곧 토론을 시작하였다. 먼저 가편 연사 이은 유경옥이 연단에 나와 "현재의 우리 조선 여자는 외국에 유학하여 이럭저럭 시일을 허비하는 것보다 자기의 아는 대로 힘 미치는 대로 막 시들어가려고 하는 눈앞의 여자계를 위하여 뜨겁게 활동하는 것이 무엇보다도 급선무라"는 뜻으로 힘 있게 부르짖었다. 이에 맞서 부쯤편 연사 장경옥 최계희는 "그렇지 않소. 문명적 지식이 결핍한 우리가 이 조선 안에서 우물 속 개구리 모양으로 의미 없이 어물거리고 있느니보다 차라리 하루바삐 외국으로 발을 내밀어 배워야 될 것은 완전히 배운 연후 다시 내지로 돌아와 일하는 것이 옳지 아니한가"라고 반박하여, 실내에 긴장이 감돌았다. 가부 양편 네 사람의 토론을 박수갈채 리에 마치고 회장이 찬조 발언을 요청함에, 배화학당 선생 이숙정 여사를 비롯하여 여자고등보통학교 출신 김선 여사, 동아부인상회의 정송자 여사와 개성 호스돈여학교 이학년생 이봉근 양 외 3명의 열렬한 지지 발언이 있었다. 마지막으로 회장의 조선여자교육회에 대한 뜨겁고 힘 있는 취지 설명이 있은 후 만장 회원의 느낌이 가득한 가운데 폐회하였는데······.[138]

토론회는 많은 사람들 앞에서 자기 의사를 떳떳하게 주장할 수 있도록 했으며, 자신의 주장이 정당화되기 위해서는 청중을 논리적으로 설득시켜야 한다는 사실을 깨닫게 했다. 또한 민주적인 의사 진행 규칙에 따라 서로 다른 의견을 갖는 양편이 불꽃 튀는 격론을 벌임으로써 흥미를 유발하고, 찬조 발언 등을 통해 시비를 가려 주어 공론이 형성될 수 있도록 해주었다. 토론회는 의식 혁명의 횃불이었다. 승동교회에서 열린 이날 밤의 토론회는 여학생은 물론 어린이를 품에 안고 온 어머니와 할머니에게까지도 많은 감흥을 주었다.

조선여자교육회는 6월 5일 '조선 여자계의 급선무'라는 주제로 종로 중앙청년회YMCA에서 2차 강연회를 개최했다. 역시 조선에서는 처음인 여성들의 공개 강연인 까닭에 여성은 물론 많은 남성들도 일

시에 몰려들었다. 예정 시간보다 30분이 지나 개회를 했으나 이후로
도 계속 밀려들어오는 청중으로 인해 강연회장은 순식간에 아수라장
이 되고 말았다.

여자교육회 주최 여자강연회는 …… 정각 오후 8시경에는 아래 위층이 모두
만원이 되어 문에도 "만원 되야 입장을 사절함"이라고 크게 써 부치었으나 방
청객은 여전히 밀리어서 그 회에서 일보는 부인들은 매우 애를 써가며 문 닫
고 8시 30분경에야 비로소 개회를 선포한 후에 고황경 양의 피아노 독주가 있
은 후 첫 연사 유각경 양이 연단에 오름에 만장의 박수는 종로가 떠나가는 듯
하였다. (유각경) 양은 조선 여자계의 급선무가 무엇이냐는 문제로 "지금 조선
여자계의 급선무는 무엇 무엇보다도 교육이라" 두어 말 할 새, 뒷문을 열고 들
어오려는 방청객이 있음으로 일보는 사람은 "아무리 들어오랴 하여도 들어올
곳이 없고 이렇게 난폭하게 다투기만 하면 이미 입장한 사람도 방청할 수가
없으니 들어오지 말라"고 온유히 말하였으나, 강연을 듣고자 하는 열성이 넘
치는 사람들은 듣는 체 마는 체 하고 앞에 있는 사람을 밀고 들어오기를 시작
하야 회장은 금세 큰 수라장이 되고 말았다.[139]

강연회장에 막무가내로 입장하려는 방청객과 이를 막으려는 주최
측이 한 시간 넘게 실랑이를 벌였으나 여전히 장내가 정리되지 않아

유각경兪珏卿(1892~1966). 유각경은 유길준兪吉濬의 조카이며, 성준星濬의
딸이다. 정신여학교에서 교편을 잡고 있으면서 조선여자교육회 강연회 연
사로 활약했다. 유각경은 1922년 4월 김필례, 김활란과 함께 YWCA를 창
설했으며, 1927년에는 근우회 창립준비위원 15인 중 1인이 되어 황신덕,
이현경, 김활란, 현덕신, 박원희, 김순복 등과 함께 회원 모집을 담당했으
며, 제1회 집행위원회에서 선전조직부를 담당했다.

강연회를 중단할 수밖에 없었다.

이와 같이 되니까 연사도 말을 하지 못하게 되고 사방에서 "문을 닫치어라", "들어오지 못하게 하여라" 하는 부르짖음은 일어나고 들어오려 하는 사람은 더욱 기를 내어서 들어오려 함으로 마침내 자못 위험한 지경에 이르렀다. 회장은 청중의 심리를 진정케 하기 위하여 연설을 중지하고 유치원 아이들의 유희를 시키어 보이었으나 여전히 들어오려 거니 막으려 거니 하는 싸움은 더욱 더욱 심하고 "폐회합시다!"는 부르짖음은 사방에서 일어남에 할 수 없이 오늘밤의 강연회는 이로써 중지한다고 폐회를 선언하니 때는 오후 아홉 시 반이었다.[140]

조선 사회에서 여자가 중심이 된 대강연회가 일찍이 없었으므로 누구든지 한번 방청하기를 원했기에 이처럼 대소동이 일어난 것이었다. 조선여자교육회는 하는 수 없이 6월 11일 강연회를 다시 개최했다. 이날 역시 정각 전부터 청중이 밀려 중앙청년회 대강당이 800~900명의 청중으로 만원이었으며, 문밖에서 들어가지 못한 사람이 수천 명이나 되어 강연회의 높은 인기를 실감케 했다.[141] 주최 측이 혼잡을 방지하기 위해 미리 청강권을 발급했음에도 불구하고 방청객이 이를 지참하지 않고 무리하게 강연회장으로 들어오려고 하여 출입구에서 일대 혼잡이 벌어졌다. 첫 번째 연사로 등단한 유각경은 '조선 여자계의 급선무'라는 제목으로 실력양성론의 입장에서 여자교육의 시급함을 주장했다.

지금 조선 여자의 급선무로 말하면 가정 제도의 개혁이니 의복 제도의 개혁이니 하지만 여자의 교육이 제일 급선무이다. 왜냐하면 사회의 장래는 유아에 있고 유아의 교육은 가정에 있고 가정의 교육은 즉 여자교육에 있기 때문이다. 옛날이나 지금의 훌륭한 이들도 다 그 현숙한 모친의 교훈으로 말미암아 나온 것이다. 또 지금 조선 사람으로 보면 마치 반신불수의 병신모양으로 남자 사회만 활동이 있고 여자 사회는 의연히 구 습관으로 조금도 활동하지 못하여 신경 감각이 아주 없는 중병에 들었다. 이러한즉 속히 여자교육을 보급하여 남녀 활동이 병행되면 이 사회의 문명 향상은 참으로 빨리 될 것이다.[142]

이어 등단한 홍은희가 '현대의 조선 여자'라는 제목으로 남녀차별을 통론하고 이는 여자의 무식의 소치임을 주장하자 청중의 박수 소리로 청년회관이 떠나가는 듯했다. 마지막으로 권애라의 '잘살읍시다'라는 제목의 강연이 있었다. 청중들은 신여성 연사들의 활발한 태도와 유창한 열변에 매번 박수갈채로 마음속에서 우러나오는 환영을 표시했다.

마지막 홍보 순서에서 차미리사는 '조선여자교육회의 현재와 장래'에 대해 호소했다.

처음에는 우리가 생각하기는 학생이 불과 얼마가 되지 못하리라고 생각하였던 바 우리들의 예기하는 바와는 판판으로 매일 십여 명 씩은 평균 들어가는 모양이올시다. 이 교당을 가지고는 좀처럼 나갈 수가 업는 터이올시다. 또 그리고 그러타고 뜨거운 마음으로 용산 같이 먼 곳에서도 오는 고로 교실이 없다고 받지 아니할 수도 없는 터이올시다. 그리고 또는 교과서 및 공책 연필 같은 것을 사 가지고 오라고 하면 오늘내일 미루며 얼른 결단하여 사 가지고 오지 못할 경우도 있으며 또는 형세 어려운 사람도 있는 까닭에 아직까지는 모든 것을 그대로 이 강습소에서 나누어줍니다. 그런 까닭에 강사들은 한 푼도 보수를 받지 않지만 여러 가지 비용이 매우 많습니다. 이 강습소의 경비로 말하면 한 푼도 나오는 곳은 없이 남의 돈을 얻어 가지고 쓰면서 장차 음악회 같은 것을 열어 가지고 그 곳에서 수입되는 돈으로 그것을 갚아 갈 터인데 아직까지는 우리들이 써 가는 터이올시다. 어찌하였든지 우리 사회의 독지가 여러분이 도와주시지 아니하면 이 강습소는 도저히 유지해 갈 수가 없는 형편이올시다.[143]

차미리사의 간절한 호소를 듣고 뜻있는 이들이 낸 의연금은 총 630원이었다. 쌀 한말 값이 3원 40전이며 기와집 한 채가 1,000원이 채 안 되던 당시 물가에 비추어 볼 때, 조선여자교육회에 대한 기대가 얼마나 컸었는지 가늠해 볼 수 있다. 특히 평안북도 선천에 사는 부인 이정실(19)은 저고리를 벗어 내놓으며 "나는 돈이 없으니 이 저고리라도 기부한다"고 말하여 청중을 감동시켰다.

조선여자교육회는 9월 21일에도 승동교회에서 강연회를 열었다. 이날 역시 비가 많이 오는데도 불구하고 여성교육에 열성을 가진 많은 이들이 비바람을 무릅쓰고 참석했다. 강연 제목은 '여자의 가치라는 문제와 실력을 양성하라'였는데, 조선의 현실과 자신의 경제력을 돌아보지 않고 부질없이 유행에 이끌려 사치 생활을 열망하는 신여성을 비판하는 내용이었다.

요사이 동경이나 혹 서양 같은 데 유학이라도 몇 해 하고 오신 양반들을 보면 십중팔구는 아무 실력도 없이 금테 안경이나 코허리에 걸어 쓰고 좋은 양복과 단장을 집고 길로 왕래하신즉 이 양반이 정말 재산이 많고 무슨 실력이란 것이 있어서 저렇게 서양 사람과 같이 화려한 양복을 입고 다니시나 하고 내용을 알고 보면 아무 실력도 없이 즉 허영심으로 그와 같이 하고 있은즉 결과에는 무서운 악마의 길로 타락되고 말 것이라. 그런즉 남녀를 물론하고 자기 실력을 양성한 후 화려한 양복도 입을 것이며 또 자기의 가치라 하는 것을 잃지 말아야 하겠으나 어떠한 노인의 이야기를 들으면 이와 같은 말이 있습니다. 요사이 학생 며느리를 하나 얻었더니 처음에는 신식에 일도 좀 알고 재미도 있더니 점점 건방지고 못쓰겠다고 며느리 흉을 하인에게 보는 이도 있습니다.[144]

조선여자교육회는 공상과 허영에 빠져 허세와 위선으로 살아가고 있는 신여성을 통렬히 비판했다. 사회의 처지, 여성계의 형편, 각자의 책임 등을 모르고 또 알려고도 하지 않는 신여성은 절대로 참 신여성이라고 할 수 없으며, 자기의 처지를 철저히 깨닫는 동시에 사회에 대한 책임성을 자각하고 높은 이상과 확고한 의식 그리고 뜨거운 열정으로 자신과 사회의 앞길을 개척해 나가는 여성만이 참된 신여성이라고 할 수 있다. 신여성에게는 비탄에 빠져 있는 조선 사회를 희망의 세계로, 암흑 속에서 헤매는 불쌍한 조선 여성들을 밝은 세계로 인도해야 할 커다란 책무가 있기 때문이었다.

조선여자교육회는 폭발적으로 고양되는 청중의 열기에 힘입어, 운영에 필요한 경비를 조달하고자 강연회, 토론회를 유료로 전환했다. 1921년 5월 30일과 31일 이틀에 걸쳐 미국에서 철학박사를 받은 후 유럽과 기독교 성지를 순례하고 돌아온 노정일을 초청하여 종로중앙청년회관에서 강연회를 열었다.

신양무의 피아노 독주와 고금남의 독창, 최동준의 만도린과 김락선의 단소 연주가 있은 후에 '구주 여행의 소감', '성지 순례의 실감'이라는 제목의 강연이 있었다. 유럽과 미국의 여성교육 실태에 관한 보고를 통해 조선 여성들에게 교육사상을 고취시키고 구미 각국의 민족성, 인정, 풍속, 습관 등을 소개하고자 마련한 이날 강연회에는 구름같이 모여든 청중으로 강연회장이 넘쳐났으며 부인석까지도 꽉 꽉 들어차는 대성황을 이루었다.

그 날의 강연회는 대성공이었다. 강당 안이 콩나물시루 같았으니 무려 500명 은 되었을 것이다. 입장료를 1원으로 하였은 즉 큰 수확이었다. 냉면 한 그릇 에 15전을 하던 때이오 아무리 고명한 연사를 초빙하여 학술 강연을 할지라도 20전 이상의 입장권을 발행한 일이 없었다. 그 때에 강연회 입장료가 1원이라 는 것은 참말 역사적이었다.[145]

1924년 7월에는 조선여자교육회 주최와 시대일보사 후원으로 제1 회 여자연합현상토론대회女子聯合懸賞討論大會가 종로중앙청년회관에

〈구주에서 도라온 로정일 씨〉
(《동아일보》 1921년 5월 28일자)
조선여자교육회는 강연회를 개최하면서 연사를 자체 내에서 마련했지만 청중들의 호응을 이끌어내기 위해 외국여행을 다녀왔던 사람들을 초청하기도 했다. 당시에는 해외에 관한 지식을 수용할 마땅한 방법이 없었기에 외국을 다녀온 사람들의 여행 소감을 듣는 것은 세계에 관한 지식을 넓히고 조선의 상황을 객관적으로 인식하는 데 많은 도움이 되었다. 이러한 요구에 부응한 대표적인 인물이 노정일盧正─이었다. 노정일은 황해도 진남포 출생으로, 일본 청산학원 중학부를 졸업한 후 귀국해 학생들을 가르치다가 1914년 미국으로 건너가 1918년 6월 웨슬리언대학을 졸업했다. 이어 뉴욕 콜럼비아대학 문과에 다시 들어가 1919년 6월에 문학사 학위를 받았다. 이 밖에도 동유니언대학과 드루신학교에서 신학사 학위를 받았으며 영국 옥스퍼드 대학에서 철학을 공부했다. 1921년 귀국해 강연과 선교 활동을 했는데, 외국문물에 정통했으며 달변이었기에 해외 사정을 소개하는 연사로서는 가장 적격이었다.

서 열렸다. 토론 주제는 '생활개조는 어대로부터 가정으로? 사회
로?' 였다. 가정 편에는 정마리아와 한신광이, 사회 편에는 현덕신과
박원희가 각각 참여했으며, 심판원은 이상재, 김창제, 이관용, 노정
일과 《시대일보》 발행인 최남선이었다.[146]

이상재李商在(1850~1927). 정부의 여러 관직을 지낸 월남 이상재는 독립협회
가 결성되자 적극 가담했다. 독립협회에서 눈부신 활약을 했으나 독립협회의
해산과 함께 그의 활동도 잠복기를 맞게 되었다. 1920년 6월 이상재를 비롯하
여 민족지도자 91인은 "한민족의 교육은 한민족의 손으로 이루어야 한다"는
취지 아래 조선교육회를 창립했다. 1922년 조선교육협회로 이름을 바꾼 조선
교육회는 민족교육운동의 일환으로 민립대학 설립운동에 전념했다. 조선교육
협회 회장 이상재는 1923년 민립대학 기성회 회장이 되어 민립대학 설립운동
을 주도하는 등 교육진흥운동에 힘썼다. 또한 1924년 조선일보사 사장에 취임하여 언론단합에도 나섰으며,
1927년 신간회 회장에 선출되었으나 곧 병사했다. 장례는 한국 최초의 사회장으로 집행됐다. 그의 운구행렬
에는 무려 10만 명의 국민이 따랐고 YMCA를 비롯한 243개 사회단체들이 주도했는데, 근화여학교 학생들도
영결례永訣禮에 참가했다.

최남선崔南善(1890~1957). 1919년 3·1만세운동 때 독립선언문을 작성한
최남선은 1924년 3월 민족의 단합과 협동을 제일의 사명으로 내세워 《시
대일보》를 창간하고 사장 겸 주간으로 취임했다. 《시대일보》는 이미 발간
되고 있던 《조선일보》나 《동아일보》와는 달리 1면을 정치면 대신 사회면
으로 편집했으며, 1면 머리에 〈오늘일 래일일〉이라는 시평時評 칼럼을 두
었다. 논설은 서명을 넣어 게재했다. 《시대일보》는 발행 초기에 이미 발행
부수가 2만 부에 이르러서 《조선일보》, 《동아일보》와 함께 3대 민간지의
정립시대를 이루었다. 그러나 경영난으로 보천교普天教 측에서 1924년 7월 9일 경영권을 인수하고, 편
집 겸 발행인의 명의를 변경했다. 이에 사원들이 반발하자 7월 10일 자진 휴간을 신청했다. 조선여자교
육회가 주최하고 《시대일보》가 후원하는 제1회 여자연합현상토론대회는 《시대일보》의 휴간 직전인 7
월 5일 개최되었다.

개조, 개조하라!

3·1운동의 독립 정신을 이어받아 조선여자교육회를 창립한 차미리사는 가정부인에게 교육받을 기회를 주고, 여성 강좌를 개설하여 여성을 계몽하고, 여성에게 실제적인 지식과 능력을 주며, 부인들 간에 친목을 도모하는 등 여러 가지 활동 계획을 가지고 있었다. 이를 위해 부인야학강습소를 열고 강연회, 토론회를 개최했던 것이다. 그런데 명사들의 공개 강연회나 토론회는 짧은 시간에 많은 이들을 감동시키는 효과가 있기는 했으나, 교통과 통신이 발달하지 못한 당시 상황에서 장소와 시간 그리고 거리상의 제약 등으로 인해 지방에 멀리 떨어져 있는 여성들에게는 그 영향력이 미칠 수 없었다.

이처럼 강연회나 토론회만으로는 가정부인을 계몽하는 데 한계가 있기 때문에 조선여자교육회의 이념을 선전하는 기관지를 발간할 필요가 있었다. 차미리사는 야학조차 없는 농촌 여성들을 위해 실생활에 적합한 지식과 문명 사회에 합당한 사상을 소개하는 잡지를 발행하려고 했다. 경기도 학무국 관계자가 잡지를 발간하는 이유를 묻자, 차미리사는 "인쇄물을 통해 서울에서 십리 혹은 백리 떨어진 여인들도 배울 수 있기 때문"이라고 대답했다. 이어 "잡지가 조선 여성들을 결속하고 유대를 강화하는 수단이 되기를 바란다"고 했다.[147] 잡지가 거리나 지역에 구애받지 않고 조선 여성을 하나로 묶을 수 있는 효과적인 수단이 될 수 있다고 본 것이다.

이러한 목적 하에 차미리사는 월간지 《여자시론女子時論》을 인수하여 2호부터 발행했다. 1920년대 잡지 발간의 특징 중 하나가 여성잡지가 부쩍 늘어난다는 점인데, 그 선두에 《여자시론》이 있었다.[148]

1920년 1월 창간된 《여자시론》은 순 한글로 이루어진 여성계몽잡지였다. 가정부인들을 독자층으로 하는 《여자시론》은 지식 전달과 함께 한글을 널리 보급시켜 조선 문화를 수립하는 데에도 커다란 역할을 했다.

이 월간은 언문으로 인쇄되는데 벌써 5백30명이나 신청하였다. 가격은 한권에 35전, 일 년 구독에 4원이다 …… 이 잡지를 일반에게 소개하기 위해 창간호는 2천부를 인쇄하여 널리 배부하였다. 그 다음 호는 1천부를 인쇄하여 대부분 판매되었다. 현재 잡지는 제자리를 잡아 많은 가정에서 여성들이 구독한다. 아마도 너무나 많은 잡지를 가진 서양여성들보다 조선 여성들은 이 귀한 잡지를 즐기는 것이 아닐까 한다.[149]

그러나 《여자시론》은 총독부의 탄압과 재정의 어려움으로 발간된 지 1년여 만에 통권 6호로 마감되었다. 1921년 4월, 《여자시론》 6호에 발표한 글이 문제가 되어 발매 · 반포 금지를 당한 후 더 이상 발행되지 못했기 때문이다.[150]

《여자시론》이 표방한 이념은 '여성개조'와 '여성해방'이었다.

본지의 주장은 개조改造! 개조改造! 우리 사회에 개조할 것이 너무도 많지요만은 제일 먼저 개조할 것은 우리 여자계에 개조. 우리 삼천리에 온 가정을 이상적으로 건설하고 우리 여자계의 앞길을 유쾌하게 개조하랴 함이외다! 개조改造! 개조改造![151]

1920년대 초 신문 잡지의 지면에는 개조라는 용어가 하나의 유행어가 되고 있었다. 국가, 사회, 민족, 노동, 사상, 계급 등과 같은 여러 가지 문제를 둘러싸고 개조의 소리가 드높아지고 있을 때, 그 중에도 한층 더 강렬하게 절규하는 소리는 "여자도 남자와 같은 지위에 있어야 한다", "여자도 남자와 같은 권리를 누려야 한다"는 남녀평등과 여권신장의 목소리였다. 《여자시론》은 여자도 남자와 똑같은 사람이라고 부르짖었다.

그대 남자들만 사람이 아니오 여자들도 또한 사람이다. 우리 여자들도 또한 남자들을 이길만한 재주도 있으며 정신도 있다. 우리들이 그대들 보기에 아주 무능력하고 아주 못생긴 것 같이 보이는 것은 전혀 우리들을 다만 완롱물(장난 감)로만 알고 한없는 금고와 같은 악한 형벌을 하게 한 까닭이다.[152]

유교 이념은 여성에게 구속, 복종, 차별 등을 강요하여 여성을 남자의 부속물이 되도록 만들었다. 여자는 가정생활이라는 좁은 범위에 속박되어 남편과 시부모와 자식에게 얽매인 노예적 존재일 뿐이었다. 그리하여 조선 사회는 온전한 하나를 이루지 못하고 반쪽 사회에 머물러 있었다. 《여자시론》은 이를 외다리 외팔 가진 '반신불수 사회'라고 했다.[153]

세계 개조의 대기운에 따라 낡은 사회를 새로운 사회로 개조하기 위해 《여자시론》은 여성을 압박하는 각종 불합리한 제도와 사상을 통렬히 고발했다.

먼저 조선 여성들의 인격을 짓밟고 삶을 짓누르는 구식 가정을 고발했다. "귀도 없고 눈도 없고 입도 없는 귀머거리 가정, 장님 가정, 벙어리 가정인 구가정은 실로 조선 문명의 진화를 막는 장벽이며 새로운 청년의 도살장"이므로[154] 조선 여성이 해방되고 문명화되려면 이를 가로막는 구식 가정부터 개조해야만 한다는 것이다. "혁명은 부엌으로부터"라는 구호처럼, 소위 구식 여자라는 안방마님, 건넌 방 아씨들이 새로운 문명의 흐름을 받아들이기 위해서는 살림살이를 될 수 있는 대로 간편하게 할 수 있도록 가정의 구조 또한 개조해야만 했다.

다음으로 봉건적 예절을 고발했다. 봉건적 예절과 전통적 관습의 가혹함 때문에 여성은 평생토록 문밖에조차 나서지 못하는 노예적 생활을 강요받고 있었다. 예절이라는 이름으로 단단히 걸어 잠갔던 방문을 활짝 열고 그 속에 죄 없이 갇혀 있는 여성들을 해방시켜야 한다는 것이었다.

뿐만 아니라 여성의 인격을 무시하고 배움의 기회를 박탈하는 참혹한 현실도 고발했다. 조선 여성들의 참혹한 고통은 배우지 못한 데서 나왔다. 여성들은 배우지 못했다는 이유만으로 죽음과 같은 이혼에 내몰리기도 했다. 못 배운 여성의 처지가 이처럼 비참한데도 부모들은 여전히 "계집애가 학교가 다 무어냐, 여자가 글을 배우면 팔자가 사납다, 어서 시집이나 가라"며 윽박질렀다. 《여자시론》은 다른 나라 여성들은 이미 참정권을 행사하거나 또는 그것을 획득하기 위한 운동을 벌이고 있는 지금, 조선은 여전히 여자는 남자의 부속물이라는 시대착오적인 윤리관에 젖어 있다고 비판했다.

이상 《여자시론》은 가정개조, 봉건예절 타파, 여성교육 실시 등을 통해 여성해방을 이루고자 했다. 이러한 여성해방에 관한 부르짖음을 모아 놓은 잡지가 바로 《여자시론》이었다. 《여자시론》의 여성해방론은 수레의 두 바퀴처럼 남녀가 서로 돕고 서로 인도해야 비로소 우리 사회의 발달과 향상을 기약할 수 있을 것이라는 주장으로, 남녀동

권男女同權에 이념적 근거를 두고 있었다. 이는, 여성은 가정 안에서 좋은 아내가 되고 자녀에게 현명한 어머니가 됨으로써 만족해야 하며 사회적인 활동은 남자들에게 일임하면 된다고 생각하는 종래의 현모양처론적인 여성관과는 거리가 먼 것이었다. 지금까지의 여성관은 여성은 근본적으로 자녀에게 현명한 어머니가 되고 남편에게 충직한 아내가 되어야 한다는 것이었다. 여성의 임무도 사회적 활동을 하기 전에 먼저 집안의 가사를 전담해야 한다고 보았다. 여성은 남성과 판이하여, 선천적으로, 생리적으로, 체질적으로, 체력이나 감정 등으로 보아 남자가 하는 일을 같이 할 수는 없는 것이고 가정 일을 하기에 적합하므로, 누구나 가정의 현명한 주부로서의 일을 충분히 감당할 수 있도록 준비와 노력을 하지 않으면 안 된다는 것이었다. 이와는 달리 《여자시론》은 여성도 인격적 존재이므로 남성과 동등한 권리를 가지고 활동을 해야 한다는 남녀평등론적인 입장에서 여성의 자유와 해방을 부르짖었다. 이처럼 여자도 남자와 동일한 인간적 권리를 지닌 인격적 존재라는 주장은 3·1운동 이후 새롭게 형성된 혁신적인 여성관이었다. 《여자시론》이 주장하는 양성평등론과 여성해방론은 인도주의에 맞고 사회 정의에 부합되며 인류의 이상과도 합치되는 것이었기에 사회적으로 커다란 반향을 불러일으켰다.

눈 뜨고 귀 열려서 나갈 때가 제일 기쁘다

1921년 5월 19일 조선여자교육회는 지하실에서의 갖은 어려움을 극복하고 마침내 창립 일주년 기념행사를 갖게 되었다. 조선여자교육회가 일 년 동안 지내온 힘든 역사는 조선 일천만 여성의 고난을 상징하는 것이었다. 기념식장에는 정각 전부터 500여 명이 몰려드는 성황을 이루었는데, 특히 머리를 쪽진 구가정부인들이 많이 참석하여 이채를 띠었다. 지난 일 년 동안 어두운 곳에서 방황하는 부인들을 위해 피와 땀과 눈물을 흘린 차미리사가 박수갈채를 받으며 단 위에 올라 감격의 인사말을 했다.

우리가 처음으로 동지 3~4인이 모여서 공부할 기회를 잃어버리고 이미 가정에 몸이 매인 우리 일반 여자를 위하여 비록 미약하나마 무슨 공헌을 하여 보겠다고 의논한 후 여자교육회라는 것을 조직한 이래로 지난 일 년 동안에 겪은 고생으로 말하면 이루 형언할 수가 없습니다. 혹은 남의 교회의 지하실을 빌어서 학생을 수용하기도 하고 혹은 남의 학교 집을 빌어서 그럭저럭 지내온 것이 어언간 일주년이 되었습니다. 그러나 다행히 일반 사회의 동정이 깊고 두터워 오늘날 일주년 기념을 하게 되는 동시에 우리의 몸을 담고 우리의 애기 여자교육회를 기를 집이 생겼은즉 우리는 이에 다시 더 용기를 내어 가지고 활동을 하겠습니다.[155]

차미리사는 감격의 눈물을 글썽이며 '돌잡힘'이라는 제목으로 조선여자교육회 창립 일주년 기념강연을 한 후 "장차 조선 여자를 위해서라면 어떠한 희생이라도 하겠다"는 굳은 결의를 보였다. 지난 일 년 동안 집이 없어서 겪은 수많은 고초와 지하실에서 근근이 지내온 경험담은 참석한 이들에게 깊은 감동을 주었다. 차미리사는 "시부모와 남편에게 몸이 매여 비록 무엇을 좀 배우고자 하는 뜻은 있으나 기회가 없었던 가정부인들이 눈이 뜨이고 귀가 열려 나가는 것이 제일 기쁘다"고 했다. 이어 앞으로 나아갈 방침을 밝히고, 교육부, 강연부, 잡지부 등 각 부의 경과보고가 있은 후, 일 년 동안 힘써 가르치고 배운 부인네의 재주와 실력을 보이는 순서가 되었다. 아무것도 모르던 가정부인들이 그동안 얼마나 깨달음이 있는지를 실제로 일반인에게 보여주는 시간이었다.

사십이 넘은 부인이 갓 깨친 언문 솜씨로 "나비가 날아온다", "새가 운다" 하며 조선어 독본을 읽는 것도 한 가관이었거니와 머리를 쪽지인 새댁네가 일본말을 하며 삼십이 넘은 부인이 영어 독본을 읽는 것도 비로소 여자교육회에서처음 보는 고마운 일이었으며 일 년 동안을 겨우 밤마다 틈을 타 시집살이를하는 여가에 눈치를 보아가며 교육회 야학에를 다니어 글씨를 배워서 그 필법은 매우 씩씩한 것이 많아 일반의 느낌에 넘쳐 나오는 박수가 번번이 끊일 줄몰랐다.[156]

가정부인들은 아는 것이 없어 가정에서 많은 설움과 고통을 받은터라 비록 나이는 많았지만 열성적으로 공부하여 성적이 대단히 좋았다. 이들은 일 년간 공부한 결과 여러 가지 학습 능력을 얻어 이전과는 아주 딴 사람이 되었다.

그 중에도 제일 감동을 준 것은 나이가 사십이 넘은 부인의 언문낭독이었다. 주인공은 나이 48세 되는 정락선 여사로 처음에는 언문의 '가갸거겨'도 몰라 항상 이를 분개하던 바, 작년부터 열심히 공부하여 언문을 능히 읽을 뿐만 아니라 글도 능숙하게 쓸 수 있게 되어나이 많은 여자들의 모범이 되었다. 이어 윤치호의 "우리 여자교육사업을 우리들의 힘으로 더욱이 청년여자의 헌신적 사업으로 이만큼 유지하여 나온 데 대하여서는 가슴 깊이 감사를 드린다"는 축사가 있었다. 그리고 김활란의 '사람의 값'이라는 연설이 있었는데 거침없는 말과 풍부한 학식으로 청중에게 깊은 인상을 심어 주었다. 이날 돌잡이 행사를 보고 많은 청중들이 깊은 감동을 받았으며 기부금만 해도 400원가량이나 걷혔다.

조선여자교육회의 활동은 여성해방의 서곡이었다.

세상에 아름다운 일이 무엇이뇨. 밝은 밤에 하늘에 빛나는 별도 아름답고 아침 날에 꽃송이에 매친 이슬도 아름답거니와 삼십 사십 된 주부와 현모가 "동맥은 정맥은", "에이 비! 씨!", "하나 플러스 둘이면 셋"을 배우는 마음이 아름다우며 가르치는 일이 아름답도다. 조선 문명의 맹아 하나가 실로 이[조선여자교육회]에 있는 것이니 가정생활의 개선과 이의 주인공이 되는 여자의 상식 발달이 어찌 막대한 가치를 갖는 자 아니리오! "무식"한 여자계의 암흑을 깨치며 참담한 현재의 경우를 탈각하는 운동도 이로부터 일어날 것이며 여자의 해방과 완전한 행복을 도모하는 경우도 이로써 가히 일어날 것이로다.[157]

조선 가정에 주부 된 사람들이 편지 한 장을 못 보아 설움을 많이 받으며 그로 인해 사회의 발전에 꺼리는 바가 되는 것을 유감으로 생

김활란金活蘭(1899~1970). 이화학당의 초·중·고등과를 거쳐 1918년에 대학과를 졸업, 우리나라 최초의 여성대학 졸업생이 되었다. 1922년 이화학당의 교사로 있으면서 조선여자교육회 창립 1주년 행사에 참석하여 거침없는 말과 풍부한 학식을 바탕으로 '사람의 값'이라는 연설을 하여 청중에게 깊은 인상을 심어주었다.

각하여 조선여자교육회 산하에 부인야학강습소를 세운 것이었는데, 밤마다 지하실에서 안방 속에 들어앉아 있는 부인들 몇몇을 모아놓고 열심히 가르친 한 여인의 노력이 사회적으로 놀라운 반향을 불러일으켰다. 여성들이 교육을 받고 깨임에 따라 가정에만 들어앉아서 밥이나 짓고 옷이나 깁는 것만으로는 만족할 수가 없게 되었다. 전과 같이 아무 재미도 없는 살림을 그저 하려 해도 이제는 할 수 없게 되었다. 지금까지는 아무런 지식도 필요로 하지 않고 잘 견디며 살아왔으나 이제는 새로운 지식을 요구하게 되었다. 가정의 울타리를 벗어나 배움터로 향하려는 여성들의 열망은 들불처럼 번져 나갔다.

조선여자교육회 창립 일주년이 되는 1921년 여성계에는 다음과 같은 새로운 현상이 나타나고 있었다.

첫째, 우선 조선여자교육회로 보건대 예년은 40~50명에 불과하던 것이 이번 봄에는 갑자기 150~160명의 입학자를 보게 되었다.

둘째, 종래의 안방 아씨, 즉 귀부인들이 비교적 다수 입학한다. 즉 전에는 입학자 중에 30세 이상은 없더니 지금은 40세 이상 내지 50세의 노인까지 있다.

셋째, 이전의 여자는 "쉬운 언문 편지나 소설 등이나, 쓰고 보게 되었으면" 하는 욕망을 가질 뿐이러니 지금은 한 걸음 나아가 우리의 가정도 남과 같이 원만함을 이루어야 하겠다는 가정 개량의 사상을 가지게 되었다.

넷째, 화류계의 여자들이 점차 배움의 바다[學海]로 돌아오는 경향이 현저하다.

다섯째, 전일까지도 입학 수속을 남자에게 의뢰하더니 지금은 부인 자기 스스로가 입학 수속까지 제법 하게 되었다.[158]

폭풍과 파란을 헤치고 한줄기 빛이 되다

조선여자교육회는 여성해방과 남녀평등을 실현함으로써 문명화된 사회를 건설하려 한다는 점에서 '조선 사회의 희망'이었으며, 여성의 완전한 해방과 행복을 도모한다는 점에서 '조선 문명의 맹아'였다. 조선 여성의 참담한 현실을 타개하기 위해 창설된 조선여자교육회는 다음 몇 가지 점에서 중요한 역사적 의의를 지닌다.

먼저, 거족적인 민족운동인 3·1운동을 계승하여 조직된 여성교육기관이라는 점이다. 3·1운동은 우리나라 민족해방운동의 분수령이 되는 사건이었다. 3·1운동을 계기로 민중의 민족적·계급적 자각이 크게 고양되었으며 또 이러한 자각을 기반으로 하여 민중이 정치·사회생활의 모든 영역에서 주도적인 역할을 담당하기 시작했기 때문이다. 특히 주목할 만한 사실은 3·1운동을 계기로 젊고 뜻 있는 청년을 많이 양성하여 조선의 힘을 키우려는 교육운동이 활성화되었다는 점이다. 조선여자교육회는 이와 같은 사회 분위기 하에서 탄생했다. 차미리사는 '조선여자교육회의 현재와 장래'라는 제목으로 강연을 할 때마다, 1919년 조선의 민족적 운동과 사상의 발흥으로부터 말머리를 일으켜 조선여자교육회가 일어난 동기와 장래의 사명을 설명하곤 했다. 조선여자교육회의 창립은 19세기말 교육구국운동의 전통을 계승하는 것인 동시에 1920년대 민족교육운동을 선도하는 것이기도 했다. 조선여자교육회 산하에 설립된 부인야학강습소는 3·1운동 이후 등장한 최초의 여성교육기관이었다.

다음, 여성 스스로의 힘으로 세운 여성교육기관이라는 점이다. 순전히 여자의 손으로 여자의 교육을 위해 경영하는 일은 조선여자교육회가 조선에서 처음이었다.[159] 3·1운동 이후 드높아진 여성교육 열기에 비해 교육기관은 크게 부족했다. 각지에서 설립하는 학교는 거의가 남성교육기관들이었으며 정부의 시설 또한 남성교육에 편중되어 있었다. 여성교육기관 설립은 사회 유지有志나 독지가들의 자발적인 투자가 없이는 아주 어려운 상황이었다. 여성교육에 관한 논의는 소수의 선진 남성들에 의해 주도되어왔다. 그 배경에는 여성은 사회적 식견도 모자라고 사고력을 요하는 지적 수준도 모자라 여성 스스로 여성교육운동을 전개할 수 없다는 당시 사회의 지배적 견해가 반영되어 있기 때문이었다.[160] 차미리사는 조선 여성의 손으로 세운 여자교육기관이 하나도 없다는 사실에 자괴감이 들었다. 여성 스스로는 교육운동을 추진할 능력이 없음을 스스로 고백하는 것이 되기 때문이었다. 이와 같은 교육 현실에 비추어 볼 때, 조선 여성에 의한 조선여자교육회 창립은 실로 일찍이 찾아볼 수 없었던 파천황破天荒의 신기록이었다. 조선여자교육회 창립 이후 차미리사는 인천, 동래, 김해, 밀양 등지에서 초청을 받아 강연을 했는데 그로 인해 지방에 야학교가 설립된 곳이 12곳이나 되었다.[161] 그리고 1921년 한 해에만도 안성여자야학교, 원산여자야학강습회 등 무려 21개의 여성 야학이 우후죽순처럼 창립되었다. 이들 여성 야학의 설립은 대개 청년회와 종교단체에 의해 이루어졌고, 그 설립 목적은 가정부인들의 계몽과 문맹 퇴치에 있었다.[162] 이로 볼 때, 조선여자교육회 산하 부인야학강습소는 조선 여성교육의 발상지가 되는 셈이다. 이처럼 차미리사가 남보다 먼저 부인야학을 시작할 수 있었던 까닭은 일찍이 배화학당 사감 시절부터 학생의 가정을 방문하든지 또 교회에서 부인들을 대할 때든지 늘 "저 분들이 알아야겠는데 배워줄 길이 없어서" 하며 부인야학의 필요성을 절실히 느끼고 준비했기 때문이다.

특히 1920년 2월 창립한 조선여자교육회는 남성들이 설립한 교육 단체인 조선교육회보다 창립 시기가 앞선다는 점에 주목할 필요가 있다. 독신 여성의 몸으로 조선여자교육회를 조직하여 활발하게 교육 활동을 전개하는 것을 본 유지들은 남성에 대한 교육회도 필요하다는 것을 느꼈다. 그리하여 한규설, 이상재, 유근 등 전국의 유지 91명의 발기로 1920년 6월 조선교육회를 창립했다. 조선교육회는 조선여자교육회보다 늦게 설립되었지만 남학생들을 상대로 했고 경제적으로 유리한 남성들이 임원이 되어 활약했기 때문에 자금 조달이 상대적으로 용이했다. 반면 조선여자교육회는 지식, 금전, 권력 어느 것 하나 가지지 않은 한 여성이 '남녀평등은 교육평등으로 이루어야 한다'는 일념 하나로 세운 자립적·자생적·자각적인 여성교육기관이었다. 이러한 점 때문에 조선여자교육회 창립에 대해 "조선의 자랑이며 감격"이라는 사회적 평가가 나오게 된 것이다.

이와 같이 대단히 크고 넓은 사업은 능력과 신체와 인격이 남자와 동등하여도 남자 사회에 있지 못한 사실이니 따라 여자 사회에도 있기 어려울 것이다. 그런데 종래의 조선 여자는 남자와 동등이 되지 못한 것은 사실이거늘 이러함에 불구하고 이제 능력이 많다 하는 남자 사회에도 있지 못할 사업이 거꾸로 여자 사회에서 발생한 것은 두말할 것 없이 기적이라. 신 여자의 큰 자랑거리가 이것일까 한다.[163]

조선여자교육회 창립은 모든 것이 궁핍한 식민지 시대에 백절불굴하고 일편단심으로 목적한 바를 향해 돌진하는 차미리사의 놀라운 추진력 때문에 가능한 일이었다.

조선 여자를 위하여 곧 우리 인류의 어머니와 누이와 처와 딸을 위하여 손에 비록 돈이고 몸에 권세가 없을지라도 "가슴에 뛰는 한 줄기 붉은 핏줄"을 오직 의지하며 "산과 들에 나타나는 한 줄기 하늘의 빛"을 다만 신뢰하여 그 암흑의 "무식"을 깨치고 그 경우의 "참담"을 구하려고 풍파 심한 이 사회에 뛰쳐나와 일어난 자 있으니 그는 조선여자교육회의 간부 김미리사 이하 몇 명의 청년 여자라.[164]

하지만 주위에서의 열성적인 지원이 없었다면 활동을 지속하지 못했을 것이다. 무엇보다도 열성적으로 강의해준 선생님들의 도움이 컸다. 당시 연희전문학교에 다니고 있던 신봉조辛鳳祚는 무보수로 야학교에 나와 교사 겸 직원 겸 조수 노릇을 하며 차미리사를 도왔다. 한 푼의 보수도 받지 않고 순전히 정신적 의무감으로 밤낮 애쓰면서 학생들을 가르쳤던 인물로는 신봉조 외에도, 이관용李灌鎔, 이병직李秉植, 독고선獨孤璇, 백상규白象圭, 성의경成義敬, 김기용金基鏞, 백남순白南舜, 신충우申忠雨, 나정옥羅貞玉 등이 있었다.[165] 이들은 강의뿐만 아니라 한 달에 80~90원 드는 학교 운영비까지 주선했다.

또한 차미리사가 일찍이 몸담고 있었던 배화학당의 지원이 있었다. 배화학당 선생들은 강연회, 토론회에 연사로 나와 강연을 하거나 음악을 연주했으며 유치원생은 가극을 연출해 주었다. 배화학당 학생들은 행사가 있을 때마다 단체로 입장하여 행사장을 가득 메워 주었다. 특히 배화학당 시절 차미리사로부터 영어를 배운 바 있는 허정숙許貞淑(1903~1991)이 전조선순회강연단의 일원으로 참여하여 조선

여자교육회 활동에 헌신적인 도움을 주었다. 민족변호사이며 신간회 중앙집행위원장이었던 허헌의 큰딸인 허정숙은 1918년 배화여자고등보통학교를 졸업한 후 일본 고베神戸 신학교인 간사이關西 학원 영문과에 진학했다. 자유분방한 성품을 지닌 허정숙은 수녀원과 같이 엄격한 기숙사 생활을 하는 학교 분위기에 적응하지 못하고 1920년 여름 방학 때 귀국하여 조선여자교육회 활동에 참여했다. 허정숙은 조선여자교육회의 간부가 된 후 여자교육선전강연대를 조직하여 13도를 순회하면서 오르간 독주와 계몽강연 등을 통해 여성운동에 본격적으로 뛰어들었다.

허정숙許貞淑(1902~1991). 민족변호사이며 신간회 중앙집행위원장이었던 허헌의 큰딸인 허정숙은 1918년 배화여자고등보통학교를 졸업한 후 일본 고베神戸 신학교인 간사이關西 학원 영문과에 진학했다. 자유분방한 성품을 지닌 허정숙은 수녀원과 같이 엄격한 기숙사 생활을 하는 학교 분위기에 적응하지 못하고 1920년 여름방학 때 귀국하여 조선여자교육회 활동에 참여했다. 1921년 허정숙은 조선여자교육회 간부가 되어 차미리사와 함께 전국을 순회하면서 오르간 독주와 계몽강연 활동을 했다. 그러나 그는 곧 전국순회강연 활동을 중단하고 국제적이고 자유로운 도시 상해로 떠났는데, 그곳에서 임원근을 비롯해 박헌영, 주세죽 등 사상적 동지를 만나 사회주의 이론을 체계적으로 공부했다. 1923~24년을 전후로 조선에서는 사상운동단체, 노농단체 그리고 사회주의 색채를 띤 청년운동단체가 속속 설립되어 민족주의 운동과는 뚜렷이 분리되는 경향을 보였다. 그는 노동운동에서 여성노동자들의 활약이 두드러진 데 고무되어 1924년 5월 최초의 사회주의 여성단체인 조선여성동우회를 조직하고 상해 유학 시절 이후 정립한 자신의 사상과 이념을 실천하는 활동을 본격적으로 시작했다.

허헌許憲(1885~1951). 함경북도 명천 출신으로 일찍이 서울로 올라와 보성전문학교를 졸업했다. 일본에 유학하여 메이지대학明治大學 법과를 졸업하고 고등문관시험 사법과에 합격, 변호사가 되었다. 귀국 후 활동적인 사회운동가로서 주로 민간인 독립운동단체와 연관을 맺었다. 그가 관심을 가지고 있었던 사회 활동 분야는 노동자들이나 빈민층을 위한 변호 활동이었다. 허헌은 여성빈민 교육기관인 근화학원이 주 · 야학의 본격적인 여성교육기관이 될 수 있도록 물질적 · 정신적으로 적극 도와주었다.

허정숙이 조선여자교육회에 가담하게 된 계기는 배화여고보 시절 스승이었던 차미리사의 권유 때문이었다. 또한 부친 허헌이 윤치호 尹致昊, 김성수金性洙, 장덕수張德秀 등과 함께 차미리사를 도와 주·야학의 본격 여성교육기관인 근화학원 설립을 추진하고 있었기 때문이었다.[166]

다음으로, 교육의 기회로부터 소외된 가정부인을 교육 대상으로 삼았다는 점도 주목할 만하다. 차미리사는 문제가 될 소지가 있는 여자들만 모아놓고 가르쳤다. 이십이 넘어 삼십이 가까워졌음에도 아직까지 낫 놓고 기역자 하나도 모르고 살아온 사람, 진정 데리고 살 수 없으니 남편이 이혼하겠다는 사람, 남편을 차마 마주 대할 수가 없으니 집에를 못 들어가겠다는 사람 등 모두 딱한 경우에 처한 부인들이 눈물바가지를 뒤집어쓰고 차미리사를 찾아왔다. 차미리사의 교육이념은 배움의 기회로부터 소외된 이들에게 교육의 혜택이 우선적으로 돌아가야 한다는 대중교육론이었다. "현 단계 조선 사람에게는 고등교육보다는 보통교육이 더 필요하다"는 것이 그의 지론이었다. 조선에는 교육이 필요하되 여성교육이 필요하며, 여성교육 중에서도 가정부인을 교육시키는 것이 무엇보다 시급하다는 것이 차리미사의 판단이었다.

나는 학교에 갈 수 있는 사람을 인도하려는 것은 아닙니다. 학비가 없어 학교에 갈 수 없고 나이 많아서 입학할 수도 없는 무식한 들어앉아 있는 부녀에게 신문 한 장이라도 읽을 만한 눈을 뜨게 하려는 것입니다.[167]

이러한 생각은 당시 대표적인 교육운동단체였던 조선교육회의 엘리트 중심의 고등교육론과는 입장이 다른 것이었다. 조선교육회는 "현재 조선 사회를 개조하는 근본 방략은 교육이다"라는 이념 하에 "조선교육계에 나침반과 원동력이 되어 신조선 건설에 절대 공훈자가 되겠다"는 취지를 내걸고 창립되었다. 1923년 들어 조선교육회는 3·1운동 직후 활성화되었던 각급 학교설립운동을 계승·발전한 민립대학 설립운동에 적극 참여했다. 민립대학 설립운동은 교육 부문

민립대학기성회 창립총회 기념(1923)

민족주의자들에 의해 추진된 실력양성운동은 1920년대 민족해방운동의 중요한 흐름 중의 하나를 형성했다. 실력양성운동은 1920년대 초 문화운동이라는 이름으로 본격화되어 민립대학 설립운동과 물산장려운동을 거쳐 1920년대 중반 자치운동으로 이어졌다. 실력양성운동에서 중요한 비중을 차지한 것이 교육운동이었다. 많은 실력양성자들은 교육의 진흥을 실력을 길러서 사회를 근본적으로 개조시키는 방법이라고 여겼다. 민립대학 설립운동이 본격화한 것은 1922년 말부터였다. 그리고 1923년 3월 29일부터 3일간 민립대학기성 창립총회가 서울을 비롯하여 전국 170여 곳에서 천 명 이상의 발기인을 선정한 가운데 개최되었다. 창립총회에는 소수지만 여성도 참여했는데 차미리사의 모습(하단 왼쪽에서 세 번째)도 보인다.

의 실력양성운동으로, "조선 사람은 조선 사람의 물산으로 생활하자"는 구호를 내건 조선물산장려운동의 산업 부문의 실력양성운동과 함께 민족주의 계열의 2대 실력양성운동이었다.

그러나 "한민족 일천만이 한 사람 일원씩"이라는 구호를 내걸고, 일천만 원을 모아 민족교육을 진흥하고 민족 간부를 양성하자며 시작한 민립대학 설립운동은 얼마 못 가 대중으로부터 외면 받았다. 일제 강점기 식민지 수탈체제 아래서 소수의 일부 자산가계층의 자녀를 빼고는 고등교육의 혜택을 받을 수 있는 계층이 한정되었기 때문이었다. 또한 민립대학 설립운동의 교육 방향에 대해서도 "시급한 것은 과다한 문맹 인구를 퇴치시키기 위한 대중교육의 실시이며, 고등교육은 그 다음"이라는 비판이 제기되었다. 민립대학 설립과 같은 고등교육보다는 노동자 강습소, 농촌 야학 등과 같은 대중교육 보급에 힘써야 한다는 주장이었다. 일제의 식민지 수탈 하에서 극도로 궁핍한 생활을 할 수밖에 없었던 대다수 민중들은 최소한의 교육조차 받기 어려운 처지에 있었다. 그들에게 최고학부인 대학교육이란 그야말로 그림의 떡에 불과했고, 오히려 노동자들의 강습소와 농촌의 야학과 같은 대중교육기관의 설립이 절실하게 요구되었다. 민립대학 설립운동이 실패하게 된 근본적인 이유는 이처럼 민족 지도자들의 주장이 대다수 민중의 절실한 요구를 간과함으로써 대중적 지지를 얻지 못했기 때문이었다. 1925년 들어 민립대학 설립운동이 사실상 중단됨에 따라, 독자적인 사업을 중단하고 민립대학 설립운동 한 가지에만 전념했던 조선교육회의 활동 또한 사실상 중단되었다.[168]

이와는 달리 차미리사는 식민지하 조선의 실정에서는 대다수의 문맹 대중들을 깨우치는 대중적인 교육기관을 설립하는 것이 중요하다는 대중교육론의 입장이었다. 그가 높은 문맹률과 사회적, 경제적으로 압박을 당하고 있는 가정부인들의 참담한 교육 현실에 눈을 돌린 것도 이 때문이었다. 이에 대해 《동아일보》는 "우리는 조선여자교육회가 특히 가정 구 부인에 착안하여 이를 교육함으로 요지를 삼은 점에 대하야 열렬한 찬성하는 뜻을 표하지 아니할 수 없다"며, 그 이유를 다음과 같이 말했다.

> 나이 이미 많고 가정생활에 구속한바 되어 간절한 향학심이 있되 능히 취학의 편의를 얻지 못하여 매우 딱한 정을 이기지 못하는 여자가 대개 얼마나 많으며 이로써 일어나는 가정생활의 불편과 자녀 교육의 손실과 조선 사회에 미치는 악영향이 얼마나 크며 …… 가정부인에게 광명을 주는 기관과 앞길을 개척하는 시설은 존재하지 아니하니 이들 부인은 장차 어느 곳에 가서 그 삶을 확대하며 충실하는 광명을 보고 그 공기를 호흡하랴. 인생을 사랑하는 자와 사회를 우려하는 자의 마땅히 심려 할 바라. 이들을 위해 일어난 조선여자교육회의 요지에 어찌 "적절"이라는 논평을 가하지 아니하리오.[169]

차미리사는 가정부인 중에서도 특히 남편에게 버림받은 여성, 과부가 된 여성, 남편에게 압제받는 여성, 천한 데에서 사람 구실 못하는 여성, 눈뜨고도 못 보는 배우지 못한 여성들에 대해 깊은 관심과 동정을 보였다. 그가 이와 같은 교육 정신을 갖게 된 것은 그의 교육이념이 약자를 섬기는 데 있었기 때문이다. 또한 일찍이 상동교회를 다니면서, 그리고 미국으로 건너가 사회봉사 활동을 하면서 사회복음주의 정신의 세례를 받았기 때문이기도 했다.

마지막으로, 조선여자교육회는 대중과 호흡하면서 진보와 발전을 거듭한 교육단체였다. 3·1운동 이후 우후죽순처럼 생겨난 청년 단체들은 1921년 들어 이미 유명무실해지고 있었다.[170]

3·1운동 이후에 예서제서 수 없는 회, 수 없는 단체가 생기었다. 그러나 오늘날 그 자취를 남겨놓은 것이 몇이나 있나. 이 달에 있던 회는 내달에 없어지며 금년에 있던 단체는 내년에 볼 수 없는 것이 오늘날 우리의 사회 상태이다. 그러나 오직 끊임없이 소리치고 나아가며 끊임없이 발전하여 나아가는 단체나 사회가 없는 것은 아니다. 여자교육회가 이것의 하나이다.[171]

조선여자교육회는 조선교육회, 민립대학 설립운동본부와 더불어 1920년대 조선의 교육운동을 대표하는 조직으로 확고히 자리 잡았다.[172] 이는 조선여자교육회가 조선 여성의 비참한 처지에 대한 이해와 사랑을 바탕으로 출범하여 대중의 열렬한 지지와 성원을 끊임없이 받았기 때문에 가능한 일이었다.

우리 사회에 한때 온갖 종류의 기관과 모든 사업이 성하게 일어나다가 거의 홍수의 티끌이 되었으며, 지금까지 그 존재와 사업을 계속하는 기관이 물론 소수이지만 없지 아니하나 그러나 이들 기관의 현상을 고찰하건대 거의 있는 듯 없는 듯하여 없는 것과 마찬가지 상태일 뿐이로되 오직 여자교육협회는 진보하고 발전하는 기세를 항상 보존하여 오늘에 이르렀으며……[173]

조선여자교육회는 창립한 지 일 년 만에 시내 청진동 217번지에 35칸 가량 되는 독자적인 회관을 마련했다. 여성의 연약한 몸으로 조선 여성의 교육을 위해 밤낮으로 애쓰는 아름다운 모습을 보고, 햇빛도

들어오지 않고 통풍도 되지 않는 지하실을 빌려 활동한다는 말을 듣고, 조선여자교육회의 뜻을 지지하는 몇몇 유지가 돈을 모아 회관도 짓고 교육사업도 제대로 할 수 있도록 주선한 결과였다. 이처럼 창립 일 년 만에 독자적인 회관을 마련하는 것은 다른 단체에서는 유례를 찾아볼 수 없는 경이로운 일이었다. 조선여자청년회장 신알베트가 "배움에 목마른 우리 여자들이 날마다 문이 매이게 들어오지만 앉을 곳이 있어야 받아들이지요"라고 호소한 것처럼, 많은 교육 단체들은 독자적인 회관을 마련하는 것이 소원이었다. 일제 강점기라는 열악한 시대 상황 하에서 이처럼 빠른 시일 안에 회관을 마련할 수 있었다 함은 조선여자교육회에 대한 대중적 호응과 기대가 대단히 높았음을 반증하는 것이었다.

"여성해방의 제일보로 여성교육을 주장"하면서 창립된 조선여자교육회는 식민지 암흑시대를 비추는 "조선의 한줄기 광명"이었다.[174] 그리고 조선여자교육회장 차미리사는 "교육 사업에 독단적으로 종사하여 성공한 최초의 조선 여성"이라는 찬사를 받았다.[175] "씨[차미리사]는 공상인이 아니요 실행의 인이요, 이론에서 살지 아니하고 실제에서 살려고 한다"는 평가를 받은 것은 이러한 점들 때문이었다.[176] 차미리사는 "아는 데만 그치면 그것은 죽은 이론이요 소용없는 이론"이라며, 모든 일에서 실행의 중요성을 강조했다.

이론은 즉 실행이요 실행은 즉 이론이어서 이론을 떠나 실행을 구할 수도 업고 실행을 떠나 이론을 구할 수도 업습니다.
〈천만가지 이론보다 한 가지 실행!〉
진부한 듯하면서도 항상 새로운 이 말을 나는 외치고 싶습니다.[177]

〈여자야학회〉《동아일보》 1920년 4월 23일자)
조선여자교육회는 1920년 4월 19일 시내 도렴동에 있는 종다리[宗橋] 예배당에서 부인야학강습소를 열
었다. 차미리사가 배화학당 사감 시절부터 운영해오던 야학을 계승·발전시킨 것이었다. 조선여자교육
회는 3·1운동 이후 여성 스스로의 힘으로 세운 여성교육기관이었으며, 조선여자교육회 산하에 설립된
부인야학강습소는 3·1운동 이후 등장한 최초의 여성교육기관이었다. 순전히 여자의 손으로 여자의 교
육을 위해 경영하는 일은 조선여자교육회가 조선에서 처음이었다. 뒤를 이어 1921년 한 해에만 안성여
자야학교, 원산여자야학강습회 등 무려 21개의 여성야학이 우후죽순처럼 창립되었다. 이로 볼 때, 조선
여자교육회 산하 부인야학강습소는 조선 여성교육의 발상지가 되는 셈이다.

〈새로 산 조선녀자교육회관〉
《동아일보》 1921년 5월 19일자)
차미리사는 3·1민족운동의 이
념을 계승하여 1920년 2월 20일 조선여자교육회를 창립했다. 그리고
창립한 지 일 년 만에 시내 청진동 217번지에 35칸 가량 되는 독자적
인 회관을 마련했다. 이는 다른 단체에서는 유례를 찾아볼 수 없는 경
이로운 일이었다. 조선여자교육회에 대한 대중적 호응과 기대가 대단
히 높았음을 반증하는 것이다.

조선여자교육회 학생 글씨(《매일신보》)
차미리사는 구가정부인들을 대상으로 여성교육을 실시할 목적으로
1919년 9월 부인야학을 운영하다가 이듬해에 본격적으로 여성교육
운동을 전개하고자 조선여자교육회를 조직하고 여기에 전념하기 위해 배화학당을 사임했다. 차미리사는
정식 교육기관으로부터 소외된 가정부인을 대상으로 여성교육을 시작했다. 가정부인들은 아는 것이 없어
가정에서 많은 설움과 고통을 받은 터라 비록 나이는 많았지만 열성적으로 공부하여 성적이 대단히 좋았
다. 한문 붓글씨에서 보듯이 문맹이었던 이들은 일 년간 공부한 결과 여러 가지 학습 능력을 얻어 이전과
는 아주 다른 사람이 되었다.

순회강연일정표

《동아일보》와 《조선일보》, 《매일신보》 등은 조선여자교육회의 순회강연일정을 앞 다투어 기사화했다.

3 조선 방방곡곡을 누비는

만리 대장정을 떠나다

백두에서 한라,
그리고 서해에서 동해까지

조선여자교육회를 창립한 이래 여러 차례의 강연회와 토론회를 통해 여성교육에 대한 대중적 열기를 확인한 차미리사는 이듬해인 1921년 들어 전국의 가정부인들을 직접 찾아 나서기로 결심했다. 굴종과 구속의 고통 속에서 살고 있는 일천만 조선 여성에게 새 생명을 불어넣어 주기 위해, 대중 속으로 직접 파고들어 가려는 장대한 계획을 세운 것이었다. 여기에 덧붙여 회관 구입에 따른 부족한 비용을 조달하려는 목적도 있었다.

조선여자교육회는 여덟 달 동안을 염정동 새문안교회 지하실에서 지내다가 창립 일주년이 되는 1921년 5월 청진동에 회관을 마련할 수 있었다. 여성교육에 뜻을 둔 몇몇 유지가 모여서 돈을 모아 회관도 짓고 교육 사업도 제대로 할 수 있도록 주선하기로 결의하여 3천여 원이 모금되었는데, 때마침 임재덕林在德이라는 독지가가 청진동 217번지 수송보통학교 앞에 있는 35칸짜리 기와집을 6천 원에 팔겠다고 나섰다. 이에 우선 3천 원은 임씨가 그 집을 살 때에 자본금을 같이 댄 사람에게 주고 나머지 3천 원은 돈이 되는 대로 갚기로 했

〈금구일 남대문을 떠나는 여자강연대 일행〉(《매일신보》 1921년 7월 9일자)

음악단 3명과 연사 3명 등 총 6명으로 구성된 순회강연단은 안방 모퉁이에서 깊은 잠에 빠져 있는 일천 만 여성들을 깨우기 위해 7월 9일 서울을 떠났다. 단장 차미리사를 중심으로 이은, 백옥복, 허정자(이 후 허정숙으로 개명), 김순복, 김은수 등 20세 전후의 젊은 여성들이 단원으로 참여했다. 아직 여성들 의 외출이 자유롭지 못했던 시기에 여성들이 중심이 돼서 전국순회강연을 떠났다는 점에서 우리나라 여성운동사에서 획기적인 의미를 지닌다. 또한 여기서 주의 깊게 봐야 하는 부분이 강연단의 복장이 다. 차미리사의 귀국 당시의 복장은 서구식 양장이었다. 1913년 배화학당 졸업식에서 찍은 사진을 보 면 서구식 양장 드레스를 걸치고 있는 모습이었다. 그러나 강연단의 복장은 전부 한복이다. 대중과 일 체감을 갖기 위해 복장도 가정부인의 양식으로 바꾼 것이다.

다. 임재덕은 재산도 별로 많지 않지만 자선심을 베풀어 자기가 받을 집 값 3천 원은 언제든지 돈이 융통되는 대로 달라 하고 집을 내어 주었기에 쉽사리 회관을 마련할 수 있었다.

그동안 집이 없어 많은 곤란을 겪어오던 조선교육회 회원 일동은 임재덕의 자선심에 감사해 하며 기뻐했다. 그러나 달마다 들어오는 적은 회비로는 현상 유지도 어려운 형편이었으므로 집값을 치러줄 길이 막막하였다. 차미리사는 주요 간부들과 의논한 후, 순회강연단을 조직하여 세상의 변화를 깨닫지 못한 채 광명에서 암흑으로, 진보에서 퇴보로 뒷걸음질 치고 있는 조선의 여성들을 깨우쳐 주고 사회의 뜨거운 도움도 얻기로 결심했다. 여름휴가를 이용하여 조선 13도 중요 지역을 직접 순회하면서 대대적인 강연을 통해 문화 보급, 여성 해방, 가정 개량 등을 선전할 계획을 세웠던 것이다. 전조선순회강연단(이하 순회강연단)은 음악단 3명과 연사 3명 등 총 6명으로 구성되었다. 단장 차미리사를 중심으로 이은, 백옥복, 허정자(이후 허정숙으로 개명), 김순복, 김은수 등 20세 전후의 젊은 여성들이 단원으로 참여했다. 순회강연단은 순전히 여성들만으로 조직된 여성해방의 선전대였다.

순회강연단은 안방 한 모퉁이에서 깊은 잠에 빠져 있는 일천만 여성들을 깨우기 위해, 7월 9일 서울을 떠나 9월 29일 남대문으로 돌아올 때까지 무려 84일 동안 67고을, 만여 리를 순회하면서 강연했다.

여성들만으로 조직된 조선 역사상 최초이자 최대의 대장정이었다. 활동이 언론에 보도된 마흔아홉 고을과 방문했을 것으로 추정되는 열두 고을을 합하여 순회강연단이 순방한 고을을 지도로 표시하면 〈그림 1〉과 같다.

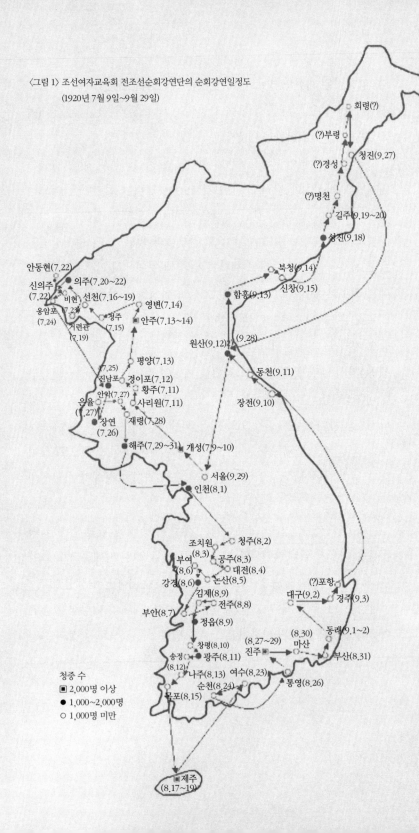

〈그림 1〉 조선여자교육회 전조선순회강연단의 순회강연일정도
(1920년 7월 9일~9월 29일)

〈그림 1〉에서 보듯이 순회강연단은 경의선, 호남선, 경부선, 경원선 등 철도가 관통하는 고을을 중심으로 활동했다. 그리고 자동차를 보조수단으로 활용했다. 순회강연단이 84일 동안 예순일곱 고을이나 순회강연할 수 있었던 것도 이처럼 철도나 자동차 등의 교통수단이 뒷받침해주었기 때문이었다. 그리고 권역별 이동, 즉 해주에서 인천, 제주에서 통영, 포항에서 원산 등 장거리 이동에는 배를 이용했다.

순회강연단은 여성교육이 활발한 평안도 지방을 먼저 방문하기로 했다. 여성교육은 개화운동에 적극적인 지역일수록 활성화되었다. 근대화기에 상공인이 많았던 서북 지방은 일찍부터 이들을 중심으로 기독교나 서구문물을 받아들이고 있었고, 교육운동도 활발하게 전개되었다. 다른 지방보다 일찍 개화된 평안도 지방에서 여학교 설립운동이 활발했던 것은 이 때문이었다. 순회강연단은 철도가 놓여 있어 교통이 편리하고 서울에 근접해 있으면서 여성교육이 활성화된 지역을 먼저 방문하여 여론 확산의 진원지로 삼고자 했다. 이 두 가지 조건에 가장 적합한 지역이 개성이었다.

1921년 7월 9일 조선 여성들에게 새로운 문화를 보급한다는 사명을 띠고 결성된 순회강연단은 기쁘고 즐거운 마음으로 남대문에서 경의선 열차를 타고 첫 강연지인 개성으로 향했다. 밤출입에도 장옷이나 긴 치마를 뒤집어쓰지 않으면 점잖은 부녀자 대우를 못 받는 시절에 한창 나이의 젊은 여성들이 당당히 자신의 얼굴을 드러내고 수개월 동안 전국을 두루 돌아다니며 강연회를 연다고 생각하니 참으로 감개무량하지 않을 수 없었다.

강연단 일행의 복장은 한복이었다. 어느덧 마흔 세 살이 된 단장 차미리사의 옷차림도 3·1운동 직후 종로거리를 활보할 당시에 입었던 신여성의 옷차림과는 달랐다. 그의 복장은 조선여자교육회를 창립할 때 이미 한복으로 바뀌어 있었다. 구식 가정부인들을 상대하려면 먼저 옷차림부터 거리감이 없어야 했다. 여전히 가정에 갇혀 있는 조선의 여성들을 밖으로 끌어내 손잡고 일하려면 먼저 그들과 친해져야 했다. 흰 저고리에 검정 치마를 입는 구가정부인들이 순회강연단 일행을 아주 딴 세계의 사람같이 여겨 멀리 한다면 그것은 심각한 문제가 아닐 수 없었다. 개인의 맵시를 위한다면 모르겠지만 사회 활동을 하려고 한다면 생각을 달리 해야 했다.

1925년 허정숙을 비롯하여 사회주의 여성들 몇몇이 봉건적인 인습에 맞서기 위해 단발을 했다가 다시 머리를 기르게 된 것도 다 이러한 경험 때문이었다. 그들은 현 사회 제도를 부인하고 그것에 딸린 풍속이나 습관, 도덕, 법률에 저항하는 시대상의 표징으로 단발을 했다. 그러나 곧 단발한 것이 여성운동을 하는 데 여러 가지로 불리하다는 점을 깨닫게 되었다. 여성계몽운동을 하려면 일반 여성들의 신뢰와 지지를 받아야 하는데 단발을 함으로써 의사소통은커녕 대중으로부터 괴리되었기 때문이다. 이들은 지금의 도덕과 관습에 비추어 지나치게 급진적인 행동을 하거나 난해한 사상을 주입시키려 하면 대중 속으로 파고들지 못한다는 사실을 뒤늦게 알았다.

정각 12시에 남대문역을 출발한 순회강연단 일행은 오후 2시 40분 개성에 도착했다. 개성에서는 개성여자교육회와 개성청년회 그리고 사립정화여학교 생도 등 시내 각 학교 남녀 학생과 유지인사 100여 명이 정거장까지 나와 강연단 일행을 영접했다.

첫날 강연회는 개성여자교육회와 충교忠橋엡윗청년회의 후원으로 북부예배당에서 자정까지 진행되었다. 개성강연회는 (1) 개회사(개성여자교육회 교육부장 최태옥), (2) 주악(허정자), (3) 강연: 사회 발전의 원동력(김순복), (4) 홍보: 조선여자교육회 사업 소개(차미리사), (5) 강연: 현시 청년 남녀의 고민하는 이혼 문제 해결책(허정자), (6) 강연: 가정은 인생의 낙원(김미리사), (7) 폐회(북부예배당목사 강조원의 기도)의 순으로 진행되었다. 음악, 강연, 홍보 등으로 빈틈없이 짜인 종합문화공연이었다.

강연장은 저녁 8시 정각 전부터 2,000여 명의 청중이 구름처럼 모여드는 대성황을 이루었다.

오랫동안 가뭄에 단비를 고대함과 같이 일반 청중은 물밀듯이 입장하여 강연장을 세 겹으로 둘러쌌다. 사회 최린유 씨가 개회 취지를 설명한 후 제일 먼저 허정자 양의 음악 연주와 김순복 양의 '사회 발전의원동력'이라는 문제로 강연회는 시작되었다. 연사들이 예정된 순서에 따라 각기 웅변을 토해냄에 무려 이천 명의 청중은 신경 자극을 받았는지 박수갈채로 일찍이 볼 수 없었던 성황 중에 12시경에 강연을 마쳤으며, 당일 연조금이 50원에 달하였다더라(개성).[178]

1920년 개성에 거주하는 조선인 수는 3만 6천여 명이었다. 인구 4만이 채 안 되는 고을에서 2,000여 명의 청중이 모여드는 강연회란 그리 흔한 일이 아니었다. 개성에서 이처럼 성황리에 강연회를 열 수 있었던 데에는 개성여자교육회의 조직적인 지원이 큰 힘이 되었다.

신교육을 통해 근대적인 의식의 자각을 이룬 신여성들은 3·1운동 직후 여성운동의 대중적 기반을 마련하는 데 주력했다. 신교육을 받은 신여성들이 중심이 되어 여성교육단체를 조직하고 여성계몽운동을 전개했다. 여성의 인격과 사상 그리고 행동을 개조하기 위해서는 여성의식을 계몽시킬 교육 단체가 필요하다는 생각에서였다. 이러한 사회적 추세에 따라 개성에서도 1920년 7월 15일 사립정화여학교 교장 김정련 외 수십 인의 발기로 개성여자교육회가 창립되었다. 그리고 개성여자교육회 창립총회에서 조선여자교육회회장 차미리사가 축하강연을 했다.[179] 이처럼 조선여자교육회와 개성여자교육회 사이에 일찍부터 형성된 조직적인 연대가 개성에서의 첫 강연을 성공리에 치를 수 있도록 한 발판이 되었다.

개성에서 하룻밤을 묵은 순회강연단은 이튿날 사리원에 도착하여 두 번째 강연회를 가졌다. 인구 8천여 명의 고을 사리원에서의 강연회 역시 남녀청중 500명이 정각 전부터 쇄도하는 성황을 이루었으며 청중의 박수갈채 소리에 예배당이 무너질 듯했다.[180] 평양에서의 강연회는 13일 오전에 있었다. 장대재 청년전도회와 남산재 여자엡윗청년회가 주최하고 조선일보와 매일신보가 후원한 이 날 강연회에는 수 백 명의 남녀청중이 참석하여 새롭게 자각하는 계기가 되었다. 강연회에 참석한 어느 한 부인은 강연소감을 신문사에 보내기도 했다.

이번 여자교육회 순회강연은 진실로 깨이지 안이한 일반 구가정 부녀들에게 매우 유죠有助하여요. 그중 단장에 열렬한 나머지 구슬갓흔 눈물을 뿌리는 따뜻한 정은 자연히 감동되지 안이치 못하겠서요. 갓흔 여자로 우리는 엇지 그만한 정성이 업는지(평양 일부인).[181]

평양 강연은 여성계몽에서는 커다란 효과를 거두었으나 찬조금 성적은 부진했다. 그 넓은 남산재 예배당과 장대재 예배당에 청중이 그야말로 입추의 여지가 없도록 가득 들어찼고 우박이 쏟아지는 듯한 박수갈채로 대환영을 받았으나 찬조금 소리는 귓등으로만 듣고 달아나 버린 것이었다. 차미리사는 "일석이조의 욕망은 걷어치우자. 무지한 백성들의 머리를 깨워주는 것만으로도 계몽운동의 목적은 달성하는 것이 아닌가" 하며 스스로를 위로했다.[182]

한여름 삼복더위에 연약한 여자로서 신체의 피곤함도 무릅쓰고 강연단 일행은 강행군을 거듭했다. 순회강연단은 하루에 한 고을에서 야간에 강연하는 것을 원칙으로 했다. 기차나 자동차로 강연할 고을에 도착하여 언론사나 지방 단체의 환영을 받고 잠시 환담을 나누며 휴식을 취한 후 3~4시간가량 강연하는 일정이었다. 그러나 고을 주민들의 열렬한 요청으로 한 고을에서 이틀 이상 머무는 경우도 적지 않았다. 개성, 안주, 선천, 의주, 해주, 제주, 진주, 동래, 길주 등의 고을에서 그러했다.

7월 20일 의주에 도착한 순회강연단은 동아일보 의주분국과 의주 기독교남자청년회와 여자청년회 회원들의 환영을 받은 후 예수교 서회당西會堂에서 청중 1,000여 명이 참석한 가운데 강연회를 가졌다. 이 날 강연회는 강당을 가득 메운 남녀 인사에게 무한한 감동을 주고 성황리에 끝났다. 여자강연단은 조선에 처음 있는 일이며 이 지역 인사들이 오랫동안 목마르게 기다려 왔기에 청중이 물밀 듯 몰려들어 순식간에 교회당 안은 입추의 여지 없이 가득 찼다. 교회당 밖 빈터에도 사람이 가득 차 교회당 안과 밖이 와글와글하는 가운데 장로 김태주의 사회로 강연이 시작되었다. 이튿날 저녁에 진행된 두 번째 강연에서는 청중을 제한하기 위해 청강권을 20전에 발매했다. 유료 입장임에도 불구하고 청중이 다투어 서로 먼저 교회당 안으로 들어가

30분이 채 못 되어 강연장은 만원이 되었으며, 미처 교회당 안으로 들어가지 못한 청중이 교회당 밖을 가득 메우고 있었다. 허정자의 '현시 청년 남녀의 고민하는 이혼 문제의 해결책'이란 주제의 강연이 있은 후 단장 차미리사가 등단하자 기다리던 청중이 일제히 박수로 환영하여 장내 분위기는 절정에 이르렀다. 전등 아래에 나타난 여사가 그의 독특한 웅변을 토해 내자 회당을 가득 메운 청중은 깊은 감동을 받아 열광적인 박수갈채를 보냈다.[183] 강연단 일행은 의주에서 하루 더 머무른 뒤 신의주로 떠났다.

7월 29일 인구 1만 3천여 명의 고을 해주에서의 강연회는 정각 전부터 사방으로 운집하는 청중으로 문이 메어 삽시간에 1,000여 명이 모이는 대만원의 성황을 이루었다. 단장 차미리사의 도도한 웅변과 열렬한 어조는 회장에 가득 모인 청중에게 무한한 깨달음과 감동을 주었다.[184] 강연단은 밤낮 연설을 하고 다니는 터였으므로 목이 잠기고 날씨는 한창 더워 온몸이 땀띠투성이었다. 그렇지만 이처럼 피로에 지친 강연단에게 고을 주민들의 따뜻한 영접은 더할 나위 없는 청량제였다.

해주가 7대째 내려온 고향인 최은희는 친족들과 친지와 교회와 동

최은희崔恩喜(1904~1984). 1919년 경성여자고등보통학교를 졸업한 최은희는 3·1운동에 앞장서 두 번이나 옥고를 치른 바도 있다. 1921년 평양에서 직접 차미리사의 열변을 들었던 최은희는 순회강연단이 자신의 고향인 해주에 도착하자 친족들과 친지와 교회 동료와 동창생들과 함께 강연단을 환영하고 접대하는 일, 유지의 찬조금을 얻어내는 일 등에 열성을 다했다. 이것이 인연이 되어 최은희는 몇 해 지나 동경 유학에서 돌아와 《조선일보》에 재직하면서 신문기사로 근화여학교를 후원하는 일에 적극 힘썼고, 전조선여학교연합바자회에서도 근화학교에 특별히 많은 관심을 베풀었다. 그리고 차미리사 서거 후에는 《씨뿌리는 女人—車美理士의 生涯》(1957)를 직접 집필하기까지 했다.

창생들과 함께 강연단을 환영하고 접대하는 일, 유지의 찬조금을 얻어내는 일 등에 열성을 다했다. 강연단을 직접 영접한 최은희는 당시의 경험을 다음과 같이 회고했다.

하루는 노인정으로 하루는 탁열정濯熱亭으로 쌀과 고기와 닭과 생선과 각색 과실이며 갖은 반찬거리를 짐짐이 지워 가지고 가서 납량회와 탁족회를 열어 그분들의 여정을 위로하여 드렸다. 김은도 여사 댁에서도 융숭한 환영연이 있었고 땀에 젖은 옷들을 빨아 다려 드렸으며 백세청풍 청성묘淸聖廟와 정각사 正覺寺도 안내하였고 부용당과 용당포龍塘浦도 구경시키었다 …… 차미리사 선생이 강연단을 이끌고 13도를 두루 다니셨어도 실상 여장을 풀고 몸과 맘을 푸근히 쉬기는 응당 해주가 둘째가지 않았을 것이다. 강연단이 이곳에서 여러 날 머물러 있었던 만큼 격의 없는 간담회가 자주 열리었고 선생은 그들에게 지향을 말하여 주었다.[185]

이것이 인연이 되어 최은희는 몇 해를 지나 동경 유학에서 돌아와 《조선일보》 재직 중에 신문기사로 근화여학교를 후원하는 일에 적극 힘을 썼고, 전조선여학교연합바자회에서도 근화여학교에 특별히 많은 관심을 베풀었다. 그리고 차미리사 서거 후에는 《씨뿌리는 女人— 車美理士의 生涯》(1957)를 집필하기까지 했다.

강연단 일행은 8월 17일 400~500명의 환영 인파 속에 한반도의 최남단 제주에 도착했다. 한밤중임에도 여러 단체의 각 신문기자가 나와 마중을 하여 부두는 불야성을 이루었다.[186] 순회강연단은 이날 오후 제주공립보통학교에서 강연회를 가졌으며 이튿날 제주 예수교회에서 한 차례 더 강연회를 가진 후 저녁 환영회에 참석했다. 인구 8

천 4백여 명의 고을 제주에서의 강연회는 이틀 모두 정각 전부터 남녀 청중 2,000명 이상이 운집하는 큰 성황을 이루었다. 순회강연단이 한 고을에서 하루 이상 머문 경우는 청중이 1,000명 내지 2,000명의 대규모로 운집하여 뜨거운 열기를 보여준 경우(개성, 안주, 의주, 해주, 제주, 진주), 지방 청년회의 환영 행사와 안내로 명승지를 관광하는 경우(안주, 의주, 해주, 동래), 날씨가 좋지 않아 지역 주민의 간절한 요청에 따라 머무는 경우(길주), 다음날이 일요일이어서 머물러 쉬는 경우(선천) 등이었다.

하루에 두 고을을 방문하는 경우도 있었다. 사리원·황주(7월 11일), 평양·안주(7월 13일), 신의주·만주 안동(7월 22일), 은율·안악(7월 27일), 조치원·공주(8월 3일), 논산·부여(8월 5일), 김제·정읍(8월 9일) 등 열네 고을에서 그러했다. 순회강연단은 7월 22일 신의주 공회당에서 청중 500여 명의 열광적인 박수갈채가 당내를 진동하는 가운데 강연을 한 후 다시 국경을 넘어 만주 안동현으로 이동하여 강연을 했는데 연사들의 활발한 태도와 열렬한 어조는 청중에게 많은 감동을 주었다. 강연단은 삼복더위에도 불구하고 하루 두 고을에서 여덟 시간 동안이나 강연하는 초인적인 모습을 보여주었다.

전라북도에 있는 김제는 인구 3천 명의 작은 고을이었다. 강연회는 김제청년회관에서 열렸는데 지독한 삼복더위에도 불구하고 정각 전부터 무려 500여 명의 남녀 방청객이 운집하는 뜨거운 열기를 보여주었다. 단장 차미리사의 약 한 시간 반 가량의 열변이 있었는데 방청객은 그의 온후한 자태와 독실한 말에 취하여 귀를 쫑긋 세우고 들었다. 일반인이 알아듣기 쉽도록 간단하고 조리 있게 말하는 차미리사의 열변은 300여 명의 부녀 방청객에게 커다란 감동을 주었으며 강연회장을 진동하는 박수 소리는 그칠 줄 몰랐다. 이어 이은이 등단하여 조선여자교육회를 창립하게 된 취지와 걸어온 발자취 그리고 장래의 활동 방향 등을 자세히 설명하자, 남녀 방청객의 동정심이 용솟음쳐 다투어 의연금을 내므로 순식간에 100여 원이 걷혔다. 이날 강연회는 우레와 같은 박수 소리 속에 막을 내렸으며 방청객은 '조선여자교육회 만세'를 삼창한 후 강연단을 전송했다.

김제 강연을 마친 후 순회강연단 일행은 곧바로 정읍으로 이동하여 야간 강연을 시작했다. 정읍은 조선인이 3천 2백여 명밖에 살지 않는 작은 고을이었다. 그러나 순전히 여자로만 조직된 강연대가 정읍에 오는 것은 처음이었으므로 정각 전부터 남녀가 삼삼오오 짝을 지어 끊임없이 모여들었다. 특히 정읍에서는 집안에만 조용히 앉아 있던 중류 이상의 구가정부인들이 많이 입장하는 근래에 보지 못하던 현상이 일어났다. 계속해서 밀려오는 남녀 방청객으로 인해 청년회관 실내로만 도저히 청중을 수용할 수가 없어 운동장에 자리를 깔고 옥외 강연을 열었다. 이날 강연회에는 청중이 무려 1,000명이나 모여 인산인해를 이루었으며, 단장 차미리사의 열변은 남녀 청중에게 무한한 감동과 커다란 울림을 주었다. 이처럼 하루 두 고을에서 잇달아 강연회를 하게 된 까닭은 당초 일정을 겹치기로 짠 경우도 있었지만 많은 경우 해당 고을의 간청으로 일정에 없던 지역을 추가로 넣었기 때문이었다. 사전홍보의 부족과 일정의 촉박함에도 불구하고 고을 주민들의 반응은 놀라울 정도로 뜨거웠다.

함경남도 신창에서의 강연은 순회강연단에 대한 대중적 열기를 잘 보여주는 사례였다. 9월 14일 북청에서 강연을 마친 강연단은 다음 날 성진으로 떠나기 위해 신창 항에 도착했으나 배편이 없어 잠시 체류 중이었다. 순회강연단은 배편을 기다리는 짬을 이용해 신창예배당에서 강연회를 개최하기로 했다. 신창은 조선인이 3천 6백여 명 살고 있는 작은 고을이었다. 막간을 이용하는 강연이므로 사전 홍보가 충분하지 못했음에도 불구하고 짧은 시간 안에 남녀청중이 무려 800여 명이나 모이는 대성황을 이루었다.

단장 김미리사 여사의 개회사가 있은 후 김순복 양이 '사회 발전의 원동력' 이란 제목으로 약 10분간 강연할 시 북행선이 마침 도착하여 출발하게 되야 부득이 목적을 달하지 못하고 예정지로 출발케 되었는데 만장 청중은 무한한 유감으로 산화하였다더라.[187]

이렇듯 순회강연단은 약 3개월 동안 서울을 출발하여 남으로는 제주, 목포, 부산 그리고 북으로는 신의주, 청진 심지어는 국경 넘어 만주 안동현까지 전국 예순 일곱 고을, 만 여 리를 순회하면서 집안에서 잠자고 있는 가정부인들을 깨우치는 문화계몽 활동을 했다. 순회강연단은 한여름 삼복더위에 신체의 피곤함도 무릅쓰고 강행군을 거듭하여 한반도를 세 바퀴 이상 도는 등 조선의 거의 모든 지역을 순회하면서 강연했다.

밤낮 연설들만 하고 다니는 터이므로 목이 잠기고 날씨가 한창 더울 때에는 남행을 하게 되어 땀띠가 돋아 법석을 하였건만 정착 추워가면서 북행을 하게 된 즉 감기에 콧물을 주체할 수가 없었고 모시옷을 입은 채 두만강에 들어가서 몸이 사시나무 떨리듯 하여 푸대를 뒤집어쓰고 다녔다.[188]

순회강연단은 만주 간도지방에도 들어가려고 했으나 일제 당국의 허가를 얻지 못하여 목적을 달성하지 못한 채 9월 29일 서울로 돌아오는 수밖에 없었다. 7월 9일 개성을 향해 떠난 지 84일 만이었다. 당초 강연 일정은 개학에 맞추기 위해 9월 15일 청진 강연을 마지막으로 하는 것이었다. 그러나 각 고을에서의 환영 행사와 예정에 없던 초청 강연으로 일자가 당초 일정보다 보름가량 늘어났다. 이 때문에 9월 19일로 예정되었던 개학도 부득이 연기할 수밖에 없었다.[189]

예배당이 강연 장소로 되었다

순회강연단에 대한 지역 주민들의 호응은 놀라울 정도로 뜨거웠다. 고을마다 남녀청중 수 백여 명이 정각 전부터 모여들어 강연장을 가득가득 메웠으며, 잇달아 터져 나오는 박수 소리로 강연장이 떠나갈 듯했다. 청중이 1,000명 이상 모인 고을(해주, 장연, 진남포, 의주, 인천, 강경, 정읍, 광주, 원산, 함흥, 성진)이 열이 넘었고, 특히 개성, 안주, 제주, 진주 등에서는 2,000명 이상이나 운집하여 강연장은 인산인해를 이루었다. 후원금도 여러 고을에서 이어졌다. 지역 유지들과 청중들의 성금이 쇄도하여 현지에서 모금한 돈으로 80여 일간의 활동 경비 3천여 원을 충당하고 남은 돈 2천여 원으로 조선여자교육회 가옥을 마련할 수 있었다. 이 모든 것이 조선의 여성운동사상 신기록이었다.

강연회가 이처럼 대성황을 이룰 수 있었던 것은 지방 청년단체와 언론사 그리고 지역 유지들의 조직적이고도 치밀한 준비가 있었기 때문이다. 강연 장소는 교회, 청년회, 신문사, 부인회 등이 앞장서서 마련해 주었다.

선발대는 앞으로 앞으로 먼저 떠나서 강연할 장소와 단원들의 숙소를 준비하고 경찰에 교섭하여 허가를 얻고 광고를 써서 붙이고 하였다. 대개는 예배당이 강연 장소로 되었고 촌락이나 두메로 들어가서는 타작마당이나 면사무소 앞 공터를 이용한 데도 있었다.[190]

강연의 절반가량은 교회 예배당에서 열렸으며, 학교의 대강당 또는 운동장, 청년회관의 공회당, 극장 등 특설강연장 등이 활용되기도 했다. 강연 장소의 마련에는 무엇보다도 교회의 도움이 컸다. '조선 여자의 문화향상 촉진'을 목표로 하는 순회강연단의 활동이 기독교가 내세우는 '청년 여자의 기독교적 품성 개발'과 이념적으로 합치되었기 때문이다.

강연단의 활동을 홍보하는 작업은 지역 신문사가 맡았다. 1920년대 세계 개조의 시대를 맞이하여 민족주의 계열에서는, 사회주의 사상과 운동에 입각한 근대국가 수립을 비판하며, 조선의 민족운동이 나아가야 할 바로 자본주의 문명의 수립을 위한 실력양성운동, 문화운동을 제시했다. 이러한 운동은 1920년 전국에 우후죽순처럼 등장했던 청년회 계열, 동아일보 계열, 천도교 계열 등이 주도했다. 《동아일보》는 창간 사설에서 우리 민족이 민족적 운동으로 전개해야 할 의식적 사회운동을 일대 '문화운동'이라 칭했다. 현대 문명은 "개인의 인격과 능력의 발휘를 크게 중시하는 것"이기 때문에, "개인의 개성을 확충하는 것이 신사회 건설의 표준"이 된다는 주장이다.[191]

조선여자교육회의 전국순회강연 활동은 《동아일보》가 제창한 '민족운동으로서의 문화운동'이라는 이념에 정확히 부합하는 실천 활동이었다. 이 때문에 《동아일보》는 순회강연 활동에 전폭적인 지지와 격려를 보냈다. 《동아일보》는 순회강연 활동을 한 전체 예순일곱 고을 중 마흔아홉 고을을 보도했다. 《매일신보》와 《조선일보》도 적지 않은 관심을 보였으나 《동아일보》에는 미치지 못했다. 《동아일보》는 사실보도뿐만 아니라 사설을 통해서도 조선여자교육회의 교육 활동을 찬양, 고무했다. 전국순회강연 활동이 한창인 1921년, 《동아일보》는 다섯 차례에 걸친 사설을 통해 조선여자교육회의 여성교육운동과 전국순회강연 활동을 "조선의 감격", "여자해방의 신운동", "조선 문화사상의 제일 기록"이라고 칭송했다. 다른 여성단체에서는 찾아보기 힘든 평가였다.

순회강연단을 지원하는 활동으로 장소 섭외와 홍보 외에 청중을 동원하는 일이 있었다. 강연단 활동이 큰 성공을 이룰 수 있었던 것은 무엇보다도 청중들의 높은 참여 열기가 있었기 때문이었다. 이와 관련해서는 지방 청년단체의 역할이 컸다. 3·1운동을 겪으면서 민족의식이 급격히 성장한 청년층은 다양한 청년 단체를 조직하면서 민족운동에 적극적으로 진출했다.

3·1운동 직후 조선에서 일어나는 모든 운동은 청년운동이 선구가 되었으며, 청년운동을 중심으로 하여 일어나는 모든 운동을 일괄하여 문화운동이라고 했다. 청년들은 3·1운동이 가지고 있었던 비조직적이고 즉흥적인 운동의 한계를 깨닫고 조직화의 필요성을 인식했다. 이에 따라 청년단체가 전국에서 광범하게 조직되기 시작했다. 청년단체는 1920년 초반에 집중적으로 조직되었는데 주로 군 내의 중심지인 읍, 면을 중심으로 조직되었다.[192] 청년회는 "지방 사회 활력

의 중핵"이며 "지방 문화의 중추기관"으로 인식되고 있었다.

일제 강점기 여러 정치 사회세력들은 청년에게 식민지 조선의 현실을 변혁시킬 역사적 소명을 부여했다. 청년의 위대한 힘은 "높은 이상, 웅장한 기상, 백절불굴의 용기, 의를 위해 생명과 재산을 초개같이 보는 강렬한 정의감"에 있다고 했다. 그리고 청년에게 "김가도 이가도 아닌 조선의 청년이자 구제의 사도"로서 "순교자의 정신과 출전용사의 각오"를 요구했다. 청년이 조선의 현실을 바꿔낼 가장 중요한 대안 세력으로 인식되었던 것이다.[193]

문화주의를 창간 사시로 내건 《동아일보》는 각 지방 청년 단체를 문화운동 추진의 조직 기반으로 설정하여 이의 전국적 단결을 촉구했다. 《동아일보》는 1920년 6월부터 각지청년단체라는 난을 만들어 청년회의 설립이나 활동을 연일 소개했다. 뿐만 아니라 사설에서 청년회를 다루어, 이들의 활동을 격려 혹은 비판하는 등 청년회에 다대한 관심을 보여주었다. 1920년 12월 1일 120여 개의 청년 단체로 창립된 조선청년회연합회는 《동아일보》에서 적극적으로 후원한 것이었다.

문화운동의 실천기관인 청년회는 교육 문제를 해결하기 위해 강습소, 기성회, 노동 야학, 부인학습소 등을 개설했으며, 산업 발달을 도모하기 위해 소비조합, 저축장려회, 지방개량회 등을 조직했다. 가정생활, 경제생활, 사회생활에서 지금까지의 모든 불합리한 구속과 질곡을 타파하여 신생활을 창조하고 신문화를 건설하며, 지방의 교육열을 왕성하게 하며, 신사상을 확립하게 하며, 경제적 권리를 회복하게 하는 등 모든 문화운동의 중심에 청년회가 있었다. 청년회가 존재하는 지방은 활기가 있었고 존립하지 못한 지방은 적막이 감돌았다.[194]

지방 청년회는 강연회, 토론회를 개최하면서 연사를 외부에서 초빙하는 경우가 많았다. 지방 청년회는 조선여자교육회의 전국순회강연단을 초빙함으로써 청년회를 활성화시키는 계기로 활용할 수 있었다. 청년회가 맡은 역할은 청중을 조직적으로 동원하는 일을 비롯하여 강연회가 순조롭게 진행될 수 있도록 도와주는 일이었다. 이를 위해 순회강연단을 맞이하는 환영 행사와 강연을 함께 진행하는 일, 강연회가 끝난 후 강연단을 위해 다과회를 개최하거나 명승지를 안내하는 등의 일을 했다.

그 대표적인 예로 진주청년회의 활동을 들 수 있다. 진주는 조선 시대부터 경남 제일의 도시로서 경남 도청이 1925년 부산으로 옮겨가지 전까지 산업 경제 분야에서 중요한 역할을 담당하고 있었다. 일찍부터 토착자본이 성장할 수 있는 토대가 마련되어 있었으며, 자연히여기에 힘입은 지주 및 개명인사들의 계몽운동 또한 활발했다. 실제로 초기 청년회운동을 주도했던 박재표, 강주한, 정상진 등 대부분은 지주 및 자산가 계급에 속했다. 박재표, 강주한은 진주정미주식회사 (1920년 11월 설립)의 지배인을 맡았다. 이들은 진주노동공제회에는 일체 관여하지 않은 반면 지주의 입장이 관철되는 진주소작인상조회에는 모두 가입해 있었다. 그 결과 청년회에 대한 이들 토착자본가들의 영향력은 생각 외로 강할 수밖에 없었으며 이는 상당기간 지속되었다. 진주는 1920년 7월 진주구락부, 진주청년회, 광진체육부 등 3개의 기존단체가 진주청년회로 통합되면서 청년회운동이 시작되었다. 이들 청년회는 조선여자교육회 전국순회강연단을 열렬히 환영했다. 순회강연단이 진주에 도착한 날은 8월 27일이었다. 이날 진주제일공립보통학교에서 강연회를 가졌는데, 청중이 2,000명 이상 몰려 연사를 잔뜩 긴장시켰다. 진주강연회가 이처럼 성황리에 개최될 수 있었던 데에는 진주청년회(회장 박재표)의 역할이 컸다.[195]

결혼은 아내, 사랑은 첩

순회강연단의 강연 내용은 풍속 개량에 관한 것이 중심을 이루었다. 강연제목은 '가정은 인생의 낙원', '시간은 생명', '사회 발전의 원동력', '조혼의 해독과 부모의 각성', '조선 여자의 고통과 그 해결책' 등이었는데, 강연 내용은 조혼과 축첩 폐지, 백의 폐지와 의복 개량, 여성의 자유로운 외출, 가정 개조, 여성교육 등을 촉구하는 것이었다.

1920년대 초 문화운동은 신문화 건설, 문화 향상 등을 표방했다. 이 중 풍속 개량은 구舊관습개혁이라고도 표현되는 것으로, 신문화 건설론에서 매우 중요한 위치를 차지했다. 풍속 개량은 의복 개량과 백의 폐지, 여성의 자유로운 외출 등을 내용으로 하고 있었다. 강연단은 '가정은 인생의 낙원'이라는 연제로 조선의 대표적인 악습인 조혼과 축첩의 해악에 대해 설명했다.

조혼은 조선의 대표적인 악습 가운데 하나였다. 결혼이란 사랑의 맺음이므로 결혼을 생각하려 하면 먼저 사랑에 대해 충분히 이해해야 한다. 그러나 조선에서는 가장 중요한 결혼을 당사자와 한마디 의논도 없이 부모들 마음대로 결정해버렸다. 사랑을 본위로 하지 않고 당사자의 동의도 얻지 않고 백년대사를 부모 마음대로 정해버린 것이었다. 사랑과 연애는 결혼의 필수 조건이다. 그러나 조선의 가정은 연애의 자유를 용인하지 않았다. 연애를 곧 악으로 단정하고 아들과 딸에게 엄금했다. 더욱이 딸에게 있어서는 한층 더 심했다. 결혼을 당사자 간 새로운 가정의 창조가 아니라 부모가 이룬 가정의 확장이라고 생각했던 것이다. 따라서 조선에서의 결혼은 남녀 양성兩性 간의 결합이기보다는 집안 이성二姓 간의 결합이라고 하는 것이 더 타당했다. 그 해독은 첫째는 조혼의 폐해요 둘째는 이혼의 유행이었다. 사랑도 이해도 없고 온갖 구속을 숙명으로 받아들이면서 그저 살기 위해 하는 결혼, 그것이 조혼이었다.

조혼의 성향은 계층에 따라 달랐다. 상류층일수록 아내가 남편보다 연상이었다. 아들이 10대 초·중반에 이르면 좀 더 나이든 여성과 결혼시켜 대를 이을 자손을 빨리 보고자 하는 마음에서 조혼을 시켰기 때문이다. 반면 하류층 가정에서는 농업 사회에서 요구되는 노동력 확보라는 경제적인 이유 때문에 조혼을 했다. 이 때문에 여자는 어리고 남자가 나이가 많았다.

19세기 말 조선을 방문한 비숍은 "10세나 12세 소년들은 그들의 부모가 모종의 이유로 혼인을 바라거나 혼처가 나타나면 결혼하게 되고, 노란 모자나 울긋불긋한 도포, 꼬마 신랑의 어설픈 위엄 따위의 광경을 마을에서 볼 수 있게 된다"라고 조혼의 실태를 기록했다.[196] 1920년대 들어서도 길에서 십여 세의 어린 신랑이 17, 8세의 신부에게 매달려 코를 훌쩍거리며 가는 것은 예삿일 중의 예삿일이었다.

1920년, 열여섯의 한창 나이에 열두 살 꼬마신랑에게 시집을 간 김편주라는 여성은 성인끼리 해야 할 혼인을 어리고 철없는 아들에게 시킴으로써 희생된 자신의 삶을 바탕으로 조혼의 폐습을 고발했다. 서울에서도 문벌이나 재산으로 손이 꼽히는 김참판의 막내딸로 태어난 그는 남촌에 사는 김승지의 셋째 아들과 혼인을 하고 첫날밤을 맞이했다.

그 날 저녁에는 중매의 인도로 소위 신방에를 들어갔나이다. 나는 위험하고 무서운 곳에 가는 듯한 감정을 가지고 신방에 들어섰나이다. 그리고 감히 나는 신랑을 바라볼 용기도 업었나이다. 다만 의례히 눈을 내리깔고 아미蛾眉를 숙이고 중매가 앉혀 준대로 손 한번 움직이지 않고 조심스럽게 앉아서 두근두근하는 가슴을 껴안고 거북살스러운 숨소리를 낮추노라 애쓸 따름이었나이다. 곁 시선에 희미하게 비치는 신랑은 아주 어리고 철없는 선머슴아이 모양이어서 신부의 미추美醜와 태도를 살피고 헤아릴 지각도 있을 것 같지도 아니하더이다. 다만 고개를 숙이고 코를 훌쩍훌쩍하며 앉은 자리가 편치 않은 듯이 부스럭 부스럭 소리를 내며 무릎을 세웠다 놓았다 하며 앉았더이다. 나는 속으로 "저것이 신랑이야!" 하는 시원치 않은 생각이 저절로 나더이다 …… 이윽고 신랑이 자기의 의관을 벗는지 부스럭 부스럭 하더니 조금 있다가 곁에서 색색 천진스런 어린아이의 잠자는 숨소리가 들릴 뿐이더이다.[197]

이후로도 신랑은 어머니 품에서 젖을 주무르고 응석하는 어린 아이라 신방에는 들어오려 하지도 않았고 시부모가 들여보내지도 않았다. 그러니 넓은 빈방을 쓸쓸하게 혼자 지킬 뿐이었다. 그러던 중 신랑은 열병으로 열네 살 나이로 죽고 자신은 청상과부로 평생을 살았다.

이와는 반대로 여자 나이 15세 미만의 조혼에는 특히 빈농의 딸이 많았다. 이들은 대부분 가난 때문에 몇 푼의 돈이나 쌀에 팔려, 어린 나이에 강제로 결혼했으며 첩이 되기도 했다. 당시 남녀의 결혼 연령 차이는 남자가 보통 다섯 살 연상이었다. 빈농 중에는 그 차이가 훨씬 더 커 열 살 이상이 되는 경우도 있었다. 남편과 연령차가 크기 때문에 노동, 봉건적 인습, 성적 부담이 더욱 클 수밖에 없었다. 당시 신문지상에 어린 부인의 자살과 방화, 남편살해 등의 범죄가 매년 수십 건씩 등장했던 것도 바로 이 때문이었다. 이처럼 재산에 욕심을 내 딸을 부모의 뜻대로 결혼시키는 것에 대해 "강간 결혼"이라는 비난이 제기되었으며,[198] 청년회는 조혼, 강제혼, 매매혼 등을 중요한 사회 문제로 부각시키곤 했다.[199]

조혼의 결과로 희생당하는 것은 여자뿐이었다. 남편은 젊고 아내는 늙고 게다가 지식의 차이로 말미암아 자연히 소박데기가 생기고 가정불화가 일어나며 신여성이 첩으로 들어와 이혼 소송과 자살 소동까지 일어나게 되었다. 여자가 소박을 당하는 것은 지식 부족과 연령 차이에서 연유했다. 이는 남녀 교육 수준의 차이가 현저하고 조혼의 악습이 전래하는 조선 사회에서 흔히 볼 수 있는 현상이었다. 아내가 남편의 이상에 딱 들어맞지 못한다는 것, 신식 취미에 부적합하다는 것, 용모나 표정 꾸밈 등이 신여성처럼 만족스럽지 못하다는 것 등이 소박의 이유였다. 1922년 자기가 남편에게 소박 당하는 것은 다만 배우지 못했기 때문이라고 생각한 부인들이 조선여자교육회 사무실로 몰려들었다. 못 배운 부인들을 교육시켜 준다는 말을 듣고 회관으로 찾아 온 이들은 눈물을 흘리며 자기 신세를 호소했다.[200]

〈소박덕이 삼백명 여자교육협회로 울며 호소〉(《동아일보》
1922년 12월 21일자)
차미리사는 구가정부인의 무지가 가정생활의 불편, 자녀 교육의 손실과 조선 사회에 미치는 악영향에 착안하여 나이가 많고 가정생활에 구속되어 향학심은 간절하되 학교에 갈 기회가 없는 여자들을 교육 대상으로 삼았다. 조선여자교육회에 오는 이들이 대개는 유학생 부인이며 하소연할 데조차 변변히 없는 소박맞은 아낙네였던 이유는 이 때문이었다.

조선의 5대 악습 중의 하나인 조혼의 폐단에 대해 《독립신문》을 비롯하여 개명한 지식층 인사들이 집중적으로 거론했다. 부부가 사랑도 없이 너무 어린 나이에 혼인함으로써 건강하지 못한 자식을 낳게 되고 이것은 인구 감소 현상으로까지 확대될 수 있었다. 또한 본인의 자유의사에 따른 선택이 아니기 때문에 나이가 들면서 후회하게 되어 첩을 얻는 남성이 많아져 가정의 행복은 고사하고 유지되기조차 힘들었다. 너무 어린 나이에 한 결혼이라 생활력이 없는 것 또한 큰 문제였다. 이러한 점들 때문에 갑오개혁 때에는 남자는 20세이상 여자는 16세 이상이 되어야 결혼할 수 있도록 법제화했다. 그러나 이후로도 조혼의 폐단은 여전했다. 성악가 윤심덕이 처자가 있는 남성과 함께 현해탄에 몸을 던진 것도 조혼의 폐해를 고발하기 위함이었다.

순회강연단은 '조혼의 해독과 부모의 각성'이라는 강연을 통해, 조혼의 폐해를 지적하고 부모의 각성을 촉구했다. 김순복 양의 "청년 남자의 부랑생활과 20세 전후 꽃다운 여자의 철창생활이 어느 것 하나 조혼의 해독이 아닌 것이 있는가"라는 부르짖음은, 아들이 10세만 되면 혼례를 올리고 신부를 데려 오는 것이 부모의 책임인줄만 알았던 사람들에게 커다란 깨우침을 주었다.

조혼은 축첩의 폐해를 낳았다. 신교육을 받은 많은 남자들은 신여성을 애인으로 삼는 데 주저하지 않았다. 그들은 봉건적 악습인 축첩 제도에 익숙해 있었을 뿐만 아니라 집안에서도 축첩을 묵인하거나 허용하기조차 했다. 비숍은 조선의 축첩 풍습에 대해 다음과 같이 기록했다.

축첩은 공인된 관례이지만 존경받지는 않는다. 남편의 아내와 어머니가 첩을 선택하는 경우도 흔히 있다. 첩은 남편의 위치의 정당한 부속물이어서 우리가 마차나 집사를 고르는 것처럼 아내들은 아무렇지도 않게 생각한다 …… 남자의 즐거움은 여자 친구나 기생을 통해서 얻어진다. "우리는 아내와 결혼하지만 첩과 사랑을 나눈다"라고 이야기 한 조선 양반의 표현으로 그들의 결혼 관계를 간략하게 요약할 수 있다.[201]

새로운 교육을 받고 새로운 사상을 가진 청년들은 신여성과 가정을 이룬 후, 이미 자기와 결혼하여 자식까지 낳은 죄 없는 아내를 까닭 없이 박대하며 이혼을 강요했다. 남편의 축첩으로 소박데기가 된 본처들은 외롭고 서글픈 나날을 참고 살아야만 했다. 구가정의 여자는 이혼은커녕 남편 쪽에서 등을 밀어내도 나가지 않았다. 남자가 같이 살기가 죽기보다 싫다고 해도 여자는 "나는 이 집 귀신이요" 하고 매달렸다.

당시 한 잡지에 조혼으로 인한 축첩의 실태를 잘 보여주는 글이 실렸다. 주인공은 부모님의 성화로 열여섯 살 되는 중학교 2학년에 장가를 들었다. 오로지 부모의 뜻에 따라 이루어진 결혼이었다. 그러던 중 주인공은 서울에서 중학을 마치고 바로 전문학교에 입학했다. 열아홉 스물의 나이가 되니 제법 세상에 눈을 뜨게 되었다. 제일 먼저 눈에 띄는 것은 젊은 이성, 즉 여학생이었다. 그러다가 우연히 어느 여학생과 연애를 하게 되었다. 연애를 했으니 결혼을 해야 할 텐데 그것이 큰 문제였다.

어느 방학에 집에 돌아가서 조부모와 부모에게 이혼 말을 하다가 혼침[정신이 아주 혼미해지도록 야단을 맞았다.

처가에 가서 말을 하다가 도리어 대접만 전보다 한층 더 극진하게 받고 왔다.

아내더러 밤에 조용히 말을 하니까 울면서 "어디가 무슨 짓을 하든지 장가는 열 번 백 번을 다시 들더라도 이혼만은 말아 달라"고 애걸복걸하였다.[202]

주인공의 아내는 '일단 결혼을 하면 여자는 일생의 길이 결정된 것'이라는 봉건적 관념 때문에 불합리한 줄 뻔히 알면서도 어쩔 수 없이 남편에게 매달렸던 것이다.

축첩을 용인하는 사회 분위기는 1930년대까지도 여전했다. 구식 가정부인들에게 신여성과 새 가정을 꾸린 남편을 간통죄로 고소할 것을 권하자 펄쩍 뛰면서 "남편이 첩을 좀 얻었기로서니 재판을 하는 게 다 무엇이냐 …… 망측스러운 일도 다 있다"며 일소에 부치기도 했다.[203] 소박데기 본처들이 이혼하지 않고 외롭고 서글픈 나날을 참아 넘겼던 이유는 평생 남편만을 따르고 사랑하도록 배워왔기 때문이었다. 여자는 한번 그 집에 몸을 들여놓은 이상 남자가 어떠한 행동을 하더라도 그 남편을 버린다는 것은 절대로 할 수 없는 일로 생각했다. 칠거지악에 의하면 시기하는 여자는 쫓아 보내라 했으니 남편이 첩을 몇을 얻어도 상관치 말아야 했다. 이러한 구습 때문에 무수히 많은 여성이 안방에서 쫓겨나 눈물을 흘리며 다시 돌아오지 못할 인생의 봄을 한숨 속에서 보냈다. 또한 교육받을 기회가 없었던 구식 가정부인들은 현실적으로 경제적 무능력자였다. 뿐만 아니라 이혼한 여자, 남편 없는 여자에 대한 사회적 편견도 여성들을 본처 자리에 매달리게 만들었다.

물을 들여 입어라 다듬이질을 멈추어라

순회강연단은 '시간은 생명', '사회 발전의 원동력'이라는 강연을 통해 의복 개량과 백의 폐지를 촉구했다. 우리 조선 남녀는 시간의 귀중함을 잘 알지 못해 남자는 여자가 하는 일을 힘을 써 도와주지 않으며, 또 여자는 남자의 흰옷 짓는 습관으로 인해 항상 세탁으로 세월을 보내니 이를 개량하는 것이 경제적으로든지 교육상으로든지 이익이 된다는 내용의 강연이었다. 조선의 재래 생활 방식 가운데 여성을 제일 고통스럽게 하는 것이 의복에 관한 일이었다. 흰옷 대신 색깔 있는 옷을 입는 것은 부인들의 수고를 더는 지름길이었다. 색깔 있는 옷을 입으면 쉽게 더럽혀지지 않아 자주 빨지 않아도 되고 그리하면 바느질거리도 줄게 되기 때문이었다.

조선 사람은 흰옷을 즐겨 입었다. 비숍은 종로거리에 넘실거리는 하얀 두루마기의 물결을 다음과 묘사했다.

이른 3월에 내가 처음으로 서울을 내려다보았을 때, 한 거리는 지난해 내린 눈으로 길은 여전히 막혀 있었다. 이것이 훌륭한 산책로라는 것을 내가 발견했던 것은 망원경의 도움이었다. 그리고 눈처럼 하얗게 떠다니는 것은 다듬이질로 하얘진 도포의 행렬이었다. 이 세 개의 넓은 거리를 오가는 많은 사람들은 흰 도포를 입고 검은 갓을 쓰고 있었다.[204]

남자가 흰옷을 입는 한 빨래는 여인들의 숙명이었다. 규칙적인 다듬이 소리는 밤의 정적을 깨는 유일한 소리였다. 남 보기에 흉하지 않게 의복을 차려 입으려면 밤낮 의복의 종이 되어야 하므로 여자는 다른 생각이나 일을 할 수가 없었다. 가정생활을 하는 부인들도 책도 읽고 글도 써야 하나 빨래나 의복의 종이 되어 다듬이질, 바느질에 시간을 다 빼앗겨 가정 개량이나 사회 문제에 관심을 가지는 것은 꿈에도 바랄 수 없는 일이었다. 백의를 조선의 5대 악풍 중의 하나로 꼽은 것은 이 때문이었다.

차미리사는 일찍이 배화학당 사감 시절부터 '다듬이질을 폐지하라', '물을 들여 입어라' 라는 주장으로 생활개선운동의 물꼬를 텄다. 의복 개량 문제를 경제와 시간의 관점에서 접근했던 것이다. 가정주부가 의복에 시간 노력 금전을 빼앗긴다면 생활이 향상되기 어렵기 때문이었다. 차미리사는 조선의 의복이 훌륭하기는 하나 백의는 폐지하는 쪽이 경제적으로 이익이 된다고 생각했다.

여자의 저고리를 좀 길게 지어 입을 것이요 남자의 의복도 색깔이 있는 튼튼한 감으로 지어서 자주 세탁을 아니하도록 하였으면 좋겠습니다. 우리 조선의 현상으로 보아 부녀는 일생을 의복 세탁의 노예가 되어 그 외에는 아무 일도 할 수 없게 됩니다. 이것은 마치 고대 인류가 즉 야만시대에 속하였을 때에 남자의 강력으로써 여자에게는 가정의 아동이라든지 또 요리나 의복 세탁에 종사하는 일종 남자의 부속된 인류로 인정하던 때와 같다고 하여도 과언이 아니외다. 이러한 것을 개선하여야 되겠다는 말씀이외다.[205]

가정부인을 의복의 노예로부터 해방시켜 야만의 시대로부터 벗어나자는 주장이었다. 그리고 자신은 겨울에는 흰옷을 입지 않겠다고 결심했다.

물론 지금의 의복보다도 제도나 편리한 것이 있다면 개량해도 좋으나 우리 조선 의복이 잘 되었다고 생각합니다. 다만 안된 것은 무색無色이 우리들의 생활에 적합하지 않다는 것이지요. 여름 의복은 세탁하기도 좋고 그리 힘드는 것이 아니니까 별로 색 옷을 입어야 한다고는 못하겠으나 겨울 의복은 색 옷을 입어야만 되겠다고 생각합니다. 나는 겨울에 한해서는 흰옷을 입지 아니하겠다고 결심하였습니다. 더욱이나 우리 조선 사람의 생활이 복잡한데다가 의복에 대한 시간을 허비하고 나면 한 가정의 주부는 다른 데에 볼 일을 못 보게 됩니다. 얼마나 불경제입니까.[206]

의복 개량을 위해, 의복은 직물부터 경제적으로 값싸고 질긴 것을 골라야 하며, 가정에서는 재봉과 세탁을 간략히 하고 다듬이질을 하지 말며, 흰옷을 폐지하고 반드시 염색 옷을 입도록 하여 세탁하는 횟수를 줄여야 한다는 것이다.

차미리사는 '시간은 생명' 이라는 강연을 통해 부르짖었다.

시간은 부강의 근원이며 문명의 원천입니다.
우리는 의복의 종이 되어 다듬이질, 바느질 같은 데 시간을 다 빼앗기고 있습니다.
옷에 물을 들여 입고 다듬이질을 멈추도록 합시다.
시간을 정해 놓고 신문 한 페이지, 마땅히 보아야 할 책을 매일 한 페이지씩이라도 읽기로 합시다.
아직도 한글을 보시지 못하시는 어머님들은 속히 배우도록 합시다.
여자 야학 기관이 설치되어 있으니 글자 한자, 말 한마디라도 어서 배워, 이 외바퀴의 수레를 완전한 두 바퀴의 수레로 만들어, 우리 여자도 저들과 같이 어깨동무하고 나가도록 힘씁시다.

얼굴을 내놓고 좀 다녀봅시다

순회강연단은 여성의 자유로운 외출을 부르짖었다. 이것은 사회적
으로 커다란 반향을 불러일으켰다. 조선에서는 순종을 부녀의 최고
의 미덕으로 삼고 정절을 생명보다 소중한 것으로 여겼다. 일상생활
에서 이른바 '내외'라고 하여 남녀가 서로 얼굴을 맞대고 이야기하
는 것을 금기시했다. 집안에서도 여자와 남자를 공간적으로 갈라놓
았다. 여자는 안채에 머물며 남자의 일에 참견을 못하게 하고, 남자
는 사랑채에 머물며 여자의 일에 참견하지 말도록 했다. 또한 부녀
자가 외간 남자와 바로 얼굴을 대하는 것을 피하기 위해 여자가 부
득이한 일로 외출할 때에는 장옷이나 삿갓 또는 수건을 쓰도록 했
다. 결국 조선 여자들은 태어나서 죽을 때까지 남편 한 사람 이외에
다른 남자와는 더 교제할 수 없었다. 여성은 아예 집밖에도 나오지
못하고 집안에 유폐되어 사회와 격리된 채 일생을 살았다. 여성의
외출에 대한 통제는 조선의 여성들을 짓누르는 가부장적 감시와 구
속이었다.

이러한 현실 때문에 여성의 자립과 해방을 주장하는 이들은 누구
나 여성의 자유로운 외출을 부르짖지 않을 수 없었다. 여성의 개화를
주장했던 개화주의자들이 제일 먼저 내외법을 폐지하라고 했다.
1898년 10월 북촌의 개화여성들이 중심이 되어 만든 최초의 여성단
체인 찬양회 회원 백여 명이 대궐 문 앞에 나아가 관립여학교를 세워
달라는 상소문을 올렸다. 이 상소문에는 "교육을 받겠다는 것" 이외
에도 "출입을 자유롭게 하기 위해 장옷을 쓰지 말고 교군[가마]을 타
지 말며 우산이나 들고 다니게 해달라는 것"도 들어 있었다. 그러나

19세기 말까지도 여성의 자유로운 외출은 여전히 금지되었다.

1894년 겨울과 1897년 봄 사이 네 차례에 걸쳐 조선을 방문한 비숍 여사는 여행기에 다음과 같은 인상적인 기록을 남겼다.

조선 여인들은 매우 엄격하게 격리되어 있으며 다른 어느 나라의 여인들보다 그 정도가 더 심하다. 8시경이 되면 거대한 종이 울리는데 이는 그들이 집으로 돌아가라는 신호이며 그제야 여인들은 밖으로 나가 즐기며 그들의 친구를 방문한다. 거리에서 남자들을 깨끗이 없애주는 이 제도가 가끔 사라지면 무슨 일이 꼭 벌어졌기 때문에 이 제도가 다시 강화되었다. 내가 서울에 도착했을 때가 바로 그 무렵이었다. 캄캄한 거리에는 등롱을 든 하인을 거느린 여인들의 무리가 북적거리고 있었다. 눈먼 사람, 공무원, 외국인의 하인과 약제사에게 처방을 받은 사람은 이 규정에서 면제되었다. 이러한 예외 조항은 지긋지긋한 감금 생활에서 도피할 목적으로 악용되며 어떤 사람은 긴 지팡이를 짚

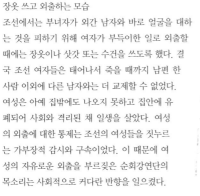

장옷 쓰고 외출하는 모습
조선에서는 부녀자가 외간 남자와 바로 얼굴을 대하는 것을 피하기 위해 여자가 부득이한 일로 외출할 때에는 장옷이나 삿갓 또는 수건을 쓰도록 했다. 결국 조선 여자들은 태어나서 죽을 때까지 남편 한 사람 이외에 다른 남자와는 더 교제할 수 없었다. 여성은 아예 집밖에도 나오지 못하고 집안에 유폐되어 사회와 격리된 채 일생을 살았다. 여성의 외출에 대한 통제는 조선의 여성들을 짓누르는 가부장적 감시와 구속이었다. 이 때문에 여성의 자유로운 외출을 부르짖은 순회강연단의 목소리는 사회적으로 커다란 반향을 일으켰다.

고, 장님 시늉을 했다. 12시에 다시 종이 울리면 여인들이 물러가고 남자들이 자유롭게 밖으로 나간다. 지체 높은 가정의 부인이 나에게 들려준 바에 의하면, 그는 낮에 서울 거리를 결코 나가본 적이 없다고 한다.[207]

갑오개혁 이전까지 조선의 여성들은 외부 출입을 자유로이 할 수 없었기 때문에 외출용 두루마기는 남성들만의 전유물이었다. 갑오개혁 이후 여자들도 바깥출입이 가능해지고 외부 활동이 허용되자 외출용 얼굴 가리개였던 장옷, 쓰개치마, 너울을 폐지할 것을 청하는 운동이 활발하게 진행되었다. 그러나 장옷을 덮어쓰지도 않고 하녀를 앞세우지도 않은 채 거리를 활보할 수 있는 여성은 기생 외에는 없었다. 거리를 자유롭게 오가는 산책자로서의 여성이란 상상하기 힘들었다. 거리를 방황하는 여성이라면 일단 유녀遊女로 취급하는 것이 일반적이었다. 제 아무리 남다른 뜻과 기개를 품었다고 해도 길 위로 나서는 순간 여성은 순결에 대한 위험을 느끼고 전전긍긍하지 않을 수 없었다.[208]

내외법이 퇴색하기 시작한 것은 1920년대 들어서였다. 1910년대 서울을 떠나 10년 만에 돌아온 최동오는 "아, 속담에 10년이면 강산이 변한다더니, 참말인 듯하다. 도로, 가옥, 상점, 학교 등 전반을 통하여 아주 10년 전 내가 보던 경성은 아닌 듯하다"며, "이와 같이 일반 사회의 현상이 크게 변동이 된 가운데 여자계가 더욱 발달된 듯하다"면서 다음과 같이 말했다.

개인 날 삿갓 쓰고, 장옷[長衣] 쓴 행동적 여자는 아조 볼 수 업고 책보 안고 아침저녁으로 학교에 통학하는 여학생을 볼 뿐이다. 이리하야 우리 여자계에서도 아즉 정치상 평등은 못 되었으나 사회상 해방 곳 평등은 된 듯하다.[209]

거추장스러운 장옷은 내던졌지만 관습상 얼굴을 다 드러내고 거리를 오갈 수는 없었다. 남자에게 얼굴만 보여도 큰 수치라 여기는 사회 분위기에서 장옷 대용으로 등장한 것이 검정 우산이었다. 이 우산은 해나 비를 가리기 위한 것이 아니라 남의 시선으로부터 얼굴을 가리는 시산視傘, 조선의 차도르였던 것이다. 이 얼굴 가리개용 검정 우산은 여학생들은 물론 일반 부녀자들 사이에서 크게 유행했다. 우산을 들 때는 앞으로 푹 숙여 섰다. 얼굴이 눈에 띄지 않도록 하기 위해서다. 이화학당의 여학생들은 당당히 장옷을 벗어버리고 우산을 쓴 채 자하문 밖으로 소풍을 다녀올 수 있었다. 그러나 양산에 가려 경치라곤 아무것도 보질 못했다. "하루 동일 내 발등만 보고 다녔소. 소풍이란 바로 발등만 보는 운동회"라는 것이 바로 당시 여학생들의 소풍 감상이었다.[210]

한편 지방에서는 1920년대 중반까지도 여전히 여성들이 삿갓을 쓰고 다니는 것을 당연하게 여겼다.[211] 외출 한번 하려면 아낙네는 치마 쓰고 종을 앞세우고 남의 눈을 피해 죄인처럼 다녔다. '여성의 자유로운 외출'을 부르짖는 순회강연단의 강연이 사회적으로 커다란 반향을 일으킨 것은 이 때문이었다. 최은희는 자신의 경험담을 다음과 같이 술회했다.

해주는 내 고양이거니와 그때까지도 부인들이 겨울에는 처네[여자가 나들이할 때에 장옷처럼 머리에 쓰던 물건]를 쓰고 여름에는 삿갓을 쓰는 풍속이 있었다. 처네는 방한용을 겸한 것이라 할 수 있으되, 삿갓은 순전히 내외법으로 인한 것이었다. 전중이旣決囚도 외역外役할 때에는 삿갓을 썼다. 농군도 삿갓을 썼다. 선생은 강연에서 "해주는 도회지라 논 김매러 다니는 부인들은 없을 터인데 모두 무슨 죄들을 그렇게 지고 삿갓들을 전중이처럼 쓰고 다니시오. 내일부터는 일제히 얼굴들을 내어놓고 같이 좀 다녀봅시다"고 했다. 이튿날 백 명에 가까운 우리 여성들만이 모인 가운데는 삿갓 쓴 부인이 한 사람도 없었다.[212]

순회강연단의 강연을 듣고 여성들이 당당히 얼굴을 내놓고 다니기 시작했다는 사실은 놀라운 변화가 아닐 수 없었다.

강연단이 이 곳[해주]에서 여러 날 두류逗留[머묾]하였던 이만큼 격의 없는 간담회가 자주 열리었고 선생은 그들에게 지향을 말하여 주었다. 그 여름으로 당장에 삿갓 벗은 여성이 많아졌고 이혼의 선고를 받은 여성들이 경성을 향하여 유학의 길을 떠났다. 가을이 접어들면서 예배당을 빌어 여성 대토론회도 열리었다. 신여성으로 구식 가정에 들어가 층층시하에서 시집살이를 하던 오기영 여사도 연사로 나왔다. 자승자박으로 축소되었던 여성의 판도가 저절로 넓어졌다. 겨자씨 한 알이 땅에 떨어질 때에는 모든 씨앗보다 가장 적으나 자란 후에는 큰 나무가 되어 그 가지에 새가 깃들이는 것이다. 선생의 말 한마디는 그만큼 큰 효과를 던져 준 것이다. 말은 한 사람의 입에서 나오지만 일천 사람의 귀로 들어갈 수 있는 것이다.[213]

충성과 정직으로 서로 사랑하라

순회강연단은 '가정은 인생의 낙원'이라는 강연을 통해 구가정을 개량하여 이상적인 신가정의 낙원을 만들라고 부르짖었다. 즉 살림살이를 될 수 있는 대로 간단하게 하여 한 시간 걸릴 일을 반시간에 하도록 집안을 개량해 가정부인들이 시간의 여유를 얻도록 하라는 내용이다. 가정부인이 하는 일이란 빗자루와 걸레를 갖고 방안을 쓸며 닦는 것, 부엌일과 세탁 일로 하루를 보내는 것이었다. 이런 단조롭고 무미건조한 집안 일이 가정부인들을 지치게 하여 가정의 노예로 만들고 있었다.

차미리사는 조선 가정이 개조해야 할 문제로 가옥 구조를 개량해야 한다는 물질적 문제와 부부간의 관심과 이해를 높여야 한다는 정신적 문제 두 가지를 들었다. 현재 살림살이는 너무 복잡하고 분주하므로 좀더 간단히 고치고, 부부는 사랑과 이해를 바탕으로 충직忠直을 다하여 가정을 꽃이 피고 재미있는 인생의 낙원으로 만들라는 것이었다.[214]

가옥의 구조 개량 문제에 대해 다음과 같이 제안했다.

우리 조선의 가옥은 문호가 너무 적다는 말씀이외다. 2간이나 되는 방에다 출입문 하나밖에 없으니 일광이라고는 보려고 하여도 볼 수 없는 음침한 방이니 자연 위생에도 좋지 못하고 아동에게 활발한 기상까지 잃게 합니다. 그리고 부엌을 개량하여야 되겠습니다. 조금만 사는 사람의 가정이면 솥을 여러 개씩이나 걸고 부엌이 너절하게 차립니다. 그럴 필요가 없을 줄 압니다. 그리고 될 수 있으면 경제도 되고 하니 요리하는 것도 와사瓦斯[가스]로 하였으면 좋겠습니다.[215]

우선 햇볕이 잘 들고 통풍이 잘되도록 문과 창을 낼 것이며, 너저분한 부엌을 개량하여 비위생적, 비경제적, 비문화적인 생활을 근본적으로 개조하라는 주장이었다. 이것만이라도 개량한다면 조선의 가정생활은 간단하고 위생적이며 좀 더 문화적으로 될 것이다. 복잡한 생활을 조금만 간단히 하면 여성이 지식을 넓힐 독서도 하고, 가족이 함께 할 시간도 늘어, 화목하고 평화로운 분위기에서 자녀 양육도 할 수 있게 될 것이었다.

그러나 조선의 형편으로는 아무리 가정을 개량하려 해도 경제적
여력이 없는 것이 큰 문제였다. 의복이나 음식이나 주택을 지금보다
나은 상태로 개량하려면 바로 경제적인 문제에 부딪치게 된다. 하루
하루 살아가기도 힘들어 굶기를 밥 먹듯 하는 조선인들에게 생활 개
선이나 가정 개량은 꿈도 꿀 수 없는 일이었다. 이는 생활이 다소라
도 여유가 있을 때에야 비로소 가능한 것이었다. 이 점을 차미리사도
가장 뼈아프게 생각하고 있었다.

생활 개선에 대하여서는 오래 전부터 많은 생각을 가지고 있었습니다. 6년 전
조선 각지를 순회차로 출발할 때에는 교육에 대한 강연을 하고 각지의 일반
생활 상태를 실지로 보고는 즉시 생활 개선에 노력하고자 명심하였었습니다.
그런데 순회중 일반의 생활 현상을 보고는 용이하게 생활을 개선하라는 말이
나오지 않습니다. 너무나 곤궁한 생활을 하니까요.[216]

차미리사는 새로운 가정을 이루기 위해서는 정
신적인 개조 또한 중요하다고 했다. 아무리 가옥
과 부엌을 개조했다 하더라도 부부간에 사랑과 이

〈혁명은 부엌으로부터〉(《동광》 1932년 1월호)
1920년부터 본격화된 가정 개량의 외침은 의, 식, 주의 전 영역을 겨냥했
다. 현실적인 개량안을 추진하자는 것이 중론이었으므로, 가옥, 의복, 음
식에서 재래의 전통을 존중하면서 절충안을 마련하자고 했다. 전국순회강
연단 역시 의복, 음식, 주택, 부엌 등 생활 전반의 개선을 주장했다. 차미
리사는 부엌을 경제적이고 위생적으로 개량하기 위해서는 요리를 가스로
하는 입식부엌이 필요하다고 했다.

해가 없다면 구가정과 조금도 다를 것이 없기 때문이었다. 새로운 가정을 이루려면 남편과 아내는 서로를 지극히 사랑해야 한다. 그러나 전근대의 가족 제도에서 아내는 아내이기 이전에 며느리요 어머니여야 했다. 조선 후기에 가부장적 질서가 완성되면서 여성의 대가족제도에의 종속은 더욱 뚜렷한 특징이 되었다. 가족의 축은 부부가 아니라 부자관계였으며, 부부 사이에는 애정보다 공경과 분별이 강조되었다. 제 자식에 대해서도 함부로 애정을 표현하는 일이 금기시되었을 정도이니 부부 사이의 애정이란 바람직스럽기보다 차라리 위험한 것이었다.[217] 재래의 가족은 부권주의父權主義 혹은 남권주의男權主義의 가족이며, 개인의 인격을 무시하는 가족이자 전제주의의 가정이요, 웃음 없고 쾌락 없는 사막 같은 가정이었다.[218] 재래생활방식 가운데 제일 고통 되는 것이 무엇이냐는 질문에, 차미리사는 우리는 가정생활에서 기쁨과 슬픔을 서로 나눌 수 없기에 우리 가정은 단란한 가정이 되지 못하고 건조무미한 가정이 되어 큰 고통이라고 답했다.[219]

차미리사는 남편들에게 다음과 같이 당부했다.

남자들은 자기 어머니가 한 번 아내를 흘겨보면 자기는 곱으로 두 번 흘겨보고, 자기 어머니가 한 번 큰소리하면 자기는 세 번 네 번 큰소리를 한다. 가정을 인생의 낙원으로 만들기 위해서는, 여자는 남편에게 조금만 미움을 받아도 가슴이 터지는 듯하여 일평생 잊지 못하니, 남편은 항상 꽃이 피는 듯한 웃음을 입에 담고 어머니가 노하여도 '서러워말고 마음을 평안히 가지라' 며 꿀이 흐르는 듯이 정답게 위로해 주어야 한다. 그리고 위대한 사람에게는 위대한 어머니나 아내가 있다는 말과 같이, 아내는 인간 중심의 존귀한 마음을 잊기 쉬운 이 시대에 근본적 인간을 지키는 혼이 되어야 하고 남편으로 하여금 거칠어지기 쉬운 심신을 쉽게 하여 힘을 얻도록 해야 한다. 아내는 외면의 아름다움 보다 심령의 아름다움으로 자녀에게나 남편에게 큰 빛과 힘을 던져주어야 한다.[220]

차미리사는 부부가 일생을 살아가는 데 지켜야 할 가장 중요한 정신으로 충직忠直을 꼽았다. 충성과 정직을 바탕으로 서로 사랑하여 가정의 낙원을 이루라는 것이다.

부부가 합하고 부부가 이해하고 부부가 사랑하게 되는 것은 자못 지식이나 얼굴이나 사치나 이런 것으로는 도저히 되지 못할 것이외다. 말하자면 두 사람을 얽어매는 그 무슨 큰 힘이 있어야 하겠지요. 그 큰 힘은 다른 것이 아니라 곧 충직이외다. 남편은 부인에게 절대로 충직하고 부인은 남편에게 절대로 충직하여야 하겠습니다. 이미 나의 아내요 나의 남편이니까 자기 몸이 흙 속에 들어가기까지 서로 충직하여야 하겠습니다. 만약 그렇지 아니하고 서로 딴 생각을 하고 서로 딴 꿈을 꾸게 되면 그 가정에는 싸움이 일어납니다. 따라서 나중에는 서로 이혼한다는 불상사까지 일어납니다. 이것이 우리 조선 가정의 큰 결점이외다.[221]

차미리사는 충성과 정직의 의무를 남편과 부인 모두에게 요구했다. 충성과 정직은 한쪽이 일방적으로 요구할 수 있는 권리가 아니라 양쪽 모두가 지켜야 할 의무라는 것이다. 부부 사이에 지켜야 할 충성과 정직으로 가장 중요한 것은 정조 문제였다. 도덕상으로나 법률상으로나 남녀가 다 같이 정조를 지켜야 가정의 평화를 유지할 수 있을 것이고 인생의 행복도 더 많이 얻게 될 것이기 때문이었다.
그러나 당시 현실은 그렇지 않았다. 부부의 지위가 도덕적, 법률적으로 공평하지 않았기 때문이었다. 우선 도덕적으로 공평하지 않았다. 조선 사회는 여자에게는 엄격하게 정조를 지켜야 할 의무를 강요하면서도 남자에게는 정조가 귀중하다는 것을 가르치지 않았다. 그 결과 남자는 성적으로 방종한 생활을 하고 부정한 행위를 마음껏 하면서도 아내에게는 일방적으로 정조의 의무를 요구했다. 청춘에 지아비를 잃은 과부일지라도 일생을 수절하여 혼자 지내는 것이 여성의 도리였다. 여자는 정조를 한 남자에게만 바치는 것이요 결코 두 남자에게 바쳐서는 안 되기 때문이었다. 그러나 남자는 얼마든지 재취를 할 수 있었다. 이 수절 문제와 재혼을 불허하는 문제는 정조 문제 중에서 가장 모순적인 폐습으로서 무엇보다도 먼저 해결해야 할 사회적 문제였다.

부부의 지위는 법률상으로도 공평하지 않았다. 남편과는 달리 아내에게는 정조를 지킬 의무가 있었다. 아내의 정조를 남편의 권리로 인정하고 아내는 남편을 위해 이를 잘 보전해야 할 의무를 규정한 것이다. 유부녀가 간통을 할 때에는 형법상 간통죄가 성립되지만 유부남에 대해서는 아무런 제재가 없었다. 이 때문에 남자는 본처가 있으면서도 첩을 들이는 것을 당연한 일로 알게 되었다. 예를 들면 아내 있는 남자나 남편 있는 여자는 동일한 처지인데도 당시의 가정법은 차별하여 처리하고 있었다. 아내 있는 남자가 다른 여자를 사랑하는 것보다 남편 있는 여자가 다른 남자를 사랑하는 것을 중죄로 처벌했다. 가족에 대한 법률상의 주권을 남자 쪽에만 인정했기 때문이다. 부인에게 남편과 독립된 행위 능력을 부여하지 않고, 아내의 부정만 이혼 사유가 될 뿐 남편의 부정은 이혼 사유가 되지 않았던 것이 당시의 법률이었다. 그러므로 아내 있는 남자를 사랑할지라도 남자만

동의한다면 문제는 간단했다. 즉 남편이 있는 여자를 사랑할 경우, 비록 그 여자가 동의했다 할지라도 간통죄는 성립하나, 먼저의 경우에는 그다지 죄악이 아니었다. 남자의 아내 된 사람의 비극은 당시의 사회에서 그다지 고려하지 않았던 것이다.[222]

차미리사는 "정조는 여자의 면류관"이라고 하여[223] 신여성들의 무분별한 정조관을 비판했다. "우리 조선 여자는 무엇보다도 그 정조가 세계에 참 비할 곳이 없어 순결하고 고상하였는데, 근래 남녀 해방이 되고 도덕이 퇴폐하고 풍기가 해이해지는 것을 보면 참으로 가슴이 아프고 뼈가 저린다"고 했다.[224] 뿐만 아니라 남성들이 성적으로 방종하여 여자의 정조를 아껴줄 줄 모르는 것 또한 매우 잘못된 일이라고 비난했다.

조선의 남성은 외국의 남성과 같이 우정으로 여자를 대하지 못합니다. 대개는 우정을 떠나 사랑이란 것을 생각하며 여하한 여자를 대하든지 화류계 여자를 대함과 같이 음탕한 생각을 가지는 것이 보통이며 여자의 정조를 귀한 줄 모르고 아껴줄 줄 모르는 것입니다. 한번 만나본 여자라도 조금 인물이 똑똑하고 무얼 하면 세상에다 나는 그 여자와 사랑한다 그 여자는 나를 사랑한다 하며 뒤떠들어 놓는 그 점이 가장 단체[단점]라고 생각됩니다.[225]

부부가 충성과 정직을 바탕으로 서로 사랑함으로써, 도덕적·법률적으로 불평등한 관계를 극복하고 행복한 가정을 꾸려 나가야 한다는 것이 그의 가정관이었다.

수레는 외바퀴로 구르지 못한다

순회강연단의 '조선 여자의 고통과 그 해결책'은 여성교육의 필요성을 호소하는 내용이었다. 정부는 여성의 중등 교육을 위한 고등여학교령을 1908년 공포했다. 이 법령 제1조에 의하면 고등여학교 설립 목적으로 "여자에게 필수적으로 필요한 고등보통교육 및 기예를 전수하는 것을 목적으로 한다"라고 했다. 남아를 위한 학교 법규가 모두 1904년 이전에 공포된 것에 비하면 다소 늦은 감이 있지만, 고등여학교령은 신교육이 수용된 이래 처음으로 반포된 여성교육을 위한 법령이라는 점에서 주목할 가치가 있다. 정부는 이 법령에 의거하여 관립한성고등여학교[현 경기여자고등학교]를 설립했다.

그러나 학생 모집이 무척 어려웠다. 이때까지만 해도 내외법에 따라 여아를 위한 신학문 교육에 소극적이기 때문이었다. 그래서 교장 자신이 손수 각 가정을 호별 방문하여 학생을 모집했으며, 학생이 학교에 나오면 공책, 연필, 교과서 등을 무상으로 공급해 주어 계속 나오도록 신경을 썼다. 학교 당국은 부녀자들이 읽기 쉽게 쓴 권학 선전문을 휴대했다. 그 내용은 "귀한 따님을 학교에 보내십시오", "여자도 배워야 합니다", "무식하면 짐승이나 같습니다" 등의 표어로 시작하는 글로 선진국 여성들의 교육 실태를 예시하고, 과거 우리나라 전통적 풍습의 그릇됨을 지적한 것이었다. 이 같이 당시 여학생은 모집하기도 어렵고 또 모집해 놓아도 하루가 멀다 하고 빠져나가기 일쑤였다. 힘들여 모집한 학생이라도 데려오면 도망치곤 하는 일이 어찌나 심한지 학교를 운영할 길이 없었다. 그리고 여학생들이 입고 다녔던 의복을 비롯한 쓰개치마에 대해서도 개량되어야 한다고 강조하고, 또 그 개량을 진정했지만 좀처럼 고쳐지지 않았다.

이러한 여러 일들은 가정에서 신교육을 이해하지 못한 탓도 있지만, 그 근본은 내외법 때문이었다. 이때까지만 하더라도 신식 여학교는 '기생학교'라는 이름을 들었다. 장래의 기생을 만들어 낸다는 뜻이 아니었다. 현재 재학생 중에 기생이 많다는 뜻도 아니었다. 아직도 옛 사상에서 벗어나지 못한 사람들이 자기네 딸을 학교에 보내기를 꺼려 나온 말이었다. 그때의 학령이라는 것은 17~8세였으니 그런 과년한 딸을 대낮에 길에 내놓고 더욱이 새파란 남자 선생한테 글을 배우도록 하는 일은 가문을 더럽히는 일이라 생각했기 때문이다. 이러한 내외법과 사회적인 낙후성 때문에 학교에는 오늘날과 같은 학제를 시행할 만큼 학생들이 입학하지 않았다. 요즘처럼 일정한 수업 시간이 없고 또 일정한 방학도 없었으며 농번기가 방학이었다. 물론 요즘처럼 시작과 끝을 알리는 종소리도 없고, 하고 싶은 과목을 할 때까지 했다. 교수법 역시 서당식이었고 학년과 학기의 구분이 없었을 뿐 아니라 졸업이라는 것도 없었다. 적당한 혼처가 나면 시집가는 것이 곧 졸업이었다.[226]

당시 여성교육의 현실은 여전히 참담했다. 딸자식은 남이라는 관념이 꽉 박혀 있었다. "암탉이 울면 집안이 망한다", "공부한 계집애는 집안을 망친다", "여자는 시집가서 아들 딸 낳고 시부모 섬기고 남편을 공경하면 그만이다"라는 것이 일반적인 생각이었다. 당시 대표적인 신여성이었던 김일엽은 어머니의 은혜를 무덤 앞에서 회상하면서 자신을 공부시켜주신 데 특히 고마워했다.

어머님!? 어머님!?

계집애 공부식힌다고 왼동내가 비방할때에

공부만 잘식이면 여자도 크게된다오…….

하시든 어머니의 말삼을 지금도 닛지아닙니다.[227]

남의 열 아들 부럽지 않게 믿고 바라면서 길러주는 어머니가 딸을 공부시킨다는 이유만으로 온 동네의 비방을 들어야만 했던 게 당시의 현실이었다.

반도 일천만 여성을 구속과 굴종된 삶에서 구출하여 새 생명을 주려는 열성과 포부로 전국을 순회하던 순회강연단은 열렬하고 진지한 어조로 여성교육의 필요성을 호소했다. 순회강연단은 '조선 여자의 고통과 그 해결책' 이라는 강연에서 다음과 같이 부르짖었다.

우리의 고통이 되는 이혼과 남자의 압박은 아는 것이 없음이 제일 원인입니다. 우리가 교육을 못 받은 고로 아는 것이 없은즉 우리의 자녀를 속히 교육하여 현재와 장래에 이 고통을 면하도록 합시다.

우리 조선인 가정에 부모가 임종 시 "막내를 결혼시키지 못하고 불귀의 객이 됨을 생전의 한이다"라고 흔히 말합니다. 그러나 이 말이 "나의 사랑하는 막내를 완전한 인격인이 되도록 교육시키지 못하고 죽는 것이 생전의 한이다"라는 말로 변하기 전에는 우리 사회는 아무런 희망이 없습니다.

우리나라는 지금까지 아들 위주로 남자만 공부시키고 여자는 가르치지 않는 절름발이 사회입니다. 수레가 외바퀴로는 구르지 못하며 사람이 외발로는 활보할 수 없습니다. 우리가 문명 사회로 나가려면 여자들도 공부를 해야 합니다.

순회강연단의 이러한 외침은 낡은 생각에 젖어 있던 청중들의 머리를 트이게 했다. 강연 제목은 그 지방에 맞추어서 수시로 변경했으나 강연 내용은 여자교육의 시급함을 부르짖는 것이었다. 교육은 인생의 생명이니, 여성도 교육시켜 하루빨리 비참한 운명에서 벗어날 수 있도록 하자고 호소했다. "논 밭 토지 물려줄 생각 말고 아들 딸 공부시키게 곳간 문을 열어 놓아라"라는 강연단의 부르짖음에, 모두 고개를 끄덕이며, "그렇지, 논밭전지 물려주는 대신 공부시키는 것이 옳긴 옳아"라고 긍정하며, 딸과 며느리와 젊은 아내를 공부시키도록 야학강습소를 설치했다는 지방도 적지 않았다.[228] 차미리사는 조선 사회의 높아진 교육열에 대해 크게 만족했다.

우리가 제일먼저 늦긴 것은 엇더한 지방에를 가던지 교육열이 남녀를 통하야 팽창하여진 것이올시다. 이는 실로 우리 사회의 장래를 위하야 희열함을 마지 아니하지 못할 현상이올시다.[229]

조선문화사상의 제일 기록이 되다

7월 9일 서울을 출발하여 전 국토를 쉴 틈 없이 순회한 조선여자교육회 전국순회강연단 일행은 9월 29일 오후, 경원선 열차로 서울 남대문에 도착했다. 단원 일동은 모두 환한 얼굴이었으며 저고리 옷고름에는 전원의 풍경을 상징하는 하얀 들국화를 꽂고 있었다.

강연단장 차미리사가 대표로 환영 나온 기자에게 소감을 말했다.

차미리사 평전

참말 대성공이올시다. 우리가 떠난 지 근 삼 개월 만에 돌아옵니다. 강연한 곳이 육십 칠 곳이요 여행한 거리가 만 여 리에 달합니다. 그러나 오늘까지 단원 일동이 모두 건강하였음은 하나님의 은혜올시다. 그런데 이번 감상은 너무도 많아서 일일이 말할 수가 없습니다. 그저 조선 여자도 사람다운 사람이 되어 가며 또는 이번에 지방 각 인사에게서 많은 동정을 받았다하면 그만이외다.[230]

10월 4일과 6일 두 차례 종로 중앙청년회관YMCA에서 순회강연단 보고강연회를 가졌다. 이어 8일에는 청진동에 새로 마련한 조선여자 교육회 회관에서 개관식 겸 전국순회강연 보고대회를 가졌다.

이날 개관식에서 회장 차미리사는 "조선여자교육회가 생긴 이후로 물질이나 정신 두 방면으로 많은 핍박을 받았으나, 오직 조선 여자의 앞길을 위하여 일신을 희생에 바친다는 생각으로 분투한 결과 개관식을 여는 기쁜 날을 만나게 되었으며, 아울러 사회의 모든 도움을 주신

〈남대문에 내린 강연단 일행〉
《동아일보》 1921년 10월 1일자〉
안방 한 모퉁이에서 깊은 잠에 빠져 있는 일천만 여성들을 깨 우기 위해, 순회강연단은 7월 9일 서울을 떠나 9월 29일 남대문으로 돌아올 때까지 84일 동안 예순일곱 고을, 만여 리를 순회하면서 강연했다. 여성들만으로 조직된 조선 역사상 최초이자 최대의 대장정이었 다. 순회강연단은 순전히 여성들만으로 조직된 여성해방의 선전대였다. 경원선 열차로 서울 남대문에 도착한 단원 일동은 모두 환한 얼굴이었으며, 저고리 옷고름에는 전원의 풍경을 상징하는 하얀 들국화 를 꽂고 있었다. 고난 속에서도 굽히지 않고 순회강연을 성공적으로 마치고 돌아왔음을 상징적으로 보 여주는 모습이었다.

인사에게 감사를 올린다"는 인사말과 함께 지방 강연 상황을 보고했다.

　보고대회에는 순회강연단의 일원이었던 허정숙의 아버지 허헌이 내빈으로 참석하여 비참한 조선 여자와 구미 각국의 여자들을 비교하여 여자교육의 필요성을 역설하는 요지의 축사를 했다. 개관식은 사회 각계각층 유지 40여 명이 내빈으로 참석했고, 조선여자교육회 회원 수백 명이 참석하여 큰 성황을 이루었다. 이어 15일에는 조선여자교육회의 찬성원 윤근, 노정일, 허헌 등 12명의 발기로 순회강연단을 위로하는 모임을 가졌다. 조선여자교육회 순회강연단이 84일이라는 오랜 시일과 예순일곱 고을, 만여 리를 순회하는 대장정으로 조선의 민중에게 많은 감동과 커다란 깨달음을 준 공로를 치하하기 위한 모임이었다.

〈여자교육회 개관식〉
(《동아일보》 1920년 10월 10일자)
조선여자교육회는 10월 4일과 6일 두 차례 종로 중앙청년회관 YMCA에서 순회강연단 보고강연회를 가졌다. 이어 8일에는 청진동에 새로 마련한 조선여자교육회 회관에서 개관식 겸 전국순회강연 보고대회를 가졌다. 보고대회에는 순회강연단의 일원이었던 허정숙의 아버지 허헌이 내빈으로 참석하여 비참한 조선 여성과 구미 각국의 여성들을 비교하여 여성교육의 필요성을 역설하는 요지의 축사를 했다. 개관식은 사회 각계각층 유지 40여 명이 내빈으로 참석했고, 조선여자교육회 회원 수백 명이 참석하여 큰 성황을 이루었다.

조선여자교육회의 전국순회강연 활동은 1920년대 초 문화운동을 대표하는 것이었다. 제일 먼저, 여성이 주체가 되어 여성의 자유와 권리, 인격을 되찾자는 자생적, 자발적, 자각적인 여성계몽운동이었다는 점을 들 수 있다. 조선여자교육회 전국순회강연단은 순전히 여성들로만 구성된 여성해방의 선전대였다.

끝까지 꾸준히 코오쓰를 종결한 사람은 이은, 백옥분, 김은수 세 사람이며 단장 차미리사 선생과 선발대 신봉조 씨도 물론 최후까지 계속 하였다. 도중에 한신광, 정종명, 나정옥 여사 이외 몇 몇 분의 보조 강연도 있었다. 나여사는 피아니스트이니만큼 풍금과 성악을 겸한 악사로써 호평을 받았다.[231]

이제까지 여성해방과 여성교육에 관한 논의는 소수의 선진 남성들에 의해 주도되어왔으며 여성 자신도 이들의 힘에 의존하려는 경향이 있었다. 그러나 여성의 자유와 해방은 여성 자신이 주체가 되어 스스로의 힘으로 쟁취해야 하는 것이었다. 3·1운동에의 여성의 주체적 참여와 3·1운동 이후 고조된 향학열이 지금까지 남성의 온정주의에 의존해오던 여성운동의 한계를 극복할 수 있는 계기가 되었다. 조선여자교육회는 이를 발판으로 여성들만의 힘으로 전국순회강연 활동을 성공적으로 마침으로써 여성의 자주적 역량을 유감없이 발휘했다. 순전히 여성들의 힘에 의해 여성들만으로 조직된 순회강연 활동은, 여성운동이 남성 의존의 한계를 극복했음을 실천적으로 보여주었다는 점에서 중요한 의미를 지닌다.

다음, 조선여자교육회의 전국순회강연 활동은 조선 역사상 최초이며 최대의 여성계몽운동이었다. "조선에서 여자강연단이 지방으로 순행함은 이번이 처음"이라는 지적처럼,[232] 여성의 힘만으로 방대한 계획을 가지고 장기간 전국을 순회 방문한 여성계몽운동은 일찍이 없었다.

섬섬약질 여자들의 몸으로 무사히 끝을 마친 것도 다행한 일이지만 우리나라 에 있어 이렇게 거대한 부인의 계몽운동은 다시금 유례를 볼 수 없이 오늘까 지에는 그것이 공전무후空前無後한 사실로 되어 지고 있는 것이다.[233]

농촌 여성과 가정부인을 대상으로 한 조선여자교육회의 전국순회 강연 활동은 조선의 문화운동에 커다란 반향을 불러일으켰다. 이에 자극을 받아 동경 여자 유학생도 1921년 여름 강연단을 조직하여 남조선 각지에 강연을 다니며 가정생활의 개선과 여자의 개명을 촉구 하려는 계획을 세웠다. 그러나 동경 여학생 강연단은 여자는 단원 중에 한두 명 끼이는 정도에 지나지 않았고, 시일 또한 워낙 짧은 탓에 산간벽지에까지 발을 들여놓을 겨를이 없었다.

또한 조선여자교육회의 전국순회강연 활동은 안방 깊숙이 갇혀 있는 전국의 가정부인을 직접 찾아 나선 실천적인 여성해방운동이기도 했다. 차미리사는 일천만의 여성에게 새 생명을 주기 위해 도회지는 물론 산간벽지까지 직접 찾아 나섰다.

삼일운동이 있은 그 이듬해 조선여자교육회의 회장이 되어 가지고 북에서 백 두산으로 남으로 한라산까지 서해에서 동해까지 교육의 시급함을 부르짖고 한시 바삐 여자의 손으로 여자의 교육을 지도하여 갈 것을 말하였으니 향촌이 나 도회에서 김미리사 여사를 모르는 이가 없고 …….[234]

전국순회강연단은 북으로 압록강과 두만강까지 남으로 부산과 제주도까지 꽃 같은 처녀들이 전국을 돌아다니며 도도한 열변을 토했다. 이처럼 여성의 몸으로 조선의 전국을 돌아다니며 새롭고도 생명력 있는 여성해방운동을 했기에 많은 사람들이 칭찬하고 감탄하며 지원을 아끼지 않았다.

조선여자교육회의 이처럼 왕성한 활동은 조선교육회의 움직임과 좋은 대조가 된다. 전국의 명망가가 중심이 되어 창립한 조선교육회는 인가 받기 전까지 3년 동안 아무 일도 하지 못한 채 '회의 유지에 급급' 하여 '간판만 유지' 하고 있었다. 조선교육회는 조선교육협회로 인가 받은 후 1922년 5월 전국을 순회하는 강연회를 계획했다. 그러나 경상남북도와 충청도 일대 50여 고을을 순회강연하고 활동을 중단했다. 반면 조선여자교육회는 인가 받기 이전부터 전국을 순회하는 활발한 활동을 벌였다.[235]

조선여자교육회의 전국순회강연 활동이 고을 주민들의 열렬한 호응과 지원을 얻었다는 점도 특기할 만하다. 만여 리의 길과 60여 고을 땅을 밟고 석 달 동안 부르짖은 순회강연단의 소리에 전국적으로 뜨거운 지원이 이어졌으며, 배우고자 굳게 잠긴 문을 열고 서울로 올라온 여성들도 수없이 많았다.

이번 순회 강연회의 사업에 이르러서는 다만 감탄할 뿐이다. 84일의 장기간에 전조선 남쪽 끝, 북쪽 끝, 동쪽 끝, 서쪽 끝을 다니면서 60여 개소를 순회하였으며 그간 경비는 삼천여 원인데, 지방 인사의 동정과 원조로 충당하고 또한 이천여 원의 의연금이 남았다고 한다. 이 또한 반도사의 신기록이다. 남자 사회에도 일찍이 단체 행동으로 80여 일 60여 처를 순회 강연한 예가 없는데 하

물며 바깥출입을 하지 못한 여자 사회에 있어서랴.[236]

전국순회강연 활동이 이처럼 열렬한 호응과 지지를 얻을 수 있었던 것은 두 가지 요인 때문이었다. 하나는 전국 방방곡곡에 3·1운동의 열기가 온존해 있었다는 점이다. 3·1운동이라는 거족적인 저항을 경험하면서 대중들의 민족의식이 고양되었다. 이러한 사회 분위기에 힘입어 순회강연단은 대중의 폭발적인 참여를 이끌어낼 수 있었다. 다른 하나는 청년 단체가 아직 이념적으로 분화되지 않았다는 점이다. 청년 단체는 1920년에 251개가 조직되었고 1921년에는 446개에 이르렀다. 1년 사이에 청년 단체가 이처럼 급증하게 된 까닭은 지방 교육기관을 중심으로 한 청년 지식인들의 실력양성운동 경험 때문이었다. 당시 청년 단체는 문화운동의 실천기관이었으므로, 조선여자교육회 순회강연단은 이들의 전폭적인 지지와 후원을 얻을 수 있었다. 이러한 점은 차미리사의 전국순회강연 경험담을 통해서도 확인된다. 차미리사는 3·1운동 이후 조선 사회에 교육열, 신앙열과 방청열, 직업열 등의 세 가지가 발흥하는 것이 인상적이라고 했는데, 높은 신앙열과 방청열에 대해 다음과 같이 설명했다.

지방에는 도처에 신진청년여자의 단체가 만히 잇습니다. 그런데 거의 기독교회에 부속한 종교색채를 띄운 것이오 다른 사회의 단체는 적습니다. 그럼으로 지방의 깨인 여자는 거의 기독교회 내에 잇다 하야도 피하겟사외다. 이와 반대로 남자의 단체는 종교의 색채를 벗어난 사회적의 것이 만습니다. 그리고 방청열도 만습니다. 신진여자 뿐만 아니라 구가정의 부인네들도 만히 방청하러 나옵니다. 그도 역시 기독교인이오 또는 간접으로 다 기독교회가 잇서 그 감화를 바든 이들이올시다. 더욱이 평안북도 지방에는 이 가튼 경향이 만하 조선 야소교회의 〈예루살렘〉을 일우엇습니다.[237]

조선여자교육회의 전국순회강연은 여성들이 이룬 장쾌한 위업이 었으며 조선 사회의 희망이자 광명이었다. 여성해방의 물꼬를 튼 운동으로 계몽운동의 신기원을 이루는 것이었다. 이 때문에 《동아일보》는 조선여자교육회의 전국순회강연 활동을 '조선 문화사상의 제일 기록이 된다'는 평가를 했다.[238]

조선여자교육회의 전국순회강연 활동은 1920년대 들어 전국에 들불처럼 번져나간 여성운동의 불씨가 되었다. 또한 "향촌이나 도회에서 김미리사 여사를 모르는 이가 없고……"라는 지적처럼,[239] 전국순회강연 활동은 차미리사가 사회지도자로 우뚝 설 수 있는 중요한 계기가 되었다.

〈여자교육회강연단대 남대문을 떠나는 광경〉(《동아일보》 1920년 7월 10일자)

조선여자교육회를 창립한 이래 여러 차례의 강연회와 토론회를 통해 여성교육에 대한 대중적 열기를 확인한 차미리사는 이듬해인 1921년 들어 전국의 가정부인들을 직접 찾아 나서기로 결심했다. 굴종과 구속의 고통 속에서 살고 있는 일천만 여성에게 새 생명을 불어넣어 주기 위해, 대중 속으로 직접 파고들려는 장대한 계획을 세운 것이다. 당시 대부분의 교육기관이 제 발로 찾아오는 학생들을 받아 가르치는 수동적인 자세에 있었다면 조선여자교육회는 대중 속으로 직접 찾아들어가는 능동적이고 진취적인 자세를 취했다는 점에서 중요한 차이가 있었다.

〈여자교육회의 순회강연—여자해방의 신운동〉(《동아일보》 1921년 7월 11일자)

조선여자교육회의 전국순회강연 활동은 《동아일보》가 제창한 '민족운동으로서의 문화운동'이라는 이념에 정확히 부합하는 실천 활동이었다. 이 때문에 《동아일보》는 순회강연 활동에 전폭적인 지지와 격려를 보냈다. 《동아일보》는 순회강연 활동을 한 전체 예순일곱 고을 중 마흔아홉 고을을 보도했다. 《동아일보》는 사실보도뿐만 아니라, 사설을 통해서도 조선여자교육회의 교육 활동을 찬양, 고무했다. 전국순회강연 활동이 한창이던 1921년, 《동아일보》는 다섯 차례에 걸친 사설을 통해 조선여자교육회의 여성교육운동과 전국순회강연 활동을 "조선의 감격", "여자해방의 신운동", "조선 문화사상의 제일 기록"이라고 칭송했다. 다른 여성단체에서는 찾아보기 힘든 평가였다.

〈신여성의 절규, 여자교육회의 해주 강연 성황〉

《동아일보》 1921년 8월 4일자

조선여자교육회 순회강연단은 7월 29일 해주에서 강연회를 가졌다. 해주 강연에 대해 동아일보 기자는 "정각 전부터 모인 청중은 문이 매여 지도록 삽시간에 천여 명으로 만원의 성황을 이루었다"고 그 강연의 성과를 보도했다. 이 때 조선여자교육회 사업을 위해 모인 모금액이 이백오십여 원이나 되었다고 한다.

〈女子敎育會의 事業 — 朝鮮文化史上의 第一記錄이 된다〉《동아일보》 1921년 10월 10일자

조선여자교육회의 전국순회강연 활동은 1920년대 초 문화운동을 대표하는 것이었다. 여성이 주체가 되어 여성의 자유와 권리, 인격을 되찾자는 자생적, 자발적, 자각적인 여성계몽운동이었기 때문이다. 조선여자교육회의 전국순회강연은 여성들이 이룬 장쾌한 위업이었으며 조선 사회의 희망이자 광명이었다. 또한 여성해방의 물꼬를 튼 운동으로 계몽운동의 신기원을 이루는 것이었다. 이 때문에 《동아일보》는 조선여자교육회의 전국순회강연 활동에 대해 '조선 문화사상의 제일 기록이 된다'고 평가하기도 했다.

〈법인 인가된 근화여학교와 김 교장〉

보통교육기관인 근화여학교를 전문적인 실업교육기관으로 전환하려는 차미리사의 교육 방침은 시대적 요구에 부응하기 위한 불가피한 조치였다. 이러한 방침에 대해 많은 이들이 "가장 적절한 시기에 적합한 사업"이라고 칭송했다. 마침내 1934년 2월 8일, 근화여학교는 재단법인 근화실업학원으로 인가받았다.

4 조선 사람의 뜨거운 사랑과

땀과 피의 결정, 근화

청진동 가옥에 핀 무궁화

1921년 한 해를 전국 예순 일곱 고을, 만 여 리 대장정으로 보낸 탓으로 이제 '김미리사', '김부인' 하면 조선팔도에 그 성명을 모르는 이가 없을 정도로 차미리사는 전국적으로 유명해졌다. 뿐만 아니라 전국순회강연에서 모금한 돈으로 시내 한복판 청진동에 햇빛이 환하게 드는 널찍한 회관도 마련할 수 있었다. 이 모든 사실이 꿈만 같았다. 종탑 아래에서 맨 처음 야학을 시작할 때 치마 쓰고 오는 사람, 가마 타고 오는 사람 등 별별 사람이 다 있었던 일, 노랑머리, 부채치마 두르고 동서도 분별 못하며 들어왔다가 그래도 눈이 뜨이고 귀가 열려서 나가는 것을 볼 때는 그만 기특하고 대견해서 위안을 받았던 일, 예배당 지하실에 밤마다 부인들 몇 사람을 모아놓고 기역 니은이며 일 이 삼이며 에이 비 씨를 열심히 가르쳤던 일 등 여러 가지 어려웠던 지난 시절들이 주마등처럼 뇌리를 스치고 지나갔다.

그중에서도 비를 맞으며 온 시내를 돌아다니면서 강의실을 구하던 일이 제일 기억에 남았다. 차재명 목사의 배려로 얻은 염정동 예배당 지하실은 물건을 쌓아 놓으려고 땅속에 파 놓은 광으로 캄캄하기가 그믐날 밤 같았다. 촛불 여러 개를 켜놓아도 몇 걸음 밖에 선 사람의 얼굴을 알아볼 수 없어, 마치 귀신이 나타난 듯 희미하게만 보이는 그런 어두운 방이었다. 또한 습기가 많아 건강에 해로웠으나 돈 때문에 좀처럼 그곳을 떠날 수 없었다. 집은 좁고 학생은 몰려드는데 책걸상은 턱없이 모자라 이 구석 저 구석 옮겨 다니며 수업을 해야 했다. 또 칠판조차 없어 문짝을 떼어 자신의 손으로 친히 먹을 갈아 칠판을 만들어 걸어 놓기도 했다. 차미리사는 이와 같은 어려움 속에서도 놀라운 희생정신으로 매일 밤 야학을 열고 교육의 필요성을 부르짖으며 가정부인을 모집하기에 여념이 없었다.

그동안 간부들과 한 마음으로 노력한 결과 부인야학강습소는 첫 졸업생을 배출하게 되었다. 차미리사는 이제 막 자리를 잡기 시작한 조선여자교육회를 확장 발전시켜야 할 막중한 책임을 느끼지 않을

〈염정동 예배당 지하실에서 사무를 보든 감회 깊흔 옛날 광경〉
종다리 예배당 종탑에서 학생 10명 남짓으로 시작한 부인야학강습소의 학생 수가 계절이 한번 바뀐 뒤 160여 명으로 급속하게 늘어나자 열 평도 안 되는 종탑 교실이 비좁게 되었다. 부인야학이 반년 만에 큰 성황을 이루자 종다리 예배당에서는 자기들도 이 사업을 하겠다며 집을 내놓으라고 했다. 종다리 예배당 측에서 그동안 중단되었던 남자야학교를 재개한다고 하니 공간이 문제였다. 사회의 이목도 있고 해서 남자와 여자가 밤중에 같은 공간에서 공부할 수 없었다. 이 때문에 부인야학은 일시 중단되었다. 하는 수 없이 차미리사는 내리는 비를 맞으며 온 시내를 돌아다니다 그 해 9월 18일 염정동 새문안교회의 캄캄한 지하 방 하나를 겨우 얻게 되었다. 차재명 목사의 배려가 있었기에 가능했다. 석탄과 묵은 짐짝이 수북한 지하실이었지만 덕분에 조선여자교육회는 다시 야학을 계속할 수 있었다.

수 없었다. 우선 조선여자교육회를 인가 받는 문제부터 해결해야만
했다. 조선여자교육회와 조선교육회가 창립되자, 총독부는 학회령을
내세워 인가를 받으라는 지시를 내렸다.[240] 이와 함께 인가를 받지 않
으면 협회를 해산시킬 것이며 설사 인가원을 제출하더라도 인가지령
이 내릴 때까지는 협회의 활동을 절대로 불허한다는 명령도 덧붙였
다. 조선교육회는 일제 당국의 지시를 받을 것인가의 여부를 놓고 토
의를 한 결과 협회를 살리고 실제적 활동을 하기 위해 인가원을 총독
부에 제출했다.[241] 조선여자교육회도 당국에 인가원을 제출했다.[242]
그러나 인가원을 제출한 다음에도 총독부로부터 쉽게 인가를 받지
못했다. 이 두 단체가 일본인은 배제한 채 한국인만으로 구성되었기
에 민족주의적 경향으로 흐를 우려가 있다는 점 때문이었다. 그러다

조선여자교육협회
조선여자교육회와 조선교육회가 창립되자, 총독부는 학회령을 내세워 인가를 받으라는 지시를 내렸
다. 조선교육회는 일제 당국의 지시를 받을 것인가의 여부를 놓고 토의를 한 결과 협회를 살리고 실제
적 활동을 하기 위해 인가원을 총독부에 제출했다. 조선여자교육회도 당국에 인가원을 제출했다. 우여
곡절 끝에 1922년 1월 24일 조선교육회는 조선교육협회로, 조선여자교육회는 조선여자교육협회라는
이름으로 각각 설립 인가를 받았다. 이제 조선여자교육회의 정식 명칭은 조선여자교육협회로 변경되
었다. 대문 기둥에 내붙인 조선여자교육협회라는 현판이 사진에 보인다.

가 1922년 1월 24일 조선교육회는 조선교육협회로, 조선여자교육회는 조선여자교육협회라는 이름으로 각각 설립인가를 받았다. 이제 조선여자교육회의 정식 명칭은 조선여자교육협회로 변경되었다.[243] 차미리사는 검정 칠한 널빤지 대문기둥에 조선여자교육협회라는 간판을 내붙였다. 칠흑같이 어두운 예배당 지하실 방에서 지낸 지 어느덧 일 년, 청진동에 새 가옥을 마련하고 조선여자교육협회 간판을 내거는 감격적인 새날을 맞이한 것이다.

차미리사는 전국순회강연을 통해 여자의 직업열이 높아진 것을 보고 깊은 인상을 받았다. 특히 원산, 함흥, 제주, 개성 등지의 여성은 남자에 못지않게 외직外職에 활동하는 이가 많았다. 그 밖에 어느 곳을 가든지 내직內職일지라도 여자가 부지런히 하는 것을 볼 때에는 감격하지 않을 수 없었다. 이에 일천만 여성이 아무쪼록 원대한 이상과 고상한 포부를 가지고 정신적으로 깨어서 여성의 참된 의의와 참된 사명을 이해하고 입고 먹는 것을 남자에게 의지하지 않도록 하기 위해 재봉을 가르칠 결심을 했다.[244]

여러 직업 기술 중에서도 특별히 양복을 가르치려고 한 것은 다른 노동과 달리 본래 여성에게 적합한 직업이라는 판단 때문이었다.[245] 게다가 양복에 대한 수요가 급격히 늘어나고 있었다. 여성의 지위 향상과 활발한 사회 진출로 말미암아 복식계도 눈부신 변화를 보여주었다. 1910년대까지만 하더라도 양장을 한 여성들은 소수였지만, 1920년대는 여성이 양장을 하면 '양장미인', 단발을 하면 '단발미인'이라는 신문 제목이 붙었다. 양재법이나 양재 강습소에 관한 기사가 신문이나 잡지의 지면을 차지하게 되었으며, 곳곳에서 재단 강습회가 열렸다. 이와 함께 디자이너와 미용사가 출현했다. 상투를 자르면 목을 자르는 것과 같이 알던 조선인 사이에서 단발열이 높아져 모자를 쓰기 시작한 것도 이 무렵이었다.[246] 단발의 확산으로 상투가 없어진 맨머리에는 망건도 소용이 없어져 자연히 망건 사용이 폐지되면서 머리모양 또한 중머리 또는 하이칼라 머리로 바뀌었다. 이에 따라 자연스럽게 양복 착용이 추진되었다. 블라디보스토크 공립양복학교를 졸업한 이정희는 남녀 양복과 어린이 양복을 만들어냈으며, 일본에서 돌아온 오엽주는 화신백화점에서 개업을 하여 지금의 여학생 머리형과 비슷한 단발머리를 보급시켰다. 1922년 1월 차미리사는 "개량할 것은 남녀의 재래 의복이며 찾을 것은 여자의 직업"이라며, 조선여자교육회 안에 재봉부를 신설하고 이정희를 재봉부 양복과 과장으로 초빙했다.[247]

이 해 여름 내내 차미리사는 자리에 누워 있었다. 재작년 평북지방에 강연하러 나귀를 타고 가다가 나귀가 사나워서 그 잔등에서 논두렁에 나가 떨어져 다친 것이 한 원인이 되었다. 작년 전조선순회강연 때에도 몸이 많이 지쳐서 이러저러한 것이 원인이 되어 뇌빈혈이 생기고 신경쇠약에도 걸렸으며 게다가 위병과 심장병까지 겹쳤기 때문이다. 조금 조리를 하면 나을까 했으나 본래 튼튼하지 못한 몸으로 여러 가지로 일을 하려고 애쓰는 바람에 불안과 번민이 떠나지 않아 신경이 쇠약해진데다가 원체 병이 여러 가지이므로 좀처럼 낫지 않았다.[248]

몸과 마음이 괴로운 가운데서도 차미리사는 부인야학강습소를 새롭게 운영할 구상을 하고 있었다. 야간에만 운영하는 지금까지의 방식을 바꾸어 주간에도 운영하는 주·야학 병행계획이었다. 시대의 진보적 흐름에 따라 공부하겠다는 학생은 날로 늘어나는 반면 학교는 턱없이 부족했기 때문이었다. 3·1운동 이전에는 면장과 경찰서 장이 극력 취학을 권유해도 정해진 수의 취학 아동을 얻는 것이 지극히 어려웠다. 그러나 3·1운동 이후 사회 분위기가 일변하여 학교는 문전성시가 되었다. 높아진 향학열로 인해 안방 아씨뿐만 아니라 화류계 여자들까지 배움의 세계로 모여들었다. 이처럼 향학열이 고조된 까닭은 생존경쟁에서 패배한 조선인들도 남과 같이 살려면 남과 같이 알아야 하며 남과 같이 배워야 한다는 자각이 일어났기 때문이었다. 민족경쟁시대를 맞이하여 실력양성론의 목소리가 높아지면서 향학열이 고조된 것이다.

향학열의 고조는 입학난을 초래했다. 그 중에서도 여자의 입학난은 참으로 심각한 문제였다. 시대적 변화에 동참하고자 새로운 지식을 요구하는 부인들의 향학열을 야학만으로 만족시킬 수 없었다. 시대적 요구에 발맞추기 위해 조선여자교육회는 주간부를 새롭게 설치하여 더 많은 학생들을 수용해야만 했다. 정규학교 입학시험에 낙방한 학생들이 눈물을 머금고 회관을 찾아와 간청하는 소리를 듣고, 낮에도 강습소를 개설하여 낙방 학생들이 중등 과정에 입학할 수 있도록 공부시킨다는 계획을 세우게 된 것이다.

어떠한 방식을 가지고 동 회를 더욱 확장할까 고려하는 중 2~3년 이래 향학열이 비상히 향상되어, 현재 있는 각 관공사립학교 수효로는 이와 같이 많은 지원자를 다 수용하지 못하는 중, 더욱 시내 경성여자고등보통학교에서 시험에 합격되지 못한 학생들이 모두 도중에 방황하여 섭섭한 눈물을 머금고 동 회관을 방문하고 어떻게 배우게 하여 달라는 간청을 들은 동 회관에서는 이번에 특별히 주학의 강습소를 새로 두고 백 명 예정으로 학생을 모집하여 오전

오후 두 반으로 나누어서 고등보통학교 일년급 정도의 과정을 교육하여 내년
에는 하나도 실패 없이 시험에 합격되게 한다더라.[249]

그러나 주학과 야학을 아울러 운영한다는 것은 단순히 의욕만으로
될 수 있는 일이 아니었다. 학생 수가 늘고 교육 시간도 늘어나는 만
큼 이에 걸맞은 교육 시설을 갖추어야 하기 때문이다. 차미리사는 몸
이 조금만 괜찮았어도 가을부터는 나서서 기부금 모금 활동을 하여
기본금을 만들고 학교 기숙사 회관과 실습실을 짓는 사업을 시작할
터인데 몸이 좀처럼 말을 듣지 않는다며 여름 내내 안타까워했다. 건
강 악화로 주·야학 병설 계획은 이듬해로 미루어 질 수밖에 없었다.
차미리사의 가르침은 여성들이 자신의 힘으로 먹고 자신의 힘으로
입는 독립적 생활을 하도록 하는 것이었다. 이를 위해 11월 여자상업
과를 신설하여 여성이 경제에 관한 상식을 취득할 수 있도록 했다. 1
월 양복과 설치와 맥을 같이 하는 것이었다. 상과생 이명숙은 그 고
마음을 다음과 같이 표현했다.

진정한 자아를 찾아서 남과 같은 값있는 세월을 자유로 하려면 먼저 내 힘으
로 먹고 내 힘으로 입으며 내 땅에 살아야 할 터이나 일찍이 우리 여자에게는
실업이란 어떠한 것임을 알아볼 만한 기관까지 없음을 불행으로 여기었습니
다. 그랬더니 서울 청진동에 있는 근화학원에서 상업과를 새로 설치하였다는
서광이 나에게 비치었습니다. 그래서 반가움 즐거웠음은 이제 다시 형언할 수
도 없었으므로 주저하지 아니하고 나는 머리를 숙여 곧 입학하였습니다. 그래
서 김미리사 선생 이하 여러 선생님들의 지성으로 가르치시는 밑에서 뜻이 같
은 동무들의 손을 잡고 짧은 시간이나마 일 년의 공부를 쌓았습니다. 물론 그

동안에는 견디기 어려운 고생과 장애도 없지 않았으나 그러나 그간 일 년의 졸업으로 얻은 나의 새로운 각성은 거짓 나를 살길로 인도함이 되었나이다. 이제부터는 나도 결단코 다른 사람에 의뢰하지 말며 다른 사람만 원망하지 말고 오직 내 힘을 다하여 적은 데서부터 실지로 실천하여 나는 나대로의 생활을 도모하려 합니다. 스스로 자기 살림을 지탱할 힘만 생기면 그때이면 무엇이니 무엇이니 하며 허공을 향하여 입으로 떠들며 부르짖지 아니하여도 하느님이 주신 참 내가 나올 것을 자신하고 분투하려고 합니다.[250]

1923년은 차미리사에게 무척이나 바쁜 한 해였다. 무엇보다 부인야학강습소의 이름을 짓는 일이 시급했다. 조선여자교육회 산하에 설치된 부인야학강습소는 지금까지 이름도 없이 오로지 학생 가르치는 일에만 전념해 왔다. 지난 2~3년 동안 열심히 가르친 결과 20여 명의 졸업생까지 배출하게 되었다. 그러자 학생과 교원들 사이에서 이제 이만한 성공을 거두게 되었는데 아직도 부인야학강습소의 이름이 없다는 것은 너무 큰 유감이니 이름을 붙이자는 논의가 일어났다. 차미리사는 윤치호, 허헌, 김성수, 장덕수 등 10여 명의 조선여자교육회 관계자를 초청하여 부인야학강습소의 이름을 짓고자 했다. 이것저것으로 지어보았으나 선뜻 마땅한 이름이 나오지 않았다. 이에 차미리사가 이화, 배화 모두 꽃 "화"자를 붙였으니 우리도 "화"자를 붙여 지을 글자가 없겠느냐 했다. 신봉조가 얼른 무궁화 근權자를 붙이자고 제안했다. 무궁화는 우리나라 꽃이기 때문에 의미심장하다 하여 만장일치로 통과되었다. 부인야학강습소가 근화학원으로 다시 태어난 것이다.

조선여자교육회 산하 부인야학강습소의 상징은 무궁화가 되었다.

조선여자교육회를 창건한 바탕이 3·1운동 정신이라는 점과 너무나 잘 어울렸다. 배화학당 사감 시절 남궁억과 함께 했던 민족교육의 맥을 계승한다는 의미도 있었다. 근화학원은 조선여자교육회 활동의 결정체였다.

조선여자교육협회는 지금으로부터 5년 전 1920년 4월에 창립되어 이래 여자의 교육을 위하여 다대한 노력을 제공하였으며 그의 유일한 결실은 현존한 근화학원이다.[251]

조선여자교육회가 전국순회강연을 통해 모은 돈으로 세운 근화학원은 이천만 조선민족의 주머니 속에서 푼돈을 모아 설립한 순 조선

윤치호尹致昊(1865~1945). 1881년 신사유람단의 일원인 어윤중의 수행원으로 일본에 건너가 일본 최고의 개화사상가 나카무라 마사나오中村正直가 설립한 도진샤同人社에 입학하여 신학문을 배웠다. 1884년 갑신정변에 직접 가담하지는 않았으나 정변의 주역인 김옥균, 박영효 등과 각별히 친밀했기 때문에 정변실패 후 신변의 위협을 느껴 상해로 망명한 후 중서서원中西書院(Anglo Chinese College)에 입학하여 체계적인 근대교육을 받았다. 특히 1887년 4월 3일 본넬Bonnel 교수에게 세례를 받아 조선 최초의 미국 남감리회 신자가 되었는데, 이는 훗날 그가 조선 감리교의 대부를 발돋움하는 데 중요한 디딤돌이 되었다. 1888년 중서서원을 수료한 뒤 미국 유학길에 올라 미국 남감리회 소속의 밴더빌트Vanderbilt대학에 입학하여 신학을 공부하고, 1891년에는 에모리대학에 입학해 인문사회 분야의 제반 학문을 두루 공부했다. 서재필, 유길준 등과 함께 조선의 제1세대 미국 유학생 반열에 오른 것이다. 이처럼 일찍이 일본, 중국, 미국 등의 근대문명을 골고루 체험했기에 조선을 전통 사회로부터 근대 사회로 전환시키려는 강력한 근대변혁사상을 가지게 되었다. 이후 개성에 한영서원韓英書院을 설립해 원장으로서, 그리고 안창호安昌浩 등이 주도하는 신민회의 교육기관인 평양의 대성학교大成學校 교장으로서 신교육구국운동에 진력했다. 비정치적 실력양성론을 견지한 윤치호는 차미리사의 여성교육운동을 1920년 조선여자교육회 출범 시절부터 1940년 차미리사가 교육 일선에서 물러날 때까지 후견하는 역할을 했다.

적인 교육기관이었다. 차미리사는 근화학원이야말로 우리 민족의 피와 땀으로 건립한 자랑스러운 교육기관이라고 자부했다.

현재 청진동에 있는 여자교육협회 소유 가옥은 가격으로 말하면 몇 천 원 어치에 불과하지마는 그것은 서양 사람의 돈이나 기타 외국 사람의 돈이라고는 한 푼도 섞이지 않고 순연한 우리 조선 사람의 뜨거운 사랑과 땀과 피의 결정으로 생긴 것이다.[252]

이어 근화학원에 주학을 새로 설치하여 야학과 병행하고자 했던 구상을 실행에 옮기기 시작했다. 주간부에 200명, 야간부에 100명

김성수金性洙(1891~1955). 1910년 와세다대학早稻田大學에 입학하여 정경학부를 졸업한 김성수는 '내 나라의 독립을 되찾기 위해서는 먼저 민족의 교육이 앞서야 한다'고 생각하고, 중앙학교中央學校를 인수하여 1917년 교장이 되었다. 1923년 민립대학 설립운동民立大學設立運動을 펴는 등 교육을 통해 민족의식을 고취하고자 힘썼던 김성수는 1921년 조선여자교육회의 전국순회강연 활동을 《동아일보》 지면을 통해 적극적으로 보도해 주고, 1934년 재단법인 근화실업학원 설립에 도움을 주는 등 차미리사의 민족교육운동을 아낌없이 지원했다.

신봉조辛鳳祚(1900~1992). 차미리사는 1919년 9월에 종다리 예배당 종각을 빌어서 칠판을 걸었다. 학생들에게는 수업료도 받지 않고 선생에게는 월급도 지불하지 않았다. 차미리사의 이 사업에 찬동하여 맨 먼저 야학생들에 시간을 제공한 이는 배재고등보통학교 재학 때 3·1운동에 참여하여 옥고를 치르고 이후 연희전문학교 문과(역사학전공)에 재학 중이던 신봉조였다. 신봉조는 기독교 신자로서 신앙심이 두텁고 봉사 정신이 가득하여 하루도 빠지는 날이 없었다. 예배당 종 집을 사용했기에 학생들이 오기 전에 책걸상을 날라다 놓아야 하고 예배 날이면 다시 제자리에 옮겨 놓아야 했다. 신봉조는 차미리사를 도와 손이 되고 발이 되어 모든 노력과 정성을 다했다. 1921년 전국순회강연 당시에는 선발대가 되어 먼저 떠나서 강연할 장소와 단원들의 숙소를 준비하고 경찰과 교섭하여 허가를 얻고 광고를 써서 붙이는 등의 실무적인 일을 도맡아 했다.

을 모집한 것이다. 부인야학강습소가 창설된 이래 불과 20여 명의 졸업생을 배출한 것에 비하면 300명의 학생 모집은 비약적인 성장이 아닐 수 없었다. 또한 주간 학생 수가 야학에 비해 두 배 이상 되는 것으로 볼 때 교육의 중심도 야간에서 주간으로 바뀌어 가고 있었다. 이는 조선여자교육회의 교육 방향이 비정규 사회교육에서 정규 학교교육으로 전환하고 있음을 보여주는 것이다. 조선여자교육회는 지금까지는 낮에 공부할 여건이 못 되는 가정부인들을 위해 야간에 배움터를 제공하는 사회교육을 했다. 그러나 이제는 정규학교에 입학하지 못해 갈 곳 없이 방황하는 학생들을 수용하여 낮에 가르치는 학교교육에 비중을 두기 시작했다. 이는 많은 학교들이 주간부를 먼저 만들고 야간부를 두는 흐름과는 대조적이다. 근화학원의 주 교육 대상이 사회의 그늘 속에 있는 여성들이었기 때문이다.

근화학원 학생 모집 공고가 나가자 전국 각지에서 입학 지원자가 문이 메이게 몰려들어왔다. 이제 300명의 학생을 수용할 수 있는 학교건물과 학생들이 머물 수 있는 기숙사를 짓는 일이 무엇보다 시급해졌다. 지방에서 올라온 학생이 머물 곳은 친척집을 빼면 하숙집과 기숙사뿐이었다. 그러나 하숙집은 풍기단속이 되지 못한다고 하여 학부형들이 기피했다. 하숙집은 공부도 못하고 타락한 사람이 있는 곳이라는 인식이 팽배해 있었다. 이 때문에 학교교육에서 기숙사 설치가 특별히 강조되었다. 학교라는 곳이 결코 글자나 가르치는 데가 아니고 전 인격을 빚어내는 장소이므로 교실을 줄이고서라도 기숙사를 세워야 한다는 주장이 팽배했다.

차미리사는 빠른 시일 내에 학교 건물을 짓고 여성교육의 절박한 급선무인 기숙사까지 설립하고자 했다. 왕실에서 창덕궁 금호문 앞에 있는 빈터 260여 평을 기부했으며 토목부에서 건축 허가도 났다. 문제는 공사비였다. 이에 봄부터 조선 각지로 다니며 기부금을 모집할 계획을 세우고 기부금만 걷히면 공사에 착수하려 했다. 11월 기숙사 설립 기금 마련을 위해 남선순극단을 조직하여 지방 순회공연을 떠났다. 단원은 단장 차미리사를 비롯하여 윤근, 조원숙, 김복진, 한애란, 김효신, 전태원, 이운순, 나정옥, 이이다 등 10명으로 구성했다.

첫 번째 방문지는 청주로 정했다. 1921년 전국순회강연 당시 천여 명의 관중으로부터 뜨거운 환영과 많은 후원금을 전달받았기 때문이었다.

순회연극단 일행은 11월 19일 오전 열차로 청주에 도착하여 예정대로 《조선일보》 청주지국, 《동아일보》 청주지국, 청주청년회, 청주기독여자청년회 등 각 단체의 후원 하에서 연극을 공연하고자 했다. 그러나 마침 큰 비가 내려 부득이 공연을 중지하고 다음날인 11월 20일 단원 일동이 자동차 2대에 탑승하고 시내를 일주하면서 연극선전 전단을 뿌린 다음 첫 공연을 가졌다. 공연이 시작되기 전부터 관중이 운집하여 극장은 입추의 여지가 없이 대만원이었다. 단장 차미리사의 조선여자교육회 발전 상황과 장래 경영에 관한 설명

조선여자교육협회순회극단 일행
1923년 11월 차미리사는 기숙사 설립 기금 마련을 위해 남조선지방순회연극단(순회연극단)을 조직하여 지방순회공연을 떠났다. 단원은 단장 차미리사를 비롯하여 윤근, 조원숙, 김복진, 한애란, 김효신, 전태원, 이운순, 나정옥, 이이다 등 10명으로 구성했다.

이 있은 후 공연이 시작되었다. 연극을 무대에 올리자 학생 배우들의 난숙한 연기에 감탄하여 사방에서 박수 소리가 진동했다. 청주에서의 첫 공연은 객석이 가득 차는 큰 성황을 이루었으며 기부금도 278원 60전을 모으는 성과를 거두었다. 이는 대구(484원 90전), 전주(360원 20전), 강경(354원 20전), 공주(303원 30전)에 이은 다섯 번째로 많은 액수였다.

11월 26일 강경 공연에서도 5백여 명의 관람객이 입추의 여지 없이 들어찼으며, 기부금도 많이 모였다.

조선여자교육협회 남선순극단 일행은 예정과 같이 지난 26일 밤에 강경 여자수양회와 각 단체의 후원 하에 당지 대정좌大正座에서 개최한 바, 정각에 입장인은 500여에 달하여 장내는 입추의 여지가 없었고 순서에 의하여 연극은 갈채리에 흥행하였으며 동 12시경에 무사히 폐막하였는데 즉석에서 기부한 인사의 이름 및 금액은 다음과 같다더라.[253]

12월 21일 포항 공연 역시 1,000여 명의 관객이 몰려드는 대성황이었다.

조선여자교육협회순회극단 일행은 지난 21일 포항에 도착하여 당지 각 단체후원으로 동일 오후 7시 영일좌迎日座에서 연극을 개최하였다. 영일청년회장 정학선씨의 간단한 소개로 김미리사 여사의 취지 설명이 있은 후 연극을 흥행하였는데 천여 명 관객으로 대성황을 이루었으며 입장료 수입은 215원 의연금 수입은 74원이다.[254]

순회연극단이 가는 곳마다 남녀 관중이 운집하여 장내는 입추의 여지가 없는 공전의 대성황을 이루었다. 전주, 광주, 진주, 대구에서는 이틀 공연을 했으며, 부산에서는 하루 더 흥행하기를 요청했으나 일정이 촉박한 관계로 다음 공연지로 떠났다.

　　순회연극단은 12월 25일 영동에서 마지막 공연을 할 때까지 사십여 일 동안 충청, 전라, 경상 등 조선 남부 스물세 고을에서 순회공연을 하여 5천여 원의 기부금을 모금하는 좋은 성과를 거두었다.[255] 뿐만 아니라 순회연극공연을 통해 자신의 존재를 널리 알리고 민중을 계몽하는 효과도 거두었다.

〈그림 2〉 조선여자교육회 남조선순극단 순극 일정도

순회연극단이 이처럼 좋은 반응을 얻을 수 있었던 데는 1921년의 전국순회강연 활동이 큰 힘이 되었다. 전국순회강연단이 강연 활동을 했던 지역과 순회연극단 순회공연이 겹치는 고을이 〈그림 2〉에서 보듯이 청주, 공주, 강경, 전주, 정읍, 광주, 순천, 진주, 통영, 부산, 경주, 포항, 대구 등 열세 고을로 전체 공연지역의 반이 넘는다는 사실이 이를 잘 말해준다.

또 지방 청년회의 치밀한 사전 준비와 헌신적인 지원도 커다란 도움이 되었다. 진주 지방 청년회의 활동이 좋은 본보기가 된다.

조선여자교육협회 남선순극단이 오는 11, 12일 양일 진주에서 흥행한다함은 이미 보도한 바이거니와 이에 대하여 본사(동아일보) 진주지국과 조선일보 진주지국, 진주천주교청년회, 동여청년회同女靑年會, 진주기독교청년회, 동여청년회同女靑年會, 진주노동공제회, 진주불교청년회, 미풍美風동지회, 천도교청년회, 보천교普天敎청년회 등 각 단체가 지난 3일 하오 7시부터 본사 진주지국에 회합하여 동 순극단 일행이 진주에 올 당시에 후원키로 하고 각 단체에서 제반 사항을 준비키로 한 후 하오 9시경에 산회하였다.[256]

진주에서는 《동아일보》와 《조선일보》 진주지국을 비롯하여 천주교, 기독교, 불교, 천도교, 보천교 청년회와 노동공제회 등 무려 11개 단체가 회합하여 순회연극단을 맞이할 준비를 했다. 조선여자교육회의 위상을 잘 보여주는 대목이다.

그러나 당초 목표로 했던 모금액 10만 원에는 크게 못미처 교사신축과 기숙사건축은 착수할 수 없게 되었다. 순회연극단의 기부금 모집이 여의치 못했던 까닭은 사회 분위기가 바뀌었기 때문이다. 이즈음 사회주의세력이 성장하면서 민족주의 계열의 실력양성운동에 대해 비판적인 흐름이 일기 시작했다. 조선교육협회는 일제의 관립경성제국대학 설립 결정에 대한 정면 대응으로 1923년 민립대학기성회를 결성하고 민립대학 설립운동을 벌여나가고 있었다. 민족주의자들이 중심이 된 민립대학 설립운동은 기금 일천만 원을 모아 민족교육과 민족 간부를 양성할 고등교육기관을 설립하자는 취지에서 출발한 것으로 교육 부문에서의 실력양성운동이었다. 이 운동은 처음에는 대중의 호응을 받았지만 얼마 못 가 대중으로부터 외면당했다. 1923년 봄 이후 조선청년당 대회에 참석한 각 지방의 청년들이 실력양성운동 노선을 버리고 사회주의운동 노선으로 방향을 전환하고 있기 때문이었다.[257] 이로써 민립대학 설립운동은 사실상 지방조직을 상실하게 되었다.

여기에 덧붙여 이즈음 각 지방의 부호들이 일제의 지방자치 실시의 유혹에 넘어가 점차 친일화하는 경향을 보였다. 이에 따라 부분적으로나마 민족적 색채를 띠고 있던 이들 지방 유지들이 민족교육운동에 열성적으로 참여하는 것을 기대하기가 어려워졌다. 특히 이 해 9월 일본에서의 관동대지진 발발로 사회 분위기가 전반적으로 위축되었다.[258] 이러한 여러 요인들 때문에 조선여자교육회의 기부금 모금운동은 많은 타격을 받았다.

그러나 3·1운동을 계기로 분출되었던 여성교육에 대한 사회적 열기가 완전히 식어버린 것은 아니었다. 독지가에 힘입어 조선여자교육회는 1924년 12월 20일 안국동 37번지[현 덕성여고 자리]에 있는 낙천사樂天舍라는 180칸의 큰집으로 이전할 수 있게 되었다. 그동안 근화학원에 후원을 많이 해오던 천풍天風 심우섭沈友燮이 남학생의 기숙을 위해 건축한 대지 3백 평, 건평 연 5백 평, 백 수십 간 되는 시가 3만 원의 건물을 시세의 삼분의 일도 못되는 가격으로 조선여자교육회에 제공했기 때문이었다.

소설 《상록수》의 작가로 유명한 심훈[본명 심대섭沈大燮]의 맏형인 심우섭은 당시 경성방송국 조선어 과장을 맡고 있었다. 또한 심우섭의 친구인 통영 해동의원 원장 김상용(29)도 만 원을 특별 기부했다.[259] 이것이 인연이 되어 김상용은 차미리사의 중매로 근화학원 음악부에서 피아노를 배우는 정순애와 이듬해 결혼했다.

민족주의 계열의 교육운동이 개량주의 노선이라 하여 전반적으로 외면당하던 사회 분위기 하에서 이와 같은 독지가의 출현은 기적과 같은 일이 아닐 수 없었다. 차미리사는 너무나 감격해 눈물을 글썽였다.

〈근화학원의 새 교실 전경〉
(《조선일보》 1924년 12월 21일자)
1924년 12월 20일 조선여자교육회는 독지가에 힘입어 안국동 37번지(현 덕성여고 자리)에 있는 낙천사樂天舍라는 180칸의 큰집으로 이전할 수 있게 되었다. 그동안 근화학원에 후원을 많이 해오던 천풍天風 심우섭沈友燮이 남학생의 기숙을 위해 건축한 대지 3백 평, 건평 연 5백 평, 백 수십 간 되는 시가 3만 원의 건물을 시세의 삼분의 일도 못되는 가격으로 조선여자교육협회에 제공했기 때문이었다. 또한 심우섭의 친구인 통영 해동의원 원장 김상용(29)도 만 원을 특별 기부했다.

글쎄 이것도 아마 일천만 여자의 운명인가 보오. 나는 꿈에 떡 맛 본 것 같아서 기쁜지 슬픈지도 모르겠소. 춤을 출는지 …… 짐이 너무 무거워서 어떻게 일어서려는지…….

그는 평소에도 "죽는 순간까지 나는 무엇이고 사회에 유익한 일을 하겠다"고 다짐해왔다. 그러나 수중에 가진 재산이 없고 또 사회가 전반적으로 궁핍하여 학교를 이끌어가는 데 이루 말할 수 없는 고통을 겪고 있었다. 이런 가운데 독지가로부터 뜻밖의 도움을 받고 보니 새롭게 각오를 다지지 않을 수 없었다.

나는 가정도 없고 아무런 일가친척도 없다. 하나 두었던 딸은 어디에 있는지, 살았는지 죽었는지조차 알 수 없다. 그러니 이 근화는 내 가정이고 이곳의 학생들은 모두 내 딸들이다. 내 한 몸을 오로지 이 학교와 학생들에게 바쳐 조금이라도 도움이 되도록 하자.

〈신랑신부〉(《동아일보》 1925년 4월 30일자)
경성의학전문대학을 졸업한 김상용은 근화학원을 도운 것이 인연이 되어 차미리사의 중매로 근화학원 음악부에서 피아노를 배우던 정순애와 1925년 결혼했다.

차미리사 평전

차미리사는 죽는 날까지 조선의 딸들의 눈에서 서러움의 눈물을 닦아주는 섬김의 삶을 살겠다고 굳게 다짐했다.

암탉이 알을 품듯, 조선 여성을 품다

1925년 들어 근화학원 학생 수는 231명이 되었다. 부인야학강습소로 출발할 당시의 10여 명에 비하면 눈부신 발전이었다. 3월에는 근화 학생이라는 것을 알리기 위해 근화학원을 상징하는 휘장인 교표校標 도 새로 만들었다.

> 근화학교에서는 삼천리강산을 의미한 무궁화 잎사귀와 봉오리와 꽃으로 바탕
> 을 하고 그 위에 '근화' 라는 두 글자를 놓은 마크란다. 학교 이름도 무궁화요
> 마크도 무궁화로 조선에 하나인 아름다운 그 학교 자체를 말없이 무궁화가 지
> 키고 있다. 작년(1925년) 3월부터 다른 학교와 같이 근화의 학생이라는 것을
> 알리기 위해 생겼다 한다.[260]

교표는 학생들의 결속력을 높이고 정체성을 확립하는 데 도움이 되었다. 학교를 창립한 이념은 3·1운동정신이며, 학교 이름은 무궁 화, 무궁화가 피어 있는 배움 동산이 학교를 상징하는 교표가 된 것 이다. 실제로 근화학원 교정에는 늘 무궁화가 만발했다. 교복도 무궁 화와 관련지어 만들었다. 당시에는 교복을 통해 학교의 특징을 표현 하려는 의지가 강해서 어떤 천과 색을 사용하느냐가 무척 중요했다. 근화여학교 동복 윗저고리는 무궁화 가지와 잎의 색을 취하여 아름

답고 경쾌한 느낌을 주었다. 치마도 무궁화 빛이었다.

넓으나 넓은 안국동 네거리로 오고가는 근화여학교 학생들의 스커트 자락이 바람에 휘날리는 것을 바라 볼 때 천사 같은 그들에게 점잔케 잘 어울림을 깨달을 수 있었다. 동복이나 하복이 모다 그 체재와 색채가 실용적이었고 또한 미관상으로 보아 경쾌한 감을 준다. 특히 동복 웃저고리는 무궁화꽃 지엽색枝葉色을 취하였으니 그 아름다움과 그 명랑함은 더 이를 데 업다.[261]

4월 신학기부터는 교육 내용을 혁신했다. 입학난이 해가 갈수록 심해, 배움에 뜻을 두고 전국 각처에서 서울로 모여드는 수많은 학생 가운데 정규 학교가 수용할 수 있는 인원은 턱없이 부족했다. 입학시험에 한번 떨어지면 눈물을 머금고 일 년을 또 기다릴 수밖에 없었다. 근화학원은 정규 학교 입학시험에 떨어진 학생들을 가르치기 위해 지금까지의 모든 제도를 혁신하고 학원의 면목도 새롭게 했다.

이전까지는 구가정부인을 중심으로 하였으나 (1925년) 신학기부터는 공부하고 싶고 학력도 있으나 학교가 없어서 입학하지 못하는 보통학교를 졸업한 이들을 위하여 고등과를 새로 두고 무시험으로 입학하게 하였으며, 여학교에서 4년에 졸업하는 제도를 2년제로 졸업하게 하였다.[262]

중등교육과정인 고등과를 새로 두어 무시험 입학하도록 하고, 4년에 졸업하는 과정을 2년 만에 속성 졸업할 수 있도록 교육체계를 바꾼 것이다. 아울러 교원을 더 초빙하여 고등과에 입학하고자 하는 주간부 학생과 가정부인을 대상으로 한 야간부 학생을 구별하여 가르쳤다. 주·야학 병설로, 보통학교 입학생을 위한 초등 교육과정에 이어 중등 교육과정 입학생을 위해 고등과까지 신설함으로써, 초·중등 교육과정을 아울러 가르칠 수 있도록 한 것이다. 그리고 초등과정인 보통학교 6년, 중등과정인 고등과 4년 등 총 10년 걸려야 할 공부를 근화에서는 보통학교 3년, 고등과 2년으로 5년 만에 마칠 수 있도록 했다. 이와 같은 속성과정은 배울 시기를 놓친 나이 많은 여성들에게는 더없이 좋은 기회였다. 정신여학교에 다니는 한 여학생은 배움의 기회를 놓치고 결혼한 사촌 언니에게 학업의 기회를 준 근화여학교가 고맙고 없어서는 안 될 소중한 교육기관이라고 했다.

6년 동안 배우는 보통학과를 단 3년 동안에 마쳐주고 4년 동안 배우는 고등과를 단 2년에 속성으로 마쳐주니 교원 여러분의 노력인들 어지간하시며 고맙긴들 여간한 일인가. 더구나 학령이 넘어서 배우고자 하여도 배울 길이 없는 사람을 받아서 속성으로 가르쳐 내는 것이 얼마나 고마운 일인가. 그리고 여자 교장이 주재하시는 만큼 여학생들에게 이해가 많고 용서가 많고 온정이 많은 것도 근화의 자랑의 하나일 것이다. 여학교가 많되 이 근화학교처럼 고맙고 없어선 안 될 귀중한 데가 드물다 할 것이다. 나는 다행이 부모님 덕으로 시기를 놓치지 않고 제 나이에 공부를 시작하여 순차로 정신에서 공부를 하고 있지마는 나의 사촌 언니 한 분은 집안이 완고하여서 때를 놓치고 출가를 한 후에야 형부 되는 이가 공부를 시키기 시작하였는데 근화 같이 고마운 학교가 없었다면 일생을 공부 못해보고 어두운 세상을 살게 되었을 것이다.[263]

고등과 신설과 함께 그동안 숙원 사업이었던 기숙사 건축도 시작했다. 학생들에게 배움의 기회를 유감없이 주려면 기숙사 건립은 필수 요건이었다. 근화학원 학생은 연령상으로 보아 대개 20세 이상의 여자들이었다. 이들은 부모로부터 "나이가 스물이 되었으니 시집을 가야지 부모 욕 먹이고 집안 욕을 먹이려고 그러느냐"는 등의 구박을 받으면서 학교에 나오고 있었다. 20세 내외의 처녀가 학교 통학하는 일을 못마땅하게 생각하는 어른들이 많았으므로 근화학원은 특히 기숙사가 필요했다. 또한 학생 231명 가운데 약 40퍼센트 가량 되는 90명이 통학이 불가능한 강원도, 충청도, 전라도, 경상도, 황해도, 평안도 출신이었으며 심지어 멀리 함경도에서 올라온 학생도 있었다. 이들 역시 모두 기숙사가 필요한 학생들이었다. 게다가 조선여자교육회에 대한 믿음이 날로 두터워져 지방에서 딸이나 아내를 서울에 유학시키는 부모들은 기숙사 범절까지도 의뢰하는 실정이었다. 기숙사 건립은 더 이상 미룰 수 없는 시급한 과제였다.

차미리사는 지방에서 올라 온 학생들의 편의를 돕기 위해 근화학원 안에 100여 명의 기숙생을 수용할 수 있는 여자 감독 기숙사를 설치할 계획을 세웠다. 그러나 경비 문제로 기숙사를 크게 확장하지 못하여 희망자를 전원 수용하지 못하고 면회실, 오락실, 식당을 합하여 방이 10개쯤 되며 사생은 15명이 거처할 수 있는 규모로 만족해야만 했다. 분위기만큼은 어떠한 부자유함도 느끼지 않도록 신경을 썼다. 사실 기숙사 하면 제일 먼저 "부자유한 곳"이라는 생각이 떠오르지만, 근화의 기숙사는 이름만 여자기숙사이지 한없이 자유롭고 재미있게 공동생활을 하는 곳이었다. 그곳 기숙사 생도들은 경험 있는 윗사람들의 주의와 단속을 받지 않을 수 없는 철부지 처녀들과는 전연 달랐다. 사생의 십중팔구는 나이가 차고 세상 경험을 상당히 가졌으며 세상물정도 어느 정도 알게 된 기혼자들 중에도 특별한 환경과 사정을 지고 있는 사람—남편이 유학할 동안 혹은 큰 사회적 일꾼으로 먼 타향에 서로 떠나 있게 될 동안에 "나도 배워두어야 하겠다" 하는 굳은 결심과 목적을 가지고 있는 학생—들뿐인 까닭이었다. 사생들은 누구의 간섭도 없이 자기들의 빨래, 다듬질, 바느질 같은 것을 틈틈이 해가며 학과의 예습 복습에 열중했다. 사생들에게는 "자습시간에 떠들지 말라"는 말은 전혀 쓸데없는 말이었다. 사정이 이러므로 감독자의 단속 없이도 풍기상 별 문제 없이 자유로운 가운데 정돈된 기숙사 생활을 할 수 있었다. 면회도 자유로우며 일주일에 두 번 있는 외출 날에는 동네 목욕탕에도 가고 필요한 물건도 사오곤 했다. 다만 밤출입만 금할 뿐이었다. 그러나 외출일이 아니더라도 집에 생일잔치가 있다든지 시댁에 봉제사奉祭祀가 있을 때면 밤에도 자유로이 나갔다. 또 일요일이면 각자 자기들이 가고 싶은 교회로 예배 보러 가지만 결코 강제로 반드시 가도록 하지는 않았다. 음식은 평소에 고르게 맛있는 것을 먹으며 특별히 날을 정하여 다과를 먹거나 하지는 않았다. 간식하는 것도 역시 사생끼리 먹고 싶은 것을 사다가 먹을 뿐이었지만 마음대로 사먹을 수 있다고 아무 생각 없이 예산 밖의 낭비를 하지는 않았다. 이처럼 아무런 부자유를 느끼지 않으며 실질적으로 자립적 생활을 하는 것이 근화 기숙사의 가장 큰 자랑거리였다.[264]

근화학원은 학교 설비를 더욱 충실히 갖추고 종래의 비정규 교육기관이었던 근화학원을 정규교육기관인 근화여학교로 인가해 줄 것을 요청하는 서류를 당국에 제출하여, 이 해 8월 29일 완전한 학교 인가를 얻었다.[265] 1920년 구식 가정부인들을 가르치는 부인야학강습소로 출발하여 1923년 주간과 야간을 병행하는 근화학원으로 성장한 후, 다시 1925년에 이르러 초·중등 교육을 담당하는 정규교육 기관인 근화여학교로까지 승격하게 된 것이다.[266] 차미리사는 전국순 회강연을 마치고 돌아온 날을 기념하여 10월 10일 '근화여학교'라는 현판을 내걸고 교장으로 취임했다. 지금까지 사회교육기관이었던 근 화학원이 정규교육기관인 근화여학교로 승격하게 됨에 따라 교육의 중심도 자연스럽게 사회교육에서 학교교육으로 이동했다.[267]

1926년 근화여학교는 본과로 4년제의 고등과와 6년제의 보통과가 있고, 여성에게 적합하면서도 가장 필요한 교육을 시키는 특별과로 음악과, 사진과, 어학과, 기예과 등이 있었으며, 학생 수도 430여 명 에 이를 정도로 규모가 커졌다.[268] 5월에는 총독부 토목과로부터 토

근화여학교 졸업생
근화는 초등과정인 보통학교 6년, 중등과정인 고등과 4년 등 총 10년 걸려야 할 공부를 보통학교 3년, 고등과 2년으로 5년 만에 마칠 수 있도록 했다. 이와 같은 속성과정은 배울 시기를 놓친 나이 많은 여성 들에게는 더없이 좋은 기회였다. 근화는 1년에 봄, 가을 두 차례 졸업생을 배출했다.

지 400여 평을 대부 받아 운동장도 새로 마련하여 학교다운 면모를 갖출 수 있게 되었다. 새로 마련한 운동장에는 테니스 코트와 배스킷볼, 발레볼, 기타 여학생에게 적당한 운동 기구 시설을 유감없이 설치하여 완전한 체육시설을 갖추도록 했다.[269] 1927년에는 고등과 1회 졸업생 12명을 배출했다.

그러나 비정규교육기관인 근화학원이 정규교육기관인 근화여학교로 승격했다 할지라도 초창기부터 꾸준히 해왔던 가정부인을 대상으로 하는 사회교육을 폐지한 것은 아니었다. 근화여학교 내에 있는 보통과가 이들을 대상으로 하는 교육과정이었다. 일찍이 교육을 받지 못하여 울면서 공부를 하고 싶어 하는 여성들에게 근화는 여전히 한없이 따스한 배움의 보금자리였다.

나는 륙칠년 동안을 문뎨거리의 녀자들만 모하노코 가르쳤습니다. 진정 다리고 살수업스니 리혼하겟다는 사람, 참아 마주 대할 수가 업스니 집에를 못드러가겟다는 사람, 모도 그런 경우에 처한 부인들이 눈물 박하지를 뒤집어쓰고 근화학원 문안에를 드러섭니다.[270]

나이 이십이 넘어 삼십 가까운 부인들이 아직까지 낫 놓고 기역자 하나도 모르고 살아왔으니 지금 갑자기 연필을 들고 칠판을 대한들 한참 뇌가 발육하는 아이들 같이 얼른 깨닫지도 못하고 얼른 기억도 못하며 말을 제대로 알아듣지도 못했다. 그렇다고 학교 설비가 완전하지 못하여 실제로 보여줄 수도 없었다. 너무 속이 상하고 안타까워서 가르치는 사람도 울고 배우는 사람도 울고 늘 이렇게 지냈다. 그런데도 그녀들은 잠도 안자고 먹지도 않고 울며불며 밤낮 책하고 씨름을 했다. 이렇게 그럭저럭 3년만 지내고 나면 고등과시험을 제법 곧잘 쳤다.

근화여학교에는 취학적령기를 놓친 여성, 배우는 데 남과 같은 환경을 가지지 못한 여성, 결혼한 가정 부녀자들이 많이 다녔다. 이는 근화만의 특징이기도 했다.

이 학교의 특색이라고요? 별것 업지요. 연령에 제한이 없는 것과 섣달 그믐날까지 아무 때나 입학할 수 잇는 그것이지요. 스물다섯 살, 서른 살에 보통과 일 학년에 입학할 수 있다는 것은 세계를 찾아보아도 없을 것이외다.[271]

근화는 배움의 기회를 잃은 가정부인에게 배움의 기회를 주는 소중한 교육기관이었다. 이러한 점 때문에 "근화여학교에는 기생퇴물이 많이 다닌다"는 말이 시중에 나돌았다. 남편으로부터 소박맞아 서럽고 힘들게 사는 여성들이 용기를 내어 찾아오기 때문에 '소박데기 여학교'라는 별명이 나붙기도 했다.

박금동(《동아일보》 1926년 6월 4일자). 안국동 근화여학교 3학년에 재학하던 박금동(17)은 경상남도 합천 출생으로, 이혼을 하지 않으려면 공부하라는 남편 말을 듣고 돈 한 푼 없이 서울로 올라와 바느질을 해주어 밥값을 대신하고 근화여학교에 입학을 했다. 차미리사는 박금동처럼 조선에서도 가장 불행한 부인들, 즉 시집살이에 쪼들리는 여성들, 무식하다고 남편에게 구박받는 여성들, 배우지 못했다는 이유로 학대받는 조선의 여성들을 암탉이 병아리를 품어 안 듯 그 너그러운 날개를 활짝 벌리어 따뜻하게, 자랑스럽게, 뜻 있게 폭 싸안았다. 사회의 그늘 속에 있는 소외된 여성, 집안이 완고하여 배움의 기회를 놓친 여성들을 모아 가르치는 근화는 차미리사에게 생명이요 신앙이었다.

사실 그러할는지 모릅니다. 그러한 사람일수록 환영하니까요. 그야말로 기생 퇴물이든 매음부든 씨종[씨받이]이든 어떠한 여자이고 그 자리만을 떠나서 우리 교문을 찾는다면 누구나 환영합니다.[272]

이러한 근화여학교의 특징을 잘 보여주는 사례가 언론에 보도되었다. 공부하여 신학문을 알지 못하면 이혼하겠다는 남편의 말을 듣고, 돈 한 푼 없이 서울로 올라와서 근화여학교에서 공부하고 있는 한 학생의 사연을 상세히 보도한 《동아일보》 기사가 그것이다.

안국동 근화여학교 3학년에 재학하는 박금동(17)은 경상남도 합천 출생으로 구식 가정에서 대문 밖도 모르고 곱게 자라 열다섯 살 되던 해에 부모의 명령으로 진주 강규형(19)이라 하는 동래고등보통학교에 재학하는 학생과 혼인을 했다.

혼인한 후 곧 남편은 아내 박금동에게 "공부를 하여 새 지식을 알지 못하면 도저히 일생을 같이 살수가 없으니 만일 이혼하는 것을 두려워하거든 공부를 하시오" 하고 선언을 했다. 어린 색시의 마음에도 그 말이 옳은 것을 깨닫고 시집과 친정에 간절히 말하여 공부시켜 주기를 청했으나 완고한 부모님들은 박금동의 뜻을 들어주지 않았다. "이래서는 아니 되겠다"고 결심을 굳게 한 박금동은 정든 고향과 부모형제를 뒤에 두고 돈 한 푼 없이 분연히 서울로 올라왔다.

박금동의 친정은 원체 가난하여 천리타향에서 사랑하는 딸이 돈이 없어 쩔쩔매는 줄 알면서도 학비를 보내주지 못했다. 박금동은 다행히 좋은 주인을 만나 주인집의 바느질을 해주어 밥값을 대신하고 근화여학교에 입학했다. 그러는 동안에 친정집에서 어떻게 주선하여 한 달에 11원씩 부쳐 주게 되었다. 박금동은 그것을 가지고는 도저히 학비를 써 나아갈 수가 없어 매일 학교에서 파하여 돌아오면 잡지를 손에 들고 집집이 다니면서 "이것을 사주십시오, 이것을 사주십시오" 하고 돌아다니다가 어떤 날은 두어 권을 팔고 어떤 날은 한 권도 팔지 못하고 아픈 다리를 끌고 돌아왔다.

그러나 그의 시집에서는 아무 동정이 없었다. 견디다 못해 서울 안에 먼 촌 일가 되는 김기태 씨가 산다는 말을 듣고 찾아가서 사정을 했더니 매월 월사금을 물어 주마 하고 쾌락을 했다. 이 소리를 들은 박금동은 여간 기쁘지 않았다. 경성부 관훈동 85번지에 방을 하나 얻어 가지고 자취생활을 하며 근화여학교 3학년에 다니고 있는 박금동은 자신을 찾아온 기자에게 굳은 결심을 보였다.

나는 어떠한 고생을 하든지 참고 꾸준히 공부하여 성공을 한 후가 아니면 집에 돌아가지 아니하겠습니다. 그동안 지낸 일을 생각하면 참으로 괴로운 일이 많았습니다마는 이로부터 그보다 더한 일이 있더라도 능히 잘 참을 수 있다고 믿습니다.[273]

차미리사는 박금동처럼 조선에서도 가장 불행한 부인들, 즉 시집살이에 쪼들리는 여성들, 무식하다고 남편에게 구박받는 여성들, 배우지 못했다는 이유로 학대받는 조선의 여성들을 암탉이 병아리를 품어 안듯 그 너그러운 날개를 활짝 벌리어 따뜻하게, 자랑스럽게, 뜻 있게 푹 싸안았다. 사회의 그늘 속에 있는 소외된 여성, 집안이 완고하여 배움의 기회를 놓친 여성들을 모아 가르치는 근화는 차미리사에게 하나의 생명이요 신앙이었다. 30년 하느님에 대한 신앙보다 20년 근화에 대한 애정이 더 깊었다. 쉰 한 살의 나이에 맹장수술을

하고 병상에 누워있을 때, 자신을 찾아온 기자에게 근화에 대한 사랑
을 다음과 같이 털어놓았다.

십 년을 하루도 그것들[근화학교 학생]을 떠나본 적이 없는 나는 이렇게 와 있으
나 잠들기 전에는 내 눈앞에 보이는 것은 오직 근화학교! 그것뿐입니다. 내가
죽더라도 학교에 대한 나의 생각이 조금이라도 잊혀야만 눈을 감을 것입니다.
바로 말하면 내가 삼십 년 믿어온 예수님보다 학교를 더 사랑하게 되었습니
다. 나는 자식이나 남편의 사랑을 모르고 늙어진 몸으로 오직 나의 온 생명은
내 근화올시다.[274]

차미리사의 헌신적인 노력은 근화를 더욱 빛나게 했다. 그리고 날
로 번성하게 했다. 차미리사는 항상 학생들에게 시대에 뒤지지 말고
실사회에서 활동할 인물이 되라고 가르쳤다. 근화의 발전사는 차미
리사 개인의 생활사이기도 했다.

살되 네 생명을 살아라

1920년대 들어 자유와 평등에 입각한 세계 개조 사회 개조의 사조가
전 세계적으로 풍미하자, 조선에서도 민족적 해방, 계급적 해방, 성
적 해방을 요구하는 움직임이 일어났다.[275] 성적 해방이라 함은 여성
의 해방을 의미하는 것으로, 그것이 이 시기 해방 이상理想의 한 중요
한 부분을 차지하고 있었다. 가부장적 억압으로부터 여성을 해방시
켜 남성과 동등한 인격적 지위에 올라갈 수 있도록 해야 한다는 여성

해방론이 풍미하기 시작한 것이다.

만근 여자의 해방성은 고조에 달하야 산간벽처의 인사라도 불가를 논하는 자
가 없다. 그러므로 여자해방이 인도상으로 보아 정당한줄 인정치 않는 자 없
으며 정의에 조하야 무의함을 긍정치 않는 자 없으며 인류발생에 소고하야 당
연함을 각오치 못한 자가 없을 듯하다.[276]

교육의 참 의의가 "인격의 함양과 개성의 발휘"에 있다고 생각한
차미리사는 근화여학교 교훈을, "살되 네 생명을 살아라, 생각하되
네 생각으로 하여라, 알되 네가 깨달아 알아라"로 정했다.
　근화여학교 교훈은 한문 투의 권위주의적 교훈이 아닌 순 우리말
로 되어 있다는 점에서 주목된다. 또한 주체적인 삶, 창의적인 지식,
실천적인 사고를 강조함으로써 인격 확립과 개성 발달을 요구하는

〈여자교육계에 공헌만흔 근화여학
교, 무엇보다도 개성발휘에 목적〉
《조선일보》 1926년 1월 21일자)
차미리사는 학생들에게 무엇보다도
자아 확립과 인격의 독립을 강조했
다. 차미리사는 여학생들이 인격의
소유자로서 자기 인생에 대해 주인
의식을 갖고 구태의연한 사고와 생활을 개선해 나갈 수 있도록 하는 자립적인 여성교육을 실시했으며,
민족의 독립을 위해 헌신하는 민족 여성을 양육하는 민족적인 여성교육을 했다. 그의 이러한 정신은
근화여학교 교훈, 곧 "一. 살되 네 생명을 살아라, 二. 생각하되 네 생각으로 하여라, 三. 알되 네가 깨달
아 알아라"에서 잘 드러난다. 창의적이고 혁신적으로 생각하는 방법, 위험을 감수하는 용기, 기존 체계
를 변화시키는 자질 등을 가르치고자 한 것이다.

시대정신이 압축되어 있다는 점에서도 의미심장하다.

교훈 "살되 네 생명을 살아라"는 자신이 인격적 존재임을 깨달아 주체적이고 자율적인 삶을 살라는 가르침이다. 차미리사는 학생들이 자기 삶에 대해 주인의식을 갖고 자율적인 삶을 살도록 가르쳤다. 주체성과 자율성은 창의적인 삶의 바탕이 된다. 인간은 누구나 자신의 삶을 스스로 결정할 권리가 있다. 모든 사람은 인격적인 삶을 살 권리가 있는 것이다. 여자도 남자와 똑같은 인간이라는 사실을 자각하고 주체적이고 자율적인 삶을 살려면 남성 중심의 가치질서를 극복해야 한다. 생명은 똑같이 소중하므로 남자와 여자 사이에 존비·귀천·상하의 차별이 있을 수 없다는 사실을 차미리사는 시계에 빗대어 설명했다.

수백 원짜리에 크고 좋은 자명종이 때꺽때꺽하며 분과 시를 그어 하루 이십사시간二十四時間을 싸아 일 년을 만드는 것이나 그대들의 팔둑에 달린 수십 원에 지나지 못하는 적은 시계가 조그만 소리를 내이며 쉬지 안코 돌아가서 하루 이십사시간二十四時간을 만들어 일 년을 일우는 것이나 시계의 외양과 위엄에 있어서는 크게 차이가 있지만 일 년이라는 《타임》을 일우는 목적에 있어서는 그 속이 같음으로 해서 부단히 노력한 적은 시계도 역시 일 년을 큰 괴게와 같이 일우는 것이니······.[277]

교훈 "생각하되 네 생각으로 하여라"는 사고를 독립적 창조적으로 하라는 가르침이다. 자율성은 자기성찰에서 나온다. 주체적·자율적인 삶을 살려면 자신의 삶에 대한 내면의 동의가 있어야 하기 때문이다. 또한 현실적으로 닥치는 여러 가지 어려움을 타개하겠다는 의지가 필요하다. 자신이 삶의 주인이므로 운명을 개척해 나가는 힘도 스스로에게서 나와야 하는 것이다. 따라서 독립적·창조적인 사고는 주체적·자율적인 삶을 사는 데 없어서는 안 될 필수불가결한 요소다. 독립적·창조적인 사고란 자기성찰을 통해 자신이 처한 객관적인 현실을 정확히 인식하는 동시에 높은 이상과 확고한 신념 그리고 뜨거운 열정으로 자신의 앞길을 새롭게 개척해 나가는 능력을 말한다. 차미리사는 졸업생들에게 "각자는 개성을 발휘하여 가정으로 들어가든지 사회 어느 방면으로 나아가든지 자기의 입장을 철저히 고려하여 험악한 앞길을 개척치 안하면 안 될 것"이라고 말했다.[278] 이러한 가르침은 학생들이 자신이 처한 현실을 깨닫고 창조적으로 변혁할 수 있는 능력을 배양하는 밑거름이 되었다. 차미리사는 창조적인 사고의 뿌리를 3·1독립정신에 두고 학생들이 조선의 현실에 비추어 사고하도록 가르쳤다. 근화여학교 졸업생은 사은회 자리에서 다음과 같이 말했다.

우리는 사회에 갑자기 나서서라도 꺽지지 안흘 만한 실력을 어덧습니다. 교과서에서 글자 고대로 긔억햇다는 것보다 그것을 소화시킬만한 힘을 더만히 어덧는가 합니다.[279]

교훈 "알되 네가 깨달아 알아라"는 지식을 습득하는 과정에서 깨달음의 소중함을 가르친 것이다. 창조적인 사고는 깨달음으로 귀결된다. 깨달음이 없는 창조적인 사고는 맹목이며 창조적인 사고에 근거하지 않은 깨달음은 공허하다. 깨달음 없는 창조적인 사고란 있을 수 없으며, 창조적 사고의 뒷받침 없는 주체적 자율적 삶은 불가능하다. 깨달음은 창조적 사고의 매듭이며 주체적 삶의 단초였다.

마음이 깨달음에 이르면 삶의 모습은 자연스레 바르게 된다. 차미리사는 마음의 깨달음으로 담박한 삶을 자연스레 받아들였다. 일상생활의 먹고 입고 자고 하는 의식주의 문제에 있어서도 그는 늘 담백했다. 음식은 주림을 채우는 것, 의복은 몸을 가리는 것일 뿐이라고 생각했다. 거처하는 방이 매우 소박하고 누추했으되 그곳에 편안하게 거처했다. 차미리사는 식민지 현실을 자각하지 못한 채 공상과 허영에 빠져 허세와 위선으로 살아가고 있는 일부 신여성들을 비판했다. 이들은 서양 최신 유행의 의류나 음식 등을 최대한 즐기면서 민족의 고통에는 어떠한 관심도 보이지 않았다. 1929년 이화여전 가사과 설치는 미국 유학을 마치고 돌아온 외국 유학생과 결혼할 것에 대비하여 서양요리를 배우려는 동기에서였다. 학문에 대한 욕망 때문에 진학했다기보다는 가정주부로서의 자기를 만들어 좋은 집안에 시집을 가려는 현실주의파였다는 점에서 가사과는 며느리과로 불렸다.[280] 이들은 식민지 현실을 자각하고 변혁하기는커녕, 바람직하지 못한 현실에 자신의 생각을 맞추기에 급급했다.

깨달음은 실천으로 연결된다. 실천을 통해 깨닫기도 하고 깨달음을 통해 실천하기도 한다. 깨달음과 실천은 동전의 양면과 같다. 차미리사는 실천적인 삶을 무엇보다 중요시했다. 배움이란 깨달음과 실천이 중요한 법인데 당시의 풍조는 그것을 도외시하고 공리공담만 일삼았기 때문에 그는 이러한 풍조를 비판했다. 차미리사는 "아는 데만 그치면 그것은 죽은 이론이요 소용없는 이론"이라며, "천만가지 이론보다 한 가지 실행"을 외쳤다. 이 때문에 "씨[차미리사]는 공상인이 아니요 실행의 인이요, 이론에서 살지 아니하고 실제에서 살려고

한다"는 평가를 받았다.[281]

이상 살펴본 것처럼, 근화여학교 교훈은 삶의 주체성과 자율성, 사고의 독자성과 창의성, 지식의 실천성을 강조한 것이었다. 차미리사는 자유와 평등이라는 1920년대 시대정신을 바탕으로, 학생들이 자립적인 삶을 살기 위해 위험을 감수하는 용기, 창의적이고 혁신적으로 생각하는 능력, 기존의 사회질서를 변화시키는 실천적인 노력 등을 갖출 수 있도록 가르치고자 했다.

보통교육을 받고 빵을 구할 수 있는
교육이 필요합니다

차미리사는 여성교육을 실제 생활과 더 밀접하게 했으면 하는 생각을 늘 가지고 있었다. 무슨 일이든지 실제로 하지 않고 공리공론으로만 떠드는 것은 다 소용이 없다는 것이 그의 지론이었다.[282] 교육은 사회의 토대이므로 실제 생활과 가까워야 하며 여성교육은 더욱 그러해야 한다고 생각했다. 대학이나 전문 교육을 받게 되는 사람은 극소수이니까 이 사람들을 표준으로 하지 말고, 중등교육만 받고 가정으로 들어가는 다수의 여성들이 현재의 중등교육보다 더 실무적 교육을 받을 수 있도록 하고 싶다는 것이 그의 바람이었다.[283] 조선 사람에게는 고등교육보다 보통교육이, 이론적 교육보다 실천교육이 필요하다는 교육관을 지니고 있었던 것이다.[284] 보통교육이 고등교육보다 더 필요한 까닭을 다음과 같이 말했다.

학사 박사도 필요하고 미국 졸업생 영국 기타 외국 졸업생도 다 필요치 안은 바는 안이지만은 특히 우리 조선에 잇서서는 그런 고상한 교육보다도 일반적으로 보통교육이 보급되어 무슨 일을 하던지 다 일치하게 자력으로 하는 것이 필요타 생각한다.[285]

그는 보통교육의 필요성을 전쟁을 예로 들어 설명했다. 전쟁을 하자면 물론 대장이 있어야 하지만 병정이 너무 무식하다면 아무리 천하명장이 있은들 승전을 할 수 없다는 것이었다.

그의 보통교육론은 교육의 기회를 되도록 넓혀 일반 대중에게도 교육의 혜택이 돌아갈 수 있도록 해야 한다는 주장이다. 국민 모두에게 교육의 기회를 균등하게 주어 사회의 지력智力을 균등하게 해야 한다는 것으로 소수 엘리트 중심의 고등교육론과는 대비된다. 차미리사는 이러한 신념하에 종다리 예배당에서 부인야학회를 열었고, 조선여자교육회 산하에 부인야학강습소를 설치하여 이를 근화학원으로 발전시켰으며, 근화학원을 근화여학교로 승격시켜 보통교육을 실시해왔다.

또한 차세대를 양성하는 교육은 실천교육이 중요하다고 했다.

해마다 졸업생이 늘어갈사록 이 사회에 무슨 건설을 하는 일은 업고 취직난 생활난만 부르짓는 사람만 만허지니 그것이 다 무슨 까닭이냐. 너나할 것 업시 모도 실천의 교육을 밧지 못하고 따러서 일도 실지로 하지 못하고 막연하게 공리공상으로 일을 하는 까닭이다.[286]

그는 "우리 조선에도 신교육을 실시한 지 수십여 년이 되도록 한

가지 남에게 이렇다 자랑할 것이 없는 것은 재래 교육이 모두 실천적 교육이 아닌 까닭이며, 나도 수십여 년을 교육에 종사하여 검은 머리가 벌써 백발이 다 되었지만 별로 무슨 성적을 내지 못하는 것은 역시 실천 교육을 못 시킨 까닭인 것 같다"며 "내가 만일 다시 청춘시대를 만난다면 반드시 실천 교육에 노력하겠다"고 다짐했다.[287] 졸업생의 취직난이 날로 심각해지는 상황에서 실제 생활에 필요한 기술을 가르쳐 직업을 얻을 수 있도록 하는 교육, 즉 실업교육이 시급하다고 본 것이다.

실업교육은 여학생에게 특히 절실했다. 남성의 억압으로부터 해방되려면 무엇보다도 먼저 경제적 권리를 확보해야 하기 때문이다.

> 여자의 해방은 여자가 상당한 직업 생활에 들어가 자긔의 생활을 스스로 지배할 수 잇슬 때에 비롯오 가능한 일이다. 그럼으로 어대까지든지 여자의 보편적 지식을 가르치는 일반으로 실생활에 리용 될 만한 기술을 알려주는 것이 가장 필요한 줄로 확신합니다.[288]

여성으로서 겪는 눈물겹고 몸서리쳐지는 참담한 압박, 가정에서는 차별대우를 받고 사회적으로는 소외당하는 서러움, 여성들이 받는 이와 같은 비인도적 대우는 경제적 조건으로부터 비롯된 것이었다. 여자는 경제적으로 남자에게 의지하고 사는 처지이므로 남자의 지배도 달게 받고 모욕도 참지 않으면 안 되었다. 남자는 경제적 강자요 여자는 예속자이므로 경제적으로 우월한 남자가 경제력이 없는 여자를 노예화시키고 있었다. 여성이 경제적으로 열등한 지위에 있는 현실이 여성으로 하여금 굴욕적 지위에 있게 하고 노예적 처지에 있도록 하고 있는 것이었다.

여성해방을 위해서는 경제적 독립이 필수적이었다. 남성의 전제적 지배는 경제적 지배력으로부터 오는 것이며, 여성의 노예적 예속은 물질적 무능력으로부터 오는 것이었다. 경제권을 빼앗기면 인격조차 빼앗긴다. 사람은 물질적 자유를 통해 인격적 자유를 얻게 되기 때문이다. 그런데 여성이 경제적 독립을 하자면 직업전선으로 나서야 할 것이다. 입으로만 외치는 관념적인 해방이 아니라 실제 생활에서의 해방, 평등한 삶을 사는 진정한 해방은 직업을 얻은 후에나 가능한 일이었다. 차미리사가 실업교육이 여성교육의 중심이 되어야 한다고 생각한 것은 이러한 점 때문이었다.

밤과 낮으로 산간을 헤매어가면서 실현의 방법으로 짜내고 있는 나의 포부는 조선의 전문학교나 대학교를 설립하여 학사 박사를 양성하자는 것도 아니요 그렇다고 안방구석에서 남자의 노리개 노릇할 소위 현모양처를 기르고자 함도 아니라. 실지로 생활상에 필요한 기술을 가르쳐 여자로 하여금 상당한 직업을 가지게 함에 있습니다.[289]

1926년 새해 벽두에 차미리사는 실업교육에 대한 포부를 구체적으로 밝혔다.

조선 여자에게는 지금 무엇보다도 직업적 교육이 필요하다고 생각합니다. 부인 해방이니 가정 개량이니 하지마는 다 제 손으로 제 밥을 찾기 전에는 해결이 아니 될 것입니다. 그것이 영구적이 아니라 하더라도 적어도 지금 조선 여자로써는 그렇게 해야 될 줄 압니다. 그럼으로 나는 새해(1926)부터는 꼭 조선

여자에게 실업적 교육을 시킬 기관을 조선여자교육회 안에 두고 싶습니다.[290]

조선여자교육회 안에 조선 여자에게 실업교육을 시킬 기관을 설치하겠다는 포부대로, 그 해 4월 근화여학교 안에 조선에서 처음으로 여자사진과를 설치했다.

시내 안국동 근화여학교에서는 시대 요구에 의하여 조선에서는 처음 되는 여자사진과를 동교 안에 특설하고 …… 목하 준비에 분망奔忙 중이라는데 …… 이는 적어도 지금 조선 여자들의 부르짖는 남녀평등과 여성의 권리를 어느 정도까지 확장함에는 여성의 경제적 능력이 필요한 이상 그 능력을 얻고자 함에는 무엇보다 실제 전문적 지식이 필요하다는 의미에서 …… 무엇보다 여자에게는 합당한 사진술을 택하여 여자에게 주고자 그와 같이 설치하게 된 것이라 더라.[291]

여자사진과 설치는 가정부인의 적성 배려와 직업 교육의 필요성에 대한 인식이 합치되면서 내린 결단이었다. 사진이라는 것은 우리 인생의 중요한 순간을 기록해두는 것으로서 전문적인 기술을 필요로 한다. 화면을 잘 보고 꼼꼼한 수정 과정을 거쳐야 하는 사진 작업은 여자에게 더 적당한 직업이었다. 더욱이 아직도 내외가 심한 당시에 구가정의 새 아씨나 규수들의 사진 촬영은 반드시 여자 사진사를 요구했다.

그러나 조선에는 아직 사진학교가 없어 종로에 있는 중앙기독교청년회관 사진부에서 약간의 남학생들을 가르칠 뿐이었다. 그 외에는 남자들이 개인으로 경영하는 사진관에서 견습해야 하므로 여자가 배우기 어려웠다. 차미리사가 근화여학교에 여자사진부를 신설하고 조선에서 유일한 여자 사진사 이홍경을 초빙한 것은 이러한 점들을 고려했기 때문이었다.

학생들이 조선에서 처음으로 사진 기술을 배우게 되니 그만큼 많은 흥미를 느낄 것이며, 기간도 본과 4개월, 연구과 2개월로 총 6개월밖에 되지 않아 보통학교 출신으로 가정에 들어앉은 부인들이 소일 삼아 배우기에는 안성맞춤이라는 판단이었다. 더구나 사진업은 당시 굉장히 이익이 많이 남는 장사이기도 했다.

또한 선천적으로 기예에 대해 특별한 재주를 가장 많이 가진 조선 여성들의 비범한 기술을 헛되이 버리는 탄식이 없도록 하기 위해, 6월에는 기예과技藝科를 설치하고 해외에서 다년간 기예를 전문한 윤인경尹仁卿외 수 명의 전문가를 선생으로 고빙하여 편물, 재봉, 자수 등을 가르치도록 했다. 졸업기한은 6개월 단기로 하여 기예과를 마친 후에는 될 수 있는 대로 걸맞은 직업을 갖도록 했다.[292]

1929년 들어 차미리사는 근화여학교 향후 진로에 대한 포부를 다음과 같이 밝혔다.

그 뒤에는 여자직업학교로 만들 작정입니다. 한 사람이 이십 년이나 이십오 년의 긴 시간과 금전을 허비하여 배우는 것도 좋지만 한 집에 다섯이나 네 사람이 같이 보통교육을 받고 그리고 자기의 빵을 구할 수 있도록 적당한 교육이 필요합니다.[293]

더 많은 사람이 교육을 받을 수 있는 보통교육과 함께 직업을 얻는 데 도움이 되는 실업교육이 필요하다는 주장이다.

차미리사의 실업교육관은 여성이 직업 가지는 것을 경원시하던 당시로서는 매우 선진적인 것이었다. 당시 일반 여성들은 일정한 직업이 없는 것이 도리어 자랑이며 마땅한 줄로 알고 있었다. 그리고 설혹 직업이 있다 해도 남편에게 종속되어 남편 직업을 보조할 뿐이었다. 말하자면 당시 여성의 직업이라는 것은 남성의 조수이자 조력자로서의 역할에 한정된 것으로 남편의 직업에 딸린 그림자라고밖에 할 수 없는 것이었다. 부모들 역시 딸을 교육시켜 좋은 곳에 출가시키는 것으로 만족했다. 이들은 "좋은 사위를 얻으려면 딸자식 공부를 시켜야 해"라고 하여, 딸을 공부시키는 것을 혼인의 한 방책으로 생각하고 있었다. 부모들은 자기 딸이 직업을 얻어 사회에 나아가 활동하기보다는 가정으로 돌아가 남편에게 보호받는 존재가 되기를 더 원했다. 전답을 팔고 빚을 내어 공부시키는 것도 딸이 좋은 자리로 시집가기를 바라기 때문이었다.

여학생들 또한 인물 잘나 똑똑하고 돈 많은 남자에게 시집가는 것이 이상적 취직이요 영광이라고 생각했다. 시집 잘 가는 것은 부모에게 공부시킨 보람이 있다고 칭찬 받는 길이기도 했다. 이들은 학교에 다니는 것을 결혼의 예비행위로 생각하고 결혼만 하면 자기가 할 일은 다한 듯이 했다. "우리 여자가 공부하는 것은 다른 목적이 없고 오직 시집 잘 가기 위한 것이다. 공부 못한 여자는 훌륭한 남자에게 시집갈 수 없고 설사 시집을 간다 하더라도 반드시 이혼을 당할 터이니 우리 여자는 열심히 공부해야 한다"는 것이 당시 여학생들의 일반적인 생각이었다. 이러한 사회 풍조와는 달리, 여성이 인격적으로 독립하기 위해서는 물질적 기반을 갖추어야 하며 이를 위해서는 실업교육을 통해 직업을 가질 수 있도록 가르쳐야 한다는 게 차미리사의 생각이었다.

조선의 딸들과 같이 울다가
세상을 떠나겠습니다

1930년대 들어 전 세계를 휩쓴 경제공황의 여파로 조선의 교육환경은 한층 열악해졌다. 수업료 체납이 많아지고, 자퇴하는 학생이 급격히 증가했으며, 입학 정원을 채우지 못하는 사례가 속출했다. 이와 같이 재정 형편이 절박해지자 사립학교마다 교직원의 월급을 10퍼센트 감하거나 인원을 감축하는 등 학교 경영을 비상 체제로 전환했다.[294]

교육환경이 열악해지면서 학교마다 동맹휴학이 빈발했다. 1920년대 후반 학생 맹휴의 원인은 크게 세 가지였다. 하나는 교사의 지식 부족에 따른 교원자격의 부적합 때문으로, 맹휴의 절반은 여기서 비롯되었다. 사립학교의 경영이 불충분하여 충실한 자격을 갖춘 교사를 고빙雇聘하지 못했기에 이러한 성격의 맹휴는 대부분 사립학교에서 발생했다. 다른 하나는 교원의 학생에 대한 민족적·인신적 모욕 때문이었다. 공립학교의 맹휴는 민족적 갈등이 주요 원인이었다. 교사들은 직접적·노골적으로 일본의 조선 통치의 목적을 선전할 뿐만 아니라 조선의 청년과 학생들을 노골적으로 모욕함으로써 분노를 야기했다. 마지막으로 학교 시설의 불충분에 대한 불만이었다. 이는 맹휴를 일으킨 학생들이 여러 가지 요구를 학교 측에 제출할 때 부대조건으로 제시함으로써 알려지게 되었다. 대부분의 맹휴는 첫 번째와 두 번째가 원인이었으며 향후 교원배척운동으로 번져나갔다.[295] 한편 1930년대로 들어오면서 많은 학생들이 새로운 사조인 계급투쟁사상에 고취되어 동맹휴학을 일으켰다.

계급투쟁이야말로 역사발전의 원동력이라는 좌익사상이 학생들 사이에 풍미하면서 맹휴의 형태도 폭력화·테러화하는 경향을 띠게 되었다.[296] 이 때문에 맹휴에 대한 총독부 학무당국의 대책도 사상 단속에 치중하는 경향을 보였다.[297]

1930년 근화여학교에서도 맹휴가 일어났다. 경제공황은 안정적인 수입이 없는 근화에게 더욱 커다란 타격을 주었다. 더구나 광주학생운동의 여파로 주 수입원이었던 여학생연합바자회마저 개최되지 않아 근화여학교는 긴축재정을 하지 않으면 안 되었다. 차미리사 교장은 학교경영의 어려움 때문에 새 학년부터 학급 축소를 단행하려 했

근화여교창립근속기념식
1930년 9월 근화여학교 개교5주년기념식과 교장근속10주년기념식이 열렸다. 학기 초 맹휴로 인한 차미리사 교장과 교원, 학생 간의 갈등을 치유한다는 의미가 큰 행사였다. 기념식은 수백 명의 내빈과 학생 3백여 명의 참여로 큰 성황을 이루었다.

으나 허재후 교무주임이 응하지 않자 사직을 권고했다. 교장이 교무주임을 해직한 것이 도화선이 되어 근화여학교에서 맹휴가 발생했다. 학생들은 교장의 교무주임에 대한 태도가 무리인 동시에 학교경영방침이 너무도 학생을 무시하는 점이 많다는 내용의 진정서를 제출하고 교장의 대답을 듣고자 했다. 그러나 차미리사 교장은 자신의 결정이 정당하다고 주장하며 학생들의 요구를 들어주지 않았다.[298] 교무주임 권고사직으로 촉발된 근화여학교 맹휴는 8명의 교원이 동조 사직하고 100여 명의 학생들이 자퇴 원서를 제출하는 등 확대일로를 걸었다. 그러나 학부형회가 나서서 중재하고 학교당국이 여러 가지로 주선함으로써 퇴학원을 제출했던 많은 학생들이 등교하여 맹휴는 한 달 만에 일단락 지어졌다.[299]

이 해 9월 근화여학교 '개교5주년기념식'과 '교장근속10주년기념식'이 열렸다. 학기 초 맹휴로 인한 교장과 교원, 학생 간의 갈등을 치유한다는 의미가 큰 행사였다. 기념식은 수백 명의 내빈과 학생 3백여 명의 참여로 큰 성황을 이루었다. 내빈으로 참석한 조선일보사 부사장 안재홍과 윤치호는 축사를 통해, 근화여학교를 5년 만에 학생 320명이 되는 학교로 키우고 게다가 작년 4월 유치원까지 새로 설립한 교장의 노고를 치하했다.[300]

안재홍安在鴻(1891~1965). 차미리사와 함께 조선물산장려회朝鮮物産獎勵會 활동을 했던 조선일보 부사장 안재홍은 1929년 근화여학교 졸업식에 참석하여 의미 깊은 훈사를 했다. 그리고 1930년 근화여학교 '개교5주년기념식'과 '교장근속10주년기념식'에 내빈으로 참석하여 근화여학교를 5년 만에 학생 320명이 되는 학교로 키우고 게다가 유치원까지 새로 설립한 차미리사 교장의 노고를 치하했다.

차미리사가 유치원을 설립한 것은 일찍부터 유아교육에 대해 깊은 관심을 가지고 있기 때문이었다. 그는 일찍이 미국 유학 시절 장인환과 함께 평안북도 선천에 설립된 대동고아원을 후원한 바 있었으며, 1927년에는 정읍 유치원 자모 총회에서 총무로 선출되었다. 그는 아이들이 마음껏 뛰어 놀 수 있는 놀이터 하나 없는 현실을 안타깝게 생각했다.

길거리에 나가면 더러운 것이 너무 많은데 거기에 놀면서 그 더러운 것을 뒤지고 만지고 노는 어린이들이 퍽 가련하게 생각되는군요. 똥이 군데군데 무더기 져 있는 것이 얼마나 답답합니까? 집에서 놀 곳은 없고 또 놀고는 싶은 어린이들이 거리로 거리로 몰려가서 먼지를 들이마시며 더러운 것을 만지면서 거기서 노니 가뜩이나 영양이 부족한 우리네 아동들이 갖은 병이 나는 것이 가엾게 생각됩니다. 그러므로 무엇이든지 다 제쳐놓고 제2세 국민들의 건전하게 놀 유원지를 경성 시내에 군데군데 두었으면 좋겠습니다.[301]

이런 바람에 따라 1929년 9월 근화여자학교 안에 유치원을 설치하여 이듬해 4월부터 수업을 시작했던 것이다.[302] 여학교 내에 유치원을 둔 것에 대해 언론에서 '자모慈母와 애아愛兒가 함께 동문수학同門修學하는 기관奇觀'이라고 보도한 것처럼, 당시에는 보기 드문 신기한 모습이었다. 어머니와 자식이 같이 와서 하나는 이 방에서 하나는 저 방에서 배운 후에 하학하면 제 딸 제 아들을 찾아서 데리고 가도록 하기 위해 그렇게 만든 것이었다.[303]

한편 《동아일보》는 사설을 통해 10년 동안을 꾸준히 교육 활동에 매진해온 차미리사의 공로를 높이 평가했다.

적수공권으로 떨치지 못하든 녀자의 교육계를 위하야 십년을 분투해온 김미리사 녀사를 가진 것은 우리의 자랑이외다. 조고만 야학으로 시작하야 근화학교를 완성한 업적도 크다고 하려니와 어려움에 구피지안코 나아온 용기와 하로도 간단업시 계속하는 근기를 더욱 귀중하게 생각합니다.[304]

이듬해 근화여학교는 또다시 맹휴에 휩싸였다. 1931년 정초부터 3월 20일까지 3개월 동안에 전조선 각지 학교 맹휴 사건의 통계를 보면 중등학교가 일곱, 보통학교가 여덟 합계 열다섯 학교에서 맹휴가 발생했다.[305] 이러한 사회 분위기에 영향을 받아 근화여학교에서도 교장을 배척하는 학내분규가 일어났다. 교장이 학교의 재정을 담당하는 윤근 선생이 비리가 있다 하여 권고사직 시킨 것이 사건의 발단이었다. 학생들이 10여 년 동안을 다니던 선생을 무슨 이유로 사직을 시키느냐고 따지자 교장은 여러 가지 이유를 들어 설명하려 했다. 그러나 학생들은 듣지 않고 교장이 인사를 너무나 경솔히 하는 것과 그밖의 여러 가지 비행을 들어 교장을 배척하는 동맹휴학에 들어갔다.[306] 윤치호는 2월 10일 일기에서 근화여학생의 불만으로 교장의 (1) 혐오스러운 언사, (2) 가난한 학우에 대한 차별, (3) 학우회비 유용 등 세 가지를 열거했다.

교원의 퇴직으로 말미암아 교장배척운동이 일어나고 다시 동맹휴교로까지 확대되자 근화여학교 교원 일동은 각 방면의 교육 관계자와 각 신문사의 대표자를 초청하여 중재를 요청했다. 이에 윤치호, 신명균, 이광수 등 사회 유지와 각 언론 관계자 그리고 맹휴 학생 등 20여 명이 참석하여 교장 차미리사와 사직한 윤근 선생을 불러 입회보고회立會報告會를 가졌다. 조선 사람이 경영하는 몇 안 되는 교육기관에서 맹휴와 같은 불상사가 발생한 것은 유감천만의 일이라 하여 양편의 말을 들은 후 사건을 하루속히 해결하고자 하는 뜻에서 가진 회합이었다. 보고회에 참석한 사회 유지들은 학생과 교장 사이를 잘 조정하면 학생들의 오해도 자연히 풀리고 따라서 맹휴도 중지시킬 수 있다고 판단하고 윤치호, 신명균, 김헌묵 3인을 조정위원으로 선정하여 교장을 학생의 입장을 중재하도록 했다. 교장 차미리사는 "금번 분규의 시비곡직은 오직 여러분 사회 측의 비판에 맡깁니다. 그러나 그 이유야 어디 있던지 나의 불명한 탓으로 그 누를 귀여운 학생과 일반 사회에까지 미치게 한 것은 참으로 미안하게 생각하는 바입니다"라고 사과하고 골방 깊숙이 들어가 근신의 뜻을 표했다.[307] 중재를 맡은 윤치호 씨 외 두 명의 사회 유지가 학생 대표와 교장을 면담한 결과, 거친 언사는 교장이 시인, 사과하고, 학생 차별대우와 학우회비 유용은 학생들이 오해한 것으로 판명되어 맹휴는 원만히 해결되었다.

근화여학교에서 일어난 두 차례의 맹휴는 경제공황으로 학교경영이 위기에 봉착하자 교원감축을 통해 경영난을 타개하려는 가운데 발생한 사건이었다.

1932년에는 근화여학교에서 시내 수송동에 있는 양현여학교 교실과 그 밖에 사옥을 차압한 것이 사회 문제가 되었다. 양현여학교는 차미리사와 가장 친하고 또한 같은 목적으로 교육 활동을 하는 신알베트가 10여 년 동안 심혈을 기울여 경영한 학교로, 재학생이 주야를 합쳐 140여 명에 달했다. 그러나 재원이 없는 까닭에 차미리사에게 학교 건물을 월세 40여 원에 얻어 7년간 사용해왔다. 그러던 가운데 월세의 대부분을 마련해준 신알베트의 딸이 세상을 떠나게 되자 40

원씩 내는 월세가 밀리고 밀려 빚이 480원이 되었다. 이에 차미리사는 경성지방법원에 명도 신청서를 제출하고 교사를 차압해 버렸다.[308] 이에 대해 신알베트는 "근화학교로서는 당연히 차압할 일이오 우리로서는 의당히 당하여야 할 것이지요"라고 하여 월세를 내지 못했으니 교사를 차압당하는 것은 당연하다고 했다.[309] 그러나 사회 여론은 차미리사에게 비판적이었다. 양현여학교를 차압하여 폐쇄에까지 이르게 한 조치는 다 같이 조선의 딸들을 교육하는 교육자로서 해서는 안 될 처사라는 것이었다. 차미리사 역시 양현여학교와 같이 무산계급에 속하는 여성, 연령이 초과한 부인을 계몽할 목적으로 하는 학교를 운영하고 있는 이상 교육계를 위해 헌신적으로 노력하고 있는 신알베트에게 교사를 무료로 제공하여 사업에 협력하는 것이 마땅함에도 불구하고 교사를 차압하여 학생들이 길거리에서 방황하며 울고불고하도록 함으로써 교육계에 불상사를 일으킨 것은 묵과할 수 없는 비교육적인 처사라는 비판이었다.[310]

차미리사의 양현여학교차압에 대한 사회적 비판은 정당한 것이었

양현여학교와 신알베트. 1932년에는 차미리사 교장이 시내 수송동에 있는 양현여학교 교실과 그 밖에 사옥을 차압한 것이 사회 문제가 되었다. 양현여학교는 차미리사와 가장 친하고 또한 같은 목적으로 교육 활동을 하는 신알베트가 10여 년 동안 심혈을 기울여 경영한 학교였다. 그러나 재원이 없던 까닭에 차미리사에게 학교 건물을 월세로 빌려 사용해왔다. 그러던 가운데 월세가 밀리고 밀려 빚이 480원이 되자, 차미리사는 경성지방법원에 명도신청서를 제출하고 교사校숨를 차압했다. 이러한 차미리사의 비교육적인 결정을 사회 여론은 맹렬히 비난했다. 양현여학교를 차압하여 폐쇄에까지 이르게 한 조치는 다 같이 조선의 딸들을 교육하는 교육자로서 해서는 안 될 처사라는 비판이었다.

다. 그러나 두 차례에 걸친 맹휴를 통해서도 볼 수 있듯이 1930년대 들어 근화여학교는 극도의 재정난에 허덕이고 있었다. 당시 차미리사는 재정적인 어려움 때문에 '온화한 맛이 없고 성질이 딱딱한 사람', 또는 '성질이 사납고 굳센 사람'이라는 '딱장대(때)'라는 별명을 얻어가면서까지 학교 경영을 위해 동분서주하고 있었다. 한 기자가 쓴 근화여학교 평판기에서 이러한 고충을 읽을 수 있다.

김미리사씨의 딱정때는 유명하고 남는 것이 있다고 전하는 바이지만은 그 학교 학생뿐이 아니라 직원들도 혼들이 나는 모양이다. 이번 여름에는 봉급문제로 왈시왈비하였다는 말이 있는데 예의 팟쇼로 그만 찍오므라들었다고 한다. 그 학교의 기숙사의 굼튼튼한[성질이 굳어서 재물을 아끼고 튼튼한] 경영은 색시들에게는 불평이요 밖으로는 까십이 된다만은 이 글머리에 너무 깊은 이야기는 피하기로 하였으니 그만 그친다.[311]

이러한 실정 때문에 차미리사가 처한 험난한 현실을 이해하고 지지하는 이들 또한 적지 않았다. 그 대표적인 인물 가운데 하나가 연극 영화계에서 신문화 도입과 개척에 앞장서서 활동하고 있던 윤백남(1888~1954)이었다.

윤백남尹白南(1888~1954). 1930년과 1931년 근화여학교에서 일어난 두 차례 맹휴와 1932년 양현여학교차압사건으로 차미리사는 사회적으로 비난을 받고 있었다. 그러나 차미리사가 처한 험난한 현실을 이해하고 지지하는 이들 또한 적지 않았는데, 그 대표적인 인물이 연극·영화계에서 신문화 도입과 개척에 앞장서서 활동하던 윤백남이었다. 윤백남은 차미리사가 아무런 재정적 기초도 없이 적수공권으로 근화학교를 키워왔고 또 앞으로 10여만 원을 얻어 여자실업학교를 만들려는 노력을 하고 있음을 들어 업적으로 보아 누구보다도 차미리사를 존경하는 여성으로 추천하기에 조금도 주저치 않는다고 했다.

윤백남은 잡지 《별건곤》에서 〈내가 조와하는 女子〉를 묻는 질문에 차미리사를 꼽았다.

내가 조와하는 녀성이라는 것보다 내가 가장 존경하는 녀성으로 金美理士씨를 추천합니다. 그 분에게 대하야 최근에 와서 세간에 물의가 만습니다. 나는 그 분이 아모런 재정의 긔초가 업시 적수공권으로 지금의 근화학교를 키워왓고 또는 압흐로 10여만 원을 어더 녀자실업학교를 만들게 된 그 노력! 그 정성을 생각할 때 참으로 감탄해 마지 안습니다. 요컨대 그의 업적으로 보아 나는 누구보다도 이 분을 존경하는 녀성으로 추천하기에 조금도 주저치 안습니다.[312]

윤백남의 지적대로 차미리사는 1934년에 10만 원을 들여 근화여학교를 재단법인으로 만드는 데 성공했다. 이듬해 차미리사의 교육 사업 성공을 축하하는 행사가 중앙기독교청년회관에서 열렸다. 험난한 현실을 뚫고 근화여학교를 재단법인 근화여자실업학교로 완성한 차미리사의 공로를 기리기 위한 모임이었다. 교육운동가 박인덕의 사회로 열린 이날 축하회에는 400여 명이 운집하여 큰 성황을 이루었다.

내빈으로 참석한 조동식, 유각경, 여운형이 각각 교육계, 여성계, 정치계를 대표하여 축사를 했다. 이어 등단한 주인공 차미리사는 자신은 세상에 태어난 지 50여 년 동안 울기만 했다고 답사했다.

여사는 6남매의 끝으로 태어났는데 그 손위의 5남매는 모두 요절하고 아들 낳기를 고대하는 부모의 바람을 저버리고 막내딸로 나타나서 이름조차 《섭섭이》로 부치고 부모들 눈물 속에서 자라났으며, 16세 때에 결혼하여 19세에 그

박인덕朴仁德(1896~1980). 박인덕은 이화학당에 다닐 때부터 '노래 잘하는 박인덕', '연설 잘하는 박인덕', '인물 잘난 박인덕'이란 평판이 자자한 신여성이었다. 3·1운동 때에는 모교인 이화학당의 기하, 체육, 음악담당 교사로 재직하면서 민족정신을 고취하고 학생을 선동했다는 죄목으로 경찰에 연행돼 3개월간 옥고를 치렀다. 1926년 미국 웨슬리안대학으로 유학을 떠나 1931년 귀국한 그는 농촌 여성에 대한 계몽 활동을 벌여 1933년 농촌 부녀를 위한 이동학교를 개설했으며 1935년에는 《농촌교역지침》을 발간하여 종교 활동의 일환으로 농촌계몽운동을 했다.

조동식趙東植(1887~1969). 우리나라 교육은 그 대상이 남성에 국한된 것이었다. 여성교육을 백안시하는 사회 풍조는 말 20세기 초까지 지속되었다. 반면 춘강 조동식은 가정을 경영하고 자녀의 양육을 담당하는 데 무엇보다 여성의 역할이 중요하다고 생각하여 일찍이 여성교육에 투신했다. 1908년 청년의 나이에 동원여자의숙東媛女子義塾을 설립하여 민족의식을 고취시키고 국권회복을 꾀하는 여성교육을 시작했다. 조동식이 설립한 동원여자의숙은 1909년 4월 동덕여자의숙에 병합되어 동덕여자의숙으로 새로이 출발했다. 이후 동덕은 근화와 더불어 대표적인 민족사학으로 성장했다. 학교 경영이 난관에 봉착할 때마다 손병희孫秉熙, 이석구李錫九 등의 독지가가 나타나 도와주었기에 가능한 일이었다. 일생을 차미리사와 함께 민족교육을 이끈 조동식은 차미리사 장례식 장의위원장을 맡기도 했다.

여운형呂運亨(1886~1947). 15세에 배재학당에 입학했으나 1년도 못 되어 중퇴한 여운형은 20세 되는 1907년부터 성경공부를 시작하여 기독교를 믿게 된 봉제사奉祭祀의 집안 전통을 혁신하고 노복들을 풀어주는 등 안팎으로 변혁을 일으켰다. 1911년 평양장로교신학교에 입학했으나 중퇴하고 1914년 중국으로 건너가 난징의 금릉대학에서 영문학을 전공했다. 1918년 상해에서 청년 동포들을 규합하여 민단을 조직하여 광복운동의 터전을 마련했고, 또한 신한청년당新韓靑年黨을 조직하여 총무간사에 취임했다. 1919년 3월 임시정부수립에 가담하여 임시의정원 의원을 역임했다. 1929년 영국의 식민정책을 비난하다가 영국 경찰에 체포되어 일본에 인도, 3년간 복역한 뒤 1932년 출옥한 후 1933년 《조선중앙일보》 사장에 취임하여 언론을 통한 항일투쟁을 전개했다. 여운형은 1936년 손기정 선수의 일장기말살사건으로 《조선중앙일보》가 폐간되자 사장직을 물러났다. 차미리사 교육사업축하회에 내빈으로 참석하여 축사를 할 당시 여운형은 《조선중앙일보》 사장으로 있었다.

남편을 사별하여 또다시 눈물 속에 젖었으며, 25세 때에 6세 된 딸애기를 어머님께 맡기고 미국으로 공부 갔던 바 그 이듬해에 그 딸이 놀러 나갔는데 간 곳을 모르겠다[不知去處]는 비보를 받고 여사의 울음은 더욱 심하여 졌으나 소기한 학업을 마치고 돌아와서 지금까지 여러 딸들을 데리고 울어왔다. 이 앞으로 여러 조선의 딸들과 같이 울다가 세상을 떠나겠다는 것이었다.[313]

지금까지의 시련을 딛고 앞으로도 계속 조선 여성의 눈에서 눈물을 닦아주는 섬김의 삶을 살겠다고 다짐한 것이었다. "사람은 섬김을 받으러 이 세상에 온 것이 아니라 섬기러 온 것이므로 봉사적 정신을 가져야 한다"는 것이 그의 소신이었다.[314]

실제적으로 실업지식을 넣어 주려는 것이 저에게 둘도 없는 큰 계획입니다

여성해방은 여성이 직업을 가져서 자기의 생활을 스스로 책임질 수 있을 때에 비로소 가능한 일이다. 보통교육기관인 근화여학교를 실업교육기관으로 바꾸어 본격적으로 전문적인 실업교육을 실시하겠다는 차미리사의 생각은 1932년에 이르러 한층 구체화되었다.

원래 교육이란 것은 실제 생활과 그 거리가 가까워야 하겠지만 여자교육에 있어서는 더욱 그렇게 생각합니다. 대학이나 전문 교육을 받게 되는 사람은 극소수이니까 이 사람을 표준으로 하지 말고 중등 교육만 받고 가정으로 들어가는 다수의 여자를 현재의 중등 교육보다 더 실무적 교육을 받게 하고 싶습니다.[315]

1932년 4월, 차미리사는 자신의 전 재산인 현금 일만여 원과 기타 토지 등을 합하여 일만 육천 원 가량의 재산으로 현재의 근화학교를 재단법인으로 하는 동시에 실업학교로 하겠다는 목적으로 재단법인 인가신청서를 총독부에 제출했다. 그의 나이 54세 되는 해였다.

이처럼 차미리사가 보통교육을 중심으로 하고 직업교육을 병행했던 데서 전문적인 실업교육으로 교육 방침을 전환하게 된 까닭은 다음 두 가지 이유에서였다. 하나는 교육환경의 변화다. 이제 시대가 달라져 근화여학교에서 주로 가르치는 특수한 계층에 있는 이들이 입학하는 수가 점점 줄어들기 시작했다. 1929년부터 《조선일보》 주도로 문자보급운동이 시작되었고, 1931년부터는 《동아일보》에 의해 브나로드운동이 실시되면서 많은 사람들이 적어도 보통학교교육은 받게 되기 때문이었다.

연령이 초과하여 다른 학교에 입학하지 못하는 여성들을 중심으로 가르쳤던 근화여학교는 조선 사회에서 없어서는 안 될 과도기적인 교육기관이었다. 그러나 이것도 앞으로 10년만 지나면 불필요하게 될 것이었다. 근화여학교는 이미 1928년에 야간을 폐지하고 모두 주간으로 옮겼다.[316] 근화여학교가 처한 실정을 차미리사는 다음과 같이 토로했다.

지금까지 우리학교의 입학생으로 말하면 목적이 원체 가정부인을 상대로 하고 그들에게 한자라도 가르치고자 하는 목적인 까닭에 이삼년 전까지는 년령 초과로 학교에 입학치 못한 처녀와 가정에서 살림을 하는 학생들이 있었던바 지금에 잇서서는 가정부인이 점점 주러가는 현상입니다.[317]

또 하나는 조선 여성들의 새로운 요구다. 근화여학교는 정규 학교로 인가 받은 후 보통과와 고등과를 두고 교육하여 10년 동안 졸업생 500명을 배출했다. 중등 정도의 교육을 받은 신여성이 갈 수 있는 길은 상급 학교로의 진학, 결혼을 통한 가정으로의 복귀, 직업을 통한 사회로의 진출 등 세 가지였는데, 사회로의 진출에 필요한 직업 교육의 실시를 요구하는 목소리는 날로 높아지고 있었다. 1933년 근화여학교와 같은 학력수준의 중등학교를 졸업한 여학생 761명의 진로 희망을 조사한 결과, 가정 289명(40%), 취직 108명(14.2%), 상급 진학자 322명(42.3%)이며 42명(3.5%)은 미정이었다. 근화여학교보다 고학력인 전문정도 여학교의 졸업생은 115명인데 취직 희망자가 105명으로 90%가 넘었고 상급 학교로 가려는 사람은 6명, 가정으로 돌아가려는 사람은 겨우 2명뿐이었다.

여자가 일할 기관이 적고 활동 범위가 제한된 당시 실정에서 원하는 대로 취직될 것이라 보기는 어렵지만 직업을 원한다는 사실만은

기쁨의 졸업생들
여자가 일할 기관이 적고 활동 범위가 제한되어 있던 당시 실정에서 원하는 대로 취직될 것이라 보기는 어렵지만 적어도 여성이 직업을 원한다는 사실만은 분명했다. 1933년 중등학교를 졸업한 여학생의 진로 희망을 조사한 결과, 가정 40%, 취직 14.2%, 상급 진학 42.3%였다. 고학력인 전문정도 여학교의 졸업생은 취직 희망자가 90%가 넘었다.

분명했다.[318] 따라서 직업을 얻어 사회에 진출하고자 하는 여성들의 열망에 부응할 필요가 있었다. 차미리사는 "생활 안정을 위한 실제적 교육이 아니면 조선을 위한 참된 가르침이 아니다"라고 했으며,[319] 이러한 맥락에서 늘 경제의 중요성을 가르쳤다. 그저 학생들에게 글만 가르치는 것이 아니라, 졸업한 후에 양복점원이 되더라도 옷감의 성질을 잘 알고, 은행에 취직해서는 주산이라도 똑똑히 하며, 장사나 농사나 살림이나 어느 방면에서라도 능히 감당해낼 수 있는 실제적인 능력을 갖추도록 교육시키려는 것이었다. 그러나 보통교육이 중심이 되는 근화여학교로는 전문적인 실업교육기관에 비해 경쟁력이 떨어질 수밖에 없었다.

> 그런 까닭에 졸업생이라고 하야 다른 학교와 가티 취직한 여자는 참으로 드뭄
> 니다. 작년에 잇서서 직업녀성으로 나아간 사람이 좀 잇는 모양인데 상점이나
> 간호부로 간 학생이 더러 잇고 가정부인 이외에는 상급학교에 입학한 사람도
> 잇습니다.[320]

보통교육기관인 근화여학교를 전문적인 실업교육기관으로 전환하려는 차미리사의 교육방침은 시대적 요구에 부응하기 위한 불가피한 조치였다. 이러한 방침에 대해 많은 이들이 "가장 적절한 시기에 적합한 사업"이라고 칭송했다. 지난 10여 년간 보통교육에 힘써온 차미리사는 교육 방침을 전문적인 실업교육으로 바꾸고 학교 설비도 이에 걸맞게 새롭게 확충하여 1932년 재단법인 인가 신청을 했다. 여자도 직업을 가질 수 있도록 실제교육을 시키려는 것으로, 시대의 흐름에 적합한 학교를 만들려는 계획이었다.

그런데 압흐로는 여자에게도 무엇보담도 《빵》 문제를 해결하게 되며 가정에서도 자긔가 수학적으로 가정경제를 도모하도록 되어야 할 것입니다. 그럼으로 작년에 근화녀학교를 여자의 실업 긔관으로 하기위하야 지금 상업학교가 잇지만 좀 달리하야 실업학교로 인가를 엇고자 하엿든 바 당국에서 먼저 무엇보다도 경제문제를 압세우며 재단법인財團法人으로 하라 함으로 지금까지 각 방면으로 활동 중에 잇습니다. 그리하야 금년 내로는 긔여히 여자실업학교로

법인 인가된 근화여학교와 김 교장
보통교육기관인 근화여학교를 전문적인 실업교육기관으로 전환하려는 차미리사의 교육 방침은 시대적 요구에 부응하기 위한 불가피한 조치였다. 이러한 방침에 대해 많은 이들이 "가장 적절한 시기에 적합한 사업"이라고 칭송했다. 마침내 1934년 2월 8일, 근화여학교는 재단법인 근화실업학원으로 인가받았다.

하야 개교한 후 조선녀자들에게 실제적으로 실업지식을 너어주랴는 것이 금
년도의 저에게 둘도 업는 큰 계획입니다.[321]

마침내 1934년 2월 8일, 근화여학교는 재단법인 근화실업학원槿花
實業學園으로 인가받았다. 그동안 모은 차미리사의 사유 재산과 학교
재산, 사회 유지의 원조로 10만 원의 거금을 모아 재단법인 인가원을
당국에 제출하여 마침내 인가를 받은 것이다. 그의 나이 56세 되던
해의 일이었다.

근화여학교의 재산을 재단법인 근화실업학원으로 성공적으로 옮
기는 데에는 초대 이사인 이인李仁이 중심적인 역할을 해주었으며 김
성수, 윤치호 등이 적극적으로 후원했다. 재단법인 근화실업학원의
임원에는 이사장 차미리사를 비롯하여 이인, 독고선, 김용규, 장병량
등이 이사로 취임했다. 민족주의계를 대표하는 인사들이 재단법인
설립에 참여한 것은 학교를 자력으로 설립·운영하려는 차미리사의
고투를 지지·후원한다는 의미를 지니고 있었다. 전문화된 실업교육
기관의 설립이라는 숙원사업을 이룬 차미리사는 그 의의를 다음과
같이 말했다.

이인李仁(1896~1979). 이인은 1923년 변호사 시험에 합격, 변호사를 개업
하고 많은 애국인사들을 법정에서 변호했으며, 1927년 조선변호사협회장
에 선임되었다. 이인은 근화여학교의 재산을 재단법인 근화실업학원으로
성공적으로 옮기는 데 핵심적인 역할을 수행했으며, 그 공로로 근화실업
학원 초대 이사가 되었다. 이인은 1942년 조선어학회朝鮮語學會사건으로
복역 후 1945년 8·15광복과 더불어 대법관이 되어 대법원장 직무대리를
역임하고 1946년 검찰총장이 되었다. 1948년 정부수립 때 초대 법무부 장
관으로 발탁되어 많은 일을 했으나 대통령 이승만과 불목不睦, 퇴임하고 그 해 제헌국회의원制憲國會議
員에 당선되어 반민족행위특별조사위원회 위원장으로 활동했다.

이번 실업학교로 다시 내용을 변경한 것은 일반 조선 여성들의 새로운 요구에 의하여 조선 여자들에게 무엇보다도 필요한 생활 의식 다시 말하면 경제와 및 상업에 관한 지식을 보급시키어 여자로서도 능히 독립한 경제적 생활을 할 수 있도록 하려는 것이 그 목적입니다. 그리하여 4월 신학기부터는 실업학교로서의 생도를 모집하게 되었는데 물론 그 교육 방침은 조선 여자들의 실제 생활에 즉한 실업교육입니다.[322]

재단법인 근화실업학원 설립은 "생활안정을 위한 실제적 교육이 아니면 참된 가르침이 아니다"라는 차미리사의 교육철학이 반영된 새롭고도 진취적인 결정이었다. 또한 재단법인 근화실업학원의 인가는 1934년 조선 중등여자교육계에서 이루어진 가장 이채를 띠는 일의 하나로 평가받았다.[323]

자아를 잃은 곳에 무슨 참된 아내가 있으며 진실한 어머니가 있겠습니까

1934년 재단법인을 설립한 차미리사는 근화여학교를 근화여자실업학교로 변경하기 위해 모든 설비를 완성하여 당국에 인가원을 제출, 1935년 2월 7일 근화여자실업학교로 정식 인가받았다.[324]

새 출발한 근화여자실업학교 학생들은 교복으로 여름에는 하얀 블라우스에 감색 스커트를 입고 흰 양말을 신었다. 겨울에는 수박색 스웨터에 역시 감색 스커트를 입고 검정 양말을 신었다. 학교를 상징하는 교표는 푸른색 둥근 바탕 속에 보랏빛 무궁화가 그려져 있고 그 꽃

속에 '實' 자가 박혀져 있었다. 푸른 바탕은 무궁화 잎사귀로서 희망과 진실을 상징하고 무궁화는 학교의 이름을 나타냈으며 조선을 의미하는 것이었다.[325]

교장 차미리사는 학생들이 학교를 마치고 나면 완전한 직업을 가진 여성이 될 수 있도록 가르쳤다. 차미리사는 항상 학생들에게 취직 전선에서 남자를 이겨야 한다고 역설했다. 그래서 학교운동장을 닦는다든지 그 외에 학교에 무슨 남자가 할 일이 생겨도 사람을 쓰지 않고 여학생들이 몸소 하도록 했다.[326] 그리고 근화여자실업학교 1회 졸업생을 배출하는 1936년에는 학교 분위기를 새롭게 한다는 의미에서 학교 문패도 낡은 '金美理士'라는 문패는 떼어버리고 '車美理士'라는 새 문패로 갈아 써 붙였다.

여사가 성을 차씨로 고치고 민적에 까지도
수속을 마치게 된 동기는 무엇 때문인가 하
면 여사로서는 적년동안 심력을 다하는 근화여
학교를 언제든지 완전한 중등학교로 만들어 경영하여
보리라 하고 결심을 하여 오던 끝에 오랫동안의 숙망

근화여자실업학교 새 간판과 김 교장
1934년 재단법인을 설립한 차미리사는 근화여학교를 근화여자실업학교로 변경하기 위해 모든 설비를 완성하여 당국에 인가원을 제출, 1935년 2월 7일 근화여자실업학교로 정식 인가받았다. 재단법인 근화실업학원 설립은 "생활안정을 위한 실제적 교육이 아니면 참된 가르침이 아니다"라는 차미리사의 교육철학이 반영된 새롭고도 진취적인 결정이었다. 또한 재단법인 근화실업학원의 인가는 1934년 조선 중등여자교육계에서 이루어진 가장 이채를 띠는 일의 하나로 평가받았다.

을 달하야 근화여자실업학교의 인가를 얻어 경영하게 되었다. 이 새 학교를 경영하게 됨에 따라 과거 사십여 년 동안 세상에 넓이 전파되어 오던 그의 성도 고쳐서 차씨라는 새 성을 행사하여 발전하여가는 새 학교와 운명을 같이한다는 열정에 끓어나는 결심에서 자기 성자까지 변하야 기분을 일신케 하자는 것이라고 한다.[327]

차미리사가 "나의 본성은 뚜렷한 연안 차씨" 라고 밝힌 것은 약 10년 전의 일이었다. 그러나 "지금 와서 다시 차씨로 행세하기는 도리어 새삼스러운 일 같아서 아직 그대로 행세를 한다"며, 이후로도 계속 김미리사로 사회 활동을 해왔다. 그리고 자신이 남편 성을 따른

근화여자실업학교 졸업생
새 출발한 근화여자실업학교 학생들은 교복으로 여름에는 하얀 블라우스에 곤색 스커트를 입고 흰 양말을 신었다. 겨울에는 수박색 스웨터에 역시 곤색 스커트를 입고 검정 양말을 신었다. 학교를 상징하는 교표는 푸른색 둥근 바탕 속에 보랏빛 무궁화가 그려져 있고 그 꽃 속에 '실實' 자가 박혀져 있었다. 푸른 바탕은 무궁화 잎사귀로서 희망과 진실을 상징하고 무궁화는 학교의 이름을 나타냈으며 조선을 의미하는 것이었다.

까닭은 약자인 여자로 태어났기에 여필종부라는 옛 습관에 의지했고 또한 여자가 남편의 성을 따르는 서양의 기독교 관습에 따랐기 때문이라고 했다.[328] 그러다가 근화여자실업학교 설립을 계기로 지난 40여 년 동안 행세해오던 남편 성과 이별하고 본래의 성으로 복귀했다. 근화여자실업학교 1회 졸업생부터는 졸업장에 '차미리사'라는 이름으로 서명하여 수여했다.[329] 그리고 언론에 기고하는 글도 '차미리사'라는 이름으로 했다. 자아 확립을 위한 실업교육을 실시하면서 자신이 솔선하여 뿌리를 바로잡는 모습을 보여준 것이었다.

1936년 근화여자실업학교를 졸업하는 1회 졸업생은 20명이었다. 전문적인 실업교육을 시킨 결과 졸업생 가운데 7명(백화점 3명, 회사 1명, 체신국 3명)이 취직하고 상급학교에 3명, 나머지는 가정으로 들어가기로 했다.[330]

차미리사는 근화여자실업학교 1회 졸업생들에게 자립하며 자아를 잃지 말도록 당부했다.

학창으로 떠나는 여러분들은 다―각각 자기의 형편에 따라서 가정으로 상급학교로 혹은 직업전선으로 이렇게 진출하고 있습니다. 어디로 가든지 누구나 자기의 하는 일에 충실해야 가장 마땅한 일일 것은 두말할 것도 없겠으나, 부탁하고 싶은 말씀은 가정보다도 상급학교보다도 오직 직업전선에 나서서 사회와 싸우라는 것입니다 …… 우리는 너무나 오랫동안 자아를 잃어버리고 있었습니다. 단지 남의 종속물로서 노예의 생활을 해왔던 것입니다. 여자도 인간인 이상―자기도 이 사회를 구성한 한 분자라는 것을 의식한다면 남의 기생자가 될 필요가 없을 것을 절실히 느껴야 하겠지요 …… 결혼만 하면 직업이고 무엇이고 다 집어치우는 여성들을 우리는 많이 목격할 수 있습니다. 그러기에 여자는 결혼이 안전취직安全就職이라는 말까지 듣게 되는데요. 이러한 여성들은 교육 없는 여성들보다 오히려 가정에 들어가서도 집치장이나 몸치장에 분주해 책 한 줄 읽을 생각 없이 지낼 것이며 기생충 노릇을 할 것이라고 생각하게 됩니다 …… 물론 결혼이란 것이 무지몽매한 원시시대에서부터 우리 인생에게 존재해 있었던 만큼 누구나 그 길을 피할 수는 없을 것입니다마는 여러분은 결혼보다도 먼저 현명한 여성이 되기를 바랍니다. 자아를 잃은 곳에 무슨 참된 아내가 있으며 진실한 어머니가 있겠습니까? 위에서 말씀한 것을 또 한 번 반복하는 것 같아서 웃읍니다마는 여러분은 결혼준비하기 위

근화여자실업학교 1회 졸업생
1936년 근화여자실업학교를 졸업한 1회 졸업생은 20명이었다. 전문적인 실업교육을 시킨 결과 졸업생 가운데 7명이 취직하고, 상급학교에 3명, 나머지 10명은 가정으로 들어가기로 했다. 차미리사는 졸업생들에게 "여러분은 결혼준비하기 위해서나 생활이 군색함으로써 부득이 직업을 가지는 이가 되지 말고, 내 생활은 내 손으로 개척해나간다는 굳은 신념을 가지고 사회와 싸우는 동시에 사회를 알고 자기를 알도록 노력하십시오"라고 하여, 여성의 자립을 강조했다.

해서나 생활이 군색함으로써 부득이 직업을 가지는 이가 되지 말고 내 생활은 내 손으로 개척해나간다는 굳은 신념을 가지고 사회와 싸우는 동시에 사회를 알고 자기를 알도록 노력하십시오.[331]

1937년은 계속되는 호경기와 미증유의 예산팽창에 따라 관청, 은행, 회사, 상점 등이 일제히 보조를 맞추어 업무를 확장한 관계로 인원 채용이 많아 실업학교 졸업생의 황금시대라 불렸다. 근화여자실업학교 2회 졸업생은 16명 가운데 6명이 취직했다.[332]

1938년 근화여자실업학교가 배출한 3회 졸업생은 53명이었다. 여자실업학교로 인가받은 뒤로부터 계산하면 1회 졸업이라 할 수 있으나 그전부터 편입하여 졸업장을 주었으므로 3회 졸업이 되었다. 이들의 진출을 지망별로 따져보면 취직 13명, 상급학교 5명, 가정 23명이었다.

여자직업전선에 출전할 53명의 실업가
근검과 착실함을 일관된 기조로 삼는 근화여자실업학교 학생들은 은행, 회사, 금융조합 등 여러 기관에서 열심히 일했다. 1938년 근화여자실업학교가 배출한 3회 졸업생은 53명이었다. 이들의 진출을 지망별로 따져보면 취직 13명, 상급학교 5명, 가정 23명이었다.

근검과 착실함을 일관된 기조로 삼는 근화여자실업학교 학생들은 은행, 회사, 금융조합 등 여러 기관에서 열심히 일했다. 근화여자실업학교는 1938년 여름 방학에 학교를 확장할 계획을 세웠다. 지금의 1,000여 평되는 자리에다가 건평 700평의 4층 양옥으로 교사를 신축하여 내용을 쇄신하고 학생도 한 학급 50명이던 것을 두 학급 100명으로 늘일 계획이었다.[333]

　　1938년 10월 14일, 총독부의 압력으로 근화여학자실업학교는 덕성여자실업학교德成女子實業學校로 이름을 바꿨다.

　　1939년 덕성여자실업학교는 4회 졸업생 54명을 배출했다. 재정난으로 작년에 세웠던 교사 신축 계획을 실행에 옮기지는 못했으나 어려운 교육 여건 속에서도 졸업생

덕성여자실업학교(하)
1939년 덕성여자실업학교는 4회 졸업생 54명을 배출했다. 재정난으로 교사 신축계획을 실행에 옮기지는 못했으나 어려운 교육 여건 속에서도 졸업생 가운데 거의 대부분이 취직을 하는 좋은 성과를 거두었다. 이처럼 실업학교 졸업 여학생이 각 방면에서 큰 환영을 받은 까닭은 사무에 잘 적응할 뿐만 아니라 남성보다 적은 급료를 주어도 크게 불평하지 않기 때문이었다.

덕성여자실업학교(상)
1940년 덕성여실 5회 졸업생은 작년에 비해 취직하는 학생이 적고 가정으로 많이 돌아갔다. 총 49명의 졸업생 가운데 13명이 취직했고, 4명은 상급학교에, 나머지 32명은 가정으로 돌아갔다. 졸업생 대부분이 가정으로 돌아가게 된 까닭은 작년에는 백화점 같은 데 많이 취직되었지만 금년에는 일체 그런 곳이 없기 때문이었다.

가운데 거의가 다 취직을 하는 좋은 성과를 거두었다. 이처럼 실업학교 졸업 여학생이 각 방면에서 큰 환영을 받는 까닭은 사무에 잘 적응할 뿐만 아니라 남성보다 적은 급료를 주어도 크게 불평하지 않기 때문이었다. 덕성여자실업학교 학생들은 특히 주판과 타이핑을 잘했고 실습에도 강했다. 학생들이 백화점과 그밖에 큰 상점에 여점원으로 많이 취직한 까닭에 학교에 판매부를 만들어 놓고 물건 파는 일을 직접 실습했는데 이는 다른 학교에서는 볼 수 없는 광경이었다.[334] 덕성여자실업학교 학생들은 활발하고 씩씩하면서도 셈이 분명했다. 실사회에서 실질적으로 쓰일 수 있도록 가르친 결과 학생들이 셈에 밝고 학교 안에 판매부를 두고 실습까지 하므로 사회에 나가면 그대로 실행할 수 있는 힘이 있었다.[335]

1940년 덕성여실 5회 졸업생은 작년에 비해 취직하는 학생이 적고 가정으로 많이 돌아갔다. 총 49명의 졸업생 가운데 13명(체신국 8명, 철도국 2명, 회사 3명)이 취직했고, 4명은 상급학교에 나머지 32명은 가정으로 돌아갔다. 졸업생 대부분이 가정으로 돌아가게 된 까닭은 작년에는 백화점 같은데 많이 취직이 되었지만 금년에는 일체 그런 곳이 없기 때문이었다.

현재 조선 여성에게 필요한 것은 사회에 나갈 수 있는 기술교육입니다

20세기 초 조선에서는 부국강병과 국권회복을 달성하기 위한 방편의 하나로 근로와 실업이 강조되었다. 여성교육의 목표로 여성의 직업과 실업을 중시하는 이론이 일찍이 조선인 스스로에 의해 제기되었던 것이다. 그러나 조선의 여성교육을 서양 선교사들이 주도하면서 이러한 흐름은 계승되지 못했다. 선교사들은 여성교육을 가정에서의 여성의 역할에 부수되는 것으로 이해했다. 설사 선교사들이 여성의 사회 활동에 관심을 가졌다 할지라도 그것은 남성의 조수이자 조력자로서의 위치를 강조하는 것이었다.

식민지 통치 권력은 새로이 편입시킨 영토에 대한 관심에서 근로나 실업을 강조했다. 식민 권력의 실업교육론은 이른바 보호정치시기에 유실화有實化정책으로 구체화되었다. 유실화정책은 이전의 교육을 내실이 없는 것으로 규정하고 내실 있는 교육을 위해 "실용 실무적 도야를 지향하며 단순함과 간이함을 본지"로 하는 것이었다. 보통학교에서는 필수 과목으로 실업과가 생겼고, 여성의 경우에도 "재봉 수예 가사 등에 중점을 두어 실생활에 필요한 기예를 가르친다"는 한성고등여학교의 교육 방침에서 보듯이 "여자에게 적절한 실제적 기예"를 가르치는 것에 중점을 두었다.[336]

이러한 교육 방침은 강제 병합 이후에도 계속되었다. 조선총독부 초대 총독이었던 테라우치는 1911년에 식민지 교육의 본뜻은 "공리空理를 말하고 실행을 멀리하며, 근로를 싫어하고 안일에 흐르며, 질실돈후質實敦厚의 미속을 버리고 경조부박輕躁浮薄의 악풍에 빠지지" 않는 것이라고 강조했다. 식민 지배 권력이 보통교육은 "실용에 맞는 인물을 만들기 위한" 교육으로 "예비교육이 아니라 완성교육"이라고 강조했던 사실에서 단적으로 드러나듯이, 피지배민의 노동력을 이용하기 위해 저급한 실업교육을 강조하고 강요했던 것이다.[337] 강제 병합 이후 조선총독부는 "제국 신민다운 자질과 품성"을 갖추게 하는 것이 조선교육의 방침이라고 천명했다. 이는 1911년 제1차 조선교육령 제2조에서 "교육은 교육칙어의 취지에 기초하여 충량한 국민을 기르는 것을 본의로 한다"는 조항으로 명문화되었다.[338]

일제는 조선인이 교육을 받게 되면 지식 사상이 날로 진전되어 독립심을 양성하기 때문에 식민지에서는 전문교육을 시켜서는 안 된다는 생각을 가지고 있었다. 말하자면 식민 지배를 받는 국민에게 독립심을 가지지 못하게 하면서 식민 지배를 위해 필요한 최소한도의 교육을 시켜 일찍부터 직업에 종사하도록 하겠다는 것이었다. 이것이 일제의 우민화 정책이다. 일제는 우민화 정책에 따라 한국인에게 보통학교 이상의 교육 기회를 부여하는 것에는 관심을 두지 않았다. 일제는 보통학교교육을 종결 교육으로 규정하고 보통학교를 식민 지배를 위한 교화의 중추기관으로 만드는 데 역점을 두었다. 또한 간이하고 실용적인 교육을 통해 한국인을 일본제국의 충량한 신민으로 복속시키고자 했다.[339]

반면 차미리사가 실시한 전문적인 실업교육은 일제의 우민화교육과는 근본적으로 취지가 다른 것이었다. "현재 조선 여성에게 필요한 것은 상급학교에 진학하기 위한 고등교육이 아니며, 가정에 들어앉아 현모양처가 되는 것도 아니며, 여성이 사회에 나갈 수 있는 기술교육이다"라고 생각한 차미리사의 실업교육론은 이론교육에 대비되는 실천교육이었으며 여성들의 독립 의욕을 자극하고 자립 능력을 배양시키는 데 근본 목적이 있었다. 차미리사는 조선 여성의 지위가 형편없이 낮은 이유는 여성들이 경제적으로 독립을 성취하지 못했기 때문이라고 생각했다. 여성의 사회적 지위를 경제적 관점에서 접근한 그는 여성해방을 이루기 위해서는 경제적 독립이 근본이라고 보았다. 이러한 점에서 사회주의 여성해방론자들과 입장이 같았다.

다만 차미리사는 여성의 경제적 독립을 어렵게 만드는 구조적 원인이 무엇인가 하는 문제는 천착하지 못했다. 그는 해결 방안을 사회 구조적 차원에서 제시하기보다는 여성이 실업교육을 통해 직업을 얻어 개인적으로 경제적 독립을 획득하면 된다고 보았다. 즉 여성을 억압·착취하는 자본주의 체제에 전면적으로 맞서 싸우기보다는 현 체제를 인정하는 위에서 여성 개개인의 정신적·도덕적 각성을 촉구하는 방식이었다.

한편 허정숙 등 사회주의 여성해방론자들은 여성의 지위가 열등한 이유를 사회 구조적인 문제로 접근했다. 허정숙은 여성은 경제적으로 남성에게, 즉 경제적으로 자본주의자인 남성에게 노예가 되었고 또 성적으로 남편에게 구속을 받고 있는 이중의 쇠사슬에 얽매어 있다고 보고 있었다. 그러므로 여성해방은 단지 남성을 반역하는 운동으로는 결코 승리할 수 없고 근본적으로 이러한 남성을 만들어 내는 현 사회 조직, 즉 자본주의체제를 개혁하는 운동이라야만 완전한 해방이 올 것이라는 입장이었다. 이들은 여성 억압의 근원을 해결하기 위해 자본주의 제도의 타파와 무산 계급 여성의 역할에 주목했다. 사회주의자들의 여성해방론은 여성의 도덕적·정신적 각성을 통한 인권 회복이 아닌, 여성을 억압하는 자본주의체제와 맞서 싸우면서 체제 변혁을 통해 여성 문제를 해결한다는 입장이었다.[340] 차미리사와 함께 조선여자교육회 활동을 했던 허정숙이 1924년 조선여성동우회를 창립하여 독자적인 활동을 시작하게 된 것은 이러한 입장 차이 때문이었다.

半島의 處女여
永遠無窮하라
고상하거라쑷치지말나
私立槿花女學校

歐校와標校

〈교표와 교가〉(《매일신보》 1927년 2월 9일자)

1925년 3월 근화학원을 상징하는 휘장인 교표校標가 새로 제작되었다. 학교를 창립한 이념은 3·1운동 정신이며, 학교 이름은 무궁화, 무궁화가 피어 있는 배움 동산이 학교를 상징하는 교표가 된 것이다. 교복도 무궁화와 관련지어 만들었다. 근화여학교 동복 윗저고리는 무궁화 가지와 잎잎 색을 취하여 아름답고 경쾌한 느낌을 주었다. 치마도 무궁화 빛이었다.

〈근화여학교의 특색을 발하는 율동적 운동〉
(《조선일보》 1928년 10월 12일자)

1926년 5월 근화여학교는 총독부 토목과로부터 토지 400여 평을 대부 받아 운동장도 새로 마련하여 학교다운 면모를 갖출 수 있게 되었다. 새로 마련한 운동장에는 《테니스》 코-트와 빠스켓볼, 발레볼, 기타 여학생에게 적당한 운동기구를 유감없이 설치하여 완전한 체육시설을 갖추도록 했다.

〈근화여학교 기숙사〉(《동아일보》 1928년 10월 20일자)

지방에서 올라온 학생이 머물 곳은 친척집을 빼면 하숙집과 기숙사뿐이었다. 그러나 하숙집은 풍기단속이 되지 못한다고 하여 학부형들이 기피했다. 당시 하숙집은 공부도 못하고 타락한 사람이 있는 곳이라는 인식이 팽배해 있었다. 이 때문에 학교교육에서 기숙사 설치가 특별히 강조되었다. 학생들에게 배움의 기회를 유감없이 주려면 기숙사 건립은 필수 요건이었다. 근화학원 학생은 연령상 대개 20세 이상의 여자들이었다. 20세 내외의 처녀가 학교 통학하는 일을 못마땅하게 생각하는 어른들이 많았으므로 근화학원은 특히 기숙사가 더욱 필요했다. 경비 문제로 기숙사를 크게 확장하지 못해 희망자를 전원 수용하지 못하고 면회실, 오락실, 식당을 합쳐 방이 10개 쯤 되며 사생은 15명이 거처할 수 있는 규모로 만족해야만 했다. 그러나 분위기만큼은 어떠한 부자유함도 느끼지 않도록 신경을 썼다. 아무런 부자유를 느끼지 않으며 실질적으로 자립적 생활을 하는 것이 근화기숙사의 가장 큰 자랑거리였다.

〈조선여자순극단 사십여 처에서 오천 원 기부 모집〉
(《동아일보》 1924년 1월 3일자)
순회연극단은 12월 25일 영동에서 마지막 공연을 할 때까지
사십여 일 동안 충청, 전라, 경상 등 조선 남부 스물세 고을에
서 순회공연을 하여 5천여 원의 기부금을 모금하는 등 좋은
성적을 거두었다.

〈무슨 일이든지 능히 감당할 수 있도
록〉(《매일신보》 1932년 3월 15일자)
모든 생명은 똑같이 소중하므로 남
자와 여자 사이에 존비귀천 상하의
차별이 있을 수 없다는 사실을 차미
리사는 시계에 빗대어 설명했다. 수
백 원짜리에 크고 좋은 자명종이나
수십 원에 지나지 못하는 작은 시계
나 외양과 위엄에 있어서는 크게 차
이가 있지만 일 년이라는 시간을 이
루는 목적에 있어서는 모두 똑같다
는 것이다.

〈취직난! 졸업생취직난!〉(《조선일보》 1928년 3월 8일자)
졸업생의 취직난이 날로 심각해지는 상황에서 차미리사는 실제 생활
에 필요한 기술을 가르쳐 직업을 얻을 수 있도록 하는 교육, 즉 실업교
육이 시급하다고 보았다. 실업교육은 여학생에게 특히 더 절실했다.
남성의 억압으로부터 해방되려면 무엇보다도 먼저 경제적 권리를 확
보해야 하기 때문이었다.

〈조선에 처음 설치된 녀자사진과〉(《조선일보》 1926년 4월 23일자)
조선여자교육회 안에 조선 여자에게 실업교육을 시킬 기관을 설치하겠다는 포부대로, 1926년 4월 조선에서

처음으로 여자사진과를 설치했다. 여자사진과 설치는 가정부인의 적성 배려와 직업 교육의 필요성에 대한 인식이 합치되면서 내린 결단이었다. 사진 촬영은 기술적으로든 직업적으로든 여자에게 적당한 직업이었으므로 여자사진부를 설치했던 것이다.

〈여자 사진사 이홍경씨〉
사진은 우리 인생의 중요한 순간을 기록해두는 것으로서 전문적인 기술을 필요로 한다. 화면을 잘 보고 꼼꼼한 수정 과정을 거쳐야 하는 사진 작업은 여자에게 더 적당한 직업이었다. 더욱이 여전히 내외가 심하던 당시 상황에서 구가정의 새 아씨나 규수들의 사진 촬영에는 반드시 여자 사진사를 요구했다. 차미리사가 근화여학교에 여자사진부를 신설하고 조선에서 유일한 여자 사진사 이홍경을 초빙한 것은 이러한 점들을 고려했기 때문이었다.

〈京城槿花女學校 崔善嬉孃〉(《동아일보》 1930년 3월 13일자)
차미리사의 실업교육관은 여성이 직업 가지는 것을 경원시하던 당시로서는 매우 선진적인 것이었다. 당시 일반 여성들은 일정한 직업이 없는 것을 도리어 자랑이자 마땅한 것으로 알고 있었다. 그리고 설혹 직업이 있다 해도 남편에게 종속되어 남편 직업을 보조하는 데 그칠 뿐이었다. 이러한 일반적인 사회 풍조와는 달리, 여성이 인격적으로 독립하기 위해서는 물질적 기반을 갖추어야 하며 이를 위해서는 실업교육을 통해 직업을 가질 수 있도록 가르쳐야 한다는 게 차미리사의 생각이었다. 이러한 교육 정신은 "무엇보다 경제심이 자라났다"는 졸업생의 회고담에서 잘 드러난다.

〈입학생도 격감 학교경영에도 영향〉(《동아일보》 1931년 2월 13일자)
1930년대 들어 전 세계를 휩쓴 경제공황의 여파로 조선의 교육 환경은 더욱 열악해졌다. 수업료 체납이 많아지고, 자퇴하는 학생이 급격히 증가했으며, 입학 정원을 채우지 못하는 사례가 속출했다. 이와 같이 재정 형편이 절박해지자 사립학교마다 교직원의 월급을 10퍼센트 감하거나 인원을 감축하는 등 학교 경영을 비상 체제로 전환했다. 경제공황은 안정적인 수입이 없는 근화에게 커다란 타격을 주었다.

入學生도激減豫想
學校經營에도影響
[각학교에서는 벌써 대책을 강구]
米價慘落의一面相

參加學生二千
初等校盟休別指加가顯著
學年末中의統計

〈맹휴 동요 십팔회 참가학생 이천〉(《조선일보》 1931년 3월 24일자)
1930년 들어 경제공황의 여파로 교육환경이 열악해지면서 동맹휴학이 빈발했다. 근화여학교에서도 맹휴가 일어났다. 근화여학교는 주 수입원이었던 여학생연합바자회마저 광주학생운동의 여파로 개최되지 않아 긴축재정을 하지 않으면 안 되었다. 차미리사 교장은 학교 경영의 어려움 때문에 새 학년부터 학급 축소를 단행하려 했으나 교무주임이 응하지 않자 사직을 권고했다. 교무주임 권고 사직으로 촉발된 근화여학교 맹휴는 8명의 교원이 동조 사직하고 100여 명의 학생들이 자퇴 원서를 제출하는 등 확대일로를 걸었다. 그러나 학부형회가 나서서 중재하고 학교당국이 여러 가지로 주선함으로써 퇴학원을 제출했던 많은 학생들이 등교하여 맹휴는 한 달 만에 일단락 지어졌다.

槿花校事件
校長誤解氷釋
학생들의 오해가 풀려
昨日立會辯明會로

〈근화교사건 학생들의 교장오해가 풀려〉(《동아일보》 1931년 2월 11일자)
1931년 근화여학교는 또다시 맹휴에 휩싸였다. 맹휴가 전국적으로 확산되는 사회 분위기 하에서 근화여학교에서도 교장을 배척하는 학내분규가 일어났다. 교장이 학교의 재정을 담당하는 윤근 선생이 비리가 있다 하여 권고사직시킨 것이 사건의 발단이었다. 교원의 퇴직으로 말미암아 교장배척운동이 일어나고 다시 동맹휴교로까지 확대되자 근화여학교 교원 일동은 각 방면의 교육 관계자와 각 신문사의 대표자를 초청하여 중재를 요청했다. 이에 조선 사람이 경영하는 몇 안 되는 교육기관에서 맹휴와 같은 불상사가 발생한 것은 유감천만의 일이라 하여 윤치호, 이광수 등 사회 유지와 언론 관계자들이 중재에 나섰다. 그리고 이들의 노력으로 맹휴는 원만히 해결되었다. 근화여학교에서 일어난 두 차례의 맹휴는 경제공황으로 학교경영이 위기에 봉착하자 교원감축을 통해 경영난을 타개하려는 가운데 발생한 사건이었다.

《동아일보》 1935년 3월 6일자

金美理士女史
祝賀會盛況
◇感謝에인金女史의말辭◇
昨夜 雲集四百餘名

《매일신보》 1935년 3월 6일자

金美理士女史의
教育事業祝賀會
昨夜에盛大히擧行

《조선일보》 1935년 3월 6일자

金美理士女史
紀念祝賀會
靑年會舘의盛觀

차미리사 교육사업 10년 축하회

1934년 차미리사는 10만 원을 들여 근화여학교를 재단법인으로 만
드는 데 성공했다. 이듬해 차미리사의 교육사업 성공을 축하하는
행사가 중앙기독교청년회관YMCA에서 열렸다. 험난한 현실을 뚫
고 근화여학교를 재단법인 근화여자실업학교로 완성한 차미리사의
공로를 기리기 위한 모임이었다. 교육운동가 박인덕의 사회로 열린
이날 축하회에는 400여 명이 운집하는 큰 성황을 이루었다.

〈"女性이 만이 와서 文盲의 女子
를啓蒙식엿스면" 槿花實業女校
長金美理士氏〉(《조선일보》
1934년 6월 23일자)
1932년 4월, 차미리사는 근화학
교를 재단법인으로 하는 동시에
실업학교로 하겠다는 목적으로
재단법인인가신청서를 총독부
에 제출했다. 차미리사가 보통교육에서 전문적인 실업교육으로 교
육 방침을 전환한 까닭은 교육환경의 변화 때문이었다. 1929년부
터 《조선일보》 주도로 문자보급운동이 시작되었고, 1931년부터는
《동아일보》에 의해 브나로드운동이 실시되면서 많은 사람들이 적
어도 보통학교교육은 받게 되었다. 이 때문에 근화여학교에서 주
로 가르치는 특수한 계층에 있는 이들이 입학하는 수가 점점 줄어
들기 시작했다.

〈교운 융창전기로 김성을 양기, 차씨로!〉(《조선일보》 1936년 2월 19일자)
근화여자실업학교 1회 졸업생을 배출한 1936년, 차미리사는 학교 분위기
를 새롭게 한다는 의미에서 학교 문패도 낡은 '김미리사金美理士'라는 문
패는 떼어버리고 '차미리사車美理士'라는 새 문패로 갈아 써 붙였다. 근화
여자실업학교 설립을 계기로 지난 40여 년 동안 행세해오던 남편 성과 이
별하고 본래의 성으로 복귀한 것이다. 그리고 근화여자실업학교 1회 졸
업생부터는 졸업장에 '차미리사'라는 이름을 서명하여 수여했다.

〈지행의 일치, 차미리사〉
(《매일신보》 1936년 4월 18일자)
여성 자립에 기초가 되는 실업교육을 본격적으로 실시하면서 남편
성과 이별하고 본래의 성으로 복귀한 차미리사는 언론에 기고할 때
도 '김미리사'에서 '차미리사'로 이름을 바꾸었다. 그 첫 번째가
1936년 4월 18일 《매일신보》에 실린 〈知行의 一致〉라는 글인데, 이는
차미리사라는 이름으로 기고한 최초의 글이다.

근화여학교 김미리사(《시대일보》 1926년 5월 28일자)

차미리사는 학생들에게 가난한 동포의 삶을 한시도 잊지 말도록 가르쳤을 뿐 아니라, 자신의 삶도 늘 그들과 함께 했다. 안국동 근화여학교를 찾아간 한 신문 기자는 "누구든지 그의 거처하는 방에 들어가 그의 생활을 구경하고 그와 한 시간 동안만 이야기하고 나면 한줄기의 눈물을 흘리지 않을 이가 없을 줄 안다. 오십이 넘은 중노인이 희뜩희뜩 솟아 나오는 백발을 쓰다듬어가면서 일초도 쉬지 않고 활동하고 있다"고, 차미리사의 생활을 소개했다.

5 한순간도 조선 민족을
잊은 적이 없다

만경창파 성난 물결을
일엽편주로 건너듯

우리나라 근대 여성교육기관의 대부분은 외국인 선교사나 왕실 또는 남성 선각자의 도움으로 설립되었다. 19세기말 한국을 찾은 선교사들이 가장 먼저 착수한 것은 교육 사업이었다. 그들은 누구보다 먼저 여성교육에 많은 관심을 가졌다. 한국에서 자녀 교육에 가장 많은 역할을 하는 여성이 기독교인이 된다면 그 자녀 또한 기독교인이 될 것으로 생각했기 때문이다. 선교사들은 이러한 이유로 남학교를 세우면 반드시 여학교를 함께 세우는 남녀병립주의를 채택하여 학교를 설립했다.[341] 서울의 3대 기독교학교인 배화(감리교), 이화(감리교), 정신(장로교)은 서양 선교사들이 세운 교육기관으로 서양 사람의 재력에 힘입어 경영되었다.

한편 왕실에서도 교육을 통해 국운을 회복하려고 학교를 세웠다. 숙명과 진명여학교는 1906년 고종의 계비인 엄비嚴妃가 많은 자금을 희사하여 창설한 학교이며, 관립경성여자고등보통학교인 여고女高는 관립한성고등여학교의 후신이다. 이들 학교는 정부 또는 왕실로부터 재정적 지원을 받고 있었다.[342]

조선 사람의 손으로 설립되고 조선 사람의 손으로 가르치는 민족적인 학교는 근화와 동덕이 있었다. 순수 민간 자본에 의해 설립된 동덕은 1908년 3월 원남동 김인화 여사의 집에서 동덕여자의숙으로 시작되었다. 같은 해 4월 청년 조동식이 종로 소안동에서 6명의 여학생을 모집하여 야간부 동원여자의숙을 시작했다. 1909년에는 동덕여자의숙과 동원여자의숙이 병합되어 동덕여자의숙이 되었다. 이처럼 민간 여성과 청년 학생이 시작한 동덕의숙은 천도교의 도움을 크게 받았다. 춘강 조동식이 의암 손병희에게 도움을 요청하자, 의암은 조선 장래를 위해 여자교육을 크게 일으키는 것이 가장 긴급한 일이라 하고 개인적으로 매월 적지 않은 보조금을 주었다. 천도교는 동덕의숙의 학교 건물까지 마련해주었다. 이리하여 1911년 동덕의숙은 손병희를 초대 설립자로 했으며 1914년에는 경영권을 천도교에 양도했다. 하지만 천도교는 3·1운동에 주도적으로 참여했다는 이유로 일제의 탄압을 받아 3대 교주 손병희가 물러나고 교세가 위축되어 재정에 심한 압박을 받게 되었다. 이에 1923년 천도교는 동덕의 경영권을 포

동덕여자의숙
조선 사람의 손으로 설립되고 조선 사람의 손으로 가르치는 민족적인 학교로는 근화와 동덕이 있었다. 순수 민간 자본에 의해 설립된 동덕은 1908년 3월 원남동 김인화 여사의 집에서 동덕여자의숙으로 시작되었다. 같은 해 4월 조동식이 종로 소안동에서 야간부 동원여자의숙을 시작했다. 1909년에는 동덕여자의숙과 동원여자의숙이 병합되어 동덕여자의숙이 되었다.

기하기에 이르렀다.

이리하여 동덕여학교는 10년 안에 재단법인을 설립하지 않으면 사립 각종학교로 떨어지는 긴박한 사정에 처하게 되었다. 이 경우 졸업생들은 학력과 자격을 공식적으로 인정받을 수 없게 된다. 바로 그때 민간인 유지인 학봉 이석구가 충남 보령 등에 있는 시가 25만 원에 상당하는 토지를 희사했다. 이에 동덕여학교는 5만 원 상당의 학교 부지와 건축물 등을 합하여 총재산 30만 원으로 1926년 재단법인을 설립하기에 이르렀다.[343] 동덕여학교는 1910년대에는 천도교의 도움으로, 1920년대에는 뜻 있는 민간 유지의 도움으로 비교적 큰 어려움 없이 학교를 운영할 수 있었다.

반면 근화는 민간인이 세운 여학교라는 점에서는 동덕과 동일하지만 가부장적 억압이 여전한 시대적 상황에서 여성이 설립하여 학교 운영의 책임을 전적으로 맡고 있었다는 점에서 동덕과 달랐다. 또한 근화는 여성들이 전국을 순회하며 계몽운동을 벌인 성과로 창립되었다는 점에서 조선에서 유례를 찾아보기 힘든 독보적인 존재였다. 조선 13도를 통틀어 여성교육기관이 몇 개에 지나지 않으며, 순 조선적인 곳은 더욱 드물었는데, 그 가운데서도 근화는 민중의 피와 땀으로 세워진 유일한 학교였다.

본래 그 학교[근화여학교]는 어떤 개인 혹은 일부 인사의 경영하는 사업이 아니요 다만 김미리사 여사 이외 몇 분 동지의 뜨거운 정성으로 만여 리의 땅을 밟고 칠십여 곳 고을을 찾아 이천만 조선 민족의 가뿐한 주머니 속에서 푼푼전전을 긁어모아 된 것입니다. 조선 십삼 도를 통 털어 볼 지라도 여자의 고등교육기관이 몇 개에 더 지나지 못하지마는 순 조선적인 곳은 더욱 몇이 되지 못

한 터에 이 학교는 그 가운데의 하나입니다.[344]

차미리사는 전국순회강연을 통해 "우리는 사람이다. 여자도 사람이다. 사람이면 사람다운 삶을 살아야 할 것이요, 사람다운 삶을 살려면 첫째 알아야 되겠고 배워야 하겠다. 남자의 노리갯감 남자의 노예 노릇을 하던 케케묵은 시대는 벌써 지난 지 이미 오래이다"라고 부르짖어, 여성이 인격에 눈을 뜨고 개성을 확립하는 것을 학교 설립의 근본정신으로 삼았다.

여성의 자립심을 강조하는 근화여학교의 교육은 학생들에게 많은 영향을 주었다. 근화여학교 학생 전영숙은 만일 언론계에 취직한다면 "붓과 행동을 같이 하겠다"며, 자신의 각오를 다음과 같이 피력했다.

내가 여자니까요. 만일 기자가 된다면 자립적으로 하겠습니다 …… 자립적으로 남의 지도를 받지 않고 잘되던 못 되었든 내 힘으로 모든 것을 취급하여 보고 싶은 생각이 있습니다. 그리고 나라는 인간은 그 사업에 희생하겠습니다. 가정과 사적 향락도 떨쳐 버리고 전심전력을 바쳐서 일하고 싶습니다. 자기 한 사람이 그 일을 하지 않으면 전부가 어그러진다는 생각을 가지고 일하겠습니다.[345]

오로지 차미리사 개인의 노력에 의해 운영되던 근화여학교는 재정 조달에 많은 어려움을 겪지 않을 수 없었다. 일제의 사학에 대한 탄압이 날로 가중되어가는 식민지 시대에 조선인의 힘으로 세운 사립학교는 모두 재정 압박으로 고심하고 있었다. 공립학교의 경우 학교 설립비용과 운영비용 등을 총독부에서 지원받았으나 사립학교는 개인이 부담해야 했다. 따라서 사립학교는 공립학교에 비해 경영난에 빠질 가능성이 훨씬 높았다. 더욱이 근화여학교의 경우 외국 선교회의 보조를 받는 것도 아니고, 토지 재산 등을 통한 안정적인 수입도 없으며, 총독부의 보조금도 받지 못했으므로 모든 비용을 독자적으로 마련해야만 했다. 일정한 수입이라고는 한 푼도 없으니 학교를 경영해 나갈 일이 아득할 뿐이었다. 교장 차미리사는 학교 운영의 어려운 실정을 다음과 같이 털어놓았다.

우리 학교는 아시다시피 벌써 십 년 전 기미년 당시에 창설하였는데 천신만고로 겨우 이만큼 발전을 보게 되고 현재는 직원 열 두 사람에 삼 백 여명이나 되는 학생을 기르고 있습니다마는 내면을 들여다보면 역시 경영난으로 말이 아닙니다 …… 학교 집을 지은 돈만 하더라도 이만 여 원이나 되는 큰돈을 안고 있어 이제까지 갚지를 못하고 연년이 이자로만 이천 원 씩이나 은행에 물어갑니다. 그러니 무슨 여유가 있겠습니까? …… 기본 재산이 없이 분필자루와 빈 칠판만 가지고 교육 사업을 하려는 것보다 더 곤란한 일은 없을 줄 압니다. 그렇지만 그것은 인력으로 억지로 할 수 없는 일이니 안빈낙도를 할 수밖에 없지요.[346]

실정이 이러했으므로 스스로의 힘으로 학교운영 경비를 마련하느라 연극회나 음악회 등을 열기 위해 수선을 떨지 않을 수 없었다.

(근화여학교는) 수선장이 학교라는 별명이 있다. 연극입네 음악입네 무업네 무업네 하고 늘 수선스런 짓을 한다고 수선장이 학교라고 그러지만 그것은 경비 부족한 여학교로서는 어쩔 수 없는 일이고 …… 여기 출품한 것을 보면 수선

은커녕 얌전하기도 상당히 얌전하다.[347]

'수선장이 학교'라는 별명은 부끄럽다기보다는 오히려 근화여학교의 자력갱생하는 모습을 보여주는 자랑스러운 별명인 것이다. 이처럼 교장이 경비 문제로 노심초사하는 것을 보고, 교직원들은 적은 봉급에 불만이 많았지만 감히 말을 꺼낼 엄두도 내지 못했다. 학생들은 학생들대로 학교 기숙사의 경영이 '너무 굼튼튼하다[성질이 굳어서 재물을 아끼고 튼튼하다]'고 투덜거렸다. 학교운영경비는 항상 부족하고 봉급이 적어 마땅한 선생을 구하지 못해 안타깝고 괴롭기도 했지만, 차미리사는 늘 "죽는 순간까지 나는 무엇이고 사회에 유익한 일을 하겠다"는 마음가짐으로 근화여학교를 흔들림 없이 운영해 나갔다. 이러한 고마움을 한 졸업생은 다음과 같이 표했다.

풍족치 못할 경비로라도 어떻게 하면 묘하게 경영해 나갈까 하시며 주야학교 살림살이에 열중하시는 교장선생을 비롯하여 전연 노력과 과로로써 앞뒷일을 절조 있게 거두어 나가시려는 여러 선생님들의 공력을 잘 알고 있습니다. 어느 학교 선생님에게 비하던지 우리 선생님처럼 과도하게 정력을 쓰시는 분은 없으시리라고까지 생각됩니다.[348]

가난한 중에도 삼백 명이나 되는 어린 학생들이 자신의 그늘 밑에서 몸이 장성해지고 학업이 날로 늘어가는 것을 보는 것이 차미리사의 기쁨이요 위안이었다. 특히 학생들의 "우리 학교는 특히 우리조선 민간에서 경영하는 것인 고로 사제 간 정의가 두텁고 한집안 가튼 느낌이 잇서서 좋습니다"라는 말은 교장에게 더 없이 큰 힘이 되었다.

근화는 설립 과정이 그러했듯이 운영 역시 순전히 차미리사의 눈물겨운 희생과 정력적인 경영에 힘입어 이루어지고 있었다. 세상 사람들은 근화학교가 남의 원조를 받지 않고도 운영되는 것을 보고 그야말로 '기적'이라고까지 했다.

근화학교는 오늘날까지 조금도 남의 아무런 원조 없이 만경창파 성낸 물결 속을 일엽편주로 노질해 건너가듯이 천신만고하며 겨우겨우 유지되고 있음을 알 것이다. 어떤 사람이 일찍이 기자에게 근화여학교가 유지되어 가는 것을 보면 이 세상에 기적이란 것이 있기는 있는 것이야 하고 말하는 것을 들었다.[349]

그러나 이는 겉만 보고 천신만고 끝에 학교를 운영하는 모습은 보지 못하고 하는 말이다. 근화가 만경창파의 어려움을 헤쳐 나갈 수 있었던 것은 단순한 기적이 아니라 차미리사의 영웅적 희생 덕분이었다. 차미리사는 음악회, 강연회, 토론회, 바자회 등에서 얻은 수입으로 학교 운영 경비를 충당하는 등 억척에 억척을 부리고 모든 정열을 바쳐 근화를 이끌고 나갔다. 이러한 차미리사의 헌신적인 노력과 불굴의 정신력은 많은 이들에게 감동을 주었다.

물밀듯하는 구경꾼

근화여학교가 '순 조선적인 학교'라는 자랑스러운 전통을 유지하기 위해서는 재정 독립이 필수적이었다. 학부모 육성회나 지역 유지들의 후원도 있었으나 한계가 있을 수밖에 없었다. 자력갱생을 위한 방안을 마련해야만 했다. 차미리사는 대중들에게 새롭게 각광받기 시작하는 연극에 주목했다.

근대를 대표하는 문학이 소설이었다면 근대를 대표하는 예술은 연극과 영화였다. 극장에 관객을 모아놓고 무대에서 배우들이 연기를 펼치는 연극은 지금까지 조선에는 존재하지 않았던 새로운 대중오락이었다. 뿐만 아니라 연극은 민중의 마음을 교화하는 능력이 있었다. 연극은 사람들에게 원기를 고취하고 생명력을 불어넣어주고 희열을 주어서 잠재능력을 발굴하는 힘이 있었다. 연극에는 당대의 민중사상을 좌지우지하는 잠재력이 있었던 것이다. 그러나 1920년까지만 하더라도 연극은 대중예술이 되지 못했다. 사회의 상류층 인사나 명망가 실업가 등은 극장에는 불량배가 가는 곳이라 하여 발도 들여놓지 않았으며, 또는 극장에 갈지라도 아는 사람을 만날까 조마조마 하면서 몇 시간을 기다리곤 했다. 연극이 재미있고 또 흥미가 없는 것은 아니나 공연장은 불량배나 가는 곳으로 인식된 까닭에 그러한 무리로 낙인찍힐 것이 두려워 연극 보기를 기피하는 것이 당시의 분위기였다.[350]

이러한 사회 분위기를 뚫고 1923년 2월 박승희가 중심이 되어 "이상은 하늘[月]에 두고, 발은 땅[土]을 딛고 서 있다"는 뜻의 전문극단 토월회土月會를 만들었다. 토월회는 제1회 공연을 1923년 7월 4일 조선극장에서 가졌다. 그러나 첫 공연은 준비 부족과 연출력, 연기력의 수준이 미치지 못해 좋은 성과를 거두지 못했다. 그 뒤에 보강된 연기자들과 철저한 준비를 거쳐 톨스토이 원작의 4막짜리 〈부활〉, 스트린드베리의 〈채귀〉 등 번역극을 9월에 올려 공연했는데 결과는 대성공이었다. 특기할 것은 이 신극이 일본식의 신파극을 벗어난 새로운 연극형태였다는 점이다. 토월회는 다채로운 신극운동으로 한국 연극예술

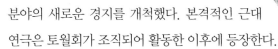

근화학우회의 음악연극회(공회당에서)

여학생들로 연극단을 조직하면 학교 운영 기금을 마련하고 민중도 각성
시킬 수 있다고 생각한 차미리사는 1923년 근화학원 재학생으로 근화
학우회를 조직했다. 순전히 여학생만으로 구성된 연극단은 근화학우
회 연극회가 처음이었다.

분야의 새로운 경지를 개척했다. 본격적인 근대
연극은 토월회가 조직되어 활동한 이후에 등장한다.

여학생들로 연극단을 조직하면 학교 운영 기금을 마련하고 민중도
각성시킬 수 있다고 생각한 차미리사는 1923년 근화학원 재학생으
로 근화학우회를 조직했다. 그리고 근화학우회가 주최하는 음악회와
연극회 무도회를 이 해 9월 21일과 22일 경성 공회당에서 열었다.

각본은 윤백남 저작 〈새로운 길〉이었다. 순전히 여학생만으로 구
성된 연극단은 근화학우회 연극회가 처음이었다.[351]

이 날 연극회 입장료는 일반 1원 50전, 학생 50전이었는데, 특별히
러시아에서 막 귀국한 김태원 양의 무용이 있기에 많은 이들의 관심
을 끌어 1,000여 명에 이르는 관람객으로 공연장은 대성황을 이루었
다. 특히 천진난만한 여학생들의 독창과 합창, 기기묘묘한 동작의 춤
과 연극은 보는 이로 하여금 놀라움을 금치 못하게 했다. 근화학우회

〈새로운 길〉 제일막을 연습하는 광경

근화학우회가 주최하는 음악회와 연극회, 무도회가 1923년 9월 21일
과 22일 경성 공회당에서 열렸다. 각본은 윤백남 저작 〈새로운 길〉이
었다. 특별히 러시아에서 막 귀국한 김태원 양의 무용이 있기에 많은
이들의 관심을 끌어 1,000여 명에 이르는 관람객으로 공연장은 대성황
을 이루었다. 특히 천진난만한 여학생들의 독창과 합창, 기기묘묘한 동
작의 춤과 연극은 보는 이로 하여금 놀라움을 금치 못하게 했다.

는 10월에도 두 차례 기금 마련을 위한 연극회와 무도회를 열었다.

　그리고 11월에는 늘어나는 학생들을 수용할 수 있는 대규모의 학관과 기숙사 건축비용을 마련하는 한편 대중에 대한 계몽 활동도 하기 위해 순전히 근화학원 학생들만으로 남조선지방순회연극단을 조직하여 지방순회공연을 떠났다. 별도의 학교운영경비를 마련할 길이 없었던 근화로서는 연극 활동을 통해 뜻 있는 이들의 많은 지원을 얻고자 했다. 이러한 사정을 차미리사는 다음과 같이 말했다.

　여러 부인 동지들과 또 조선여자교육협회를 조직하여 혹은 서울로 혹은 지방으로 돌아다니며 순회강연도 하고 순회 소인극素人劇[전문가가 아닌 사람들이 출

남조선 지방으로 순회를 나가는 여자교육협회의 일행
차미리사는 늘어나는 학생들을 수용할 수 있는 대규모의 학관과 기숙사 건축 비용을 마련하는 한편 대중에 대한 계몽 활동도 하기 위해, 1923년 11월 순전히 근화학원 학생들만으로 남조선지방순회연극단을 조직하여 지방순회공연을 떠났다. 별도의 학교운영경비를 마련할 길이 없었던 근화로서는 연극 활동을 통해 뜻 있는 이들의 많은 지원을 얻고자 했다.

연하는 연극]도 하여 만천하 인사의 다대한 환영도 받고 원조도 얻어서 불완전하나마 근화여학교의 기초를 확립하게 되었다.[352]

근화는 연극회뿐만 아니라 가극회, 음악회, 연주회 등도 개최했다. 1924년 들어 근화학원은 규모를 확장하고 음악과를 신설하여 근화 코러스대와 오페라단을 조직했다.[353] 그리고 6월 종로에 있는 중앙기독교청년회관에서 기금마련을 위한 음악연주대회를 개최했다. 이날 음악대회는 바이올리니스트 홍난파, 성악가 윤심덕 등 음악계의 대가들과 근화코러스대가 함께 공연하는 대규모 행사였다.[354]

근화학원에서 근화여학교로 승격한 1925년 이후로는 지출 규모가 팽창하여 재정 압박은 한층 심했다. 그때까지 근화학원은 사회교육 기관으로 간주되어 당국으로부터 매년 150원 가량의 보조금을 받을 수 있었다. 그러나 근화여학교로 승격된 이후로는 사립학교에 대한 총독부 보조는 불가하다는 이유로 그것마저 받을 수 없게 되었다. 날로 심각해지는 재정 압박을 해결하기 위해 좀 더 적극적인 방법을 마련해야만 했다. 1926년에는 《조선일보》가 주최하는 여학교연합바자회에 참가했으며(1월), 두 차례 납량연극공연을 하고(6월), 중앙기독교청년회관YMCA에서 근화음악대회를 가졌으며(11월), 두 차례 근화연극대회를 개최하는(12월) 등 바쁘게 움직였다.

이 과정에서 학부형들의 도움을 얻을 수 있어 커다란 힘이 되었다. 1926년 5월 학부형들과 유지들이 나서서 근화여학교 후원회를 조직하고 기본 재산을 마련하기 위해 여러 방면으로 노력할 것을 결의했다. 학교의 부족한 경비를 보충해주기 위해 학부형들이 자발적으로 나서서 후원회를 결성한 것이다. 그 첫 작업으로 6월 18일과 19일 양일간 중앙기독교청년회관에서 납량연극공연을 했다.

이 공연회는 덴가츠天勝 예술단에서 타고난 예술적 재능으로 두각을 나타내고 있던 여배우 배구자 양과 유명한 여배우 이월화 양이 직접 출연하여 많은 이들의 관심을 모았다. 배구자 양과 이월화 양의 출연은 근래에 없었던 일이었으므로 정각 전부터 물밀 듯 모여드는 관중으로 장내는 입추의 여지가 없었다. 이날 공연을 관람한 기자는 관람객이 몰려드는 광경을 다음과 같이 보도했다.

길가에 나서보니 여기저기서 말숙말숙한 여름 모시옷을 차린 여학생들이 둘씩 셋씩 많으면 다섯씩 여섯씩 짝을 지어 가지고는 종로 네거리로 향하는 것을 보면 묻지 아니하여도 중앙청년관을 찾아가는 것이 분명하였다 …… 한

근화학원의 이이다李利多, 김은순金恩順 두 학생의 댄스하는 광경
1924년 2월 13일은 조선의 학생 단체로 오직 하나이던 조선학생회의 첫 돌이므로 시내 종로 중앙청년회관YMCA 대강당에서 일주년 기념 축하회를 하는 동시에 여흥 삼아 음악대회를 열었다. 축하회는 간단히 마치고 즉시 음악회를 시작했는데 악사들도 학생이고 관중도 거의 전부가 학생이어서 보통음악회에서는 맛보지 못할 활발하고 순박한 기분을 느끼게 했다. 특히 근화학원의 이이다, 김은순 두 학생의 재미있는 서양 춤이 만장의 환영을 받았다.

근화여학교 후원회의 납량연극대회에 상연할 〈나라가는 공작〉의 장면
1926년 5월 학부형들과 유지들이 나서서 근화여학교 후원회를 조직하고 기본 재산을 마련하기 위해 여러 방면으로 노력할 것을 결의했다. 학교의 부족한 경비를 보충해주기 위해 학부형들이 자발적으로 나서서 후원회를 결성한 것이다. 그 첫 작업으로 6월 18일과 19일 양일간 중앙기독교청년회관에서 납량연극공연을 했다.

편에 가 바짝 쭈그리고 앉아 있노라니까 뒤에서는 "나도 나도" 하고 물밀 듯 매이고 들어오더니 개회도 하기 전에 글자와 같이 만장의 성황 그대로였다. 끝에 몰려들어오는 남학생 몇 사람이 북북 골을 내고 들어오며 "아~이것 보아! 학생은 삼십 전이라고 하더니 표 없다는 핑계를 하고 막 오십 전을 받네 그려" 오십 전짜리 푸른 표 산 사람도 눈치 빠른 이는 얼른 앞으로 바짝 다가 들어가고, 십 원짜리 흰 표 산 이도 나중에 들어온 이는 뒤편이나마 걸상 하나도 못 차지하고, 이로 두렷 저로 두렷하며 벽에다 백권석이라고 쓴 앞 편만 쳐다보고 두런두런 불평을 부르짖는 한 사십 될낙말낙한 신사의 말 "이것 어떻게 자리를 정한심이여 그저 뒤죽박죽이로군. 남학생이고 배우 대접이고 후원을 얻어 가지고 그저 표만 많이 팔으면 가난한 학교의 경비보충하랴는 것이닛가 대성공이지 손님이야 어떻게 되고말고 상관있나. 에라 돈 일원 기부하는 심대자" 하고는 비좁은 터진 길바닥마루에가 털석 주저앉는다.[355]

근화코러스를 시작으로 막이 오른 납량연극공연은 여배우 배구자 양이 등단하면서 절정에 이르렀다.

근화학교 '코러스'의 앞으로 열 명 뒤로 일곱 명 도합 열일곱 명이 나와서 합창을 하고 고 다음에 남자 두 분이 나와서 좌편에서는 통소 우편에서는 양금으로 합주가 있은 후 일본 극계에도 이름이 자자한 덴가츠 일파 중 하나가따 花形스태의 하나로 이번에 마침 서울 와 있는 배구자 양의 독창이 나오게 되자 만장의 관중은 손바닥이 깨여져라 하고는 두드리며 야단이다.[356]

백설 같은 흰옷에 머리를 척척 얹혀 땋아 내리고 나온 배구자 양의 옥쟁반에 구슬 구르는 듯한 목소리, 그 독특한 표정과 태도에 관객은

열광했으며 재청을 바라는 박수 소리로 장내가 떠나갈 듯했다. 세 번
재청에도 아쉬움이 남아 손뼉 치는 소리가 그칠 줄 몰랐다. 그리고
그 동안 연극계에서 발을 뺐던 이월화 양도 오래 감추어 두었던 자신
의 독특한 재주를 다 내놓아 관중에게 큰 만족을 주었다.[357]

11월 23일과 24일에는 중앙기독교청년회관에서 자선연극회가 개
최될 예정이었다. 근화여학교 후원회가 주최하는 두 번째 연극회였
다. 그러나 이날 연극회는 각본 〈인형의 집〉이 당국으로부터 허가를
받지 못해 취소되었다. 입센이 쓴 〈인형의 집〉은 루소의 민약론이나
천부인권설처럼 여성의 개성을 자각시키는 데 커다란 원동력이 되었
다. 대본 중 "부인이 부인이 되기 전에 먼저 사람이 되지 않으면 안
된다", "남편에 대한 직무, 자식에 대한 직무 외에 자기 자신에 대한
중요한 직무가 있다"라는 말은 심오한 의미를 내포하고 있었다. 입센
의 이러한 주장은 여성을 집안에 가두어 놓고 가족 이외의 남성과의
접촉을 금지해온 사회 풍조 속에서 자란 젊은 남녀들에게 커다란 반
향을 일으켰다. 당시 신여성에
게 입센, 엘렌 케이, 콜론타이,
구리야가와 하쿠손廚川白村의

〈나라가는 공작〉이라는 연극을 하는 이월화 양과
세 번째 나오는 배구자 양
근화여학교 납량연극공연회는 덴가츠天勝 예술단에서 타고
난 예술적 재능으로 두각을 나타내고 있던 여배우 배구자
양과 유명한 여배우 이월화 양이 직접 출연하여 많은 이들
의 관심을 모았다. 배구자 양과 이월화 양의 출연은 근래에
없었던 일이었으므로 정각 전부터 물밀 듯 모여드는 관중
으로 장내는 입추의 여지가 없었다.

연애론이나 결혼론이 커다란 인기를 끌고 있었다. 〈인형의 집〉이 공연금지된 것은 이러한 사회 분위기의 확산을 막아보고자 한 때문이었다. 하는 수 없이 근화연극회는 연극 대본을 교체하여 12월 1일과 2일 두 차례 중앙기독교청년회관에서 공연을 가졌다. 각본은 이전에 토월회에서 쓰던 〈스산나〉, 〈십오분간〉 두 가지였으며, 출연한 배우는 이월화, 최성희, 이소진, 복혜숙 등 모두 조선 신극단에서 오랫동안 활약한 공로가 있는 이들이었다.[358] 마침 때 아닌 비가 쏟아져 무대는 잠시 한산했으나 비가 그치자 뒤늦게 몰려든 관중으로 대만원을 이루어 연극회는 환호와 박수 속에서 성황리에 폐회했다.

1930년대 들어 조선 사회에는 체념, 허무, 퇴폐의 분위기가 급속히 확산되었다. 대공황의 영향으로 궁핍과 불행이 심화되는 가운데 좌절과 냉소의 분위기가 자리 잡기 시작한 것이다. 이를 타개하기 위해 1931년 이후 서울의 각 전문학교에서 솔선하여 민중을 깨우치기 위해 학생극을 공연하는 움직임이 일어났다. 근화여학교도 이러한 흐

근화여학교 후원회 주최의 제2회 근화연극대회의 광경(일일 청년회관에서)
근화연극회는 1926년 12월 1일과 2일 두 차례 중앙기독교청년회관에서 공연을 가졌다. 각본은 이전에 토월회에서 쓰던 〈스산나〉, 〈십오분간〉 두 가지였으며, 출연한 배우는 이월화, 최성희, 이소진, 복혜숙 등 모두 조선 신극단에서 오랫동안 활약한 공로가 있는 이들이었다. 마침 때 아닌 비가 쏟아져 무대는 잠시 한산했으나 비가 그치자 뒤늦게 몰려든 관중으로 대만원을 이루어 연극회는 환호와 박수 속에서 성황리에 폐회했다.

름에 동참했다. 1932년 근화여학교는 동아일보 후원으로 제1회 근화 연극제를 개최했다.

지금까지 학생극을 공연한 학교는 모두 전문학교였다. 이에 반해 근화여학교의 학생극 공연은 중등학교로서는 처음 있는 일이었다.[359]

근화연극제에는 연극계의 권위자 홍해성의 연출로 이해남 작인 〈마작麻雀〉, 안톤 체호프 작 〈구혼求婚〉, 존 골즈워디 작 〈승자와 패자The first and the last〉 등 세 편이 무대에 올려졌다. 출연한 인물은 전부 근화 여학교 학생들이었다.[360] 〈마작〉은 조선일보사 현상모집 희곡 부문에 당선된 작품으로, 유한계급의 기생충들만 모여 있는 마작구락부와 실직자의 가정 사이에 얽힌 삶의 이야기를 풍자한 작품이었다. 안톤 체호프의 작품 〈구혼〉은 자기의 생각이 옳다고 믿으면 그것을 어기지 않고 끝까지 지키는 선량하고 정직한 사람들의 이야기였다. 영국의 전형적인 리얼리즘 작가 골즈워디의 작품 〈승자와 패자〉는 포악한 사내에게 무참한 학대를 받으며 어찌할 바를 모르고 헤매는 가여운 여성 완다를 구하기 위해 의외의 살인을 한 라리란 젊은 사람의 이야기를 다룬 작품이었다. 이 작품은 자신의 사회적 지위를 보전하기 위해 갖은 허위적 생활을 하는 고등 변호사인 형 키트의 사회관 인생관과 열정적이며 정의로운 삶을 추구하는 동생 라리가 가장 귀중하게 여기는 사회관 인생관을 잘 대비시켜 보여주는 것이었다.

근화연극제는 원작을 부분적으로 개작하여 조선민중의 열망에 부합되도록 했다. 파멸해 가는 인텔리 가정을 취급한 희곡 〈마작〉은, 연출자가 연출효과를 고려하여 원작의 마지막 장면을 다소 가필했다. 그리하여 파멸로 끝나는 원작이 근화연극제 무대 위에서는 새롭게 활기찬 길을 걸어간다는 해피엔드로 끝났다. 〈승자와 패자〉는 제3

근화연극제 〈승자와 패자〉의 일 장면

영국의 전형적인 리얼리즘 작가 골즈워디의 작품 〈승자와 패자The first and the last〉는 포악한 사내에게 무참한 학대를 받으며 어찌할 바를 모르고 헤매는 가여운 여성 완다를 구하기 위해 의외의 살인을 한 라리라는 젊은 사람의 이야기를 다룬 작품이었다. 이 작품은 자신의 사회적 지위를 보전하기 위해 갖은 허위적 생활을 하는 고등 변호사인 형 키-트의 사회관 인생관과 열정적이며 정의로운 삶을 추구하는 동생 라리가 가장 귀중하게 여기는 사회관 인생관을 잘 대비시켜 보여주는 것이었다.

근화연극제 〈구혼〉의 한 장면(상) 만원 일운 관중(하)

안톤 체호프의 작품 《구혼》은 자기의 생각이 옳다고 믿으면 그것을 어기지 않고 끝까지 지키는 선량하고 정직한 사람들의 이야기였다. 학생극의 첫 스타트를 끊은 근화연극제는 학년말 시험으로 한창 분주한 때임에도 불구하고 관중의 대부분이 학생들로 채워졌다.

막에 완다가 정사情死하는 부분을 삭제하고 사회의 불의와 인습에 대항하여 과감하게 싸워가며 자신의 길을 걷는 것으로 내용을 바꾸었다. 파멸과 좌절, 패배와 체념, 허무와 현실도피를 그린 원작이 현실에서 굳세게 버텨나가는 조선민중의 정서와 부합하지 못한다고 판단되었기 때문이다.[361]

차리미사는 중등학교로서는 처음으로 학생극을 공연하는 근화여학교 학생들에게 최선의 노력을 다해줄 것을 당부했다.

> 이번 공연으로 보아도 이때까지 공연한 학교를 보면 모다 전문학교이엇지만은 우리학교가티 빈약한데서 더욱이 처녀공연인만큼 념려되는 바도 안이지만 출연하는 자의 정성과 최선을 다하여 보겟다는 정신만 가지고 출연하면 결과의 성불성은 문제가 아니고 학교로서는 만족합니다.[362]

학생극의 첫 스타트를 끊은 근화연극제는 학년말 시험으로 한창 분주한 때임에도 불구하고 관중의 대부분이 학생들로 채워졌다. 이는 학생들이 얼마나 진심으로 학생극 더 나아가 신극을 지지하며 적극적으로 관심을 가지고 있는지를 잘 보여주는 것이었다.[363]

차미리사는 음악회도 활발히 개최했다. 이미 1924년에 음악과를 신설하고 학생들에게 성악과 기악을 가르쳐 근화코러스대와 근화오페라단을 조직했다. 근화코러스대는 무대에서 배우들과 합동공연을 할 수 있는 실력을 갖추고 있었다. 1932년 들어 근화여학교는 음악과를 새롭게 확장하여 동경 무사시노武藏野 음악학교 출신 피아니스트 유수만을 음악과 담임으로 초빙하고 생도를 더욱 많이 모집했다. 유수만은 일찍이 숙명여고를 졸업하고 6년 전 동경으로 건너가 무사시노 음악학교 피아노과를 우수한 성적으로 졸업하고 1년간 더 공부하다가 봄에 귀국한 재원이었다.

1932년 6월 25일 동아일보 후원으로 3회 근화납량음악대회가 하세가와長谷川町 공회당에서 열렸다. 해마다 무더운 여름철이면 시원한 음악으로 유쾌한 하루 저녁을 보내도록 하기 위해 마련된 음악회로 벌써 세 번째였다. 특히 이번에는 근화여학교 음악과에 새로 교편을 잡게 된 피아니스트 유수만과 동경 무사시노 음악학교 성악과를 마치고 귀국한 성악가 서상석 두 사람을 환영하는 의미도 겸하는 음악대회였다.

그런데 우연히도 근화의 납량음악회와 연희전문의 야외극 공연이 일자가 겹쳐 혹시나 어느 한 편 혹은 두 편 모두 성황을 이루지 못 할까 적지 않게 염려했다. 그러나 음악에는 음악 팬, 연극에는 연극 팬이 각각 따로 있는 때문인지 두 군데 모두 전례에 드문 대성황을 보였다. 근화납량음악대회는 입장을 거절하리만치 대만원이었고 연희전문학교 연극에는 만 명에 가까운 관중이 모여들었다.[364] 음악회장을 가득 메운 청중은 유수만의 고요하고 정감을 자아내는 피아노 연주와 테너 서상석의 웅장하면서도 곱고 부드러운 목소리에 흠뻑 도취했다.

유수만 양, 서상석 씨. 근화납량음악대회는 근화여학교 음악과에서 새로 교편을 잡게 된 피아니스트 유수만과 동경 무사시노武藏野 음악학교 성악과를 마치고 귀국한 성악가 서상석 씨 두 명을 환영하는 의미도 겸하는 음악대회였다. 유수만은 일찍이 숙명여고를 졸업하고 6년 전 동경으로 건너가 무사시노 음악학교 피아노과를 우수한 성적으로 졸업하고 1년간 더 계속 연구하다가 봄에 귀국한 재원이었다.

근화납량음악회(상), 연전 야외극(중), 동 관중(하)

우연히도 근화의 납량음악회와 연희전문의 야외극 공연이 일자가 겹쳐 혹시나 어느 한 편 혹은 두 편
모두 성황을 이루지 못할까 적지 않게 염려했다. 그러나 두 군데 모두 전례에 드문 대성황을 이루었다.
근화납량음악대회는 입장을 거절하리만치 대만원이었고 연희전문학교 연극에는 만 명에 가까운 관중
이 모여들었다. 음악회장을 가득 메운 청중은 유수만의 고요하고 정감을 자아내는 피아노 연주와 테너
서상석의 웅장하면서도 곱고 부드러운 목소리에 흠뻑 빠져들었다.

연희전문학교의 야외극, 경성보육학교의 하기순회연주단과 함께 서울의 3대 큰 행사로 자리 잡은 근화납량음악회 4회 대회는 1933년 조선일보 후원으로 개최되었다. 4회 음악대회 역시 오래 전부터 악단에서 명성이 자자한 바이올리니스트 홍난파와 피아니스트 김원복, 성악가 안보승 등이 참여하는 근래에 보기 드문 수준 높은 음악회였다.

이번 삼십일 밤 시내 공회당에서 열리는 근화여학교 학우회 주최와 본사 학예부 후원의 근화납량음악대회는 금년 춘기 이래의 음악회 중에 종합적 순서를 가진 음악회로서는 가장 내용이 충실하고 풍부하기로 첫 손을 꼽지 안을 수 없다. 실로 금년 악단의 성사이라 할 만하다. 우선 출연악사들을 보더라도 우리 악단에서 전부터 명성이 높은 분을 홍란파 홍성유 김원복씨며 새로이 우리 악단에 첫 인사를 하게 되는 이로 이영세 안보승 양씨가 있어 신구악인이 한 자리에 훌륭한 음악을 들려주게 되었으니 이번 음악회야말로 우리 음악회로서는 드물게 보는 호화판이라 하겠다.[365]

홍난파, 홍성유, 이영세 등의 바이올린 삼중주는 조선의 악단에서는 처음 선보이는 것이어서 특히 이채를 띠었다. 근화여학교가 주최하는 연극제와 음악제는 1933년 6월 공연을 마지막으로 막을 내렸다. 1930년대 들어 조선 사회가 전시체제로 편입되었기 때문이다.

세계자본주의의 중심국인 미국에서 시작된 경제대공황은 자본주의체제를 크게 흔들었다. 미국은 공황을 벗어나기 위해 국가가 경제에 개입하여 유효수요를 창출하는 이른바 수정자본주의정책이라고 하는 뉴딜정책으로 산업을 재건하면서 수요를 늘리고 실업 문제를 풀어나갔다. 또 영국이나 프랑스는 제국주의 지배권을 일종의 보호무역주의의 블록 경제로 만들면서 공황의 위기에서 벗어나려 했다. 세계대공황에 대한 대책으로 미국, 영국, 프랑스 등 선진자본주의 국가는 보호무역주의의 일종인 블록 경제권을 형성하고 국가 주도에 의한 경제 부흥 방식을 택했던 것이다.

반면 독일, 일본, 이탈리아 등 후발자본주의 국가는 국내 시장이 협소하고 식민지 시장도 확보하지 못한데다 선진자본주의 국가들의 블록경제화로 더욱 사정이 악화되었다. 이들은 군사력 강화를 통해 식민지체제를 재편하는 길을 걸어갔다. 이탈리아의 파시즘, 독일의 나치즘, 일본의 군국주의화가 바로 그것이다. 일제는 만주를 자본 투자 시장으로 확보하여 공황에서 벗어나려 했다. 1931년 9월 "남만주철도 파괴사건"을 빌미로 만주침략을 개시했으며 1932년 1월 상해를 침략하고 3월 점령지 만주에 만주국이라는 괴뢰정권을 세우고 국제연맹을 탈퇴했다.

자유주의적 부르주아의 입장을 대변하는 시대사조인 다이쇼 데모크라시大正民主主義의 영향으로 1920년대 중반까지 조선에도 언론 출판의 자유가 어느 정도 보장되었다. 그러나 1930년대 들어 일제의 군국주의자들은 대륙 침략을 본격화하면서 침략을 뒷받침하는 병참기지를 확보하기 위해 조선 사회를 파쇼통치체제의 광란 속으로 휘몰아 넣었다. 사상의 자유를 극도로 탄압하는 전시파쇼체제하에서 연극제나 음악제가 활성화되기는 어려웠다.

혹한에 핀 천자만홍

1920년대 중반 들어 기독교단체와 조선일보사가 중심이 되어 여학교연합바자회를 개최했다. 그 이유 가운데 하나는 바자회가 여학생들에게 경제 의식을 고취할 수 있다는 점 때문이었다. 조선의 여성들은 부지런하고 총명한데다가 많은 재주도 지니고 있었다. 길쌈하고 바느질하고 수놓는 솜씨로 집안 살림을 늘려 가는 일은 조선의 여성들이 전통적으로 해왔던 중요한 경제 활동이었다. 그러나 조선의 사회 제도는 여성들로 하여금 이러한 타고난 재질을 제대로 발휘하지 못하도록 막아왔다. 조선의 여성들이 천부적으로 지니고 있는 손재주를 충분히 발휘할 수 있는 기회가 여러모로 제한되었다. 이는 여성은 물론 사회 전체로 볼 때도 대단히 불행한 일이었다. 이러한 점에 비추어 볼 때, 여학생들이 자신의 재주와 정성을 다해 만든 갖가지 물건을 한 곳에 모아놓고 서로의 솜씨를 비교해 가며 판매하는 행사를 갖는 것은 의미 있는 일이었다. 물건을 만들어 파는 일은 여성들에게 경제관념을 심어줄 수 있으며 또한 자립정신을 길러주는 효과가 있었기 때문이다.

다른 하나는 기술존중사상을 심어준다는 점 때문이었다. 조선에는 기술과 산업을 천시하는 잘못된 관행이 있었다. 장차 가정부인이 될 여학생들에게 살림하는 데 필요한 기술과 자신의 손재주에 대해 자부심을 느낄 수 있도록 가르치는 일은 여러모로 중요했다. 이 때문에 학창시절에 자신의 손으로 직접 물건을 만들어 보는 것은 꼭 필요한 일이었다. 재봉질을 하고 수를 놓고 편물을 짓는 등 수예품을 만든다는 것은 실용 면에서 좋을 뿐 아니라 예술적 감각도 기를 수 있었다.

여학생들에게 바자회를 준비하고 또 참가하도록 하는 것은 기술 존중사상을 심어주는 효과가 있었다.

또한 바자회를 통해 실용의식을 고취할 수도 있다는 점도 고려되었다. 당시 조선에서는 무슨 일이든 실용적이고 실제적이어야 한다는 기풍이 새롭게 형성되고 있었다. 이러한 새로운 사회 풍조는 마땅히 교육 방면에까지 확산되어야 했다. 교육을 받은 신여성들은 사치스럽고 허영심 많고 일하기는 싫어하면서 자유연애나 즐긴다는 사회적 비난을 받고 있었다. 이들이 가난하고 보잘 것 없는 서민들의 생활을 경멸하고 소수 특권계급의 삶만을 꿈꾸고 있었기 때문이었다. 바자회는 허영심 많고 낭비벽 심한 신여성들에게 실용의 미덕을 가르치는 효과가 있었다.

뿐만 아니라 연합행사를 통해 학교간의 경쟁심을 고취함으로써 조선 여성들의 뛰어 나게 아름다운 예술적 정조情操를 한층 더 잘 발휘하도록 하고 사회성을 함양시킴과 동시에 친목을 다지는 효과도 있었다. 연합바자회장에 자수, 편물, 기타 각종의 수예품을 한 곳에 모아 놓고 진열했기에 여학생들은 저마다 공력을 다하여 최고의 작품을 출품하려고 노력했다. 모든 작품을 한곳에 모아놓고 서로 비교해 봄으로써 학교마다 가지고 있는 특색과 자랑거리를 배울 수 있어 바자회는 학생들의 취미교육에 많은 도움이 되었으며 이를 관람하는 일반인들에게도 많은 참고가 되었다. 이상 경제관념, 기술 존중 사상, 실용의식, 경쟁의식 등을 고취하려는 목적으로 1920년대 중반 들어 바자회가 열리기 시작했다.[366]

1924년 12월 5일 근화학원과 중앙기독교청년회 주최로 첫 바자회가 열렸다. 바자회장 한편에서는 조선고대성악가 이동백 군의 유창한

근화무도반

차미리사는 음악회, 강연회, 토론회와 바자회에서 얻은 수입으로 학교 운영경비를 충당했다. 바자회는 학생들에게 경제관념, 기술 존중 사상, 실용의식, 경쟁의식 등을 고취하는 효과가 있었다. 1924년 12월 5일 근화학원과 중앙기독교청년회YMCA 주최로 첫 바자회가 열렸다. 근화학원은 바자회장 한편에서 조선고대성악가 이동백 군의 유창한 조선 노래와 근화무도반의 춤으로 회장 분위기를 돋우었다.

바자회 광경

바자회장 다른 한편으로는 260여 명의 근화학원 학생들의 정성껏 만든 150여 종의 수예품과 20여 상점의 출품이 죽 진열되어 있었다. 옥실옥실 들끓는 200여 명의 손님들은 눈이 황홀하여 한군데 잔뜩 붙어 서서 떠날 줄을 몰랐고, 흰 앞치마에 날씬하게 차리고 제비 날 듯 돌아다니며 손님들에게 차를 대접하는 여학생들의 맵시는 바자회에 모여든 사람들로 하여금 저절로 시선을 던지게 했다.

조선노래와 근화무도반의 춤이 있어 회장 분위기는 한껏 고조되었다.

회장 다른 한편으로는 260여 명의 근화학원 학생들의 정성껏 만든 150여 종의 수예품과 20여 상점의 출품이 죽 진열되어 있었다. 옥실옥실 들끓는 200여 명의 손님들은 눈이 황홀하여 한군데 잔뜩 붙어 서서 떠날 줄을 몰랐다. 흰 앞치마에 날씬하게 차리고 제비 날 듯 돌아다니며 손님들에게 차를 대접하는 여학생들의 맵시는 바자에 모여든 사람들로 하여금 저절로 시선을 던지게 했다.[367]

근화학원의 첫 바자회가 사회적 관심을 끌기는 했으나 200명 정도의 관람객으로는 바자회 본래의 목적을 달성하는 데 한계가 있었다. 사회적 붐을 일으키려면 더 많은 학교가 참가해야 했다. 이에 1925년 들어 시내에 있는 각 공·사립여자학교가 연합으로 바자대회를 개최하기 위해 조선일보사와 논의를 빈번하게 진행했다. 그러던 중 11월에 이르러 시내 각 여학교 교장과 조선일보사 사이에 바자회를 공동으로 개최하기로 합의를 보았다. 이어 중앙기독교청년회관에서 각 학교 교무주임과 담임교사와 조선일보 사원이 모여 구체적인 방침을 토의하여 참가할 학교와 개최 일시 등에 의견의 일치를 보았다.

먼저 중앙기독교청년회와 조선일보사가 공동으로 바자회를 주최하기로 합의했다. 중앙기독교청년회는 바자회 장소를 제공하고 조선일보사는 바자회를 홍보하는 역할을 각각 맡기로 했다. 다음 바자회 형식은 여학교연합으로 개최하기로 했다. 1회 대회에는 근화여학교를 비롯하여 경성여자고등보통학교, 정신여학교, 동덕여학교, 이화여자고등보통학교, 배화여자고등보통학교, 숙명여자고등보통학교, 진명여자고등보통학교 등 시내에 있는 8개 공·사립여학교가 참가를 희망했다. 대회 명칭도 '팔여학교연합빠~사대회'로 했다. 시내에 있는 여학교를 총망라한 것으로 이들이 연합하여 바자회를 개최하는 것은 조선에서 처음 있는 성대한 행사였다. 바자회가 여학교연합으로 열리고부터 서울뿐만 아니라 인근에 사는 사람들까지도 손꼽아 기다리는 굉장한 행사로 자리 잡기 시작했다. 개최 시기는 이듬해 1월 22~23일 양일간으로 정했다. 정월에 개최하기로 한 것은 학생들이 겨울 방학의 한가한 시간을 이용하여 힘껏 공력을 들여 많은 작품을 만들 수 있기 때문이었다. 또한 관람객들의 구매력을 고려한 때문이기도 했다. 당시에는 크리스마스 선물도 교인들끼리 교환하는 데 그쳤고 많은 사람들이 음력 섣달 그믐께가 되어야 주머니 끈을 풀어놓았다. 어느 가정에서든지 연말 보너스는 음력 과세過歲할 준비로 제쳐두었으므로 설 대목에 한몫 잡기 위해서는 바자회를 정월 하순경에 개최하는 것이 좋았다. 또한 관공서 월급이 매월 21일이며 은행이나 각 회사가 25일 이내로 정하고 있었으므로[368] 20일 전후가 가장 적당했다.

1926년 1월 22일 근화여학교를 비롯하여 일곱 학교가 참여한 가운데 제1회 여학교연합바자회가 종로 중앙기독교청년회관에서 개막되었다.[369] 일곱 학교 여학생의 수예품을 총망라하여 한 곳에 진열하여 바자회장은 일대 장관을 이루었다. 시내 본정本町 삼정목에 있는 정본악기점釘本樂器店에서는 이번 대회를 축하하는 의미로 대강당 연단에 확성축음기를 배치하여 여러 가지 재미있는 음악을 들을 수 있게 함으로써 대회장의 분위기를 북돋아주었다. 각 여학교에서 출품한 봉제, 자수, 편물 등 8천여 점의 수예품이 보기 좋게 진열되어 실내를 아름답게 장식하고 있어 대회장은 글자 그대로 오색이 영롱했다. 설이 가까운 때에 설빔에 쓰기 좋을 만한 어린아이들의 색동저고리,

금박댕기, 타래버선, 수 댓님, 괴불주머니, 모자, 양복, 턱받이, 수놓은 조끼, 수주머니 등의 꼬까옷을 비롯하여 어른들의 와이셔츠, 칼라, 수건 등 양복 부속품과 목도리, 속옷, 사진집 그리고 비단 바닥에 가지가지수를 놓은 방석들이 더욱 보는 사람들의 눈길을 끌었다. 집 안을 꾸미고 손님 초대에 쓸 물건도 많았다. 가지각색의 수 병풍, 혼수 준비품인 수 이불, 수방석에서 바느질 그릇까지 전부 수를 놓아 만든 것으로 여학생들의 비상한 재주에 놀라지 않을 수 없었다. 털실 편물로 만든 양말, 장갑, 스웨터 아동복 등 형형색색의 곱고 아름다운 물건도 많았다. 바자회장이 아니라 천자만홍의 꽃밭 속에 들어간 듯 너무도 휘황찬란하여 아찔함을 느끼게 할 정도였다.

제1회 연합바자회는 시내에 있는 조선의 중등여학교를 전부 망라했고, 각 학교의 여학생들이 학교의 명예를 위해 수개월 전부터 정성을

제1회 여학교연합바자회 회장의 일부
1926년 1월 22일 근화여학교를 비롯하여 일곱 학교가 참여한 가운데 제1회 여학교연합바자회가 종로 중앙기독교청년회관YMCA에서 개막되었다. 제1회 연합바자회는 시내에 있는 조선의 중등여학교를 전부 망라했고, 각 학교의 여학생들이 학교의 명예를 위해 수개월 전부터 정성을 다하여 작품을 제작, 출품한 만큼 일반인의 비상한 관심을 끌었다. 이틀 동안 관람객이 무려 1만 8천여 명이었으며 매상액도 8천 원 가량이나 되었다.

다해 작품을 제작·출품한 만큼 일반인의 비상한 관심을 끌었다. 오전 정각 10시 각 방면의 내외국인 내빈들에게 먼저 대회장을 공개하자 모두가 조선 여학생들의 수예품을 보고 그 재주에 경탄해 마지않았다. 바자회는 입장료가 10전이었다. 이어 11시가 되어 일반 관람자에게 공개하자마자 여학생, 남학생, 어린이를 데리고 온 할머니와 아주머니, 젊은 부인네 할 것 없이 문이 메지도록 들이밀기 시작했다. 오후 3시 반에 이미 입장객이 4천 명을 돌파하여 일찍이 볼 수 없던 대성황을 이루었다. 도처에 물건이 팔렸다는 매약제買約濟라는 딱지가 붙게 되고 물건 값을 묻는 군중에게 시달려 여학교 선생님들이 눈코를 못 뜰 지경이었다. 첫 날은 관람객이 만 명을 돌파했고 진열품의 7할이 매약賣約되었다. 첫 날 매약이 너무 많은 관계로 둘째 날에는 각 여학교에서 620점을 더 출품했다. 정각 10시가 되자 전날 오지 못한 내

외국인 내빈이 계속해서 왔으며 10시 30분에는 총독부측에서 사이토 齋藤 총독과 부인, 미스야三矢 경무국장, 이진호 학무국장, 오무라大村 철도국장 등이 오고, 조선인으로는 각 학교 회사 사회단체에서 유지가 다수 참석했다.[370] 제1회 여학교연합바자회 바자회는 실로 전에 없는 대성황을 이루었다. 이틀 동안 관람객이 무려 1만 8천여 명이었으며 매상액도 8천 원 가량이나 되었다.[371]

제1회 대회는 처음으로 서울에 있는 여러 여학교가 연합하여 작품을 한 곳에 진열하여 서로의 솜씨를 겨루어 보았다는 점, 외국인에게 대회장을 공개함으로써 조선 여성의 기예를 유감없이 보여주었다는 점, 관람객이 2만 명 가까이나 되는 커다란 행사가 됨으로써 침체된 조선 사회에 활력을 불어넣어 주었다는 점, 대회장을 찾아온 남녀노소, 각계각층의 사람들에게 흥미와 실익을 주었다는 점, 수예품을 통해 침체된 가정경제를 타개할 수 있도록 자극을 주었다는 점 등에서 의의가 컸다. 반면 출품 점수는 상당히 많으나 실상 우리에게 실질상 필요한 물건은 적다는 비판도 있었다.[372]

바자회 수입은 작품을 만든 여학생들에게 실비를 보상하는 외에는 학교와 및 학생 전체를 위한 공비公費로 보용補用하는 것이 거의 통상적인 관례였으므로, 각 학교는 바자회를 재정의 어려움을 타개하는 기회로 적극 활용했다. 특히 사립학교로 승격되어 당국으로부터 받아오던 재정보조금이 중단된 근화여학교의 경우 여학교연합으로 바자회를 개최한다는 소식은 복음과도 같은 것이었다.

교육의 참 의의가 인격의 함양에 있다고 생각한 차미리사는 학생들이 개성에 눈을 뜨도록 가르쳤으며 바자회 참가 목적도 무엇보다도 개성 발휘에 중점을 두었다.[373] 근화여학교는 제1회 대회에 여러 종류의 재봉품, 수예품, 편물 등 총 555점을 출품했는데, 이는 일곱 학교가 출품한 8천여 점의 10퍼센트도 미치지 못하는 적은 분량이었다.

근화여학교는 4년 과정의 고등과를 2년에 마치는 등 학생들을 속성으로 가르쳐 일 년에 두 차례 진학시켰기 때문에, 재봉, 자수, 편물을 일주일에 두 시간 이상 가르칠 수 없었다. 다만 지방에서 올라온 학생들에게 겨울 방학을 이용하여 자기 지방의 특색을 살려 무엇이든지 정성껏 만들어오도록 했다. 이 때문에 바자회에 내놓은 작품량이 적을 수밖에 없었다. 그럼에도 불구하고 근화여학교의 출품작은 "구가정부인들의 고심의 결정인 각양각색의 색동옷이 퍽 많아서 가장 향토색이 듬뿍한 조선의 특색을 발휘하였다"는 좋은 평가를 받았다. 교장 차미리사의 기쁨은 이루 말할 수 없었다.

우리 학교에서는 형들의 뒤나 따라가는 셈입니다. 그러나 이제 한 살만 더 먹어도 바짝 더 재간이 자랄 줄 믿습니다. 이번에는 우리 학교 성적이 아마 가장 빈약하겠지요만 첫 솜씨이니 더 귀하지요.[374]

제1회 대회에서 근화여학교가 받은 높은 평가는 교장선생님의 갸륵한 봉사정신에 감동받은 학생들 모두가 희생적 노력을 바쳤기 때문에 얻은 값진 성과였다. 그 고귀한 봉사와 희생정신이야말로 근화여학교를 줄기차게 발전시키는 원동력이 되었다.

제2회 전조선여학교연합바자회는 1927년 1월 21일과 22일 양일간 열렸다. 1회 대회 때 신청한 여덟 여학교 외에 원산에 있는 루씨여학교가 추가되어 아홉 학교가 참가했으며 출품 작품은 1만 2천여 점 이상이었다. 강당만으로는 많은 물품을 진열할 수 없어서 강당 옆에 있는 소년부도서실少年部圖書室까지 대회장으로 사용했다.

관람객 또한 부쩍 들어 무려 3만여 명이나 되었다. 당시 서울 인구가 30만이었으니 1가구 5인 가족으로 계산해 볼 때, 한 집 걸러 바자회장을 둘러본 셈이 된다. 1927년 1월 21일, 바깥 날씨는 영하 17도의 모진 추위와 사나운 바람으로 거리에는 행인조차 드물었지만 바자회장은 끊임없이 몰려드는 관람객으로 딴 세상 같았다.

이날은 아침부터 살을 에이는 모진 바람과 뼈에 사무치는 혹독한 추위에 거리에 다니는 사람의 그림자조차 평일에 비하여 적었건만 이 모임에 대한 인기는 추위에 영향 받지 않고 뜻밖에 아침부터 구름같이 모여드는 남녀노소의 관중은 시시각각으로 붓고 넘쳐서 장내는 실로 입추의 여지가 없었으며 사람과 사람 사이를 비비고 다니는 꽃 같은 여학생들과 젊은 아낙네들은 이마에 흐르는 땀을 수건질하기에 겨를이 없어서 사나운 바람이 불어 닥치는 바깥 세상과는 완연한 딴 세상을 이루었다.[375]

모든 것이 쓸쓸하고 삭막하기만 한 조선 사회에서 여학생연합바자회는 생동감 넘치는 분위기를 자아내며 다양한 볼거리를 제공했다. 많은 흥미를 끈 것이 어찌 보면 당연한 일이었다. 시민들로서는 꽃처럼 아름다운 여학생들이 섬섬옥수로 정성을 다해 만들어 놓은 예술품을 보는 것이 커다란 즐거움이 아닐 수 없었다. 바자회장에 나온 물건들은 조선의 향토미를 간직하면서도 현대적 감각을 지니고 있었다. 게다가 실용품을 중심으로 물건을 만들었기에 값도 헐했다. 하물며 이 날은 음력 섣달 열 여드렛날로 새해를 열흘 남짓하게 남겨 놓은 터였으므로 흥정도 할 겸 구경삼아 온 사람들이 그만큼 많았다.

여러 가지 꽃무늬로 장식한 대회장과 대강당 연단에 설치한 축음기에서 흘러나오는 노래는 관람객들에게 기쁨과 활력을 불어넣어 주었다. 여학생들은 바늘 하나 꽂을 데 없이 혼잡한 대회장에서 흐르는 땀을 닦을 겨를도 없이 손님맞이에 분주했다.

군데군데 아름다운 꽃밭과도 같이 흩어져 있는 어여쁜 진열대 앞에는 전 계급을 망라한 남녀노소의 관중들이 어여쁜 처녀들의 정성과 성의로 만든 세상에도 아름다운 가지가지 선물을 앞에 놓고 혹은 경이의 눈을 부릅뜨며 혹은 칭송의 소리를 연발하여서 시간가는 줄도 모르고 우두커니 서 있었으며, 진열장을 지키는 각 여학교의 꽃 같은 처녀들은 관중의 답지하는 상품 주문에 눈도 뜰 새도 없었다. 평화하고도 단란한 기분이 농후한 중에 쉬엄쉬엄 가는 시계의 바늘이 정각인 오후 여섯시를 가르치니 바자대회 제 일일은 어쩔 수 없이 종막을 고하여, 조수같이 밀리는 관중들은 들어가지도 못하고 명일을 기하고 다 각기 돌아갔으며, 평화한 중에도 근래에 드문 일대 성황을 이룬 금년의 바자대회 제 일일은 이로써 끝을 막으니…….[376]

첫날 관람객은 무려 1만 5천 명을 돌파했으며 각 여학교의 상품 판매 금액은 수천여 원에 이르렀다.[377] 당시 일반 남성들의 한 달 봉급이 3~40원 가량 되었으니 일찍이 없었던 대성황이라 할 만했다. 이튿날에는 수예품 약 5천여 점을 추가하여 한층 더 싼 가격으로 팔았고 개장 시간도 저녁 6시에서 밤 9시까지로 3시간 더 연장했다. 이날 역시 사람의 귀를 떼어 갈 듯 사나운 바람이 매섭게 몰아쳤지만 대회장 안은 물론 밖에까지 구름같이 모여드는 인파로 인산인해를 이루었다.

남녀 학생과 신사 숙녀들의 각 계급을 통한 관람객이 일 년 한 차례의 성대하고 깨끗한 이 모임을 놓침 없이 보리라는 생각으로 물밀듯이 몰려와서 장내는 물론이오 장외 큰길까지 인산인해를 이룬 까닭에 제 이일의 입장자는 제 일일보다 거의 갑절이나 되었다. 이날의 회장은 더욱이 일반의 시각과 청각을 동시에 만족하게 하기 위하여 라디오의 청신 장치를 한 까닭에 집중되던 인기는 더욱 집중되었으며, 일만 칠천여 점에 달한 다수한 출품물은 거의 매약제賣約濟의 붉은 돼지가 다 점령하여 사고 싶은 물건을 남에게 먼저 빼앗기고 무료히 돌아간 관람객도 많았는바, 이와 같이 성황에 성황을 거듭한 바자회는 예정한 시간이 오후 아홉시인 까닭에 부득이 정각으로써 드디어 원만히 종료하였다.[378]

바자회는 이틀 사이에 입장객이 무려 3만 명 이상이나 되었으며, 1만 7천여 점에 달하는 산더미 같은 물건이 날개 돋친 듯이 다 팔려나가 파장 무렵에는 물건이 동이 났다. 바자회가 열린다는 조선일보사의 사고社告가 발표되면 부인들은 필요한 물건 목록을 적어 가지고 돈 보따리를 들고 앞을 다투어 들어와서 꾸러미로 사들고 가는 것이었다. 저마다 남보다 좋은 물건을 먼저 사려는 욕심이 우러나온 탓이었다. 그러므로 출품한 물건이 많은 학교에서는 단단히 한 몫을 보는 것이었다.

2회 대회는 1회 대회에 비해 몇 가지 면에서 진전이 있었다. 하나는 출품 점수가 배로 증가하여 물품이 더욱 다양해졌으며 이에 따라 제작기술도 자연히 진보하게 되었다. 다른 하나는 관람객도 거의 두 배가 늘은 3만 명 이상 되어 일찍이 볼 수 없었던 큰 성황을 이루었다. 또한 원산에 있는 루씨여학교가 참여하여 바자회가 전국적인 행사로 확대될 수 있는 발판이 마련되었다. 뿐만 아니라 출품된 작품들이 화려함을 다투는 사치품으로부터 견실함을 강조하는 실용품으로 전화되었다는 사실도 주목할 만한 점이다. 각 학교에서 되도록 실용품을 중심으로 만들었기에 편물이 퍽 많아진 것이 공통된 특징이었으며 값도 적당했다. 특히 어린아이에게 필요한 물품을 많이 출품하여 설빔에 실비로 제공할 것을 목적으로 했으며 가격도 작년에 비해 거의 반가량이나 저렴했다. 이러한 변화는 조선에서 온갖 운동과 비평 연구와 노력 등 모든 방면에서 실제적實際的으로 나아가야겠다는 새로운 기풍이 생겼기 때문이었다.[379] 마지막으로 전 작품을 통해 통일된 계획 하에 제작된 경향을 발견할 수 있다는 점을 들 수 있는데, 이는 학교에서 학생들을 체계적으로 가르치고 쉬지 않고 부지런히 훈련시킨 결과였다.

근화여학교는 2회 대회에는 1회 대회 때보다 배 이상 되는 물품을 출품했다. 경성여자고등보통학교 사범과를 졸업하고 동경에 유학한 재원 이경완 선생을 초빙하여 적극적으로 바자회 준비를 했기 때문이다. 때마침 설도 임박했기에 주로 어린 아이들 설빔을 많이 출품했다. 바자회장을 둘러 본 기자는 근화여학생들의 솜씨를 다음과 같이 평했다.

근화여학교의 모자와 쟈케트
근화여학교는 2회 대회에는 1회 대회 때보다 배 이상 되는 물품을 출품했다. 경성여자고등보통학교 사범과를 졸업하고 동경에 유학한 재원 이경완 선생을 초빙하여 적극적으로 바자회 준비를 했기 때문이었다.

여기도 편물이 가장 많고 수방석이 특색을 지었다. 작년에는 구가정부인들의 고심의 결정인 각색의 색동옷이 퍽 많아서 가장 향토색이 담북한 조선의 특색을 발휘하였었더니 금년에 그 모습을 수방석과 수놓은 퇴침과 벼개모 같은 데에 남겨서 의연히 이 학교의 특색을 지키고 있다. 수놓은 벼개모 중에는 안주 수安州繡의 방식으로 된 것이 있는 것이 눈에 뜨이고 더욱이 색동으로 만들은 식보 두어 개가 놓인 것이 어떻게 조선 가정의 진한 취미를 보여준다. 이외에도 수놓은 수저 주머니와 편물로 된 (짜케트) 목도리, 어린이 모자 등 등속이 적지 않고 솔에 학과 산수화와 대와 풍경화를 놓은 수의 액자를 드문드문 그 사이에 걸은 것이 무엇이나 모두 작년보다 퍽 진보된 것을 생각게 한다.[380]

근화여학교 작품의 특징은 조선의 향토색을 잘 드러내는 것이었는데, 제2회 대회에서는 자수품에서 그러한 특성이 잘 나타나 있었다. 관람회장을 둘러본 기자는 "어느 틈에 그렇게 수를 가르칠 새가 있었는지 대나무 액자 같은 것, 송학 같은 것을 보면 누구든지 놀랠 솜씨"라고 칭찬하며 근화여학생들의 수놓는 솜씨를 높이 평가했다. 학습과정의 불리함과 시설의 부족함에도 불구하고 이경완 선생의 각별한 지도로 학생들의 솜씨가 눈부시게 발전한 것이었다.

학생들의 빼어난 솜씨에 교장 차미리사는 한껏 자부심을 느꼈다.

내 학교 생도는 나이가 어린데 비하면 다 재주가 특별한 것 같습니다. 그리고 작년에 해본 경험이 있어서 금년에는 훨씬 힘이 덜 들었어요. 그리고 작년보다 실용품이 는 것이 무엇보다도 좋습니다. 그리고 유감 되는 것은 내 학교의 설비가 부족하여서 학생들의 재질을 마음껏 발휘시키지 못하는 것이에요. 그러나 내년에는 금년보다 내후년은 명년보다 나지겠지요.[381]

근화여학교는 순전히 조선 사람의 손으로 경영하는 학교였기에 여학교연합바자회에서 특별히 많은 주목을 받았다. 게다가 출품된 물건이 가정의 실생활에 꼭 필요한 실용품이었으므로 매출액이 많을 수밖에 없었다. 근화여학교가 출품한 점수는 1,290점으로 전체 물량 12,289점의 10.5퍼센트가 되며, 매출액은 1,146원으로 총 판매액 5,594원의 20.5퍼센트를 차지했다. 출품한 물량에 비해 판매액이 두 배가량 높았는데, 이는 실용성과 예술성을 겸비한 근화의 작품이 관람객들로부터 높은 평가를 받았음을 말해주는 것이다. 웬만한 사람은 100원짜리를 구경해 본 적이 없고, 열무 열 단에 2전, 소고기 한 근에 20전하던 당시에 1,000원이 넘는 매출액은 대단한 금액이었다.

제3회 대회는 1928년 1월 17일과 18일 양일간 열렸다. 3회 대회도 2회 대회에 마찬가지로 아동에게 필요한 물건을 많이 출품하여 어린 아이들의 설빔을 싼값으로 마련할 수 있도록 했다. 3회 대회의 특징으로는 다음 몇 가지를 들 수 있다. 제일 먼저 꼽을 수 있는 사실은 지방 여학교의 참여가 눈에 띠게 늘어났다는 점이다. 북으로 평양여고, 평양정의, 평양숭의, 개성호수돈, 남으로 광주수피아 등 지방 소재의 유수한 5개 학교가 바자회에 새로 참가했다. 경향 각지의 13개 학교에서 8천여 명의 학생이 참여함으로써 여학교연합바자회는 명실상부하게 전조선적인 규모가 되었다. 특히 지방 학교가 대거 참여함으로써 산업의식을 고취하고 실생활에 필요한 식견을 높이며 예술적 정감을 키우고 취미를 향상시키려는 목적에서 시작한 연합바자회의 취지를 전국적으로 전파하는 효과가 있었다. 또한 지방마다 전래되는 고유한 전통기술이 있으므로 전국의 제품을 한곳에 진열하여 놓고 장단점을 비교함으로써 기술수준을 높일 수 있는 기회가 되기

도 하였다. 둘째 바자회가 여성과 관련되는 일이므로, 3회 대회부터
는 공동주최자가 중앙기독교청년회YMCA에서 경성여자기독교청년
회로 바뀌었다는 점이다.[382] 셋째 작품을 만드는 기술이 재작년보다
월등히 진보했음은 물론 작년보다도 한층 나아졌으며 작품의 실용성
도 한층 돋보여 실용과 예술을 겸비한 대회라는 평가를 받았다는 점
이다. 마지막으로 주목할 점은 관람객이 무려 5만 명을 넘어섬으로
써 초유의 기록을 세웠다는 사실이다. 전 계급을 망라하여 관람객이
몰려드는 모습을 언론은 다음과 같이 보도했다.

> 조선 천지에서는 다시 볼 수 없는 이 대회장으로 마치 사월철의 사쿠라 구경
> 에 모이듯 종로청년회관 앞에는 전차마다 구경하러 오는 마나님, 여학생, 아
> 가씨, 남자, 여자, 노인, 어린아이, 조선인, 서양인이 물결같이 몰려들어 개막
> 전부터 일대 혼잡을 이루었다.[383]

이처럼 5만 명이 넘는 관람객이 여학교연합바자회에 몰릴 수 있었
던 까닭은 정치적·경제적으로 고조된 사회 분위기 때문이었다. 정치
적인 면을 보면, 이념과 노선에 따라 다양한 분화를 겪었던 독립운동
세력이 1920년대 중반부터 민족협동전선운동을 전개하여 1927년 2
월 민족단일당으로 신간회를 결성했다. 그리고 5월에는 신간회의 자
매단체로 조선 여성의 전국적 기관인 근우회가 창립되어 항일구국운
동과 여성지위향상운동을 벌였다. 근우회는 3회 대회에 참여하여 간
이식당을 배설하고 점심 이외에 커피와 기타 케이크 등을 판매하여
관람객의 편의를 도왔다. 다음 경제적인 면에서, 조선에서 산출되는
각종 물산을 한 곳에 진열하고 방매하는 전조선물산바자대회가 1928

년 4월 처음으로 개최되었다. 이미 시내 각 상점 및 공장과 연결하여 바자회를 연 바 있는 중앙기독교청년회가 이번에는 다시 참가범위를 넓혀 전조선적으로 각 방면 상공업자들의 협조를 얻어 전조선물산바자대회를 개최했는데, 이는 조선의 산업 진흥을 위해 매우 의미 있는 첫 시험이었다. 이러한 행사는 상공업 및 다른 산업의 발전을 위해서는 물론 일반인에게 산업사상을 고취하고 산업세력의 의욕을 함양하는 데 긴요했기 때문이다.[384] "조선 사람은 조선 물산을 사용하자!", "조선 사람은 각성하자!", "조선 사람 조선 것!"의 표어를 내걸고 시작한 조선물산장려운동이 1923년에 전국적으로 전개된 바 있었다. 1923년 크게 일어났던 조선물산장려운동의 배경에는 당시 조선인 토착자본이 처해 있던 급박한 상황과 당시 문화운동의 핵심적 논리의 하나였던 경제적 실력양성론이 놓여 있었다. 그러나 이 운동의 열기는 하반기 들어 사그라졌다. 이 해 말 총독부가 경성방직에 거액의 보조금을 지급하자, 《동아일보》가 1924년 1월 초 〈민족적 경륜〉이라는 글을 통해 '법률이 허하는 범위 내에서의 합법적 정치운동을 제

〈물산을 장려하여 자작자급이 필요〉
《매일신보》 1926년 12월 16일자〉
1923년 크게 일어났던 조선물산장려운동의 배경에는 당시 조선인 토착자본이 처해 있던 급박한 상황과 당시 문화운동의 핵심적 논리의 하나였던 경제적 실력양성론이 놓여 있었다. 그러나 이 운동의 열기는 하반기 들어 사그라졌다. 이후 조선물산장려운동은 명맥만 유지해오고 있었다. 그러한 가운데 1926년 차미리사는 물산장려운동의 필요성을 언급했다. 토산품의 생산을 장려하는 자작自作운동과 토산품의 애용을 장려하는 자급自給운동이 동시에 필요하다는 주장이었다.

창' 하고 독립운동에서 후퇴한 자치운동을 벌였기 때문이다.[385] 이후 조선물산장려운동은 명맥만 유지해오고 있었다. 그러한 가운데 1926년 차미리사가 물산장려운동의 필요성을 언급했다.

우리들이 근본을 해결치 못하고 아무리 경제 경제 떠들더라도 비를 들지 않고 먼지 처치를 외치는 종류의 일밖에 되지 않습니다. 그럼으로 우리는 경제적으로 무능한 백성에게 문화적 생활을 권할 수 없습니다. 그리하여 이것은 일반 민족에게 외치는 말이지만 개인의 가정에게 왜단이나 양단 옷을 몸에 감는 것보다는 조선 물산을 입으라는 것입니다. 그것도 있던 것을 버리고 새것으로 일부러 사라는 것이 아니지요. 할 수 있는 대로 사치할 것 없이 틈 있는 대로 부지런히 일만 하되, 무슨 기계를 사들여서 명주실이나 무명실이나를 뽑으라는 것이 아니지요. 즉 가정부인들이 쓸데없는 말이나 짓거리고 담배나 피우는 시간을 이용하여 옛날 법대로라도 길쌈을 시작하고 또 터전이 있는 이는 조금이나 야채를 가꾸어서 반찬거리로라도 보태일 경륜을 할 것입니다. 다른 말 없습니다. 우리 성질이 크거나 적거나 자족 자급하는 것밖에.[386]

가정에서 일본 옷이나 서양 옷을 입지 말아 외화 소비를 배척하는 한편 가정부인이 길쌈에 나서는 등 조선 물산을 장려함으로써 경제적으로 자급자족하는 것이 필요하다는 것이다. 토산품의 생산을 장려하는 자작自作운동과 토산품의 애용을 장려하는 자급自給운동이 동시에 필요하다는 주장이다. 차미리사가 여학교연합바자회에 참가한 것도 이 대회가 토산품을 자작·자급하는 운동으로 발전할 수 있다고 보았기 때문이었다. 차미리사는 한용운과 함께 조선물산장려회 조사부 이사로 활동하고 있었다.[387] 전조선물산바자대회는 사그라진

물산장려운동의 불씨를 되살리려는 취지에서 개최된 조선인 산업운동의 첫 시험이었다. 이처럼 민족협동전선운동이 일정한 성과를 거두고 물산장려운동이 활기를 되찾은 데 힘입어 제3회 여학교연합바자회에 5만 명이 넘는 관람객이 몰릴 수 있었다.

근화여학교는 3회 대회에도 참여했다. 근화여학교에서는 편물, 자수, 재봉품 등 1,300점이나 되는 물품을 만들었는데, 보통 자수보다 돈도 덜 들고 하기도 쉽고 또 무엇보다 제일 아름다운 불란서 자수에 힘을 특별히 많이 쏟은 것이 특색이었다.[388] 근화여학교 진열장을 둘러본 기자는 다음과 같이 관람 평을 했다.

첫 머리에 청백운학淸白雲鶴을 마주 놓아 무늬를 짓고 둘레에는 가느다란 뇌문雷紋을 놓은 편물작품이 고심의 결정으로서나 작품의 가치로서나 이채를 띠었다. 그리고 장미꽃 등을 수놓은 크고 작은 방석, 편물로 된 쟈케트, 쉐터, 어린이 버선, 어린이의 풍속 옷 등 편물 작품이 꽤 많이 나왔다. 그리고 한복판에 공작을 수놓은 큰 액자는 자못 웅려미雄麗美가 있어 보인다. 이 학교의 출품도 금년에 으뜸가는 축의 하나이라 하겠다.[389]

1929년에 열린 제4회 여학교연합바자회에는 전조선 각지에서 열두 학교가 참가했다. 4회 대회에서는 새로운 기획의 하나로 여학생의 수예품 이외에 학예품까지 전람하기로 했다. 바자대회에 참가한 학교는 물론 참가하지 않은 학교에서도 여학생들의 습자習字, 도화圖畵, 작문作文 등의 우수한 학예품을 출품했으므로 바자대회는 그야말로 금상첨화의 일대장관을 이루었다. 이외에도 조선여자기예원朝鮮女子技藝院에서 혼례식에 사용하는 수예품 일체를 출품하여 더욱 이채를 발했다.[390] 제4회 대회 역시 전례에 따라 일반 가정에서 사용하는 실생활에 필요한 실용적 물품이 대부분이었다. 설을 앞에 두고 아이들을 위해 제작한 물품은 전부 실비로 했다. 제품의 내용으로나 가격으로나 도저히 다른 데서는 따를 수 없는 염가였으므로 실용적인 설빔을 실비로 마련할 수 있는 절호의 기회였다. 제4회 대회에는 4만의 남녀노소 관중이 쇄도한 가운데 각국 영사를 비롯하여 시내에 거주하는 저명한 외국 인사가 다수 방문하여 바자회장은 더욱 활기를 띠었다.[391]

이처럼 여학교 연합바자회가 매년 수만 명의 관람객을 모으는 초유의 현상이 일어나자, 《조선일보》는 여학교 바자대회가 해가 갈수록 성황을 이루는 것을 우리 사회의 새로운 현상으로 보고, 여자의 직업 활동을 통한 가정경제의 향상이 이로부터 나올 수 있을 것이라고 전망했다. 여자의 수예 활동을 통해 조선물산장려운동이 목표로 하는 '산업진흥의 기운 조장'을 달성할 수 있다는 생각이었다.[392] 침체에 빠진 조선 경제의 활로를 여학교연합바자회에서 보여준 수공업적 기술을 적극 활용하여 마련하자는 제안이다. 이를 위해 여학교연합바자회를 조선 여성계 전체로 크게 확대할 필요가 있지만 아직은 처음 단계이므로 손쉬운 여학교로부터 시험적으로 실시하자는 것이다.

근화여학교는 4회 대회에서도 편물을 위시하여 쿠션 방석, 어린이 색동저고리조끼, 타래버선, 베개마구리, 수젓집, 식보, 손수건, 전등갓덮개, 자수 등 단독으로 바자회를 열어도 넉넉할 만큼의 많은 양의 물품을 출품했다. 작품의 기본 정조는 조선적인 질박함과 검소함이었다.[393]

쓸쓸한 조선 사회에 활력을 불어넣어주고 산업진흥의 기운을 북돋아주던 여학교연합바자회가 1930년에는 개최되지 못했다. 1929년 11월 광주에서 일어난 학생운동의 여파가 서울로 번졌기 때문이다.

1930년 1월 15일에 일어난 서울학생 항일시위운동에 근화를 비롯하여 동덕, 배화, 정신, 이화 등의 여학교가 주동적으로 참여했으므로 여학교연합바자회를 개최할 수 없었다. 여학교연합바자회는 1931년에 다시 열렸다. 그러나 제5회 대회는 경제대공황으로 많은 타격을 받았다. 참가교가 다섯 학교로 줄었으며 관람객도 5천여 명으로 전년 대비 10분의 1로 감소했다. 5회 대회에서 가장 사람의 눈길을 끈 것은 경성여고 진열대 위에 얌전히 서 있는 세루로이드제의 마네킹이었다. 이는 작년까지는 보지 못했던 광경으로 실로 1931년 바자의 시대적 특징을 이루고 있는 것이었다.[394] 근화여학교는 학내분규로 인해 제5회 대회에는 참여하지 못했다.

조선인의 물산 장려와 기예 숙련을 위해 마련된 여학교연합바자대회는 5회 대회를 끝으로 막을 내렸다. 이른바 문화통치를 표방한 1920년대와는 달리 1930년대 들어 조선 사회가 전시체제로 전환되었기 때문이다. 따라서 수공 기술의 개발을 통해 조선의 물산을 장려하고 조선 경제의 활로를 모색한다는 주최측의 문제의식도 더 이상 진전될 수 없었다.

실로 민족의 딸임을 잊지 말라

조선의 여성운동에 계급적 성격이 가미되기 시작한 것은 1924년 이후였다. 이전까지 여성운동은 진보적인 부르주아 여성들이 문화운동에 참여하는 정도였으나, 이때부터 계급적으로 자각한 여성운동이 새롭게 나타나기 시작한 것이다. 1924년 창립된 조선여성동우회와 1925

년에 창립된 경성여자청년동맹, 경성여자청년회 등이 사회주의계 여성해방운동단체였다. 사회주의 여성들은 계급적·민족적 관점에서 기독교계 학교에서 실시하는 여성교육을 비판했다. 여성해방을 위한 의식화 교육을 실시하는 것도 아니고, 조국의 식민지 현실을 직시하는 민족교육을 실시하는 것도 아니기 때문이었다. 1920년대 중반 이후 사회주의자들에 의해 반봉건, 반종교운동이 전개됨에 따라 기독교계 학교교육에 대한 비판은 더욱 거세졌다. 대표적인 사회주의 여성이었던 허정숙이 기독교계 학교의 교육 풍토에 대해 신랄하게 문제 제기를 한 것이 그 한 예다.

그는 먼저 "피교육자에게 강제로 예수를 주입하여 사람이 사람의 노예된 것이 원통하고 분하다"라 하여, 유물론적인 관점에서 종교교육을 비판했다. 이어 "피교육자가 서양화, 자본가의 주구화·허영화하는 것은 가통可痛하다기 보담 도리어 가애可哀하달 수밖에 없다"라고 하여, 민족적·계급적 관점에서 조선의 여학생들을 서양인화하고 자본가의 주구로 만드는 기독교 교육의 폐해를 비판했다. 그리고 부르주아적인 세계관과 문명관을 버리고 식민지 조선인으로서 민족의 현실을 직시할 것을 요구했다.

피아노 소리 밖에 민중의 기한飢寒에 우는 소리를 듣지 못하며, 서양인을 알지언정 조선 사람을 모르며, 몸은 움 속에 사나 맘은 구소九霄[하늘 최상층]에 앉았으니, 이 짓이 제군의 자수自手로 제군의 자아를 장葬할 묘혈[무덤]이 아니고 무엇이냐.[395]

그러나 조선인 내에서의 계급적 차이는 식민지배자와 피지배자의 민족적 차별을 넘어서는 것이었다. 실례로 선교사들이 설립한 기독교 계통의 사립여학교에는 부유층 자녀들만이 입학할 수 있었다. 관·공립학교의 경우도 학생 대부분이 중·상류층 출신이었다. 즉 고학생이 대부분인 각종 학교나 강습소가 아닌 중등학교의 학부형은 중류 이상의 재산가였다. 중등학교 학부형은 도시에서는 월수입 70원 이상, 농촌에서는 70여 석 이상 추수를 할 수 있는 재력을 가진 이들이었다. 그 이하의 수입으로는 자녀를 중등학교에 입학시키기 어려웠다.

한 학교에서 매년 수천 명의 지원자 중에서 겨우 1~2백 명을 선발했는데, 입학 자격으로 학비지출능력 유무를 중요시하는 것이 철칙이었다. 실정이 이러한 이상, 재산가의 자녀가 아니고는 도저히 입학이 불가능하고 설사 입학한다 해도 몇 개월을 버티지 못했다. 중등학교가 유산계급의 전유물임은 명백한 현실이었다.[396] 1923년 조사에 의하면 중학교 수준인 고등보통학교 학생 수가 전국적으로 10,530명이며 이 중에서 여학생은 1,563명으로 10% 남짓에 불과했다.[397] 남자도 교육받기 어려운 당시 현실에서 중등교육을 받을 수 있는 여학생은 극소수였다.

이처럼 중·상류층 출신의 여학생들이 꿈꾸는 세계는, 특별히 민족교육을 시키지 않는 한, 식민지 민족의 현실과 동떨어진 것이 될수밖에 없었다. 식민지 현실을 직시하지 못하는 비현실적인 교육의 대표적인 사례로, 한 잡지사는 조선 여자교육의 최고학부인 이화여전을 꼽았다.

거긔(식당)에는 무수한 여학생이 에~푸론을 입고 일일이 접응接應한다. 이화는 조선에서 양식의 발상지인만큼 정작 식당에 드러스고 보니 그야말로 양풍

이엿다. 일동일정─動─靜이 서양화하고 만다 …… 조선에서 여성의 최고학
부인 이화학교를 처음 본 나는 이상스러운 감상이 무럭무럭 이러낫다. 그 학
교를 마치는 여성들은 우리 여성의 선도자가 되여 가정마다 양요리 냄새와 피
아노 소리와 그리고 아릿다운 '개와 고양이' 소리가 나도록 활약할 것을 생각
하니 엇지나 고마운지 몰랏다. 이화 만세!!³⁹⁸

  조선의 비참한 현실에 대해서는 눈을 감은 채, 학원에서 비단실로
수를 놓고 서양 요리 만드는 법을 배우며 피아노를 치면서 앞날의 행
복을 꿈꾸고 있는 이화여전 학생들의 위선적인 모습을 비꼰 것이다.
중·상류층 출신인 학생들에게 무산자의 고통스러운 삶은 너무나 먼
이야기였다. 일부 신여성들의 위선과 허영심은 모두 식민지 조선의
민족 현실을 외면하도록 가르친 잘못된 교육 방침에서 배태된 것이
었다. 허정숙을 비롯한 사회주의 여성들이 문제 삼았던 것은 바로 이
러한 사고방식과 세계관이었다.
  식민지 조선의 현실을 무시한 채 이루어지는 여성교육에 대한 비
판은 민족주의자들에 의해서도 제기되었다. 차미리사는 현 교육 제
도의 결함을 묻는 질문에 대해, "현 (교육)제도를 시인하고 가능한 범
위 안에서 일러 말하는 결함 보충이니 이상 수립이니 하는 것은 소극
적 방침에 불과하다"고 전제한 후, "적극적 방침은 근본 문제 해결에
서 찾아야 한다"고 주장했다. 그가 말하는 근본 문제의 해결이 정치
적 자유를 되찾는 문제, 즉 민족의 자주독립임은 두 말할 나위가 없
다. 정치적 자유를 잃고 경제적 파멸 또한 날로 심해지는 식민지 현
실 하에서는 식민지 권력이 설정한 교육 목표에 추종하는 학교만이
살아남을 수 있었다. 그러나 식민지 현실을 긍정할 경우에는 교육의

방향이나 목표를 설정하는 것 자체가 불가능했다.

차미리사는 식민지 하에서의 교육이 조선인으로서의 정체성을 상실하는 방향으로 이루어지고 있는 현실을 비판했다.

조선 사람을 교육식히기 위한 제도 그것이 미국인이나 영국인을 표준하고 된 것이라면 그것이 조선인의게 얼마나 적응한 제도가 되겟슴닛가? 나는 이것으로써 조선 교육 제도의 결함을 다 말한 줄 암니다.[399]

현재 교육 제도는 외국인을 기준으로 한 것이기에 조선인에게는 결코 적합한 제도가 될 수 없다는 주장인데, 기독교계 학교의 교육이 특히 그러했다. 따라서 식민지 조선의 현실을 직시하는 교육이 이루어져야 한다. 그것이 바로 민족의 현실을 극복하는 교육, 즉 민족교육인 것이다. 민족교육을 시킨다는 점이 많은 여자교육기관 가운데 근화학교가 지니고 있는 독특한 특징이었다.

수학이니 물리 화학이니 하는 과학 방면의 학문은 잠깐 뒤로 한 걸음 물리고라도 철저한 민족혼을 발양시키는 정신적 교육을 주장主宰으로 삼아야 할 것이다. 우리나라에 현재 전국을 통하여 적지 아니 여자교육기관이 있으되 더러는 일본놈이 주장하고 더러는 미국인이 경영을 하는 고로 그들의 방침이 나와는 방불하지도 않을 것이다.[400]

차미리사는 졸업하는 학생들에게 "여러분은 부모의 딸일 뿐 아니라 실로 민족의 딸인 것을 잊지 말고 빈약한 우리 사회에 봉사적 정신과 희생적 정신으로 일"할 것을 당부했다.[401] 차미리사는 학생들을 민족의 딸로 키우기 위해, 민족의 현실을 직시하고 아픔을 함께 나누도록 가르쳤다. 배고픔과 추위에 떠는 동포에게 의연금을 전달하거나 기금 마련 음악회를 열었던 것이다. 실례로 1924년 조선여자교육회 주최로 기근동정음악회를 열었으며, 1926년 설에는 근화여학교 직원과 학생이 불행에 우는 형제의 설움을 만분지일이라도 동정하고자 박한 월급과 적은 학자금 중에서 푼푼이 모은 현금과 의복을 신문사에 전달하여 헐벗고 굶주린 빈민 동포들이 기쁜 마음으로 설을 맞을 수 있도록 도와주었다.

시내 안국동 37번지에 있는 근화여학교에서는 그 같은 헐벗고 굶주린 빈민 동포들에게 따뜻한 밥 한술이나마 같이 나누고 쌀쌀하고 매운바람에 스치는 스산한 몸을 가리워서 환세換歲의 기쁨을 같이 나누기 위하여 동교 직원 이하 삼백여명 학생들로부터 넉넉지 못한 주머니를 기우리고 쓰고 남음이 없는 학비

〈빈민에게 보내는 설빔〉(《동아일보》 1926년 2월 13일자)
차미리사는 학생들을 민족의 딸로 키우기 위해, 민족의 현실을 직시하고 아픔을 함께 나누도록 가르쳤다. 배고픔과 추위에 떠는 동포에게 의연금을 전달하거나 기금 마련 음악회를 열었던 것이다. 실례로 1924년 조선여자교육회 주최로 기근동정음악회를 열었으며, 1926년 설에는 근화여학교 직원과 학생이 불행에 우는 형제의 설움을 만분지일이라도 동정하고자 박한 월급과 적은 학자금 중에서 푼푼이 모은 현금과 의복을 신문사에 전달하여 헐벗고 굶주린 빈민 동포들이 기쁜 마음으로 설을 맞을 수 있도록 도와주었다.

에서 얼마씩을 쪼개어 현금 팔십육 원과 의복 삼십여 개를 모아 극빈자에게 나누어주기를 본사에 의뢰하였는데 그 물품 중에는 동교 학생들이 지방으로부터 올라온 여학생들이 많으니 만큼 출품한 의복도 대부분이 여자의 것으로 저고리 스물, 치마 여섯, 바지와 토시 열이었고 쌀도 약간 있었으나 그는 너무도 소수임으로 현금으로 환산하여 팔십 육 원이 된 것이라는데…….[402]

특히 차미리사 교장은 20여 년 만에 찾은 잃어버렸던 딸이 설빔으로 만들어 보낸 소중한 의복 한 벌을 내어 놓아 주위를 감동시켰다.[403] 이 해 연말에는 크리스마스를 맞아 헐벗고 굶주리는 가련한 동포에게 조그마한 동정이라도 표하고자, 선물을 폐지하고 학생들이 군색한 학비 속에서 푼푼전전이 모은 것과 선생들의 기부로 23원 25전을 모아 《조선일보》에 기탁했다.[404] 근화여학교는 1928년 성탄절에도 추위를 못 이겨 떨고 있는 빈한한 동포를 위해 단 한 벌의 옷가지와 한 톨의 쌀

근화여학교생도의 빈민 동정
근화의 빈민 동정은 1928년에 이어 이듬해에도 있었다. 근화여학교 학생들의 의뢰를 받은 신문사는 서울에서도 가장 극빈자가 많이 산다는 신당동 일대를 방문하여 배고픔과 추위에 떨고 있는 약 100여 가구에 성의를 전달했다. 추운 날에 한 그릇의 밥조차 먹지 못하고 냉방에서 떨고 있던 신당동 일대의 빈민들은 나이 어린 여학생들의 눈물겨운 동정에 감사해했다.

이나마 나누어 주겠다는 생각으로 푼푼이 모은 돈 32원 18전과 의복 67점 등을 전달하는 동포애를 발휘했다.[405] 근화의 빈민 동정은 이듬해에도 있었다. 근화여학교 학생들의 의뢰를 받은 신문사는 서울에서도 가장 극빈자가 많이 산다는 신당동 일대를 방문하여 배고픔과 추위에 떨고 있는 약 100여 가구에 성의를 전달했다. 추운 날에 한 그릇의 밥조차 먹지 못하고 냉방에서 떨고 있던 신당동 일대의 빈민들은 나이 어린 여학생들의 눈물겨운 동정에 감사해했다.

차미리사는 학생들에게 가난한 동포의 삶을 한시도 잊지 말도록 가르쳤을 뿐 아니라, 자신의 삶도 늘 그들과 함께 했다. 안국동 근화여학교를 찾아간 한 신문 기자는 "누구든지 그의 거처하는 방에 들어가 그의 생활을 구경하고 그와 한 시간 동안만 이야기하고 나면 한줄기의 눈물을 흘리지 않을 이가 없을 줄 안다. 오십이 넘은 중노인이 희뜩희뜩 솟아 나오는 백발을 쓰다듬어가면서 일초도 쉬지 않고 활동하고 있다"며, 차미리사의 생활을 다음과 같이 소개했다.

그의 몸에는 부드러운 옷이 감기지 안았고 그의 식탁에는 비록 한 그릇의 밥과 묵은 김치 쪽이 올랐을 뿐이나 그는 원기가 왕성하고 희망의 웃음으로 가득 찬 것을 볼 수 있다. 그리고 그의 입으로 나오는 말은 모두가 조선 여자의 교육을 확장시키기 위하여서 고심하는 생각의 흐름이요 일언반구라도 조선 민족을 잊어버린 마음이 없다.[406]

민족교육을 받은 근화여학교 학생들은 항일민족운동에도 적극 참여했다. 그 대표적인 사례로 1930년 1월 서울에서 일어났던 학생시위운동을 들 수 있다. 1929년 11월 3일 광주학생운동을 기점으로 전국적으로 확대된 학생운동은 3·1운동 이후 우리 민족이 감행한 최대의 항일민족운동이었다. 광주에서 학생만세시위가 일어나자 서울에서는 신간회를 비롯한 각종 사회단체와 학생단체들이 광주학생운동의 열기를 확산시켜 전국적인 항일민족운동으로 승화시키기 위해 여러 가지 계획을 추진했다. 이러한 가운데 1929년 12월 초 서울 공·사립학교와 시내 곳곳에 학생과 민중의 총궐기를 촉구하는 격문이 살포되었다. "조선 청년 학생 대중이여! 제국주의적 침략에 대한 반항적 투쟁으로서 광주학생운동을 지지하고 성원하라!"는 격문은 서울 시내 많은 학교의 학생들을 크게 자극했다. 계획된 순서에 따라 1차 서울학생 항일시위운동이 감행되었다. 12월 10일 근화를 비롯하여 휘문, 숙명, 배재 등이 궐기했고, 11일에는 이화, 서울여자상업, 동덕, 선린상업 등이 궐기했다. 13일에도 시위가 계속되자 서울 시내 학교들은 조기 겨울방학에 들어갔다.

1930년 1월 초 개학과 함께 학원가는 다시 술렁이기 시작했다. 1월 15일 서울시내 각급 학생 5천여 명이 일제히 궐기하여 독립 만세를

〈시내 십이남녀학생 일제시위만세〉
《조선일보》 1930년 1월 15일자)
민족교육을 받은 근화여학교 학생들은 항일민족운동에도 적극 참여했다. 그 대표적인 예로, 광주학생운동의 여파로 서울에서 일어났던 학생시위운동을 들 수 있다. 1930년 1월 15일, 근화여학교 전교생도 300명을 비롯하여 동덕여자고등보통학교, 배화여자고등보통학교, 실천여학교, 정신여학교, 경신학교, 이화여학교, 배재학교, 중동학교, 휘문고등보통학교, 양정고등보통학교, 보성전문학교 등의 학생 수 천명이 각각 자기 학교에서 일제히 만세를 고창하면서 시가로 몰려나오려다 경찰의 제지를 받고 다수가 검거되었다.

외치면서 거리로 쏟아져 나와 가두시위를 전개했다.

2차 학생시위는 1차 때보다 세 배가 넘는 학생들이 참가했다. 서울의 경찰 병력만으로는 학생시위를 제지하기 어렵다고 판단한 일본 경찰은 인천의 경찰 병력까지 동원하여 무차별 검거에 나섰다. 종로서를 비롯한 각 경찰서는 검거 학생으로 초만원을 이루었다. 이와 같은 검거에도 불구하고 항일의 불길은 꺼질 줄 모르고 점점 확산되었다. 만세시위가 연일 일어나자 일제 당국은 시위에 참가한 모든 학교에 대해 휴교 조치를 내렸다. 천 수백여 명이 일시에 검거되고 그 중 480여 명의 학생이 구속되어 휴교령이 아니라도 정상 수업을 할 수 없는 상황이었다. 2차 서울학생 만세운동의 특징은 여학교 학생들이 총궐기한 사실에 있다. 1차 시위운동이 남학생 중심인 데 반해 2차 시위운동은 여학생들이 중심이 되었다.

1930년 1월 15일, 근화여학교 전교생 3백 명이 일제히 만세를 부르며 시가로 몰려나가려다 경찰에 의해 제지당했다.

시내 근화여학교의 보통과 본과 삼백 여명 전교 생도는 십오일 오전 아홉시 삼십분 경에 일제히 만세를 부르고 교실 밖으로 뛰어나오려 하므로 눈치를 알고 이른 아침부터 경계하고 있던 종로서원과 학교의 교사들이 교실 문을 굳게 닫고 못하게 하자 이에 격앙한 전기 학생들은 교실 유리창을 깨고 전부 운동장에 모여 만세를 고창하면서 시가지로 장사진의 시위 행렬을 하려다가 경관내의 제지로 그 뜻을 이루지 못하고 그대로 교정에 모여서 경관대와 대치중이며 ……. [407]

서울만세시위로 검거된 전체 여학생 135명 가운데 근화여학교 학

검사의 최종 취조를 받은 여학생들
근화를 비롯하여 동덕, 배화, 정신, 이화 등 서
울시내 만세시위에 참가한 학생 중 주동자급은
경기도 경찰부에서 취조를 받았다. 보안법 위반
으로 구속되어 심리를 받게 될 주동자급 여학생
은 33명이었는데, 그 중 근화여학교 학생이 최
성반, 김순례, 김연봉, 김금남, 이충신, 김귀인
복 등 여섯 명이었다.

생이 25명이었다. 학교는 17일 임시 휴교에 들어갔으며 1월 20일 개
학할 예정이었으나 검거된 학생들이 석방되지 못했을 뿐만 아니라
학생들이 계속 검거되었으므로 부득이 23일에 가서야 개학했다. 근
화를 비롯하여 동덕, 배화, 정신, 이화 등 서울시내 만세시위에 참가
한 학생 중 주동자급은 경기도 경찰부에서 취조를 받았다. 보안법 위
반으로 구속되어 심리를 받게 될 주동자급 여학생은 33명이었는데,
그 중 근화여학교 학생이 최성반, 김순례, 김연봉, 김금남, 이충신,
김귀인복 등 여섯 명이었다.[408]

이들은 시내 소격동에 있는 최성반의 하숙집에서 모여 1월 15일
오전 아홉시 반 정각에 일제히 만세 부르자는 모의를 하고 결정대로
11개 학교 학생들과 함께 일제히 만세를 부른 혐의를 받고 있었다.[409]

학생들의 만세시위 뒤에는 무자비한 처벌이 뒤따랐다. 일차적으로는 무기정학이나 퇴학을 단행하고 이차적으로 구속이나 기소를 통한 사법적인 처벌까지 서슴없이 자행했다. 만세운동에 참가했던 학생 중에 경기도 학무과장의 명령과 학교장의 자발적 처단으로 퇴학 또는 무기정학을 당한 학생이 무려 5백여 명에 달했다. 학무당국에서 처벌을 명령하기 전에 대부분의 학교에서는 학교장이 미리 자발적으로 학생들을 퇴학이나 무기정학 또는 근신 등에 처분했다. 그러나 근화여학교에서는 학교장이 자발적으로 처벌한 학생은 한 명도 없었다. 다만 총독부 학무과장의 명령으로 25명이 무기정학을 당했을 뿐이었다.[410] 안재홍과 같은 민족주의자가 근화여학교 졸업식에 수시로 참석하여 축사를 한 것도 이와 같은 민족교육정신을 높이 샀기 때문이었다.[411]

황국신민의 서사를 외지 못하니
교장 될 자격이 없다

일제의 한국 침략의 성격은 서구 제국주의 국가의 식민지 침략과는 질을 달리하는 것이었다. 일제가 한반도에서 자원과 식량을 수탈하고 조선을 자신의 상품과 자본의 수출시장으로 만들려 했다는 점에서는 제국주의 침략 일반의 속성을 갖고 있었다. 하지만 조선을 단순한 이윤 창출을 위한 식민지로 경영하는 것이 아니라 일본 영토의 일부로 편입시켜 조선인을 일본인으로 동화하고 하등민으로 복속시키려는 민족말살적 동화정책을 취한 점은 여타 제국주의 국가의 식민정책과는 근본적으로 달랐다.

이 점은 일제가 한일병합을 통해 조선민족을 일본천황의 신민으로 삼고 한반도를 일본의 시코쿠四國나 큐슈九州와 같은 지역으로 만들려고 했다는 데서 분명하고, 3·1운동 직후 일본 수상 하라原敬가 "조선은 일본의 판도版圖로서 속방屬邦이 아니며 또한 식민지가 아니고 바로 일본의 연장이다"라고 주장한 데서 다시 확인된다. 즉 일제의 조선 침략의 목표는 시종일관 단순한 식민지 경영이 아니라 조선 민족의 부정과 일본제국에의 편입에 있었던 것이다.[412]

일제의 조선 통치의 기본 방침인 동화정책은 1930년대 들어오면서 더욱 노골화되었다. 1931년 조선총독으로 취임한 우가키宇垣一成는 동화주의의 실현을 위해 일본[內地]과 조선朝鮮의 융화, 즉 '내선융화'를 정책 이념으로 삼았다. 우가키는 내선융화가 가능하다는 유력한 논거로 조선의 역사를 들었다. 그는 "조선인은 역사적으로 그들이 깊은 애착을 가질 만한 것이 거의 없다. 따라서 지시 여하에 따라서는 혼연융화도 가져올 가능성이 있다고 인정한다"고 했다. 조선인은 역사적으로 자랑할 만한 것을 가지고 있지 않으며 역사에 대한 애착이 없기 때문에 일본에의 동화는 용이한 일이라는 것이다.

한편 1936년 조선총독으로 취임하여 1942년까지 조선을 통치한 미나미南次郎는 '내선일체'를 자신의 정책 이념으로 삼았다.[413] 일제가 추진한 동화정책이 1931년 만주사변 단계에서 내선융화로 발현되었으며, 1937년 중일전쟁에 돌입하면서 내선일체라는 극한적인 형태로 발현된 것이다. 동화주의의 본질을 집중적으로 체현하고 있는 내선일체는 1937년 이후 조선지배의 최고 통치 목표가 되었다. 미나미는 내선일체의 구체적인 모습을 다음과 같이 언급했다.

내선일체는 반도 통치의 최고 지도 목표이다. 내가 항상 역설하는 것은 내선일체는 서로 손을 잡는다거나, 융합한다거나 하는 그런 미적지근한 것이 아니다. 손을 잡은 자는 손을 놓으면 다시 따로따로가 된다. 물과 기름도 무리하게 섞으면 융합하는 모양이 되기는 하지만 그래서는 안 된다. 모양도, 마음도, 피도, 살도 모두 일체가 되어야 한다.

미나미의 정의에 따르면 내선일체란 조선인을 충량忠良한 일본천황의 신민, 즉 황국신민으로 만드는 것이었다. 내선일체정책의 실질적인 추진자로서 황국신민이라는 용어를 만들어 낸 시오하라鹽原時三郞는 황국신민의 인간상을 다음과 같이 말했다.

천황 폐하를 받들고 천황에게 절대 순종하는 길이다. 절대 순종은 자신을 버리고 자신을 떠나 오로지 천황에게 봉사하는 것이다. 이 충의 길을 가는 것이 우리들 국민의 유일한 생존의 길이며 모든 힘의 원천이다. 그렇기 때문에 천황을 위해서 신명을 바치는 것은 이른바 자기희생이 아니라 소아를 버리고 위대한 천황의 위광에 살며 국민으로서 진정한 생명을 발양하는 것이다.

황국신민이란 자신을 완전히 희생하여 오로지 천황을 위해 웃으면서 죽을 수 있는 인간이라는 것이다. 미나미는 조선인을 황국신민으로 만들기 위해 여러 가지 황국신민화정책을 실시했다. 서울 남산에 신궁을 세워 그 곳에 일본의 시조신 아마테라스 오미카미天照大神와 메이지明治 천황의 위패를 설치해 놓고 조선인들에게 참배를 강요하는 신사참배神社參拜, 매일 아침 일본 천황이 있는 동쪽을 향해 머리 숙여 절을 하도록 하는 궁성요배宮城遙拜, 일본 천황의 백성으로서 충성을 다하겠다고 다짐하는 황국신민서사皇國臣民誓詞 제창,[414] 조선어 사용을 금지하고 학교의 모든 수업은 일본어로 진행하도록 하고 관공서는 물론 집안에서까지 조선어를 사용하지 못하도록 하는 국어(일본어) 상용常用 운동, 그리고 지원병 제도 실시, 조선교육령 개정, 창씨 개명 등이 그것이었다. 이들 황국신민화정책들은 병렬적, 나열적인 것이 아니라 서로 유기적인 관련을 가졌으며 더욱이 그 기둥이 되는 정책들이 있었다. 조선교육령 개정을 비롯하여 지원병 제도, 창씨개명 등이 바로 황국신민화정책의 세 기둥이었다.

1938년 공포된 제3차 조선교육령은 교육 부문에서의 황국신민화정책이었다. 3차 조선교육령 개정의 요점은 조선인의 황국신민화 완성을 목표로 하는 것이었다. 이는 총독부 학무국이 "조선인이 일본 국민이라는 자각을 철저하게 갖도록" 교육 내용을 쇄신하고 국민 교육의 철저화를 기하라고 지시한 데서도 확인된다. 조선인에게 더욱 엄격히 황국신민화 교육을 강요하려는 것이 제3차 조선교육령 개정의 취지였다. 이에 따라 모든 교육 활동은 황국신민화정책 실현에 향해져 있다. 학생들은 일본 황실을 존경하고, 일본 국가를 부르고, 황조皇祖의 전설을 암기하고, 일장기의 영광을 숭배하도록 가르침을 받으면서, 조선 고유의 역사나 언어를 배우지 못했다. 또한 천황의 성덕聖德 이외에 어떠한 도덕적 권위도 인정할 수 없게 했다. 한 학생은 1939년 경기중학의 교육환경을 다음과 같이 회고했다.

매일 아침 조회시간에 황국신민서사를 크게 외치며 국어(일본어) 상용을 생활화하도록 강요당했다. 동기생끼리 누가 조선어를 사용하나 감시하도록 했으니 한심한 일이었다. 2학년 때는 창씨 개명이라 해서 우리의 성씨와 이름을 일본식으로 고치도록 강요당했으니 참을 수 없는 모욕이며 끈질긴 반대도 있었으나 불가항력이었다 …… 또한 학생들끼리 단결할 것을 극도로 꺼려서 자치회 활동 등은 말도 들어보지 못했다. 심지어 경기중학에는 교가도 없었고 (함께 부르면 단결심이 생길까봐) 그래서 일본말로 된 그전 제1고보 교가를 배워서 때로 부르곤 했다. 우리는 정신교육의 일환으로 여러 가지를 암기하도록 강요당했다. 예를 들면 일본천황의 칙어들(교육칙어, 청소년칙어, 군인칙유 등)이다. 그 중에서 군인칙유라는 것은 명치천황 초기에 나온 것이라 문체가 고대문古代文이며 길기가 대단해서 이것을 암기하기가 대단히 힘든 일이었다. 여기에 또 한 가지는 124명 역대 일본천황의 이름도 암기하여야 했다. 이 것 역시 큰 골칫거리였고 지금 생각하면 한심한 일이며 미친 짓이라 아니할 수 없다.[415]

미나미 총독은 조선통치의 5대 지침으로 국체명징國體明徵, 선만일여鮮滿一如, 교학진작教學振作, 농공병진農工竝進, 서정쇄신庶政刷新 등을 발표했는데, 이 가운데 국체명징은 일본 국민(식민지 국민 포함) 9천만이 일치단결하여 황도선양皇道宣揚에 매진하자는 것이었다. 다시 말해 식민지 백성들에게 일본인 정신을 가지라고 요구한 것으로, 이를 위해 신사참배, 궁성요배, 국어(일본어) 상용 등이 요구되었다.

일제 때 국민 학교 교사를 지낸 이는 국어상용운동, 즉 조선인에게 일본말 쓰기를 시킨 것을 다음과 같이 고백했다.

1939년 초등학교에 첫 발령을 받았는데, 일주일에 한 시간짜리 조선어 수업 말고는 우리말을 쓰지 않도록 하고 있었다. 주번 교사는 아침마다 4명이 주번에게 각각 국어 상용이라고 쓰인 손바닥만 한 크기의 패를 줬다. 주번은 우리

말을 쓰는 친구를 발견하면 그 패를 그에게 건넸다. 운동장구석에서라도 우리 말을 쓰면 그 패를 받아야 한다. 그 패를 받은 아이가 다른 아이에게 하교시간 까지 못 넘기면, 최종적으로 교무실에 그 패를 들고 가야한다. 늦게나마 내가 교사로서 '참 나쁜 짓을 했구나, 민족반역자였구나'라는 생각을 했다.[416]

황국신민화 교육정책이 강행되는 과정에서 가장 큰 수난을 당한 것은 사립학교였다. 사립학교들이 일제의 황국신민화 교육정책에 맞서 나름대로 민족주의 교육을 실시했기 때문이었다. 이에 대해 일제는 민족주의 색채가 농후한 사립학교의 교육 목적과 교육 내용을 변경하도록 압력을 가했다. 그리고 한국인 교장을 축출하고 대신 일본인 교장을 두어 학교를 그들의 구미에 맞는 방향으로 운영하도록 했으며, 특정 사립학교에 대해 민족적 색채가 농후하다는 이유를 붙여 학교 이름을 바꾸도록 하는 등의 탄압을 가했다.[417]

이러한 탄압은 근화여자실업학교에도 그대로 가해졌다. 학교 이름과 관련하여, 일제는 근화가 조선의 국화인 무궁화를 상징하여 불온하다며 탄압했다. 근화여학교는 교가를 "우리 근화 학교가 억천만 년 영원히 무궁화가 되겠네"라고 하여, 무궁화와 더불어 영원무궁할 것을 염원했다.

무궁화!
빛은 곱고 속되지 아니하며 변치 않고 고상한 무궁화!
누구나 이 꽃을 사랑하지 아니하며 존귀하게 여기지 않는 이가 없었다.
이와 같은 무궁화의 처녀! 무궁화의 귀여운 혼!

무궁하거라! 고상하거라! 이것이 무궁화를 교표로 달고 있는 근화여학교 학생들의 배우는 목표였다. 무궁화 정신을 북돋고 가르치는 곳이 근화여학교였다.[418] 차미리사는 누구에게 선물할 때에도 삼천리 반도를 무궁화로 수놓은 수예품을 택하곤 했다. 교정에는 무궁화를 가득 심었다. 배움의 동산 근화에서는 차미리사를 비롯하여 교직원과 학생 모두가 무궁화를 사랑했다.

그러나 이제 이러한 것이 모두 문제가 되었다. 총독부는 "근화라는 근자가 불온하니 학교 이름을 갈아라", "무궁화가 핀 속에 조선 반도를 수놓았으니 배일분자를 양성하는 학교다"라며 탄압을 가했다. 운동장에 심은 무궁화나무도 탄압의 대상이 되었고 자수 시간에 무궁화를 수놓는 것도 중단하라고 했다.[419] 오랫동안 정들었던 학교 이름 근화와 고별하지 않을 수 없었다. 마침내 근화여자실업학교는 덕성여자실업학교로 바뀌었다.

근화여자실업학교 개명

황국신민화 교육정책이 강행되는 과정에서 가장 큰 수난을 당한 것은 사립학교였다. 사립학교들이 일제의 황국신민화 교육정책에 맞서 나름대로 민족주의 교육을 실시했기 때문이다. 이에 대해 일제는 민족주의 색채가 농후한 사립학교의 교육 목적과 교육 내용을 변경하도록 압력을 가했다. 그리고 한국인 교장을 축출하고 대신 일본인 교장을 두어 학교를 그들의 구미에 맞는 방향으로 운영하도록 했으며, 특정 사립학교에 대해서는 민족적 색채가 농후하다는 이유를 붙여 학교 이름을 바꾸도록 하는 등의 탄압을 가했다. 이러한 탄압은 근화여자실업학교에도 그대로 가해졌다. 학교 이름과 관련하여, 일제는 근화가 조선의 국화인 무궁화를 상징하여 불온하다며 탄압했다. 오랫동안 정들었던 학교 이름 근화와 고별하지 않을 수 없었다. 마침내 근화여자실업학교는 덕성여자실업학교로 이름이 바뀌었다.

탄압은 여기서 그치지 않았다. 교장 축출 음모가 시작된 것이다. 일제는 내선일체를 부르짖고 황국신민화 교육을 하려는 판국에 학생들에게 항일 정신을 심어주고 애국 사상을 고취시키는 차미리사 교장을 눈의 가시로 여겼다. 교육을 하는 것이 아니라 독립운동을 하는 것으로 여겨 교장직에서 사퇴하라고 압력을 가했다. 경기도 학무국은 교사들과 음모를 꾸며 학생들의 교장배척운동을 선동하는 측면 공작을 했다. "황국신민서사를 외지 못하고 칙어봉독勅語奉讀[천황의 훈시를 교장이 직접 학생들에게 읽어주는 것]을 못하니 교장 될 자격이 없다", "국어[일본어] 상용常用을 못하는 벙어리 교장이니 학생들에게 훈시를 못할 것이다", "요시찰인 명부에 올랐으니 교장을 내놓지 않으면 인가를 취소하겠다"는 등의 말로 협박하며, 친일파를 중간에 넣어 자퇴하도록 설복도 시켜보고 형사들을 학교로 보내 공갈로 못살게 굴기도 했다.

일제는 갖가지 이유를 붙여 을러대면서 차미리사에게 교장 자리에서 물러설 것을 강요했다. 그래도 계속 버티자, "네가 진정으로 학교를 안 내어놓으려 하면 이 편에서도 최후 수단을 쓰겠다"고 노골적으로 협박했다.[420] 평생을 차미리사의 후견인 역할을 했던 윤치호는 당시의 참담했던 심경을 자신의 일기에 다음과 같이 기록해 놓았다.

김멜리사[차미리사]가 나에게 말하기를, "경기도 학무국에서 내가 귀머거리이며 나이가 많고 일본어를 못하는 벙어리이므로 교장에서 사퇴하라는 압력을 받았다"고 하였다. 김멜리사가 매우 슬퍼하고 분노한 것이 당연하다. 이번 타격이 학교 교사들과 경기도 교육 당국의 음모에서 나왔기 때문에, 그 학교가 그녀의 정력의 창조물이기 때문에, 그녀를 동정한다.[421]

청진동 뒷골목에서 근화학원이라는 간판을 내걸고 배움의 기회를 놓친 여성, 무지하다고 학대받던 가정부인들을 모아 문맹 퇴치의 횃불을 높이 들어 배움의 길을 밝힌 지 어언 20년! 칠흑같이 어두운 지하실 방을 밝히던 촛불처럼 자신의 남은 생애를 교정에서 다 태우리라고 다짐했던 차미리사는 일제의 집요한 퇴진 압력에 눈앞이 아득해질 뿐이었다.

차미리사는 몇 날 몇 칠을 식음을 전폐하고 통곡했다. 어린 딸을 남겨 두고 중국으로 향하던 배에 몸을 실었을 때에도, 야학강습소 장소를 구하지 못해 밤새 비를 맞으며 서울 거리를 헤맸을 때에도 이렇게 외롭진 않았다. 태평양 건너 이역만리 타국에서 나라를 빼앗겼다는 소식을 들었을 때처럼 피를 토할 것 같은 울분에 온 몸이 떨렸다. 여성교육계의 험난한 가시밭길을 혼자의 힘으로 헤쳐 나온 그였지만 황국신민화 교육을 강요하며 교장 자리에서 사퇴하라는 총독부의 압력 앞에서는 더 이상 버틸 수 없었다. 교장 자리를 유지하려면 황국신민화 교육 방침에 순응해야만 했기 때문이다.[422] 조선총독부의 강압으로 연희전문학교 교장 자리를 마지못해 수락한 윤치호는 당시 자신의 심경을 다음과 같이 토로했다.

교장직을 수락해서 앞으로 수없이 속을 끓이게 될 게 뻔하다. 만족시켜야 할 사람이 너무나 많다. 군 당국, 경찰 당국, 도청 및 총독부 당국자들이 바로 그들이다.[423]

황국신민화 교육정책이 지속되는 한 조선인은 철저하게 일본인 즉 황국신민이 되거나 비국민非國民으로 항일세력이 되어야 했다. 중립

지대는 있을 수 없었다. 결국 1940년 8월 차미리사는 교육일선에서 물러났다. 그의 나이 예순 둘이 되는 해였다.[424]

이에 대해 총독부 기관지 《매일신보》는 새 학기를 앞두고 우리의 여자교육계에 들려오는 또 하나의 명랑한 소식이라고 보도했으며, 경기도 학무과에서는 "경하慶賀할 일"이라고 논평했다.[425] 후임으로 남해南海 송금선宋今璇(1905~1987)이 취임했다.[426] 그는 교장 취임사에서 황국신민화 교육을 위해 노력하겠다고 다짐했다.

> 전통을 자랑하는 우리 학교요 오래인 역사 속에서 새 출발을 기약할 우리 학교이므로 전 교장의 큰 뜻을 받들어 총후銃後[후방에서의 임전 태세]의 학원으로 황국 신민교육의 완성을 위하여 미력을 다하고자 하며 사회 여러분의 지도를 바랄 뿐입니다.[427]

1940년대 황국신민화 교육의 구체적인 실천내용은 학교교육의 군사체제화였다.[428] 1941년 12월 태평양전쟁의 발발로 전선이 더욱 확

덕성여자실업학교와 송금선, 차미리사(《매일신보》1940년 8월 5일자)
황국신민화 교육정책이 지속되는 한 조선인은 철저하게 일본인 즉 황국신민이 되거나 비국민非國民으로 항일세력이 되어야 했다. 중립지대는 있을 수 없었다. 1940년 8월 차미리사는 교육 일선에서 물러났다. 그의 나이 예순 둘이 되는 해였다. 후임으로 송금선(1905~1987)이 취임했다. 그는 교장 취임사에서 황국신민화 교육을 위해 노력하겠다고 다짐했다.

대됨에 따라 일제는 학교교육을 전시동원체제로 전환시키기 위한 조치를 취했다. 일제는 국민의 전쟁 수행 능력을 높이기 위해 체력 단련 교육을 강화하도록 했다. 체력은 전투력과 노동력의 기본 전제가 되기 때문에 정신력 배양 못지않게 체력 단련을 중요시했던 것이다. 후쿠자와 에이코福澤玲子로 창씨 개명한 송금선 교장도 학생들이 인고단련으로 체력을 길러 전시에 황국신민의 도를 선양할 수 있도록 하기 위해 체력 훈련을 강화했다.

학교 사정에 따라 방법이 여러 가지 겠지오마는 우리 학교에서는 전시 국민 생활에 중요한 건강을 몹시 생각한 바 있아와 생도들의 체련을 힘써 온 결과 병약으로 중도 퇴학을 하거나 어떤 사고를 이르켜 본 적이 없습니다. 따라서 금년 겨울에도 생도들의 저온생활을 훈련하는 의미에서 될 수 있는 대로 난로를 낮게 한기의 정도를 보아 사용할까 합니다. 그래서 학교교수 중간 시간을 이용하여 생도 전체의 체련훈련體練訓練을 강행하고 있습니다.[429]

전투 능력을 고양시키기 위해서는 체력 단련 이외에도 결전 체제에 필요한 전시 훈련이 필수적이었다. 송금선 교장도 비상시국을 맞이하여 여학생에게도 군사 교련이 절대적으로 필요하다는 입장을 지니고 있었다.

저는 여자에게도 군사 교련의 절대 필요를 느낍니다. 우리 학교에서도 결과는 아직 미약하나마 전체 생도들에게 군사 교련을 식키는 중입니다. 특히 조선 가정에서 자라는 여학생들에게 지금같이 국가가 비상시에는 국체적國體的 국가 관념을 인식식키는 데 필요하거니와 아직까지 전시 생활에 경험이 없는 조

선 가정에 여학생을 통하여 훈련을 철저히 식키고 싶습니다.[430]

생리적으로 보아 남녀의 구별이 있지만 나라가 정말로 위기에 처한 지금 남자에게 모든 일을 맡기고 여자는 한가히 침식에만 열중할 때가 아니므로, 여학생들에게도 군사 훈련을 시키고 있다는 것이다. 군사 훈련은 학생들에게 국체적 국가 관념, 즉 일본은 만세 일계萬世一系의 천황이 다스리는 신국神國이니 제국 신민은 이러한 국체를 명확히 인식함으로써 본분 수행에 어긋남이 없어야 한다는 관념을 주입시키는 데 유용한 수단이었다. 이러한 천황제 파시즘으로 학생들을 세뇌시켜야만 자랑스러운 황국신민이라는 신념을 갖고 전쟁터에 기꺼이 나아가 천황을 위해 웃으면서 죽을 수 있는 것이다.

체력 단련, 군사 훈련은 학생들을 규율과 통제에 복종시키는 정신 단련과 밀접한 관련이 있다. "최근 학생들에게 어떤 독서와 영화를 보고 있습니까?"라는 질문에, 송금선은 "어떤 학교나 건전한 정신생활을 시키기 위하여 영화나 서적을 엄중히 감시하므로 영화는 보도연맹의 지정 영화를 보게 되었고 서적은 …… 우리 학교에서는 될 수 있는 대로 여학생들에게 시국에 관한 서적을 권합니다"라고 답했다.[431] 불순한 사상이 침투하지 못하도록 학교에서 영화와 서적에 대해서도 감시를 철저히 하고 있다는 것이다.

이상 체력 단련, 군사 훈련, 정신 단련 등은 전시체제를 맞이하여 학생들을 충실한 황국신민으로 만드는 데 필수적으로 요청되는 교육들이었다. 이러한 황국신민화 교육을 통해 송금선 교장은 "학생들에게 단체적 국가 관념을 주입하는 데 전력"했다.[432] 집단주의적인 국가 관념, 즉 천황 중심의 전체주의적인 국가관을 학생들에게 주입시키는 교육에 전심전력했던 것이다.

조선총독 미나미는 황국신민화정책의 세 기둥 중인 하나인 3차 조선교육령의 성격을 국체명징國體明徵, 내선일체內鮮一體, 인고단련忍苦鍛鍊의 3대 교육을 철저히 하는 것이라고 했다. 송금선 교장은 천황 중심의 국가체제를 확실히 인식시키는 국체명징을 위해 정신 단련을 학생들에게 교육했으며, 강인한 체력과 전투력을 기르는 인고단련을 위해 체력 단련과 군사 훈련을 교육했다. 그러나 일제의 국체명징, 내선일체, 인고단련의 3대 방침은 교육의 파멸을 의미하는 것이었다. 국체명징은 인간적 이성을 파멸시키는 것이요, 내선일체는 민족적 양심을 파멸시키는 것이요, 인고단련은 문화적 생장을 파멸시켰던 것이다.[433] 황국신민화 교육이 비이성적, 반민족적, 반문명적인 까닭이 여기에 있었다.

종전 후 전쟁범죄자를 단죄하는 재판이 1946년 동경에서 열렸다. '평화에 관한 죄'에 관련되어 기소된 중대 전쟁범죄자에 대해 심리·처벌함을 목적으로 하는 재판이었다. 조선은 직접 참전국이 아니므로 전쟁범죄자는 있을 수 없다. 그러나 일본제국주의의 승리를 위해 성심으로 협력한 전쟁협력자야말로 진정한 친일파이며 반민족행위자라 할 수 있다. 1937년 중일전쟁 발발 이후 1945년 종전까지 전시 9년 동안의 전쟁협력이야말로 부일협력附日協力의 표본이다.[434]

김구와 임시정부 계열 인사들이 숙청대상 교육계 친일인사에 송금선을 포함시킨 것도 이와 같은 반민족행위 때문이었을 것이다.

온전한 독립을 못 보고 죽는 것이 한이로다

1945년 8월 15일 우리 민족은 감격적인 해방을 맞이했다. 해방과 함께 우리 민족에게 주어진 역사적 과제는 무엇보다 먼저 식민통치의 유산을 말끔히 씻어내고 새로운 통일민족국가를 건설하는 일이었다. 자주적으로 통일민족국가를 수립하기 위해 여운형을 중심으로 건국준비위원회(건준위)가 조직되었다. 건준위는 서울 한복판에 있는 덕성여자실업학교 건물을 본부로 사용했다. 이와 관련하여 당시 덕성여자실업학교 교장이었던 송금선은 회고록에서 다음과 같이 증언했다.

> 건국준비위원회는 세상에서 다 아는 바대로 좌경계 인물이 적지 않았다. 그들은 덕성의 교사를 쓰는 동안에 적지 않게 (차미리사) 선생에게 선전을 하였던 것 같다. 그것 때문에 (차미리사) 선생은 이승만 박사가 귀국하여 만나기를 요청하였을 때에도 거절하지 않았는가 생각된다.[435]

해방 후 차미리사는 건준위 인사들과 친밀하게 지낸 반면 이승만과는 거리를 두었음을 알 수 있다. 건준위가 차미리사를 주목한 까닭은 통일민족국가를 건설하는 데 있어 일제와 타협하지 않은 깨끗한 이미지를 지닌 항일민족투사의 이름이 필요했기 때문이었다. 일제 말기 많은 여성 지도자들이 총독부의 압력에 굴복하여 친일 행각을 벌였다. 일제는 황국신민화정책 추진을 위해 학무국 안에 사회교육과를 새로 만들고 각종 친일단체를 조직하여 조선인의 자발적인 참여를 강요했다. 이러한 황국신민화정책에 김활란을 비롯하여 송금선, 이숙종 등 대다수의 교육계 여성들이 호응했다. 일제의 탄압에 굴복하고 타협한 여성들은 각종 단체에서 간부로 활동하며 시국 강연, 가두선전, 글, 방송, 위문 공연 등 온갖 방법으로 황국신민화정책을 선전·옹호했다. 이들은 일제의 침략정책을 미화하여 젊은이들에게 징병, 징용, 학병 동원에 순응하고 전쟁터에 나아가 순교자가 될 것을 촉구했다. 여기에 그치지 않고 일반 여성이나 여학생들에게 어머니나 아내, 딸, 동생, 누이로서 노력 동원, 가정 내에서의 절약과 저축에 적극 협조할 것을 강조하는 등 일제 정책의 나팔수로서 활동했다. 이 때문에 이들은 통일민족국가 건설에 동반자가 될 수 없었다.

민족의 독립을 위해 평생을 바친 차미리사에게 분단된 조국이란 상상조차 할 수 없는 일이었다. 그러나 조국의 현실은 달랐다. 일본의 항복과 동시에 한반도에는 미국과 소련의 군대가 들어왔다. 해방과 더불어 남북 분단의 조짐이 나타난 것이다. 일본군의 무장 해제를 구실로 38도선을 경계로 한반도를 둘로 나누어 차지한 이들은 남과 북에서 각각 점령군 행세를 했다.

1945년 12월 미국, 영국, 소련 삼국 외상은 모스크바에 모여 한반도에 대한 향후 방침을 결정했다. 그 결정의 주요 내용은 "조선을 독립국가로 재건하여 민주주의 원칙하에 발전시키는 동시에 일본의 가혹한 정치의 잔재를 급속히 청소하기 위해 조선민주주의 임시정부를 수립한다"는 것이었다. 그리고 이를 위해 미국과 소련 양군 사령부의 대표자들로 공동위원회를 설립하고, 공동위원회와 한국의 민주적 정당 사회단체들이 협의하여 임시민주정부를 수립한 후, 최고 5년간의 4개국 신탁통치를 실시한다는 결정이었다. 이 결정안은 5년간의 신탁통치 실시를 강조하는 미국의 입장과 임시민주정부 수립에 강조점을 두는 소련의 입장을 절충한 것이었다.

그러나 국내에는 모스크바삼상회의 결정안의 독립보장과 임시민주정부 수립에 대한 내용은 생략된 채, 신탁통치 실시만 부각된 왜곡보도로 12월 27일 전해졌다. 모스크바삼상회의 결정안을 신탁통치안으로 이해한 민중은 이에 격렬히 반대했다. 김구 등 중경임시정부계열에서 제일 먼저 신속하게 대응했다. 이들은 신탁통치 결정이 카이로·포츠담선언과 국제헌장에 반하는 것이며 민족자결원칙과 민족적 자존심에 비추어 받아들일 수 없다며 '신탁통치반대국민총동원위원회'를 결성하고 12월 31일 전국민 궐기대회를 개최하는 등 조직적으로 신탁통치반대운동을 벌였다. 여성계에서도 여성이 일치단결하여 굴욕적인 탁치를 배격하겠다고 나섰다. 1946년 정월 초하룻날 시내 풍문여고 강당에서 반탁치여자대회反託治女子大會가 열렸다. 김활란은 정당과 정당은 서로 합치고 좌우익은 서로 손을 잡아야만 된다는 개회사를 했으며, 뒤이어 조현경의 경과보고와 강력한 활동을 전개할 결의문 결의, 연합국에 보낼 결의문 작성, 이승만 박사의 단결하라는 격려문 낭독이 있었다. 이날 대회는 차미리사의 선창으로 독립만세를 삼창한 후 폐회했다.[436] 차미리사도 모스크바삼상회의에서 결정된 신탁통치를 한국의 독립과 반대되는 것으로 간주하고 완전한 자유 독립을 획득할 때까지 탁치반대운동을 결사적으로 전개할 것임을 선언한 것이다.

1946년 3월 모스크바삼상회의 결정사항을 이행하기 위하여 제1차 미소공동위원회가 서울에서 열렸다. 그러나 미국과 소련은 임시민주정부 수립을 위한 한국 측 협의 대상을 선정하는 과정에서 팽팽하게 대립했다. 결국 5월에 이르러 제1차 미소공동위원회는 결렬되었다. 미소공동위원회가 결렬되자 이승만은 정읍에서 남한단독정부 수립을 주장하는 성명을 발표했다. 남북분단의 위기가 고조된 것이다.

1947년 3월 트루먼 독트린 발표를 전후로 하여 미·소 간의 갈등이 표면화되면서 냉전시대의 막이 올랐다. 처음에는 남과 북 사이에 왕래도 가능했던 38선이 전 세계적으로 냉전체제가 확립되면서 사실상 남북을 둘로 나누는 국토 분단선이 되어가고 있었다. 2차 미소공동위원회마저 결렬되어 정국이 경색된 가운데 '좌우통합과 남북협상을 통한 통일정부 수립' 운동을 주도하던 여운형이 피살되었다. 단독정부 수립을 추진하는 세력이 통일정부 수립을 위해 노력하는 세력에 가한 결정타였다. 이후 분단정부 수립을 위한 움직임은 가속화되었다.

1947년 11월 유엔 감시하의 남북한 총선거를 통한 한국통일 방안이 유엔총회에서 결의되었으며 이듬해 유엔한국임시위원단이 남한에 입국했다. 그러나 소련과 북한의 반대로 남북한 총선거 실시가 불가능해지자 유엔은 가능한 지역이라도 우선 선거를 실시하는 것으로 결정을 바꾸었다. 남한에서 단독정부가 수립된다면 이는 북한 정부의 수립으로 이어질 것이 확실했다. 1948년 들어 남과 북은 분단의 길로 치닫고 있었다.

1948년 4월 14일, 남한 지역에서의 단독선거를 앞두고 〈남북협상을 성원함〉이라는 지식인 108인 성명서가 발표되었다. 조국이 "독립의 길이냐, 예속의 길이냐 또는 통일의 길이냐 하는 분수령상의 절정에 서있는" 지금, 지식인들은 이같이 막다른 순간을 당하여 민족의 명예를 위해, 문화인의 긍지를 위해, 민족 대의의 명분과 국가 자존의 정도를 밝혀 진정한 민족적 자주 독립의 올바른 운동을 성원할 목적으로 자신들의 충정을 밝힌 것이다.

'가능 지역'의 일방적 선거로써 '중앙 정부'의 일방적 형태를 만들어 간다는 것이 남방의 단독조치였다. 명목과 분장은 하여튼지 남방의 '단정單政'이 구성되는 남방의 '단선單選'인 것은 말할 것도 없는 바이니 38선의 법정적 시인인 것도 두말할 것이 없는 것이다. 38선의 실질적 고정화요, 전제로 하는 최악의 거조인지라 국토 양단의 법리화요, 민족 분열의 구체화인 것도 분명한 일이다.

지식인들은 단독선거 실시와 단독정부 수립은 민족의 분단을 현실화 고착화하는 것이므로 단호히 반대한다고 선언했다. 그리고 단선 단정은 필연적으로 민족상호 간의 혈투를 초래하여 "내쟁內爭같은 국제 전쟁이요, 외전外戰같은 동족 전쟁"이 발발할 것임을 경고했다. 동족의 피로써 국토를 물들이는 동족상잔의 비극을 막기 위해서는 남북협상을 통해 통일정부를 수립하는 길밖에 없다는 것이 성명서를 발표한 지식인들의 공통된 생각이었다.

지식인들은 상해임시정부 주석이었던 김구가 제안한 남북연석회의의 개최야말로 외세의 간섭을 배제하고 통일정부 수립 문제를 주체적으로 해결하기 위한 노력이므로 이를 적극 지지한다고 했다. 이들은 자주독립을 달성할 때까지 계속적으로 투쟁할 것임을 천명하면서, '최후의 일각까지 최후의 일인까지' 남북협상을 추진하여 통일국가의 수립을 반드시 달성하자고 호소했다. 이 성명서에는 독립운동가, 문학인, 학자, 언론인, 법조인 등 지식인 108명이 서명했다. 남북이 하나가 되는 완전한 통일조국을 염원했던 차미리사도 분단정부 수립을 저지하려는 지식인들의 움직임에 기꺼이 동참했다.[437] 이미 일흔의 나이가 되어 몸도 많이 쇠약해졌지만 민족을 사랑하는 마음만은 여전히 뜨거웠다.

김구와 김규식이 단독정부 수립으로 가닥을 잡은 이승만과 미군정의 강력한 저지와 회유를 물리치고 남북연석회의에 참가하게 된 데에는 지식인 성명서가 크게 영향을 미쳤다. 남북연석회의에 대한 지지가 남로당뿐만 아니라 중도파, 더 나아가 우익세력에까지 확대되어 대중적 지지가 고양되자, 미군정은 남북협상에 대한 반대의사를 노골적으로 표명했다. 미군정은 김규식을 비롯한 많은 지도자들에 대해 끊임없이 공작과 회유를 했다. 특히 남한에서 단독정부가 수립될 경우 미 국방성과 국무성은 정책적으로 김규식을 초대 대통령으로 밀려고 예정했으므로 미군정은 김규식의 거취에 대해 최대한 주시를 했다. 하지 중장은 다른 사람은 다 가더라도 김규식만은 북행을 중지해달라고 간곡히 만류했다. 회담 날짜가 다가왔는데도 김규식이 월북하지 못하고 망설였던 것은 바로 이러한 미군정의 회유 때문이었다.[438] 그러나 4월 14일 지식인 108명의 남북회담 지지성명이 발표되자, 남북협상만이 통일정부수립의 유일한 길이라고 판단한 김규식은 마침내 북행을 결심했다. "남북협상을 통해 국토 양단과 민족 분열의 비애와 그 분열이 가져올 수 있는 민족 상호간의 골육상잔을 방지해야 한다"는 지식인의 호소야말로 민족의 양심을 대변하는 목소리라고 생각했기 때문이었다.

일제 강점기에는 민족의 독립을 위해 헌신했으며, 해방 후에는 자주적인 통일국가수립운동에 참여한 차미리사는 통일된 조국의 모습을 끝내 보지 못한 채 1955년 6월 1일 정오 십자가의 고상苦像을 손에 모시고 77세를 일기로 선종했다. 그는 떠나면서 "내게는 한 가지 한이 있다. 온전한 독립을 못보고 죽는 것이 유한이로다"라고 유언했다.[439] 통일조국에 대한 기대를 마지막까지 버리지 않았던 것이다.

차미리사 장례식

일제 강점기에는 민족의 독립을 위해 헌신했으며 해방 후에는 자주적인 통일국가수립운동에 참여한
차미리사는 통일된 조국의 모습을 끝내 보지 못한 채 1955년 6월 1일 정오 77세를 일기로 선종했다. 그
는 떠나면서 "내게는 한 가지 한이 있다. 온전한 독립을 못보고 죽는 것이 유한이로다"라고 유언했다.
통일조국에 대한 기대를 마지막까지 버리지 않았던 것이다. 많은 내외 귀빈들이 참석한 가운데 안국동
덕성여중고 교정에서 영결식이 거행되었다. 일제 강점기 차미리사와 함께 민족교육운동에 헌신했던
조동식이 장례위원장을 받았다.

많은 내외 귀빈들이 참석한 가운데 안국동 덕성여중고 교정에서 영결식이 거행되었다. 일제 강점기 차미리사와 함께 민족교육운동에 헌신하였던 장례위원장 조동식이 추모사를 했다.

선생께서 항시 말씀하시는 '나는 우리나라에 인재가 많지 못한 것을 근심하지 않고 기백이 부족함을 근심하여 지혜력이 이르지 못함을 걱정하지 않고 결단력이 부족함을 걱정한다' 하시든 그 말씀으로 결심의 일단을 증좌하고 남음이 있는 것입니다. 그 산보다도 높은 기백과 칼 같은 결단력이야말로 선생이 아니고서는 얻어 볼 수 없다고 하여도 과언이 아닐 것입니다. 이제 다시 고인의

차미리사 묘소

영결식이 끝나고 영구는 고인의 삶이 배어 있는 덕성여중고를 뒤로 하고 덕성인들의 애끓는 울음 속에 명동성당으로 향했다. 차미리사가 임종 직전 개신교에서 가톨릭으로 개종했기 때문이다. 노기남 주교의 집전과 장면 박사의 배석으로 수백 명의 신도가 모인 가운데 장엄한 미사가 거행되었다. 영구는 성당을 떠나 장지인 물 맑고 녹음 우거진 우이동 중턱 산마루에 닿았다. 분묘 위에 나무십자가를 꽂고 '덕성학원설립자 연안차미리사지묘德成學園設立者 延安車美理士之墓'라 새긴 큰 상석床石을 놓았다.

성품을 살펴보면 …… 한번 노하시면 뇌정雷霆[천둥과 벼락]같아 사람이 두려워하지 않는 이가 없었으며 한번 웃으시면 젖 먹는 어린이까지도 가슴에 기어들게 하시었으니 이 곧 하늘이 주신 천품이 아니고 무엇이리까. 그러니 만큼 정의를 위하여서는 誼를[목숨을?] 초개같이 하셨는지라. '대한大韓' 두 자를 연해 부르시면서 임종 때까지 통일 완수를 잊지 않으셨습니다.[440]

영결식이 끝나고 영구는 고인의 삶이 배어 있는 덕성여중고를 뒤로하고 덕성인들의 애끓는 울음 속에 명동성당으로 향했다. 차미리사가 임종 직전 개신교에서 가톨릭으로 개종했기 때문이었다. 노기남 주교의 집전과 장면 박사의 배석으로 수백 명의 신도가 모인 가운데 장엄한 미사가 거행되었다.

주여! 망자에게 길이 평안함을 주소서
영원한 빛이 저에게 비칠지어다

성가대의 애끓는 성가가 울리는 가운데 고별식이 거행되었다.
영구는 성당을 떠나 장지인 물 맑고 녹음 우거진 우이동 중턱 산마루에 닿았다. 분묘 위에 나무십자가를 꽂고 '덕성학원설립자 연안차미리사지묘德成學園設立者 延安車美理士之墓'라 새긴 큰 상석床石을 놓았다.[441]
평생 차미리사를 옆에서 지켜보면서 후견인 노릇을 했던 윤치호는 자신의 일기에 다음과 같이 적어놓았다.

그녀는 서울에 있는 한국인 가운데 가장 주목할 만한 인물이다. 듣지 못하고, 배우지 못하고 가난한 한 여인이 부유하고 교육받은 남자나 여자가 할 수 없

었던 일을 해냈다.[442]

하지만 한국인 가운데 '가장 주목할 만한 인물'이며, '어느 누구도 해낼 수 없는 훌륭한 일을 해낸' 그를 올바로 기억해주는 사람은 한동안 없었다.[443]

새 천년 들어 극심한 학내분규를 겪으면서 덕성인은 비로소 차미리사를 주목하기 시작했다. 그가 세운 학교가 3·1독립정신을 계승하여 세운 최초의 여성교육기관이라는 찬사도, 순전히 조선인에 의한, 그것도 지식 금전 권력 어느 것 하나 가지지 않은 잔약한 여성이 온갖 고난과 역경을 딛고 설립한 민족사학이라는 자존自尊의 역사도 까맣게 잊혀진지 반세기만의 일이었다. 그리고 학문적 연구 성과를 바탕으로 그를 독립유공자로 추서해 줄 것을 요청했다. 사후 47년 만인 2002년, 정부는 민족의 독립을 위해 노력한 그의 공적을 기려 독립유공자(건국훈장 애족장)로 서훈했다.

(차미리사는) 일제의 압력에도 굴하지 않고 항일민족계몽운동을 전개한 여성독립운동가이다. 미국으로 건너가 1905~1910년까지 한인교육기관인 대동교육회·대동보국회 회원으로 활동하며 대동신문 발간에 기여하였고, 귀국하여 배화학교 사감으로 3·1운동을 겪으면서 학생들에게 민족의식을 고취시켰다. 1920년 조선여자교육회를 설립해 순회강연을 통한 민족의 실력 양성을 역설하였고 1923년 근화학원을 설립해 민족교육과 무궁화사랑운동을 전개했으며, 1940년 조선총독부의 압력에 의해 덕성여자실업학교 교장직에서 물러났다.

민족독립과 여성해방을 위해 일생을 살았던 차미리사는 우이동 골짜기에 자그마한 안식처를 얻어 누워 있다. 열아홉 어린 나이에 남편을 잃고 하나 뿐인 딸의 생사도 모른 채 평생을 살다 간 삶이었다. 어린 딸이 보고 싶어 가슴을 짓찧던 아픔도, 교정의 무궁화를 뒤로하고 교장 자리에서 물러나야 했던 통한도 눈을 감았다. 쓰개치마를 벗어버리고 중국으로 향하는 배에서 푸른 물결을 바라보던 젊은 날도, 야학강습소 장소를 물색하러 다니며 남의 집 처마에서 비를 피하던 날도, 조선 방방곡곡 만 여 리를 누비며 여성해방을 외치던 시절도 이제 모두 돌아와 우이동 골짜기에 묻혔다.

그러나 마지막 순간까지 가난하고 못 배운 조선의 여성들과 함께하다 간 그의 삶은 쩌렁쩌렁한 메아리가 되어 아직도 우리의 귓가에서 울리고 있다.

살되, 네 생명을 살아라!
생각하되, 네 생각으로 하여라!
알되, 네가 깨달아 알아라!

글을 마치며

차미리사는 시대정신을 정확히 포착하고 실천한 여성선각자였다. 우리가 그를 높이 평가하는 까닭은 다음 때문이다.

첫째, 차미리사는 사회운동가였다. 그는 미국에 있을 당시 하와이에서 무작정 이주하는 한인들을 위해 사회봉사 활동을 하여 명실 공히 재미 한인사회의 첫 여성 사회복지가social worker 겸 전도부인이 되었다. 그는 1908년 샌프란시스코에서 한국인들이 안정된 가정생활을 할 수 있게 돕기 위해 한국부인회를 창립하고 회장으로 선임되었다. 차미리사는 한국부인회 회장으로 활동하면서 본국에 고아원을 설립하는 운동에도 깊숙이 관여했다. 귀국해서는 사회에서 억압받고 교육의 기회로부터 소외된 가정부인들을 모아놓고 가르침으로써 기독교의 사회복음정신을 몸소 실천했다.

둘째, 차미리사는 여성운동가였다. 그는 여성들이 자유와 평등의 시대에 걸맞은 삶을 살려면 무엇보다도 인격적 자각이 필요하다고 생각했다. 그는 일생을 노예적 삶에서 신음하는 일천만 조선 여성들에게 새로운 삶을 주기 위해 조선여자교육회를 창립했다. 그리고 "살되 네 생명을 살아라, 생각하되 네 생각으로 하여라, 알되 네가 깨달아 알아라"라고 가르쳐, 학생들이 자기 삶에 대해 주인의식을 갖고 창의적이고 실천적인 삶을 살도록 했다. 그는 여성의 권리신장과 남녀평등의 실현을 위해 모든 노력을 바쳤다.

셋째, 차미리사는 교육운동가였다. 여자도 사람인 이상 배워야 산다고 생각한 그는 여성이 인격적으로 존중받기 위해서는 남성처럼 교육을 받아야 한다고 생각했다. 그는 조선 사람에게는 "고등 교육보다는 보통교육이 더 필요하다"며 보통교육론을 주장했다. 문맹 상태에 있는 대다수의 여성들을 위한 교육론이었다. 이와 함께 "이론 교육보다 실천 교육이 중요하다"며 실업교육론을 강조했다. 실업교육은 여성들이 직업을 갖는 데 절실히 필요했다. 여성이 억압으로부터 해방되려면 무엇보다도 경제적 권리를 확보해야 하기 때문이다.

넷째, 차미리사는 독립운동가이며 통일운동가였다. 교육을 통해 나라를 되찾겠다고 생각한 그는 한 순간도 민족의 고통을 잊은 적이 없었으며, 학생들에게도 "실로 민족의 딸임을 잊지 말라"고 가르쳤다. 또한 임종하는 순간에도 "내게는 한 가지 한이 있다. 온전한 독립을 못 보고 죽는 것이 유한이로다"라고 하여, 통일정부 수립에 대한 기대를 마지막까지 버리지 않았다. 그는 민족의 독립과 통일을 위해 일생을 바친 민족주의자였던 것이다.

마지막 순간까지 가난하고 못 배운 조선의 여성들과 함께 하다 간 차미리사의 삶은 그가 떠난 지 반세기가 지난 뒤에서야 시대 변화를 선도한 선구자로서 재평가받기에 이르렀다.

第一回
祭劇演花槿

리토퍼레
麻雀
勝者와敗者
求婚(原名개)

入場料 普通券 壹圓 學生券 五拾錢
場所 二月廿六日(土)午後七時半公會堂
主催 槿花女學校學友會
後援 東亞日報社學藝部

〈제1회 근화연극제〉(《동아일보》 1932년 2월 17일자)

1930년대 들어 조선 사회에는 체념, 허무, 퇴폐의 분위기가 급속히 확산되었다. 대공황의 영향으로 궁핍과 불행이 심화되는 가운데 좌절과 냉소의 분위기가 자리 잡기 시작한 것이다. 이를 타개하기 위해 1931년 이후 서울의 각 전문학교에서 솔선하여 민중을 깨우치기 위해 학생극을 공연하는 움직임이 일어났다. 근화여학교도 이러한 흐름에 동참했다. 1932년 근화여학교는 《동아일보》 후원으로 제1회 근화연극제를 개최했다. 지금까지 학생극을 공연한 학교는 모두 전문학교였다. 이에 반해 근화여학교의 학생극 공연은 중등학교로서는 처음 있는 일이었다.

第三回
槿花納凉音樂大會

日時 六月二十五日(土)下午八時
場所 長谷川町公會堂
入場料 普通一圓、五十錢 學生三十錢
樂士
主催 槿花女學校
後援 東亞日報社學藝部

〈제3회 근화납량음악대회〉(《동아일보》 1932년 6월 20일자)

1932년 6월 25일 동아일보 후원으로 3회 근화납량음악대회가 하세가와長谷川町 공회당에서 열렸다. 해마다 무더운 여름철이면 시원한 음악으로 유쾌한 하루 저녁을 보내도록 하기 위해 마련된 음악회로 벌써 세 번째였다.

〈악단의 호화판 근화납량음악회〉(《조선일보》 1933년 6월 21일자)
연희전문학교의 야외극, 경성보육학교의 하기순회연주단과 함께 서울의 3대 큰 행사로 자리 잡은 근화납량음악의 4회 대회는 1933년 《조선일보》 후원으로 개최되었다. 4회 음악대회 역시 오래전부터 악단에서 명성이 자자한 바이올리니스트 홍난파와 피아니스트 김원복, 성악가 안보승 등이 참여한, 근래에 보기 드문 수준 높은 음악회였다. 홍난파, 홍성유, 이영세 등의 바이올린 삼중주는 조선의 악단에서는 처음 선보이는 것이어서 특히 이채를 띠었다.

〈팔여학교연합바―사대회〉(《조선일보》 1925년 11월 8일자)
경성 시내에 있는 각 공·사립여학교 교장과 중앙기독교청년회 YMCA, 조선일보사 사이에 연합바자회를 개최하기로 합의했다. 제1회 대회에는 근화여학교를 비롯하여 경성여자고등보통학교, 정신여학교, 동덕여학교, 이화여자고등보통학교, 배화여자고등보통학교, 숙명여자고등보통학교, 진명여자고등보통학교 등 시내에 있는 8개 공·사립여학교가 참가를 희망했다. 대회 명칭도 '팔여학교연합빠―사대회'로 했다. 시내에 있는 여학교를 총망라한 성대한 행사로서, 이들이 연합하여 바자회를 개최한 것은 조선에서 처음 있는 일이었다.

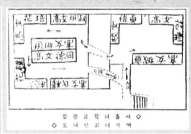

합 련 교 학 너 훕 아 ◇
◇ 도 내 안 회 대 사 빠

〈아홉 녀학교 련합 빠사대회 안내도〉(《조선일보》 1927년 1월 21일자)

제2회 전조선여학교연합바자회는 1927년 1월 21일과 22일 양일간 열렸다. 1회 대회 때 신청한 근화여학교, 경성여자고등보통학교, 정신여학교, 동덕여학교, 이화여자고등보통학교, 배화여자고등보통학교, 숙명여자고등보통학교, 진명여자고등보통학교 등 여덟 여학교 외에 원산에 있는 루씨여학교가 추가되어 아홉 학교가 참가했으며 출품 작품은 1만 2천여 점 이상 되었다. 강당만으로는 많은 물품을 진열할 수 없어서 강당 옆에 있는 소년부도서실少年部圖書室까지 대회장으로 사용했다.

근화여학교 개학연기, 피검학생 25명(《동아일보》) 1930년 1월 20일자)
서울만세시위로 검거된 전체 여학생 135명 가운데 근화여학교 학생이 25명이었다. 학교는 17일 임시 휴교에 들어갔으며 1월 20일 개학할 예정이었으나 검거된 학생들이 석방되지 못했을 뿐만 아니라 학생들이 계속 검거되었으므로 부득이 23일에 가서야 개학했다.

槿花校開學延期
被檢學生廿五名
이십사일로개학임연기

李貞完氏의 學生時代

〈수예선생 이경완(이경완씨의 학생시대)〉(《신여성》, 1926년 7월호)
근화여학교 작품의 특징은 조선의 향토색을 잘 드러내는 것이었는데, 1927년에 있은 제2회 대회에서는 자수품에서 그러한 특성이 잘 나타나 있었다. 학습 과정의 불리함과 시설의 부족함에도 불구하고 이경완 선생의 각별한 지도로 학생들의 솜씨가 눈부시게 발전한 것이었다.

《윤치호일기》

좌옹佐翁 윤치호는 갑신정변이 발발하기 직전인 1883년부터 해방되기 직전인 1943년까지 장장 60년 동안의 일기를 대부분 영어로 썼다. 윤치호는 일기에 자신의 일상생활과 공인으로서의 활동 상황은 물론 국내외 정세에 대한 견해와 전망 등을 꼼꼼히 기록해 놓았다. 또 그가 직접 겪은 여러 사건들의 미묘한 정황, 정국의 추이와 민심의 동향, 각종 루머, 많은 지인들의 인성이나 사상 행적을 엿볼 수 있는 각종 정보를 상세히 기록해 놓았다. 《윤치호일기》에는 사회주의운동 세력을 제외한 일제시기 국내 모든 부문의 동향이 입체적으로 기록되어 있다. 평생을 차미리사의 후견인 역할을 했던 윤치호는, "김멜리사가 나에게 말하기를, '경기도 학무국에서 내가 귀머거리이며 나이가 많고 일본어를 못하는 벙어리이므로 교장에서 사퇴하라는 압력을 받았다'고 하였다"라고, 당시의 참담했던 심경을 일기에 기록해 놓았다.

남북협상을 성원하는 지식인 성명서

1948년 4월 14일, 남한 지역에서의 단독선거를 앞두고 《남북협상을 성원함》이라는 성명서가 발표되었다. 조국이 "독립의 길이냐, 예속의 길이냐 또는 통일의 길이냐 하는 분수령상의 절정에 서있는" 지금, 지식인들은 이같이, 막다른 순간을 당하여 민족의 명예를 위해, 지식인의 긍치를 위해, 민족대의의 명분과 국가 자존의 정도를 밝혀 진정한 민족적 자주 독립의 올바른 운동을 성원할 목적으로 자신들의 충정을 밝힌 것이다. 지식인들은 단독선거 실시와 단독정부 수립은 민족의 분단을 현실화·고착화하는 것이므로 단호히 반대한다고 선언했다. 이 성명서에는 독립운동가, 문학인, 학자, 언론인, 법조인 등 지식인 108명이 서명했다. 남북이 하나가 되는 완전한 통일조국을 염원하던 차미리사도 분단정부 수립을 저지하려는 지식인들의 움직임에 기꺼이 동참했다.

주석

1 김경일, 《여성의 근대, 근대의 여성》, 푸른역사, 2004.

2 이애숙, 〈여성, 그들의 사랑과 결혼〉, 《우리는 지난 100년 동안 어떻게 살았을까》 2, 역사비평사, 1998; 서형실, 〈일제시기 신여성의 자유연애론〉, 《역사비평》 25호, 1994.

3 한상권, 〈1920년대 여성해방론―단발론을 중심으로〉, 《사학연구》 87호, 한국사학회, 2007년 9월.

4 차미리사가 태어난 해는 1879년이다. 이는 "덕성실업학교―이전 근화 학교―교장이 자신의 새 집에서 학교 설립자인 김멜리사의 친구들에게 환갑을 기리는 연회를 베풀었다"(《尹致昊日記》 11, October 1939 3rd Tuesday)는 기록을 통해 확인된다. 그가 1939년에 환갑을 맞이했으므로 출생연도는 1879년이 되는 것이다. 그리고 이는 "1955년 6월 1일 77세를 일기로 서거하였다"(《조선일보》 1955년 6월 3일)는 신문 기사와도 일치한다. 그러나 그의 호적부에는 출생 연월일이 1880년 8월 21일로 기재되어 있다. 차미리사가 1879년에 출생했으나 호적에는 뒤늦게 올렸기 때문에 이런 차이가 난 것이 아닌가 생각된다.

5 槿花女校長 金美利士(五二)씨, 〈나의 십세전후(八): 엽전 한닙에 두묵금씩 하는 솔석냥을 또 쪼개썼다〉, 《동아일보》 1930년 4월 16일.

6 槿花女校長 金美利士(五二)씨, 〈나의 십세전후(八): 엽전 한닙에 두묵금씩 하는 솔석냥을 또 쪼개썼다〉.

7 槿花女學校 金美理士, 〈小女時代의 追憶〉, 《東光》 1932년 3월.

8 槿花女學校 金美理士, 〈小女時代의 追憶〉.

9 《매일신보》 1926년 9월 20일, 〈꼿다운 과부로서 東西各地 漂浪積功, 김미리사 녀사의 반생〉.

10 《매일신보》 1926년 9월 20일, 〈꼿다운 과부로서 東西各地 漂浪積功, 김미리사 녀사의 반생〉.

11 金美理士, 〈春風秋雨 五十年間에서 多涙多恨한 나의 歷史〉, 《별건곤》 1928년 1월.

12 이사벨라 버드 비숍, 신복룡 역주, 《조선과 그 이웃나라들》, 집문당, 2000, p. 333.

13 기독교대한감리회상동교회, 《상동교회일백년사》, 1988.

14 기독교대한감리회상동교회, 《상동교회일백년사》.

15 정식 명칭은 상동엡윗Epworth청년회였다. 엡윗Epworth이란 감리교 창설자인 존 웨슬리John Wesley의 출신지다. 엡윗청년회는 1889년 미국 오하이오주 클리블랜드에서 창설되었으며, 그 목적은 청년의 영적 훈련과 친교 및 봉사를 위한 인격 수련이었다. 이후 미국 감리교가 선교되는 지역마다 이 청년회가 세워졌다.

16 엡윗청년회는 1897년 5월 이후 인천 내리교회內里敎會를 시발로 서울의 상동교회와 정동교회, 그리고 평양의 남산현교회南山峴敎會 등 감리교회에 연이어 조직되었다. 장규식, 《일제하 한국기독교민족주의 연구》, 혜안, 2001, p. 65.

17 장규식, 《일제하 한국기독교민족주의 연구》, pp. 65~66.

18 金美理士, 〈名士諸氏의 學生時代 回顧〉, 《삼천리》 1935년 4호.

19 金美理士, 〈春風秋雨 五十年間에서 多涙多恨한 나의 歷史〉.

20 金美理士, 〈春風秋雨 五十年間에서 多涙多恨한 나의 歷史〉.

21 金美理士, 〈春風秋雨 五十年間에서 多涙多恨한 나의 歷史〉.

22 김상태, 〈지역감정은 언제부터〉, 《우리는 지난 100년 동안 어떻게 살았을까》 2, 역사비평사, 1998.

23 차미리사는 개인의 영혼 구원보다는 기독교 정신에 입각하여 사회 제도를 바꿈으로써 사회 전체가 복지사회로 나아가야 한다는 사회복음주의를 믿고 실천했다. 1922년 3월 조선여자기독교청년회연합회YWCA 1차 발기회 위원으로 참여했으며(《동아일보》

1922년 3월 29일, 〈女子基督靑年會 신진녀자로조직〉; 대한YWCA연합회, 《한국 YWCA 반백년》, 1976, p. 13), 1925년 12월 에큐메니컬운동Ecumenical Movement[교회일치운동·기독교사회운동]의 화두였던 사회복음을 구체화하는 작업의 일환으로 조선에서 개최된 조선기독교봉역자회의朝鮮基督敎奉役者會議에 참석했다(朝鮮基督敎奉役者會議, 1925년 12월 28일~29일, 경성 조선호텔). 張圭植, 〈신간회운동 기 '基督主義' 사회운동론의 대두와 基督信友會〉, 《한국근현대사연구》 16집, 한국근대사학회, 2001.

24 조신성은 평안남도 맹산에서 호랑이 굴을 거점으로 항일독립운동을 하다가 일경에 체포되어 4년간 옥고를 치렀으며, 근우회權友會를 조직하여 항일 구국운동과 함께 여성 지위향상운동을 벌였다. 이승만 대통령은 그의 기일을 기려 어머니날로 제정하도록 지시했다.

25 〈光武隆熙時代의 新女性總觀〉, 《삼천리》 1931년 5월.

26 金美理士, 〈名士諸氏의 學生時代 回顧〉, 《삼천리》 1935년 4호.

27 《조선일보》 1937년 1월 7일, 〈四十年前異域에서 英語雄辯에 一等賞 中國女學生들의 艶書誘惑 그리움든 上海留學時代〉.

28 〈종교생활 50년 양주삼씨의 인고일대기〉, 《조광》 1938년 3월.

29 〈종교생활 50년 양주삼씨의 인고일대기〉.

30 〈연단일화〉, 《별건곤》 1930년 7월.

31 〈가두에서 본 인물─김미리사씨〉, 《혜성》 1931년 11월.

32 차미리사가 중국 유학을 마치고 언제 미국에 건너왔는지 정확히 알 수 없다. 1905년 12월 9일 로스앤젤레스 근교에 있는 패서디나에서 결성되는 대동교육회 발기인으로 참여했다는 사실을 통해 거꾸로 추산해볼 수 있을 뿐이다.

33 최은희, 《씨뿌리는 女人─차미리사의 생애》, 靑丘文化社, 1957, pp. 5~6.

34 金美理士, 〈春風秋雨 五十年間에서 多淚多恨한 나의 歷史〉, 《별건곤》 1928년 1호.

35 이 학교의 정식 명칭은 '스캐리트 (여자)성경학원' The Scarritt Bible and Training School이다(朴容玉, 〈車美理士의 美洲에서의 國權恢復運動〉, 한국민족운동사학회 편, 《한국 독립운동과 종교 활동》, 국학자료원, 2000). 그러나 재미 동포들이 발간하는 소

식지 《大道》에서는 이 학교 이름을 '스캐리트 신학교'라 했다(〈김여사필업〉, 《大道》, 제3권 제12호, 동포소식, 1912년 7월).

36 민병용, 〈方四兼옹의 平生日記(1881~1955)〉, 《美洲移民100年―初期人脈을 캔다》, 1986, pp. 62~3.

37 《방사겸평생일기》 1권, p. 34. 중국 상해에서 10월경 샌프란시스코에 도착한 차미리사가 어떻게 로스앤젤레스 패서디나에까지 가게 되었는지는 확실치 않다.

38 대동사상이란 만민의 신분적 평등과 재화의 공평한 분배, 그리고 인류의 구현으로 특징 되는 대동사회를 인류의 가장 이상적인 사회 형태로 상정하는 사상이다. 대동이라는 개념이 정리된 것은 《예기禮記》〈예운禮運〉에 의해서다. 중국 고전에서 말하는 대동이란 "권력을 독점하는 자 없이 평등하며, 재화는 공유되고 생활이 보장되며, 각 개인이 충분히 재능을 발휘할 수가 있고, 범죄도 없는 세상"이다. 청말의 캉유웨이는 대동의 이상에 대해 저술한 《대동서大同書》 속에서 남녀의 평등, 가족제도의 폐지, 인종 차별의 소멸, 계급의 철폐, 사유재산제의 폐지, 농공상업의 공영 등 세계 정부에 의해 통일된 전쟁이 없고 국가가 없는, 일체 평등의 극락세계를 그렸다. 캉유웨이는 서구사상에 대항하고자 동양의 유교사상을 재정립했는데, 계급적 차별과 착취가 없는 무차별, 재산공유의 자유로운 평화사회를 대동사회로 이상화한 것이다. 그는 진화의 비약적이고 혁명적인 발전에 대해 반대했다. 즉 제국주의 침략에 직면한 중국이 전통적 체제를 유지하는 한도 내에서 개량을 통해 중국의 근대화를 추구했다.

39 윤병석, 《國外韓人社會와 民族運動》, 일조각, 1990.

40 朴容玉, 〈車美理士의 美洲에서의 國權恢復運動〉.

41 셔면부인은 1904년 로스앤젤레스에 한인선교회를 설립하여 한국인들을 기숙시키며 영어 강의, 전도 활동 등을 했으며, 신흥우가 미국 유학할 때도 많은 도움을 주었다. 한국기독교역사연구소, 김승태·박혜진 엮음, 《내한 선교사 총람(1884~1984)》, 한국기독교역사연구소, 1994, p. 465.

42 미국 북감리교 국내 여성선교부Woman's Home Missionary Society of the Methodist Episcopal Church는 1868년부터 재미 중국인들을 선교한 북감리교 국내 선교부와 함께 여성 선교에 나섰고, 1900년에는 캘리포니아 큰 도시의 교구에 여성선교부 지부가

조직되어 활동하고 있었다. 한인을 위한 선교부는 먼저 조직된 일본인 선교에 첨가하여 Japanese and Korean으로 1907년 국내 여성선교부 연회록에 보고되었다. 한인 선교 활동은 차미리사가 패서디나에서 장경 부인과 호텔 그린에서 일하던 것을 그만두고 샌프란시스코로 간 시기와 일치한다. 연회록에 차미리사 이름은 보고되지 않았지만, 그가 이들과 함께 사회 활동을 한 것은 분명하다. 일본인과 한국인 선교 담당은 미국인 미스 마거리타 레이크Miss Marguerrita J. Lake였고 여자들을 위한 쉘터shelter는 샌프란시스코 2025 파인 가Pine Street에 있던 엘렌 스탁포드 홈이었다. 이곳에서 여자들에게는 영어, 성경, 재봉, 바느질을 가르쳤고, 아이들에게는 모국어를 가르쳤다. 엘렌 스탁포드 홈은 호놀룰루에 있던 수산나 웨슬리 홈Susannah Wesley Home과 같은 성격의 북감리교 여선교회에서 운영하던 여성 쉘터였다. 수산나 웨슬리 홈은 〈한국부인과녀아긔숙과日本婦人及小兒〉라는 간판을 내걸고, 하와이에 온 사진신부들을 위해 쉘터shelter를 만들어 주었다. 안형주, 〈첫 재미 한인 소셜워커 차미리사의 활동(1905~1912)〉, 애국지사, 여성교육운동가, 소셜워커 차미리사 학술세미나, 2004.

43 안형주, 〈첫 재미 한인 소셜워커 차미리사의 활동(1905~1912)〉.

44 김원용·손보기 엮음, 《재미한인 50년사》, 혜안, 2004.

45 김도훈, 〈한말 한인의 미주이민과 민족운동〉, 《국사관논총》 83, 1999, pp. 88~9.

46 김영묵, 〈초기 미주 한인 이민사〉, 《미주 한인이민 100년사》, 2002.

47 이덕희, 〈하와이 한인 이민 100년〉, 《미주 한인이민 100년사》, 2002.

48 안형주, 〈첫 재미 한인 소셜워커 차미리사의 활동(1905~1912)〉.

49 《신한민보》 1909년 9월 30일, 〈雜報〉.

50 《대동공보》 1908년 3월 12일.

51 《공립신보》 1908년 5월 27일, 〈부인회상황〉.

52 재미 한인 부녀들이 이민시대에 많이 오지 못하고 대개 1910년 이후에 온 까닭으로 1918년까지도 부녀 단체의 활동은 미약했다. 1919년 3월에 조국 독립선언의 소식을 접한 뒤 재미 한인이 동원하던 때에 부녀들이 같이 일어나서 독립운동의 응원을 목적으로 각 지방에 있던 부인회들이 합동하여 하와이에 대한부인구제회를 결성하고 미주에 대한여자애국단을 결성했는데, 이것이 재미 한인 부녀들의 단결이고 활동의 시작

이었다. 김원용, 《재미한인 50년사》.

53 《조선일보》 1937년 1월 7일, 〈四十年前異域에서 英語雄辯에 一等賞 中國女學生들의 艶書誘惑 그리웁든 上海留學時代〉.

54 《大同公報》 1907년 10월 3일, 〈李氏謝函〉.

55 김원용, 《재미한인 50년사》. pp. 223~4.

56 최기영, 〈구한말 미주의 대동보국회에 대한 일고찰〉, 《박영석교수화갑기념논총》 1992, p. 1324.

57 朴容玉, 〈車美理士의 美洲에서의 國權恢復運動〉, 한국민족운동사학회 편, 《한국 독립 운동과 종교 활동》, 국학자료원, 2000.

58 金美理士, 〈報恩奉事〉, 《신동아》 39호, 1935년 1월.

59 대동교육회가 대동보국회로 전환한 시기에 대해서는 1907년 1월이라는 주장과 이 해 3월이라는 두 가지 주장이 있다.

60 《大韓每日申報》 1907년 7월 19일, 〈北美大韓人大同保國會趣旨書〉.

61 최기영, 〈구한말 미주의 대동보국회에 대한 일고찰〉.

62 《대동공보》, 1908년 1월 2일, 〈회보 총무의 보고〉.

63 《대동공보》, 1908년 2월 6일.

64 《방사겸평생일기》 2권, p. 28.

65 안형주, 〈첫 재미 한인 소설워커 차미리사의 활동(1905~1912)〉.

66 이 대학은 1892년 미국 남감리교회 해외여선교회를 창립하고 초대 회장을 맡았던 베네트B. H. Benett(1852~1922)와 스캐리트Nathan Scaritt가 여선교사 양성을 목적으로 캔자스 시에 설립하여 많은 선교사를 배출했다. 국내에서는 이 대학을 흔히 스캐리트 (여자)성경학원이라고 지칭했다. 일종의 여교역자 양성 전문 신학교와 같은 대학이었다. 1924년에는 학교의 위치를 테네시Tennessee주 내슈빌Nashville로 옮겼다. 학생 200명 가량밖에 안 되는 소규모 대학으로, 선교사 훈련을 철저하게 시켜 졸업 후 중국 한국 등지에 파견하여 선교 교육 사업을 담당하게 했다. 한국에서 활동했던 미국 남감리교회의 여선교사들(애드워즈, 와그너, 빌링슬리, 올리버, 빌링스 등) 중 이 대학 출신이 많았으며, 태화기독교사회복지관 관장을 지낸 문인숙, 김선심, 남경현 등도 이 대학 출신들이

다. 김대중 전 대통령의 부인 이희호 여사도 여기 출신이다. 박용옥, 〈車美理士의 美洲에서의 國權恢復運動〉.

67 《신한민보》 1910년 8월 3일, 〈여자계의 서광〉.

68 金美理士, 〈名士諸氏의 學生時代 回顧〉. 《삼천리》 1935년 4월. 기숙사 생활은 규율이 엄격했다. 아침 6시에 기상하여 7시에 아침 식사를 한 다음 명상 시간을 가진 후 9시부터 12시까지 오전 수업을 받았다. 12시에 점심 식사를 한 후 오후 2시부터 4시까지 오후 수업을 받았다. 오후 6시에 저녁 식사를 했으며 밤 10시까지 공부하고 잠자리에 들었다. "Woman's Missionary Department, February 23, 1911", *PACIFIC METHODIST ADVOCATE*.

69 "Woman's Missionary Department, February 23, 1911".

70 "간사스시티 스카릿신학교에서 수업하던 김밀리사여사는 그 학교의 수업을 필하고 금년 가을에 귀국하기로 예정이라더라." 〈김여사필업〉, 《大道》 1912년 7월. "간사스에 있는 스칼릿신학교 교장 미쓰낍손 부인은 거월 16일 주일에 본교에 래도하여 재미있게 예배를 보고 그 학교에서 공부하는 한국 부인 김미리사 씨의 금년 그 학교에서 졸업하고 환국하는 일을 말하엿다더라." 〈신학교교장래왕〉, 《大道》 1912년 7월.

71 金美理士, 〈春風秋雨 五十年間에서 多淚多恨한 나의 歷史〉.

72 金美理士, 〈春風秋雨 五十年間에서 多淚多恨한 나의 歷史〉.

73 1898년 5월 감리교 교회가 들어와 세운 배화학당은 리드 부인이 두 명의 여학생과 세 명의 남학생을 데리고 처음 문을 열었다. 이후 캠벨Josephine P. Campbell 여사가 부임하여 학교 이름을 짓고 학생들을 가르쳤다. 현재 배화여고가 자리 잡고 있는 필운대 산 밑에 이층의 교사를 신축하여 설비를 확장하고 가르친 것은 1915년부터였다.

74 "1910년 배화학당 교장으로 부임한 니콜라스Lillian Nicholas는 1906년 스캐리트 신학교를 졸업했고, 1912년 배화에 온 핸킨스Hankinseh 교장은 1910년에 스캐리트 신학교를 졸업했다. 1920년에 교장으로 취임한 에드워즈Laura Edwards도 스캐리트를 1909년에 졸업했다. 이처럼 배화학당은 스캐리트 신학교의 중요한 선교학교였던 것이다." 朴容玉, 〈車美理士의 美洲에서의 國權恢復運動〉, p. 262.

75 성백걸, 《배화100년사》, 1999, pp. 136~140.

76 성백걸, 《배화100년사》.

77 최은희, 《씨뿌리는 女人—차미리사의 생애》.

78 허근욱, 《민족변호사 허헌許憲》, 지혜네, 2001, p. 139.

79 성백걸, 《배화100년사》.

80 《매일신보》 1921년 6월 16일, 〈독자문란: 김미리사여사에게(2), 崔老耕〉.

81 〈光武隆熙時代의 新女性總觀〉, 《삼천리》 1931년 5월.

82 높은 구두에 신여성의 옷차림으로 종로거리를 활보했던 차미리사의 복장이 한복으로 바뀌는 것은 1920년 들어서였다. 조선여자교육회를 창립하여 구舊가정부인들을 상대로 교육 활동을 하고 전국순회강연을 떠날 즈음 차미리사의 옷차림도 구여성의 정서에 맞게 한복으로 바뀌었다.

83 3 · 1운동 당시 차미리사의 활동은 분명하지 않다. 최은희는 차미리사가 "삼일운동 당시에는 국내국외에 긴밀한 연락으로 큰 역할을 하였다"고 기술했으나(《씨뿌리는 女人—차미리사의 생애》, p. 1), 관련 문헌 기록이 없어 사실 여부를 확인할 수 없다.

84 최은희, 《씨뿌리는 女人—차미리사의 생애》, pp. 140~142.

85 최은희, 《씨뿌리는 女人—차미리사의 생애》.

86 최은희 편저, 《祖國을 찾기까지(中): 1905~1945, 한국여성활동비화》, 탐구당, 1973, pp. 147~48.

87 성백걸, 《배화100년사》, 1999, pp. 137~39.

88 朝鮮女子敎育會長 金美理士女史談, 〈新進 女流의 氣焰——千萬의 女子에게 새 생명을 주고자 하노라〉, 《동아일보》 1921년 2월 21일자.

89 이호룡, 〈한국인의 아나키즘 수용과 전개〉, 서울대학교 박사학위논문, pp. 2000, 27~38.

90 오성철, 《식민지 초등교육의 형성》, 교육과학사, 2000.

91 《신한민보》 1910년 6월 15일, 〈이게 변괴야〉.

92 박노아, 〈나의 십세 전후〉, 《동아일보》 1930년 4월 2일.

93 조동식, 〈여자교육의 昔今觀〉, 《신여성》 1926년 4월.

94 이만규, 《조선교육사(하)》, 국학자료원(영인본), 1947, p. 85.

95 강영심, 〈국내민족운동〉, 《한국사》 47, 국사편찬위원회, 2001, pp. 128~9.

96 오성철, 《식민지 초등교육의 형성》, 교육과학사, 2000.

97 조동식, 〈여자교육의 昔今觀〉.

98 박찬승, 《한국근대 정치사상사연구―민족주의 우파의 실력양성운동론》, 역사비평사, 1992, p. 246.

99 오성철, 《식민지 초등교육의 형성》.

100 盧榮澤, 《日帝下 民衆敎育運動史》, 探究堂, 1979.

101 박찬승, 《한국근대 정치사상사연구―민족주의 우파의 실력양성운동론》.

102 님 웨일즈, 조우화 옮김, 《아리랑》, 동녘, 1992, p. 55.

103 님 웨일즈, 《아리랑》, p. 76.

104 님 웨일즈, 《아리랑》, p. 76.

105 이혜영·윤종혁·류방란, 《한국 근대 학교교육 100년사 연구(II)―일제시대의 학교교육》, 한국교육개발원, 1997, pp. 129~30.

106 노영택, 〈한말 일제하 여성교육운동의 성격〉, 《여성문제연구》 7, 효성여자대학교부설 한국여성 문제연구소, 1978.

107 이송희, 〈대한제국말기 계몽단체의 여성교육론〉, 《이대사원》 28, 1995.

108 이효재, 〈근대여성, 민족운동〉, 《한국의 여성운동―어제와 오늘》, 정우사, 1989.

109 鳳栖山人, 〈人權과 男女平等(二)〉, 《동아일보》 1920년 7월 10일.

110 님 웨일즈, 《아리랑》, p. 113.

111 金炅宅, 〈1910·1920年代 東亞日報 主導層의 政治經濟思想 研究〉, 연세대학교 박사학위논문, 1998, p. 136.

112 李智媛, 〈日帝下 民族文化 認識의 展開와 民族文化運動―民族主義 系列을 중심으로〉, 서울대학교 교육학박사학위논문, 2004, p. 166.

113 中央學校長 崔斗善, 〈爲先女子의 人格을 尊重하라〉, 《개벽》 1920년 9월.

114 《동아일보》 1927년 4월 27일, 〈근우회 발긔회 조선녀성의 전국적 긔관으로〉.

115 《동아일보》 1921년 2월 21일, 〈新進 女流의 氣焰――千萬의 女子에게 새 생명을 주고자 하노라; 朝鮮女子教育會長 金美理士女史談〉.

116 《동아일보》 1921년 2월 21일, 〈新進 女流의 氣焰――千萬의 女子에게 새 생명을 주고

자 하노라; 朝鮮女子教育會長 金美理士女史談〉.

117 金美理士, 〈春風秋雨 五十年間에서 多淚多恨한 나의 歷史〉.

118 《동아일보》 1921년 2월 21일, 〈新進 女流의 氣焰――千萬의 女子에게 새 생명을 주고 자 하노라; 朝鮮女子教育會長 金美理士女史談〉.

119 《조선일보》 1925년 12월 18일, 〈조선녀자교육회〉.

120 《매일신보》 1921년 6월 15일, 〈독자문란: 김미리사여사에게(1) 崔老耕〉.

121 R기자, 〈教育奉仕三十年! 意志의 使徒 · 車美理士氏〉, 《여성》 1938년 7월.

122 《동아일보》 1920년 4월 23일, 〈女子夜學會〉.

123 샌프란시스코에서 한인교회를 담임 시무하면서 안창호가 이끄는 국민회의 총무 겸 서 기로 있던 양주삼은 일찍이 윤치호가 공부한 밴더빌트 대학에 입학하여 1913년에 졸 업하고 다시 예일 대학에 입학하여 좀 더 신학을 연구한 뒤 1914년에 귀국했다. 그는 1916년 9월 윤치호가 상해의 중서서원을 본 따 설립한 한영서원[후의 송도학교] 교사로 부임했다. 《조선일보》 1937년 1월 7일, 〈四十年前異域에서 英語雄辯에 一等賞 中國女 學生들의 艶書誘惑 그리웁든 上海留學時代〉.

124 《매일신보》 1920년 5월 13일, 〈女子教育會講習會〉.

125 최은희, 《씨뿌리는 女人―차미리사의 생애》, p. 23.

126 "The Korean Women's Educational Association".

127 《종교교회사》, p. 242.

128 《동아일보》 1920년 9월 17일, 〈兩處女子夜學會〉.

129 《종교교회사》 p. 248.

130 《동아일보》 1921년 4월 5일, 〈朝鮮女子教育會(下)―家庭婦人을 爲하야〉.

131 "The Korean Women's Educational Association".

132 金美理士, 〈名士諸氏의 學生時代 回顧〉.

133 "The Korean Women's Educational Association".

134 槿花學院長 金美理士女史談, 〈女子의 貞操는 世界에 其比가 없습니다〉, 《개벽》 1925 년 7월.

135 "The Korean Women's Educational Association".

136 《동아일보》 1920년 4월 14일, 〈婦人을 위하야 新試驗—여자교육회 주최 부인통속강연회〉.

137 《동아일보》 1920년 4월 14일, 〈婦人을 위하야 新試驗—여자교육회 주최 부인통속강연회〉.

138 《동아일보》 1920년 5월 3일, 〈여자토론회〉;《매일신보》 1920년 5월 3일, 〈女子教育會의 討論會〉.

139 《동아일보》 1920년 6월 7일, 〈遺憾千萬의 事〉.

140 《동아일보》 1920년 6월 7일, 〈遺憾千萬의 事〉.

141 《동아일보》 1920년 6월 13일, 〈新女子의 教育熱〉.

142 《매일신보》 1920년 6월 13일, 〈女子大講演會〉.

143 《매일신보》 1920년 5월 13일, 〈女子教育會講習會〉.

144 《매일신보》 1920년 9월 23일, 〈女子講演會에 갓다와서〉.

145 최은희, 《씨뿌리는 女人—차미리사의 생애》, p. 44.

146 《동아일보》 1924년 7월 4일, 〈女子聯合懸賞討論 오는 오일 청년회에서〉.

147 "The Korean Women's Educational Association".

148 조선에서는 1917년이 되어서야 본격적인 근대 여성잡지라 할 수 있는 《여자계》가 발간되었다. 《여자시론》은 1919년 봄 간행될 계획이었으나 3·1운동의 발발로 잠시 중단되었다. 그러다가 1919년 말에 이르러 다시 발간을 준비했는데, 각 방면으로부터 원고가 열정적으로 답지하여 마침내 1920년 1월에 창간호를 발행할 수 있었다.

149 "The Korean Women's Educational Association".

150 《동아일보》 1921년 4월 26일, 〈女子時論筆禍〉. 《女子時論》은 현재 창간호만 내용이 확인되고, 2호부터 6호까지는 소재조차 파악되지 않아 실제 내용을 알 수 없다. 《女子時論》 창간호는 고려대학교 도서관에 귀중본으로 소장되어 있다. 필자는 고려대학교 이헌창 교수의 도움으로 자료를 구해 볼 수 있었다.

151 《동아일보》 1920년 5월 10일, 〈女子時論 제3호(광고)〉.

152 《매일신보》 1920년 5월 6일, 〈女子時論發刊〉.

153 〈여자교육에 대한 의견〉, 《女子時論》 창간호.

154 〈유학생의 견지로부터 보는 조선가정〉, 《女子時論》 창간호.

155 《동아일보》 1921년 5월 19일, 〈地下室에서 一星霜〉.

156 《동아일보》 1921년 5월 21일, 〈四十歲婦人의 讀本朗讀〉.

157 《동아일보》 1921년 4월 5일, 〈朝鮮女子教育會(下)―家庭婦人을 爲하야〉.

158 〈우리 社會의 實相과 그 推移〉, 《개벽》 1921년 5월.

159 《동아일보》 1920년 4월 23일, 〈女子夜學會〉.

160 박용옥, 《한국근대여성운동사연구》, 한국정신문화연구원, 1984.

161 《조선일보》 1921년 5월 28일, 〈朝鮮女子教育會를 爲하야盧氏의情熱的講演―꼿이피 여가는우리여자계를위하야동정하라청강하라, 오는삼십일에막을여는大雄辯을〉.

162 盧榮澤, 《日帝下 民衆教育運動史》, p. 175.

163 拏山, 〈朝鮮女子教育協會의 使命〉, 《신생활》 6호, 1922.

164 《동아일보》 1921년 4월 4일, 〈朝鮮女子教育會(上)―朝鮮에 感激이 有한가〉.

165 허근욱, 《민족변호사 허헌許憲》, p. 140.

166 허근욱, 《민족변호사 허헌許憲》, pp.142~3.

167 《매일신보》 1931년 3월 6일, 〈성공 뒤에 숨은 힘(4)〉.

168 김한종, 〈1920년대 조선교육회의 교육운동〉, 《충북사학》 8, 1995.

169 《동아일보》 1921년 4월 5일, 〈朝鮮女子教育會(下)―家庭婦人을 爲하야〉.

170 《동아일보》 1921년 3월 11일, 〈各地靑年會에 對하야(下)〉.

171 《동아일보》 1926년 1월 3일, 〈여자교육협회 金美利士談〉.

172 〈團體方面으로 본 京城〉, 《開闢》 1924년 6월.

173 拏山, 〈朝鮮女子教育協會의 使命〉.

174 《동아일보》 1921년 4월 4일, 〈朝鮮女子教育會(上)―朝鮮에 感激이 有한가〉.

175 〈女性主宰下의 新女性 活動界〉, 《신동아》 1932년 7호.

176 《동아일보》 1926년 1월 3일, 〈여자교육협회 金美利士 談〉.

177 차미리사, 〈知行의 一致〉, 《매일신보》 1936년 4월 18일.

178 《매일신보》 1921년 7월 12일, 〈女子巡講〉.

179 《동아일보》 1920년 7월 20일, 〈開城女子教育會〉.

180 《동아일보》 1921년 7월 16일, 〈女子講團沙里院着〉.

181 《매일신보》 1921년 7월 17일, 〈독자구락부(조선여자교육회)〉.

182 최은희, 《씨뿌리는 女人―차미리사의 생애》, pp. 28~9.

183 《조선일보》 1921년 7월 25일, 〈여자교육회순강단〉.

184 《동아일보》 1921년 8월 4일, 〈新女子의 絶叫, 여자교육회의 해주 강연 성황〉.

185 최은희, 《씨뿌리는 女人―차미리사의 생애》, pp. 33~36.

186 《매일신보》 1921년 8월 25일.

187 《동아일보》 1921월 9월 26일, 〈女子巡講新昌着發〉.

188 최은희, 《씨뿌리는 女人―차미리사의 생애》, p. 30.

189 《매일신보》 1921년 9월 21일, 〈여교회개학연기―강연단의 관계로〉.

190 최은희, 《씨뿌리는 女人―차미리사의 생애》, p. 29.

191 李智媛, 〈日帝下 民族文化 認識의 展開와 民族文化運動〉, pp. 157~164.

192 안건호, 〈1920년대 전반기 청년운동의 전개〉, 《한국근현대 청년운동사》, 풀빛, 1995, p. 59.

193 박철하, 〈청년운동〉, 《한국사》 49, 국사편찬위원회, 2001.

194 《동아일보》 1922년 5월 27일, 〈지방발전과 청년회의 관계―활력의 근원〉.

195 김승, 〈1920년대 경남지역 청년 단체의 조직과 활동〉, 《지역과 역사》 2호, 1996, p. 168.

196 이사벨라 버드 비숍, 《조선과 그 이웃나라들》, p. 117.

197 金扁舟, 〈犧牲된 一生 青孀의 生活〉, 《新女子》 4호, 1920년 6월.

198 김안기, 〈주부와 결혼법을 개조하라〉, 《신천지》 1921년 10호.

199 한국여성연구회여성사분과, 《한국여성사―근대편》, 풀빛, 1992, p. 90.

200 《동아일보》 1922년 12월 21일, 〈소박덕이三百名〉.

201 이사벨라 버드 비숍, 《조선과 그 이웃나라들》, pp. 333~34.

202 韓ㅇ鳳, 〈딱한 일 큰일 날 問題〉, 《별건곤》 1929년 12월.

203 〈남자의 정조문제 이동좌담회〉, 《신여성》 1931년 3월.

204 이사벨라 버드 비숍, 《조선과 그 이웃나라들》, p. 55.

205 근화학교장 김미리사, 〈우리의 생활은 이렇게 개선하자〉, 《신민》 1925년 10월.

206 金美理士, 〈의복개량문제〉 《新女性》 1924년 11월.

207 이사벨라 버드 비숍, 《조선과 그 이웃나라들》, p. 57.

208 권보드래, 《연애의 시대》, 현실문화연구, 2003, pp. 43~46.

209 崔東旿, 〈中國女子界를 보고 우리 女子界를 봄〉, 《개벽》 1922년 1월.

210 김도훈, 〈의관에서 패션으로〉, 《우리는 지난 100년 동안 어떻게 살았을까》 1, 역사비평사, 1998, pp. 158~61.

211 이능화는 《朝鮮女俗考》(1926)에서 "양반의 처는 낮에 나들이를 함에 반드시 옥교屋轎를 타고 …평민의 처는 곧 장옷長衣·藏衣을 썼다 …… 이 옥교와 장옷이 언제부터 시작되었는지, 기록에 없으니 알 수 없다. 그러나 이 옷차림은 지금까지도 두루 행하여진다"라고 하여, 1926년까지도 여성들이 외출할 때 옥교를 타거나 장옷을 쓴다고 했다. 김상억 옮김, 《朝鮮女俗考》, 동문선, 1990, pp. 349~50.

212 최은희, 《씨뿌리는 女人─차미리사의 생애》, pp. 68~9.

213 최은희, 《씨뿌리는 女人─차미리사의 생애》, pp. 68~72.

214 여자교육회장 김미리사氏 談, 〈忠直으로 서로 사랑하라〉, 《동아일보》 1923년 1월 1일.

215 근화학교장 김미리사, 〈우리의 생활은 이렇게 개선하자〉.

216 근화학교장 김미리사, 〈우리의 생활은 이렇게 개선하자〉.

217 권보드래, 《연애의 시대》, p. 81.

218 《동아일보》 1923년 1월 1일, 〈애정의 위에 평등하게 살자〉.

219 《동아일보》 1930년 4월 5일, 〈生活·婦人·男女交際問題와 女子界各方面意見〉.

220 차미리사, 〈新家庭婦人들에게〉, 《조광》 1937년 1월.

221 여자교육회장 김미리사氏 談, 〈忠直으로 서로 사랑하라〉.

222 임화, 〈아내 있는 사람과의 사랑〉, 《여성》 1939년 4월.

223 여자교육회장 金美理 여사, 〈諸名士의 信條와 主張과 排斥〉, 《개벽》 1921년 6월.

224 槿花學院長 金美理士女史談, 〈조선인이 본 조선의 자랑─女子의 貞操는 世界에 其比가 없습니다〉, 《개벽》 1925년 7월.

225 김미리사 여사, 〈女性으로서 본 男子의 長處와 短處〉, 《신여성》 1926년 7월.

226 손인수, 〈근대교육의 확대〉, 《한국사》 45, 국사편찬위원회, 2000.

227 원쥬, 〈어머니의 무덤〉, 《신여자》 1920년 3월.

228 최은희, 《씨뿌리는 女人─차미리사의 생애》, pp. 31~32.

229 김미리사, 〈지방 여자계의 현상〉, 《신천지》 1922년 6월.

230 《동아일보》 1921년 10월 1일, 〈三個月만에 京城에… 도라온 여자교육강연단〉.

231 최은희, 《씨뿌리는 女人—차미리사의 생애》, p. 37.

232 《조선일보》 1921년 7월 9일, 〈조선여자교육회순회강연단 출발〉; 《매일신보》 1921년 7월 9일자, 〈여자강연대 출발, 제이일은 개성에서 강연, 여자교육회의 하긔순회디방강연대는 됴션에는 처음〉.

233 최은희, 《씨뿌리는 女人—차미리사의 생애》, pp. 36~7.

234 《시대일보》 1926년 5월 28일, 〈여류교육가의 생애와 포부〉.

235 김한종, 〈1920년대 조선교육회의 교육운동〉, 《충북사학》 8, 1995.

236 《동아일보》 1921년 10월 10일, 〈女子教育會의 事業 朝鮮文化史上의 第一記錄이 된다〉.

237 김미리사, 〈지방 여자계의 현상〉, 《신천지》 1922년 6월.

238 《동아일보》 1921년 10월 10일, 〈女子教育會의 事業 朝鮮文化史上의 第一記錄이 된다〉.

239 《시대일보》 1926년 5월 28일, 〈여류 교육가의 생애와 포부〉.

240 학회령은 1908년 일제 통감부하에 한국인 학회를 통제하기 위해 반포된 법령으로, 학회를 설립하려면 설립자, 명칭, 사업, 사무소 위치, 회원 자격, 입회 및 퇴회, 임원 선정, 경비 수지, 자산, 지회에 관한 규정 등을 기재한 회칙을 첨부한 청원서를 제출하여 학부대신의 인가를 받도록 되어 있었다.

241 김한종, 〈1920년대 조선교육회의 교육운동〉, 《충북사학》 8, 1995.

242 조선여자교육회가 총독부 당국에 인가원을 제출한 시기가 언제인지는 확실하지 않다. 다만 1921년 2월 27일 《동아일보》가 총독부에 대해 조선교육회와 조선여자교육회의 승인을 촉구하는 사설을 게재한 것으로 볼 때 그 이전 시기인 것은 분명하다.

243 《동아일보》 1922년 1월 26일, 〈朝鮮女子教育協會認可〉.

244 차미리사는 1922년 1월 조선여자교육협회 안에 양복과를 신설하여 남녀의 재래 의복을 개량하는 한편, 직업도 얻을 수 있도록 했다. 《매일신보》 1922년 1월 30일, 〈女子教育會에 裁縫部를 設置〉; 《동아일보》 1922년 2월 1일, 〈女子教育協會에 양복과를 신설〉.

245 김미리사, 〈지방 여자계의 현상〉, 《신천지》 1922년 6월.

246 弄球生, 〈天玄地黃: 精神 못차리는 帽子商〉, 《개벽》 1923년 3월.

247 《매일신보》 1922년 1월 30일, 〈女子教育會에 裁縫部를 設置 양복학교를 졸업한 리뎡

회여사를〉; 《동아일보》 1922년 2월 1일, 〈女子教育協會에 양복과를 신설〉.

248 한 기자, 〈조선녀자교육협회를 차자봄〉, 《부인》 1922년 10월.

249 《매일신보》 1922년 4월 13일, 〈女子畫學講習所, 여자교육협회에서〉.

250 근화상과생 이명숙, 〈교문을 나서면서, 졸업생 감상담〉, 《신여성》 1924년 4월.

251 《동아일보》 1925년 1월 1일, 〈府內 여성단체=내용소개=朝鮮女子教育協會〉.

252 金美理士, 〈春風秋雨 五十年間에서 多淚多恨한 나의 歷史〉.

253 《동아일보》 1923년 11월 29일, 〈江景의 女子巡劇團〉.

254 《동아일보》 1923년 12월 27일, 〈포항의 여극단〉.

255 《동아일보》 1924년 1월 3일, 〈朝鮮女子巡劇團 사십여처에서 오천원 긔부모집〉.

256 《동아일보》 1923년 12월 9일, 〈巡劇후원준비〉.

257 청년 단체의 이념적 분화는 1922년부터 나타나기 시작하여, 1924년 조선청년총동맹의 결성을 계기로 청년운동은 사회주의 계열에 의해 주도되었다. 안건호, 〈1920년대 전반기 청년운동의 전개〉.

258 박찬승, 〈1920년대 국내 민족주의 세력의 동향〉, 《한국사》 49, 국사편찬위원회, 2001, p. 29.

259 《조선일보》 1924년 12월 21일, 〈서광비취인 조선녀자교육협회 백수십간 집을 긔부한 심우섭씨 만원을 긔부한 김상용씨의 특지〉.

260 〈각학교 마크 이약이—근화는 이름대로 무궁화〉, 《신여성》 1926년 7월.

261 李淑鍾, 〈京城 各 女學校 校服評, 實用과 美觀을 主로—槿花女子實業學校〉, 《삼천리》 1936년 8월.

262 《동아일보》 1925년 3월 20일, 〈가뎡부녀의 배홀곳(一) 안국동 근화학원〉.

263 정신여교 極光生, 〈槿花女校評記〉, 《신여성》 1931년 4월.

264 《동아일보》 1928년 10월 21일, 〈女學生의 寄宿舍生活(六)〉.

265 "시내 안국동安國洞에 잇는 근화학원槿花學院은 이래 학령이 늦은 여자들의 유일한 기관으로 여자계에 많은 것은 일반이 인정하는 바이거니와 동교 김미리사金美理士 외의 직원들은 더욱 내용을 충실히 하여 학교인가를 당국에 신청하였는바 이십 구일부로 허가가 되었다는데⋯⋯." 《동아일보》 1925년 8월 30일, 〈槿花學院 學校로 昇格 작일에 허가돼〉.

266 근화여학교는 잡종학교(각종학교)였다. "덕성여자실업은 차미리사 여사의 활동으로 원

래 근화여학교權花女學校라는 잡종학교가 실업학교로 승격된 것인데……."《매일신보》 1940년 8월 5일, 〈慶賀할일이다, 京畿道學務課談〉. 일제는 식민지정책에 저항하는 사학에 대해서는 사립학교규칙을 적용하여 폐교하거나 잡종학교로 격하시킴으로써 상급학교로의 진학을 방해했다.

267 都築繼雄, 〈朝鮮女子教育會의 社會教育活動에 대한 研究〉, 고려대 석사학위논문, 1999.

268 《조선일보》 1926년 5월 27일, 〈근화녀학교에 기예과신설 긔간은륙개월동안 취직도소개할수잇다고〉; 《매일신보》 1926년 5월 5일, 〈근화여학교 후원회 조직, 이일에 창립총회〉.

269 《조선일보》 1926년 6월 1일, 〈근화녀학교의 운동장확장 총독부의 무료대부로〉.

270 《조선일보》 1924년 11월 1일, 〈生이냐 死이냐, 金美理士 女史談〉.

271 《매일신보》 1931년 3월 6일, 〈가정 성공 뒤에 숨은 힘(4)—근화여학교장 김미리사씨〉.

272 金美理士, 〈青年 男女交際의 善導策 如何 無方針이 方針〉, 《별건곤》 1929년 2월.

273 《동아일보》 1926년 6월 4일, 〈리혼한다는 남편말에 푼전업시 서울로, 근화녀학교 삼년급생 박금동의 눈물겨운 말〉.

274 《중외일보》 1929년 9월 21일, 〈女學校를 차저—慈母와 愛兒가 함께 同門修學하는 奇觀〉.

275 《조선일보》 1926년 11월 13일, 〈불합리한 구도덕의 희생자—안성 박씨 사건〉.

276 주기용, 〈여자해방의 근본방침(1)〉, 《동아일보》 1921년 7월 20일.

277 근화여학교 김미리사 선생, 〈그들을 보내면서(7)—무슨 일이든지 능히 감당할 수 잇도록 적은 일에도 정성을 다하라〉, 《매일신보》 1932년 3월 15일.

278 《동아일보》 1936년 2월 16일, 〈本社學藝部 主催 第三回 全朝鮮男女專門學校 卒業生 大懇親會 後記, 出發前夜의 談笑로 滿堂이 和氣靄靄, 뜻깊은 하로밤이 늦는 줄도 모른 第一日女子部의 盛況〉.

279 京城權花女學校 崔善姬孃, 〈녀학교졸업생 지상사은회(一) 압뒤생각할스록불평보다감사할것뿐 무엇보다도경제심이자라낫다〉, 《동아일보》 1930년 3월 13일.

280 박지향, 〈일제하 여성고등교육의 사회적 성격〉, 《사회비평》 창간호, 1988.

281 《동아일보》 1926년 1월 3일, 〈여자교육협회 金美利士 談〉.

282 金美理士, 〈實踐教育에 努力〉, 《별건곤》 1929년 6월.

283 근화여교장 김미리사, 〈여자교육의 실제, 교육은 사회의 토대, 이것을 실할 때까지〉,

《중앙일보》 1932년 1월 2일.

284 金美理士, 〈實踐敎育에 努力〉.

285 金美理士, 〈實踐敎育에 努力〉.

286 金美理士, 〈實踐敎育에 努力〉.

287 金美理士, 〈實踐敎育에 努力〉.

288 《시대일보》 1926년 5월 28일, 〈여류교육가의 생애와 포부; 근화녀학교의 김미리사녀사담, 실지의 군일을 만들어내자〉.

289 《시대일보》 1926년 5월 28일자, 〈여류교육가의 생애와 포부; 근화녀학교의 김미리사녀사담, 실지의 군일을 만들어내자〉.

290 여자교육협회 金美利士氏 談, 〈실업교육기관을 설치해〉, 《동아일보》 1926년 1월 3일.

291 《동아일보》 1926년 4월 27일, 〈근화학원안에 녀자사진부 설립〉.

292 《조선일보》 1926년 5월 27일, 〈근화녀학교에 기예과신설 긔간은륙개월동안 취직도소개할수잇다고〉.

293 《중외일보》 1929년 9월 21일, 〈女學校를 차저, 慈母와 愛兒가 함께 同門修學하는 奇觀〉.

294 《동아일보》 1931년 2월 13일, 〈입학생도 격감예상, 학교경영에도 영향〉.

295 現代生, 〈時評―學生盟休原因의 檢討〉, 《현대평론》 1927년 8월.

296 《동아일보》 1931년 11월 29일, 〈頻發하는 學海 波瀾, 學校數로는 十五校 黜學生만 八十五名, 十一月 一個月間 統計〉.

297 《동아일보》 1931년 11월 14일, 〈社說: 學海의 波瀾, 根本對策如何〉.

298 《매일신보》 1930년 4월 3일, 〈학생들은 동맹휴학 8교원연결사직 교장의 태도에 분개하야 근화여학교 분운〉.

299 《동아일보》 1930년 4월 12일, 〈槿花女校盟休解決이 在邇〉.

300 《동아일보》 1929년 2월 22일, 〈槿花幼稚園 새로이 설립되어〉; 《동아일보》 1930년 9월 30일, 〈金美理士氏와 槿花校記念 십년 동안의 여러 가지 공적, 大盛況裏에 閉會〉; 《조선일보》 1930년 9월 30일, 〈槿花女校創立勤續記念式〉.

301 《동아일보》 1933년 4월 27일, 〈京電 第二回 寄附 五十萬圓 用途 問題(2); 要求가 切實한 兒童遊園地, 槿花學校 金美理士氏〉.

302 《동아일보》 1930년 9월 30일, 〈金美理士氏와 槿花校記念〉.

303 《중외일보》 1929년 9월 21일, 〈女學校를 차저─慈母와 愛兒가 함께 同門修學하는 奇觀〉.

304 《동아일보》 1930년 9월 27일, 〈이네를 배우자 河鯉泳氏의四十年, 都伊明氏의二十五
年, 金美理士氏의十年〉.

305 《조선일보》 1931년 3월 24일, 〈盟休 · 動搖 十八回 參加學生 二千 初等校 盟休 · 動搖
增加가 顯著 學年末中의 統計〉.

306 《매일신보》 1931년 2월 9일, 〈선생 사직문제로 근화녀교생 맹휴 인사정리에 너무 경
솔하다고 동교장을 배척〉.

307 《매일신보》 1931년 2월 11일, 〈槿花校紛糾로 社會側蹶起 쌍방의 주장듯고 조정에 노
력 圓滿解決도 未久〉.

308 《동아일보》 1932년 8월 6일, 〈養賢女學校差押 八十學生街頭彷徨 四百八十원집세가밀
리어 債權者는 槿花女校〉.

309 《동아일보》 1932년 8월 6일, 〈《差押된當日로不得不休校》【槿花교의處置는當然】◇病床
의申校長談〉.

310 서숙경, 〈양현여학교를 차압한 근화여교주 김미리사의 罪를 難함〉, 《여인》 1932년 10월.

311 綠眼鏡, 〈이모저모로본경성十五여학교평판기〉, 《신여성》 1933년 10월.

312 《별건곤》 1933년 2월.

313 《동아일보》 1935년 3월 6일, 〈김미리사여사 축하회 성황〉.

314 金美理士, 〈名士諸氏의 學生時代 回顧〉, 《삼천리》 1935년 4월.

315 《중앙일보》 1932년 1월 2일, 〈1932년을 당하여 조선 신진 여성의 포부와 주장〉.

316 《조선일보》 1928년 3월 8일, 〈근화여학교 내용 일층 확장, 교실 늘이고〉.

317 《조선일보》 1932년 1월 27일, 〈학교당국은 어떠한 준비를 하고잇나 번민하는 그들을
어쩌케 지도하랴나 槿花女學校當局者 談(10)〉.

318 《동아일보》 1933년 3월 7일, 〈전문정도 학교 졸업생 150 가정에 들어 갈이는 겨우 2명
거이 전부취직희망〉.

319 〈女性主宰下의 新女性 活動界, 獨特한 手腕과 特色있는 事業〉, 《신동아》 1932년 7월.

320 《조선일보》 1932년 1월 27일, 〈학교당국은 어떠한 준비를 하고잇나 번민하는 그들을

어떠케 지도하랴나 槿花女學校當局者 談(10)〉.

321 《조선일보》 1932년 1월 27일, 〈학교당국은 어떠한 준비를 하고잇나 번민하는 그들을
어떠케 지도하랴나 槿花女學校當局者 談(10)〉.

322 《매일신보》 1934년 2월 11일, 〈京城槿花女學校를 女子實業學校로〉.

323 《동아일보》 1935년 1월 1일, 〈근화여실〉.

324 《조선일보》 1935년 2월 8일, 〈槿花女校의 飛躍, 今日부터 實業校로, 今七日附로 當局
의 認可濟 十萬圓財團旣完成〉. 근화여학교가 근화여자실업학교로 정식 인가받은 일
자에 대해, 《매일신보》는 1934년 2월 8일(《매일신보》 1934년 2월 11일, 〈京城槿花女
學校를 女子實業學校로〉), 《동아일보》는 1934년 2월 9일(《동아일보》 1934년 2월 11
일, 〈女子敎育十一年! 槿花女校財團完成〈九日附 正式認可를 얻어〉校名은 槿花女子實
業校〉)에 각각 보도했으나, 여기서는 《조선일보》 기사를 따른다.

325 《조선일보》 1938년 2월 15일, 〈경성안 녀학교 올 졸업생, 근화여실〉.

326 《조선일보》 1936년 2월 19일, 〈교문을 등지는 동무들 7 〈귀여운 이학교는 우리들의 터
이니〉 槿花篇〉.

327 《조선일보》 1936년 3월 13일, 〈校運隆昌轉機로 金姓을 揚棄, 車氏로! 四十年行勢튼 夫
姓을 離別코 槿花美理士女史親姓으로 復歸〉.

328 金美理士, 〈春風秋雨五十年間에서 多涙多恨한 나의 歷史〉.

329 그러나 1936년 마지막으로 제15회 졸업생을 내보내는 근화여학교 보통과 졸업장에는
종래의 성명을 마지막으로 사용하는 것이므로 김미리사라는 예전 이름을 그대로 썼다.
또 근화유치원은 당국의 인가 관계로 앞으로도 김미리사라는 이름을 계속 써야만 할 형
편이었다. 그래서 미리사는 두 가지 성을 가지고 한편으로는 근화실업학교장, 한편으로
는 근화유치원장의 직무를 맡게 되었다. 《조선일보》 1936년 3월 13일, 〈校運隆昌轉機로
金姓을 揚棄, 車氏로! 四十年行勢튼 大姓을 離別코 槿花美理士女史親姓으로 復歸〉.

330 《조선일보》 1936년 2월 19일, 〈교문을 등지는 동무들 7 〈귀여운 이학교는 우리들의 터
이니〉 槿花篇〉.

331 근화여자실업교장 김미리사, 〈朝鮮女性이여 自立하라〉, 《조광》 1936년 3월.

332 《조선일보》 1937년 3월 4일, 〈實業校黃金時代 市內公私立九個校卒業生 就職戰線을

總突破〉.

333 《조선일보》 1937년 3월 4일, 〈實業校黃金時代 市內公私立九個校卒業生 就職戰線을 總突破〉.

334 《조선일보》 1939년 2월 21일, 〈여학교의 新春譜, 덕성여실〉.

335 《동아일보》 1939년 3월 3일, 〈고등여학교편(7), 덕성여자실업학교〉.

336 김경일, 《여성의 근대, 근대의 여성》, pp. 293~94.

337 손인수, 《한국근대교육사: 한말 일제 치하의 사학사 연구》, 연세대학교출판부, 1971, pp. 294~96.

338 손인수, 《한국근대교육사: 한말 일제 치하의 사학사 연구》, p. 99.

339 이혜영·윤종혁·류방란, 《한국 근대 학교교육 100년사 연구(II)—일제시대의 학교 교육》, pp. 62~4.

340 박혜란, 〈1920년대 여성 청년 단체의 조직과 활동〉, 《한국근현대청년운동사》, 풀빛, 1995, pp. 176~79.

341 1908년 현황을 보면, 정부에서 설립한 여학교는 관립한성고등여학교 하나밖에 없었다. 반면 기독교 계통에서 세운 여학교는 장로교가 15개교, 감리교가 12개교로 총 27개교에 이르렀다.

342 엄비는 1907년 5월, 영친왕궁과 경선궁에 소관되어 있는 토지 중에서 경기도 강화군 각 면에 있는 전답과 경기도 인천부 영종도에 있는 전답 약 200만 평을 진명의 기본 재산으로 하사했다. 숙명도 같은 해 기본재산으로 영친왕궁 소속 전답—황해도 재령군, 신천군, 은율군, 안악군, 경기도 파주군, 전라도 완도군 소재 농경지 약 100여 정보를 하사받았다.

343 《동덕50년사》, 1960, pp. 175~76.

344 《조선일보》 1926년 1월 21일, 〈聯合빠사參加學校紹介〉.

345 槿花女學校 全永淑, 〈붓과 行動의 一致, 내가 萬一 言論界에 잇다면〉, 《별건곤》 1930년 2월.

346 《조선일보》 1928년 12월 18일, 〈새해부터는 무엇을 할가〉.

347 雙, 돌이, 〈아홉 女學校 빠사會 九景〉, 《별건곤》 1927년 2월.

348 《동아일보》 1930년 3월 13일, 〈녀학교졸업생 지상사은회(一)〉.

349 〈강한 자여! 그대의 일흠은 여자이니라〉, 《신여성》 1933년 2월.

350 윤백남, 〈연극과 사회 6〉, 《동아일보》 1920년 5월 11일.

351 《조선일보》 1923년 9월 5일, 〈極과 樂, 근화학우회주최, 녀학생만으로 배우된 연극은 처음이다〉.

352 金美理士, 〈春風秋雨 五十年間에서 多淚多恨한 나의 歷史〉.

353 "시내 청진동에 잇는 조선여자교육협회에서 경영하는 근화학원에서는 이번 새학기를 당하여 일층 내용을 확장하는 동시에 특히 음악과를 증설하고 성악 기악을 교수하여 근화코러쓰대와 오페라단을 조직한다 하며⋯⋯." 《동아일보》 1924년 3월 14일, 〈근화학원 확장, 음악과도 신설〉.

354 《동아일보》 1924년 6월 7일, 〈音樂演奏會〉.

355 覆面記, 〈槿花女學校後援會主催 納凉演劇大會評判記〉, 《新女性》 1926년 7월.

356 覆面記, 〈槿花女學校後援會主催 納凉演劇大會評判記〉.

357 《동아일보》 1926년 6월 20일, 〈녀자교육협회주최의 랍양음악연극대회 광경〉.

358 《매일신보》 1926년 12월 4일, 〈불운한 무대예술가, 근화연극대회에서; 孤帆學人〉.

359 극연극연구회 이헌구, 〈근화연극제를 보고(上)〉, 《동아일보》 1932년 2월 29일.

360 〈근화여학교연극제〉, 《신여성》 1932년 3월.

361 《동아일보》 1932년 2월 23~26일, 〈근화학우회 연극제 레퍼토리에 대하야(1~4)〉.

362 근화녀학교 김미리사 선생, 〈그들을 보내면서(7); 무슨 일이든지 능히 감당할 수 잇도록 적은 일에도 정성을 다하라〉, 《매일신보》 1932년 3월 15일.

363 극연극연구회 이헌구, 〈근화연극제를 보고(下)〉, 《동아일보》 1932년 3월 2일.

364 《동아일보》 1932년 6월 27일, 〈野外劇과 音樂會 兩處가 다 大盛況〉.

365 《조선일보》 1933년 6월 30일, 〈樂壇의豪華版, 槿花納凉音樂會〉.

366 安民世, 〈련합빠사대회를시작하면서(一)〉, 《조선일보》 1926년 1월 21일; 〈련합빠사대회를시작하면서(二)〉 1월 22일; 〈데이회련합빠사를열면서(一)〉 1월 17일; 〈데이회련합빠사를열면서〉 1월 18일; 〈데이회련합빠사를열면서(三)〉 1월 19일; 〈데이회련합빠사를열면서(四)〉 1월 20일.

367 《조선일보》 1924년 12월 6일, 〈대성황의 [바사] 흰치마 두른 녀학생 눈이 부신 각색수예〉.

368 최은희, 《씨뿌리는 女人─차미리사의 생애》, p. 57.

369 당초에는 여덟 학교가 참가신청을 했으나 마지막 단계에서 정신여학교가 불의의 사정으로 작품 출품을 단념하는 바람에 1회 여학교연합바자회에는 7개 여학교가 참여했다.

370 《조선일보》 1926년 1월 24일, 〈진열품의 七割이 賣約되야 육백여점을 추가 출품〉.

371 《조선일보》 1926년 1월 24일, 〈兩日間入場者 一萬八千餘名, 이틀동안팔린물건값도 근팔천원의거액에 달해〉.

372 徽文高普校長 金亨培氏, 〈實質에 置重하자 조선복이 이채〉, 《조선일보》 1926년 1월 23일.

373 《조선일보》 1926년 1월 21일, 〈연합빠사참가학교소개, 여자교육계에 공헌만흔 근화여학교, 무엇보다도개성발휘에목적〉.

374 《조선일보》 1926년 1월 21일, 〈聯合빠사 參加學校紹介〉.

375 《조선일보》 1927년 1월 22일, 〈가정부인 바자대회 본 뒤에〉.

376 《조선일보》 1927년 1월 22일, 〈가정부인 바자대회 본 뒤에〉.

377 《조선일보》 1927년 1월 22일, 〈가정부인 바자대회 본 뒤에〉.

378 《조선일보》 1927년 1월 23일, 〈最後까지 盛況니룬 빠사─大會 閉幕〉.

379 安民世, 〈메이회 련합빠사를 열면서(一)〉, 《조선일보》 1927년 1월 17일.

380 《조선일보》 1927년 1월 22일, 〈가정 부인바자대회 본 뒤에〉.

381 《조선일보》 1927년 1월 22일, 〈가정 부인바자대회 본 뒤에〉.

382 《조선일보》 1928년 1월 17일, 〈全朝鮮女學校 聯合빠사 技術的努力의 一表現〉.

383 《조선일보》 1928년 1월 20일, 〈觀衆五萬突破로 盛況裡閉幕〉.

384 《조선일보》 1928년 4월 6일, 〈시평: 전조선물산빠사〉.

385 박찬승, 《한국근대정치사상사연구》, 역사비평사, 1991.

386 김미리사 담, 〈물산을 장려하여 자작자급이 필요〉, 《매일신보》 1926년 12월 16일.

387 《중외일보》 1928년 5월 15일, 〈물산장려회이사회 개최〉.

388 《조선일보》 1928년 1월 14일, 〈佛蘭西刺繡로 특색잇는 근화여교 사계의 명성 문경자녀사지도하에 준비하는 수예〉.

389 일기자, 〈데삼회 련합빠사를 보고〉, 《조선일보》 1928년 1월 18일.

390 《조선일보》 1929년 1월 27일, 〈全朝鮮女校로 십이교 참가 이채를 발하기에 완출품 第

四會聯合 빠~사〉.

391 《조선일보》 1929년 1월 30일, 〈人波에 싸인 靑年會? 大盛況의 女校빠사〉.

392 《조선일보》 1929년 1월 28일, 〈社說: 全朝鮮女學校 빠사大會〉.

393 辛甘草, 〈第 四回 全朝鮮女學校 聯合빠사大會 구경 記〉, 《학생》 1929년 3월.

394 《조선일보》 1931년 2월 11일, 〈연합빠사 遂開幕〉.

395 허정숙, 〈평론―여성의 도태〉, 《신여성》 1925년 11월.

396 金松隱, 〈修業料低減決議에 對한 批判〉, 《개벽》 1923년 3월.

397 金起(田?), 〈조선의 절뚝발이 교육〉, 《신여성》 1924년 4월.

398 유소희, 〈梨花女專 빠사―會 雜觀〉, 《혜성》, 1931년 11월.

399 근화학교장 김미리사, 〈교육제도 결함을 교정하긔 전에〉, 《현대평론》 1927년 3월.

400 최은희, 《씨뿌리는 女人―차미리사의 생애》, p. 80.

401 《동아일보》 1936년 2월 16일, 〈本社學藝部 主催 第三回 全朝鮮男女專門學校 卒業生 大懇親會 後記, 出發前夜의 談笑로 滿堂이 和氣靄靄, 뜻깊은 하로밤이 늦는 줄도 모른 第一日女子部의 盛況〉.

402 《동아일보》 1926년 2월 13일, 〈槿花女學校, 貧民에게 歲饌〉.

403 《조선일보》 1926년 2월 12일, 〈근화녀교직원생도일동의 극빈한 동포를 동정―음력 설을 긔회로〉.

404 《조선일보》 1926년 12월 24일, 〈근화녀학생들의 정다운 동정금〉.

405 《조선일보》 1928년 12월 24일, 〈飢寒에 우는 貧民 爲해 槿花女學生의 美擧〉.

406 《시대일보》 1926년 5월 28일, 〈여류 교육가의 생애와 포부〉.

407 《조선일보》 1930년 1월 16일, 〈市內 男女 十五學校 三千餘名이 萬歲示威〉.

408 《조선일보》 1930년 1월 31일, 〈李順玉은 治維違反〉; 《조선일보》 1930년 2월 6일, 〈女 學生 五名 不遠에 또 送局〉.

409 《동아일보》 1930년 2월 16일, 〈十六名會合 三個 條項 決議 쥐도 새도 모르게 일을 꾸며〉.

410 《조선일보》 1930년 1월 31일, 〈退學處分이 百名 無期停學 近五百〉.

411 "작 삼십일 오전열시부터 시내 근화녀학교槿花女學校에서는 고등과 데 오회 보통과 데 팔 회 졸업식을 동교 고문이신 윤치호尹致昊씨의 사회로 열리게 되엇는데 장내에는 사회

각지시의 만흐신 래침과 재학생일동으로 성황을 일우읫스며 윤치호씨와 안재홍安在鴻 씨의 의미깁흐신 훈사와 졸업생과 재학생 사이에 주고밧는 정에끌은 작별가가 잇슨후 동 십일시경에 폐식하엿는데……." 《조선일보》 1929년 10월 1일, 〈槿花女學校卒業式〉.

412 金炅宅, 〈1910·1920年代 東亞日報 主導層의 政治經濟思想 硏究〉, pp. 210~11.

413 이하 내선일체와 황국신민화정책은 宮田節子, 李燨娘 역, 《朝鮮民衆과 〈皇民化〉政策》, 일조각, 1997에 의거하여 작성했다.

414 조선인들이 매일 아침 외워야 하는 '황국신민의 서사'는 초등학생용과 중등 이상 성인용 두 종류가 있었다. 초등학생들은 "1. 나는 대 일본 제국의 신민이다, 2. 나는 마음을 합해 천황 폐하께 충의를 다한다, 3. 나는 인고단련하여 훌륭하고 강한 국민이 된다"고 매일 아침 낭송했으며, 성인은 "1. 우리는 황국신민이며 충성으로써 군국에 보답하자, 2. 우리 황국신민은 서로 믿고 사랑하며 협력하여 단결을 굳게 하자, 3. 우리 황국신민은 인고단련의 힘을 키워 황도를 선양하자"고 매일 아침 읊조렸다.

415 〈學峴 邊衡尹 박사님(40회)을 찾아 뵙고〉, 《경기동창회보》 1992년 4월 10일; 김경미, 〈식민지 교육 경험 세대의 기억―경기중학교 졸업생의 회고담을 중심으로〉, 《식민지 파시즘의 유산과 극복의 과제》, 혜안, 2005, p. 366에서 재인용.

416 《한겨레 21》 2006년 3월.

417 吳天錫, 《韓國新敎育史(上)》, 光明出版社, 1975, pp. 330~36.

418 《매일신보》 1927년 2월 9일, 〈교표와 교가(12)〉.

419 최은희, 《씨뿌리는 女人―차미리사의 생애》, pp. 71~3.

420 최은희, 《씨뿌리는 女人―차미리사의 생애》, pp. 77~9.

421 《尹致昊日記》 11, January 1939 28th. Saturday, 國史編纂委員會 韓國史料叢書 19.

422 차미리사는 교장 자리를 지키기 위해 마지막까지 고심했던 것으로 보인다. 그 하나가 1938년 '근화權花'를 '덕성德成'으로 학교 이름을 바꾼 것이며, 다른 하나가 창씨 개명한 것이다. 1940년 8월 10일 간행된 《朝鮮新聞社 創氏名鑑》에 "차미리사(德永成江) 京城 三淸町 경성 학교장 명치 13년(1880), 8. 13일 생"으로 기록되어 있어, 그가 1940년을 전후로 한 시기에 '德永成江'으로 창씨 개명했음을 확인할 수 있다. 이 무렵 차미리사는 교장 퇴진 압력을 심하게 받고 있었다. 그가 창씨 개명을 덕성德成을 바탕으로

한 것으로 미루어 보아, 마지막 순간까지 학교를 지키기 위해 고심했음을 엿볼 수 있다. 그러나 재단법인 덕성학원 등기부등본에 기재된 1942년 이사 명단을 보면, 송금선의 경우 후쿠자와 에이코福澤玲子로 창씨 개명을 한 사실이 병기되어 있는 반면 차미리사는 창씨 개명한 이름이 병기되어 있지 않다. 따라서 차미리사의 창씨 개명 여부 문제는 좀 더 따져볼 여지가 있다.

423 김상태 편역, 《윤치호일기 1916~1943》, 역사비평사, 2001, p. 470.

424 1940년 교장 자리에서 물러난 이후의 차미리사 행적에 대해서는 자료가 없어 확인할 길이 없다. 특히 해방 공간에서 그가 어떤 활동을 했는지는 앞으로 밝혀야 할 과제다.

425 《매일신보》 1940년 8월 6일, 〈덕성여자실업학교 신 재단으로 약진, 송금선씨가 인계하야 재단확충〉.

426 유복한 집에서 태어나 숙명여고를 졸업하고 곧바로 일본 유학을 떠난 송금선은 1925년 동경여자고등사범학교 가사과를 졸업한 후 귀국하여 모교인 숙명여자고등보통학교에서 교편을 잡았다. 사회생활을 순조롭게 시작한 그는 이후 진주 일신여자고등보통학교를 거쳐 동덕여자고등보통학교 선생을 역임하고 이화여자전문학교 교수로 재직하면서 덕성여자실업학교 교장에 취임했다.

427 《매일신보》 1940년 8월 27일, 〈新校長을 마지하야〉. 송금선은 황국신민화정책을 교육 강연 선전하기 위해 여러 부문에서 정력적으로 활동했다. 김민철, 〈'반도 지식여성들 군국어머니로 힘쓰자'—송금선福澤玲子(후쿠자와 에이코, 1905~1987)의 친일행적〉, 덕성여자대학교 건학 80주년 기념 덕성여대 뿌리찾기 대토론회, 2000.

428 鄭在哲, 《日帝의 對韓國植民地敎育政策史》, 一志社, 1985, p. 151.

429 덕성여자실업학교장 福澤玲子, 〈여학생 군사교련안: 단체적 국가관념 주입에 전력〉, 《삼천리》 1942년 1월.

430 덕성여자실업학교장 福澤玲子, 〈여학생 군사교련안: 단체적 국가관념 주입에 전력〉.

431 덕성여자실업학교장 福澤玲子, 〈여학생 군사교련안: 단체적 국가관념 주입에 전력〉.

432 덕성여자실업학교장 福澤玲子, 〈여학생 군사교련안: 단체적 국가관념 주입에 전력〉.

433 李萬珪, 《朝鮮敎育史(하)》 p. 339.

434 국사편찬위원회, 《親日派 群像》.

435 《去華就實—南海宋今璇博士回顧錄》, 덕성여자대학교 출판부, 1978, p. 202.

436 《중앙신문》 1946년 1월 5일, 〈反託治女子大會〉.

437 최하림, 《김수영평전》, 문학세계사, 1982, pp. 67~72.

438 송남헌, 〈비사·내가 겪은 1948년의 남북협상〉, 《신동아》 1983년 9월.

439 최은희, 《씨뿌리는 女人—차미리사의 생애》, pp. 156~57.

440 최은희, 《씨뿌리는 女人—차미리사의 생애》, pp. 169~70.

441 최은희, 《씨뿌리는 女人—차미리사의 생애》, pp. 162~63.

442 《尹致昊日記》 11, January 1939 28th. Saturday, 國史編纂委員會 韓國史料叢書 19.

443 차미리사 서거 2년 뒤인 1957년 최은희가 쓴 《씨부리는 女人—차미리사의 생애》이 발간된다. 최은희의 평전은 차미리사와 직접 만난 바 있는 당대인이 썼던 최초의 글로 이후 차미리사를 이해하는 바탕이 되었다. 그러나 이 책은 비판적으로 검토할 필요가 있다. 먼저 서술 내용이 역사적 사실과 부합되는가 하는 점이다. 최은희는 차미리사의 독립운동가, 교육운동가로서의 애국적인 풍모를 한껏 강조했다. 물론 차미리사의 애국인 활동은 존경받아 마땅하다. 그러나 그의 애국심을 지나치게 과장하여 역사적 사실과 어긋나는 부분이 여러 군데 있다. 그 예로 다음 몇 가지를 들 수 있다.

(가) "선생은 인천에서 떠나는 중국 화물선 석탄광속에 몸을 숨기었다. 때는 단기 4238년(1905년) 5월 선생의 나이 26세이었다"(6쪽)라고 되어 있다. 그러나 차미리사는 1901년 23세의 나이로 중국으로 건너가 신학 공부를 한 후 1905년 미국으로 건너갔다.

(나) "선생은 〈쌘프란시스코〉에서 안창호安昌浩 씨를 만나 국권을 잃어버리지 않을 여러 가지 운동에 힘을 썼으나 국운이 다하였는지라 경술년庚戌年—서기(1910년) …… 한일합병조약이 발표되고 …… 차선생은 이 소식을 듣고 아연실색하여 애통한 나머지 입으로 붉은 선지피를 토하고 그 날부터 병석에 누워 오랫동안 신음하다가 필경은 귀먹어리가 되고 말았다. 선생은 다시 용기를 내어 안창호와 같이 독립신문을 발간하였다"(11쪽)라고 되어 있다. 그러나 차미리사는 미국에서 안창호와 같이 활동한 것이 아니라, 안창호가 조직한 공립협회와 이념적으로 대립되는 단체인 대동보국회에 가입하여 문양목, 장경 등과 활동했으며, 《독립신문》이 아니라 대동보국회의 기관지 《대동공보》 발간에 힘썼다. 차미리사가 청각 장애인이 된 것은 중국유학시절 뇌막염을 앓

은 후유증 때문이었다.

(다) "단기 4246년(1913년) 3월에 미국 〈캔사스〉시 〈티스칼 칼레지〉 신학과에 입학하여 일심전심 신학을 연구하며 …… 선생이 4년 만에 외국인의 칭송을 받아 가며 그 학교를 뛰어난 성적으로 졸업하고 4250년(1917년) 8월 미국 선교회에서 우리나라로 보내는 미국선교사 여덟 사람 중의 한사람으로 귀국하였다"(12쪽) 라고 되어 있다. 그러나 차미리사가 미국 중부에 있는 스캐리트 신학교에 입학한 해는 1910년 8월이며, 그는 2년간의 학교생활을 마치고 1912년 8월 귀국했다.

다음 집필 동기와 관련된 점이다. 이 책은 덕성여자중고등학교장·덕성여대학장인 송금선의 부탁으로 집필되었다. 이러한 때문인지 이 책은 송금선의 친일 행적에 대해 전혀 언급이 없다. 송금선과 같은 시대를 살았던 그가 송금선의 친일 행적을 모를 리 없다. 송금선의 친일 행적에 대해 언급이 없다는 점은 송금선을 의도적으로 미화시키기 위한 것이라고 볼 수밖에 없다. 이러한 점은 송금선의 교장 취임식 광경에 잘 드러나 있다. "단기 4273년(1940년) 8월 26일 송금선여사의 교장취임식이 있었다 …… 재단 이사장 윤치호는 〈교육을 하려면 물론 좋은 건물과 설비도 필요하지마는 반드시 그 것만으로 표준으로 볼 것은 아니다. 일본에 유명한 교육자 요시다 쇼인吉田松陰의 사숙私塾을 가 보면 촌농가와 같았지마는 일본에 일류 정치가와 실업가와 문학가의 대부부분이 다 이 사숙문을 거쳐나온 사람들이다. 송교장은 길전숙장과 같이 우리나라에 동량지재棟樑之材를 배출시킬 것이다〉 하는 환영사를 말하였다"(87~8쪽)라고 되어 있다. 그러나 윤치호는 재단 이사장이 아니었으며, 《윤치호일기》를 보면, 그는 1940년 8월 26일 "집에 있었다"라고만 기록되어 있다. 따라서 최은희가 쓴 윤치호 환영사는 송금선의 교장 취임을 미화하기 위해 창작한 가공의 기록일 가능성이 높다.

이상으로 미루어 볼 때, 1957년 발간된 차미리사 전기는, 송금선이 독립운동가인 차미리사의 후계자임을 내외에 천명할 목적으로 저술된 것임을 알 수 있다. 차미리사로부터 송금선으로 덕성학원이 넘어가는 과정을 총독부의 외압 없이 자발적으로 승계한 것인 양 서술한 것도 이러한 점 때문일 것이다. 이렇게 될 경우, 송금선은 자신의 최대 약점인 친일 행적에 대해 면죄부를 받을 수 있는 효과를 얻게 된다.

참고문헌

I. 원사료

1. 신문
《공립신보》, 《대동공보》, 《대한매일신보》, 《동아일보》, 《매일신보》, 《시대일보》, 《신한민보》, 《조선일보》, 《중앙일보》, 《중외일보》

2. 잡지
《개벽》, 《대도》, 《동광》, 《별건곤》, 《부인》, 《삼천리》, 《신동아》, 《신생활》, 《신여성》, 《신여자》, 《신천지》, 《여성》, 《조광》, 《현대평론》, 《혜성》, 《코리아 미션 필드 *The Korea Mission Field*》

3. 일기
《방사겸평생일기》, 《윤치호일기》

4. 단행본
민족정경문화연구소, 《親日派 群像》, 1948.
김원용 · 손보기 엮음, 《재미한인 50년사》, 혜안, 2004.

님 웨일즈, 조우화 옮김, 《아리랑》, 동녘, 1992.

이사벨라 버드 비숍, 신복룡 역주, 《조선과 그 이웃나라들》, 집문당, 2000.

II. 기존 연구

1. 단행본

《동덕오십년사》, 1960.

宮田節子, 이형낭 옮김, 《朝鮮民衆과 〈皇民化〉政策》, 일조각, 1997.

권보드래, 《연애의 시대》, 현실문화연구, 2003.

기독교대한감리회상동교회, 《상동교회일백년사》, 1988.

김경일, 《여성의 근대, 근대의 여성》, 푸른역사, 2004.

노영택, 《日帝下 民衆敎育運動史》, 探究堂, 1979.

대한YWCA연합회, 《한국 YWCA 반백년》, 1976.

박용옥, 《한국근대여성운동사연구》, 한국정신문화연구원, 1984.

박찬승, 《한국근대정치사상사연구》, 역사비평사, 1992.

성백걸, 《배화100년사》, 1999.

손인수, 《한국근대교육사: 한말 일제 치하의 사학사 연구》, 연세대학교출판부, 1971.

오성철, 《식민지 초등교육의 형성》, 교육과학사, 2000.

오천석, 《韓國新敎育史(上)》, 光明出版社, 1975.

윤병석, 《國外韓人社會와 民族運動》, 일조각, 1990.

이덕주, 《종교교회사》, 종교교회, 2005.

이만규, 《朝鮮敎育史(하)》, 乙酉文化社, 1947.

이혜영·윤종혁·류방란, 《한국근대학교교육 100년사 연구(Ⅱ)—일제시대의 학교교육》, 한국교육개발원, 1997.

장규식, 《일제하 한국기독교민족주의 연구》, 혜안, 2001.

정재철, 《日帝의 對韓國植民地敎育政策史》, 一志社, 1985.

최은희 편저, 《祖國을 찾기까지(中): 1905~1945, 한국여성활동비화》, 탐구당, 1973.

최은희, 《씨뿌리는 女人—車美理士의 生涯》, 1957.

한국기독교역사연구소, 김승태·박혜진 엮음, 《내한선교사총람(1884~1984)》, 한국기독교
역사연구소, 1994.

한국여성연구회여성사분과, 《한국여성사—근대편》, 풀빛, 1992.

허근욱, 《민족변호사 허헌許憲》, 지혜네, 2001.

2. 논문

강영심, 〈국내민족운동〉, 《한국사》 47, 국사편찬위원회, 2001.

김 승, 〈1920년대 경남지역 청년 단체의 조직과 활동〉, 《지역과 역사》 2호, 1996.

김경택, 〈1910·1920年代 東亞日報 主導層의 政治經濟思想 研究〉, 연세대학교 박사학위
논문, 1998.

김도훈, 〈의관에서 패션으로〉, 《우리는 지난 100년 동안 어떻게 살았을까》 1, 역사비평사,
1998.

_____, 〈한말 한인의 미주이민과 민족운동〉, 《국사관논총》 83, 1999.

김상태, 〈지역감정은 언제부터〉, 《우리는 지난 100년 동안 어떻게 살았을까》 2, 역사비평
사, 1998.

김영묵, 〈초기 미주 한인 이민사〉, 《미주 한인이민 100년사》, 2002.

김한종, 〈1920년대 조선교육회의 교육운동〉, 《충북사학》 8, 1995.

노영택, 〈한말 일제하 여성교육운동의 성격〉, 《여성문제연구》 7, 효성여자대학교부설 한국
여성 문제연구소, 1978.

都築繼雄, 〈朝鮮女子教育會의 社會教育活動에 대한 研究〉, 고려대학교 석사학위논문, 1999.

민병용, 〈方四兼응의 平生日記(1881~1955)〉, 《美洲移民100年—初期人脈을캔다》, 한국일
보사 출판국, 1986.

박용옥, 〈車美理士의 美洲에서의 國權恢復運動〉, 《한국 독립운동과 종교 활동》, 2000.

박지향, 〈일제하 여성고등교육의 사회적 성격〉, 《사회비평》 창간호, 1988.

박철하, 〈청년운동〉, 《한국사》 49, 국사편찬위원회, 2001.

박혜란, 〈1920년대 여성 청년 단체의 조직과 활동〉, 《한국근현대청년운동사》, 풀빛, 1995.

서형실, 〈일제시기 신여성의 자유연애론〉, 《역사비평》 25호, 1994.

손인수, 〈근대교육의 확대〉, 《한국사》 45, 국사편찬위원회, 2000.

안건호, 〈1920년대 전반기 청년운동의 전개〉, 《한국근현대 청년운동사》, 풀빛, 1995.

안형주, 〈첫 재미 한인 소셜워커 차미리사의 활동(1905~1912)〉, 애국지사 · 여성교육운동 가 · 소셜워커 차미리사 학술세미나 발표요지, 2004.

이덕희, 〈하와이 한인 이민 100년〉, 《미주 한인이민 100년사》, 2002.

이송희, 〈대한제국말기 계몽단체의 여성교육론〉, 《이대사원》 28, 1995.

_____, 〈일제하 부산지역의 여성단체에 관한 연구〉, 《국사관논총》 83, 1999.

이애숙, 〈여성, 그들의 사랑과 결혼〉, 《우리는 지난 100년 동안 어떻게 살았을까》 2, 역사 비평사, 1998.

이지원, 〈日帝下 民族文化 認識의 展開와 民族文化運動—民族主義 系列을 중심으로〉, 서 울대학교교육학박사학위논문, 2004.

이호룡, 〈한국인의 아나키즘 수용과 전개〉, 서울대학교 박사학위논문, 2000.

이효재, 〈근대여성, 민족운동〉, 《한국의 여성운동—어제와 오늘》, 정우사, 1989.

장규식, 〈신간회운동기 '基督主義' 사회운동론의 대두와 基督信友會〉, 《한국근현대사연 구》 16집, 한국근대사학회, 2001.

최기영, 〈구한말 미주의 대동보국회에 대한 일고찰〉, 《박영석교수화갑기념논총》, 1992.

한상권, 〈일제강점기 차미리사의 민족교육운동〉, 《한국독립운동사연구》 16, 독립기념관 한국독립운동사연구소, 2001.

_____, 〈조선여자교육회의 전국 순회 강연 활동과 성격〉, 《한국민족운동사연구》 43, 2005.

_____, 〈일제강점기 차미리사의 교육 활동과 교육이념〉, 《덕성여자대학교논문집》 35집, 덕성여자대학교, 2006.

_____, 〈1920년대 여성해방론—단발론을 중심으로〉, 《사학연구》 87호, 한국사학회, 2007.

_____, 〈차미리사의 근화여학교 설립과 여학교연합바자회 참가〉, 《덕성여자대학교 인문 과학논문집》 11, 덕성여자대학교, 2007.

차미리사 연보(1879~1955)

1879년
▶ 본관은 연안. 음력 8월 21일(양력 10월 6일) 한성부 서부 고양군 공덕리[현
   아현동]에서 아버지 차유호車柳鎬와 어머니 장 씨張氏 사이에서 6남매의
   막내로 출생. 5남매가 모두 요절하여 아들 낳기를 고대하던 부모의 바
   람과 달리 막내딸로 태어나자 이름조차 '섭섭이'라 함. '미리사'라는
   이름은 그가 다니는 상동교회의 스크랜턴 선교사에게서 세례를 받을
   때 얻음. 이후 서양식으로 남편 성을 따 김미리사로 사회 활동을 했으
   며, 차미리사라는 이름을 공식적으로 쓰기 시작한 것은 1936년부터임.

1895년(17세)
▶ 서울 무교동[近洞]의 김진옥金振玉에게 출가.

1897년(19세)
▶ 남편이 중병에 걸려 신음하다가 혈육으로 딸 하나를 남겨 놓은 채
   유명을 달리함.

1901년(23세)
▶ 5월: 상해로 가는 배 한성호를 타고 중국으로 유학.
▶ 12월: 중국 유학. 선교사 헐버트의 소개로 소주蘇州에 있는 남감리
   교 신학교 중서여숙中西女塾에 입학하여 1905년까지 약 4년간 신학
   전공. 이 때 격렬한 뇌 신경병에 걸려서 그 후유증으로 귀가 어두

워져 평생 남의 말을 잘 알아들을 수가 없게 됨.

1905년(27세)
▸ 12월 9일: 미국 로스앤젤레스 패서디나Pasadena에서 교육구국을
목적으로 조직한 대동교육회大同教育會 발기인으로 참여.

1907년(29세)
▸ 1월: 샌프란시스코에서 대동교육회를 확대 개편하여 결성한 대동
보국회大同保國會 발기인으로 참여. 1908년까지 대동보국회 기관지
《대동공보大同公報》 발간에 참여.
▸ 10월 3일: 대동보국회 회원 문양목, 이응칠, 김찬일, 최운백과 함
께 이승만에게 장서長書를 보냄.
▸ 10월 24일: 《제국신문》을 부활하는 발기인이 됨.
▸ 11월 14일: 〈상제를 믿고 나라를 위할 일〉이라는 글을 《대동공보》
에 기고. 대동보국회 회원 김홍균金鴻均, 최운백崔雲伯, 박창순朴昌
淳, 서택원徐澤源과 《제국신문》을 영원히 보존하는 운동 전개.
▸ 12월 5일: 《대동공보》 찬성원 동맹회에 의연금 냄(2원).

1908년(30세)
▸ 1월 2일: 대동공보사에 전력全力 의무義務하기로 약속.
▸ 1월 22일: 대동보국회 중앙회 (3차) 대의회에서 상의원에 선임.
▸ 1월 30일: 대동공보 찬성원 동맹회에 의연금 기부(2원).
▸ 3월 5일: 대동공보 찬성동맹회에 월 연금 기부(10원).
상항[샌프란시스코]에서 부인회를 조직.

▸ 4월 2일: 대동공보 찬성동맹회에 월 연금 기부(8원).

▸ 5월 23일: 한국부인회 발족, 회장으로 선임.

▸ 11월: 평북 선천에 설립한 대동고아원大同孤兒院 운영에 주무원主務員으로 참여.

1910년(32세)

▸ 2월 6일: 멕시코 한인교회를 위해 연조捐助(50전).

▸ 8월 2일: 미주리Missouri주 캔사스Kansas시에 있는 스캐리트 (여자)성경학원The Scarritt Bible and Training School에 들어가 학업 시작.

1912년(34세)

▸ 7월: 스캐리트 (여자)성경학원 졸업.

▸ 8월: 귀국. 남감리교 계통 학교인 배화학당의 사감과 교사로 취임하여 여학생들에게 성서를 가르치며 애국·애족·독립정신 주입.

1919년(41세)

▸ 9월: 3·1독립정신을 계승하여 종다리[宗橋] 예배당에 부인야학강습소를 설치.

1920년(42세)

▸ 2월 19일: 3·1운동을 계승하기 위해 운동이 발발한 해가 가기 전인 음력 섣달 그믐날 조선여자교육회를 발기.

2월 20일: 조선여자교육회 창립. 회장으로 선임.

▸ 3월: 조선여자교육회 활동에 전념하기 위해 10년 동안 재직했던

배화 여학교 교사 사임.

《여자시론》을 조선여자교육회 기관지로 인수하여 2호 발간.

▶ 4월 12일: 조선여자교육회 주최, 여자강연회 개최.

4월 19일: 조선여자교육회 산하에 부인야학강습소를 창설하여 구 가정부인에게 신교육 실시.

▶ 5월: 《여자시론》 3호 발간.

5월 1일: 조선여자교육회 주최, 여자토론회 개최.

5월 29일 : 인천 내리(內里) 예배당에서 특별강연(여자엡윗청년회 주최).

▶ 6월: 《여자시론》 4호 발간.

6월 5일: 조선여자교육회 주최, 여자강연회 개최.

6월 11일 : 조선여자교육회 주최, 여자대강연회 개최.

▶ 7월 15일 : 개성여자교육회 창립총회 기념강연.

▶ 9월 18일 : 부인야학강습소를 새문안교회로 이전.

9월 21일: 조선여자교육회 주최, 여자강연회 개최.

▶ 11월: 《여자시론》 5호 발간.

1921년(43세)

▶ 3월 7~10일: 안성여자교육회에서 특별강연.

▶ 4월: 《여자시론》 6호 발간(발매반포금지로 종간).

4월 25~26일: 김해청년회에서 특별강연.

4월 27일: 동래기독청년회에서 특별강연.

4월 28일: 창녕군 부인회에서 특별강연.

▶ 5월: 조선여자교육회 회관을 청진동에 마련.

5월 19일: 조선여자교육회 창립 1주년 기념 강연회 개최.

5월 30~31일 : 노정일 초청 세계 순유巡遊 대강연회 개최.

▸ 7월 5일 : 조선여자교육회 주최, 전선순회강연단全鮮巡廻講演團 전국순회강연을 경성에서 시작.

7월 9일 : 전선순회강연단 경성 출발.

▸ 9월 29일 : 전선순회강연단 남대문에 도착. 84일의 장기간에 걸쳐 만주와 제주도 등 전 조선의 예순일곱 고을, 만 여리를 순회하면서 문화보급, 여자해방, 문화선전 등을 강연. 경비 3천여 원은 지방인사의 동정과 원조로 충당하고 2천여 원의 의연금을 남김.

▸ 10월 4일 : 조선여자교육회 전국순회강연단 보고강연회(1회).

10월 6일 : 조선여자교육회 전국순회강연단 보고강연회(2회).

10월 8일 : 조선여자교육회 회관 개관식(청진동 217번지).

10월 10일 : 조선여자교육회 전국순회강연단 보고강연회(3회).

10월 15일 : 조선여자교육회 찬성원, 전국순회강연단 위로회 개최.

10월 27~28일 : 이천利川 야소교당에서 특별강연회.

1922년(44세)

▸ 1월 24일: 조선여자교육회 명칭을 조선여자교육협회로 변경.

▸ 2월 1일: 여자교육협회 안에 양복과洋服科를 신설하여 남녀의 재래 의복 개량과 직업 취득에 도움을 주고자 함.

▸ 3월 29일: 여자기독교청년회YWCA 발기위원.

▸ 6월 17~18일: 기부금 모집을 위해 청양 읍내리 예배당에서 음악강연회 개최.

▸ 11월: 상업반을 신설하여 상업요항商業要項·부기·상산商算·주산·영어작문·법제·가정경제 등 경제에 관한 상식을 취득할 수 있도록 함.

1923년(45세)

▸ 2월 28일: 조선여자교육협회, 부인문제강연회 개최.

▸ 3월 11일: 부인야학강습소 명칭을 근화학원槿花學院이라 함. 주학부晝學部를 신설하여 교육의 중심을 야학에서 주학으로 바꿈.

▸ 5월 30일: 조선여자교육협회, 특별강연회 개최.

▸ 9월 7~8일 : 근화학우회 주최, 음악연극회 개최.

　9월 21~22일: 근화학우회 주최, 음악연극회 개최.

▸ 10월 15~16일: 근화학원 주최, 연극과 무도대회 개최.

　9월 21~22일: 금릉청년회가 주최하는 금릉청년대강연회에 참석하여 강연.

▸ 11월 19일: 남선지방순회연극단南鮮巡劇團 경성 출발.

▸ 12월 26일: 남선순극단 경성 도착. 40여 일 동안 스물세 곳을 순회공연하여 기부금 5천여 원 모금.

1924년(46세)

▸ 3월: 음악과 신설. 근화크러스대와 오페라단을 조직.

▸ 10월 18일: 조선여자교육협회 주최 기근동정음악대회 개최.

▸ 12월 20일: 180칸의 큰집을 사서 안국동 37번지 낙천사樂天舍로 이전. 음악부와 영어부 확장.

1925년(47세)

▸ 1월 29일: 천도교 내수단內修團에서 주최하는 부인대강연회에서 강연.

▸ 2월 9~11일: 통영 6개 단체의 후원으로 개최된 신춘여성문제대강연회에 참석하여 강연.

▸ 4월: 근화학원 교육의 중점을 구가정부인에서 일반 여학교 과정으로 옮김. 보통학교를 졸업한 여학생들을 위한 고등과를 신설하고 영어과와 음악과를 한층 높여 전문부로 했으며 종전의 직업 교육은 살려 6개월에 수료할 수 있는 재봉부를 활발히 운영.

▸ 8월 29일: 근화학원이 각종학교 근화여학교로 정식 인가.

▸ 12월 28~29일: 조선기독교봉역자회의朝鮮基督教奉役者會議 참석.

1926년(48세)

▸ 1월 21일: 근화여학교, 조선일보가 주최하는 전조선여학교연합바자회 대회(1회)에 참가.

▸ 4월 : 근화여학교 안에 조선 최초로 여자 사진과 설치.

▸ 5월 2일: 학부형들이 근화여학교 후원회 발기.

▸ 6월 18~19일: 근화여학교후원회 주최로 납량연극대회 개최.

▸ 11월 19일: 근화음악대회(3회) 개최.

▸ 12월 1~2일: 근화여학교후원회 주최로 근화연극대회(2회) 개최.

1927년(49세)

▸ 1월 21~22일: 근화여학교, 조선일보와 중앙기독교청년회YMCA가 공동으로 주최하는 전조선여학교연합바자회 대회(2회)에 참가.

▸ 4월 26일: 근우회 발기위원으로 참여.

1928년(50세)

▸ 1월 17~18일: 근화여학교, 조선일보와 경성여자기독교청년회YWCA가 공동으로 주최하는 전조선여학교연합바자회 대회(3회)에 참가.

▸ 12월 24일: 근화여학교 학우회에서 빈한한 동포에 물품과 금전 기탁.

1929년(51세)

▸ 1월 29~30일: 근화여학교, 조선일보와 경성여자기독교청년회가 공동으로 주최하는 전조선여학교연합바자회 대회(4회)에 참가.

▸ 8월 22~31일: 근화학우회 주최로 모사편물강습毛絲編物講習 개최.

1930년(52세)

▸ 1월 15일: 1929년에 발발한 광주학생운동의 여파로 1930년 들어 전국적으로 동맹휴학이 발발하자 근화 여학교 전교생 300명이 만세시위에 참여하여 25명이 검거되고 휴교.

1월 23일: 개학.

▸ 4월 : 근화여학교 음악과 확장.

4월 1일: 허재후許載厚 교무주임을 해직한 데 항의하며 고등과 2, 3년 생도들 맹휴.

4월 3일: 근화학부형회權花學父兄會, 생도 권유하여 등교시키기로 결의.

4월 8일: 근화여교생 90여 명 자퇴로 분규 확대.

4월 9일: 근화여교생 100여 명이 요구조건 거부를 이유로 총 퇴학.

4월 12일: 근화여교맹휴權花女校盟休 해결.

▸ 9월 29일: 근화여학교 개교 5주년, 김미리사 교장 선생 근속10주년 기념식 거행.

1931년(53세)

▸ 2월 6일: 근화여학교 학생들, 교장 배척을 벌이며 맹휴.

2월 9일: 차미리사 교장과 사직한 윤 선생이 참석하여 그간 경과의 입회보고회立會報告會 개최.

1932년(54세)

▶ 2월 26일: 근화여학교 학우회 주최 근화연극제(1회).

▶ 4월: 근화여학교 음악과 확장. 총독부에 재단법인 인가신청서 제출.

▶ 6월 25일: 근화여학교 주최 근화납량음악대회(3회).

1933년(55세)

▶ 2월: 고등과 폐지, 실업과 신설.

▶ 6월 30일: 근화여학교 주최 근화납량음악대회(4회).

1934년(56세)

▶ 2월 8일: 재단법인 근화여자실업학교로 정식 인가. 재단법인설립자는 김미리사金美理士, 독고선獨孤璇, 김용규金容圭, 이인李仁, 장병량張秉良 등 5인.

▶ 3월 5일: 김미리사 여사 교육사업축하회 개최(축사: 조동식趙東植, 유각경俞珏卿, 여운형呂運亨).

1936년(58세)

▶ 차미리사라는 이름으로 사회 활동 시작.

1938년(60세)

▶ 10월 20일: 근화여자실업학교槿花女子實業學校에서 덕성여자실업학

校德成女子實業學校로 교명 변경.

1940년(62세)

▸ 8월 26일: 총독부 압력으로 덕성여자실업학교 교장에서 물러남.

1946년(68세)

▸ 1월 1일: 풍문여고에서 개최된 반탁치여자대회反託治女子大會에 참가.

1948년(70세)

▸ 4월 14일: 통일정부 수립을 촉구하는 〈남북협상을 성원함〉 성명서 발표에 참여.

1952년(74세)

▸ 1월 4일: 덕성여대 이사장 사임.

1955년(77세)

▸ 6월 1일: 가톨릭으로 개종한 후 선종善終.
  6월 3일: 덕성여자중고등학교 교장校葬으로 장례식 집행. 교정에서의 영결식에 뒤이어 명동천주교성당에서 미사를 마친 후 우이동 묘지에 안장.

2002년

▸ 8월 15일: 광복 57돌을 맞아 독립유공자 건국훈장 애족장 포상.

차미리사 관련 글

1. 〈기서寄書-상제를 믿고 나라를 위할 일〉, 《대동공보》 1907년 11월 14일.

2. 〈조선여자교육회The Korean Women's Educational Association〉, *The Korea Mission Field*, 1920년 10월.

3. 〈新進女流의 氣焰——千萬의 女子에게 새 생명을 주고자 하노라〉, 《동아일보》 1921년 2월 21일.

4. 〈地方女子界의 現狀〉, 《신천지》 1922년 6월.

5. 〈斷髮은 머리 解放을 엇는 것입니다〉, 《신여성》 1925년 8월.

6. 〈물산을 장려하여 자작자급이 필요〉, 《매일신보》 1926년 12월 16일.

7. 〈春風秋雨五十年間에서 多淚多恨한 나의 歷史〉, 《별건곤》 1928년 1월.

8. 〈여자들도 몸을 우리들 사업에 밧치라 그 뒤에 여자의 권리를 웨치라〉, 《조선일보》 1933년 1월 4일.

9. 〈朝鮮女性이여 自立하라〉, 《조광》 1936년 3월.

10. 〈知行의 一致〉, 《매일신보》 1936년 4월 18일.

11. 최선학, 〈"안국동 할머니"를 추모하면서〉, 2005년 5월 2일.

12. 〈차미리사 선생의 유일한 생존 제자인 정규영(84세) 여사 증언〉, 《덕성여대신문》 2002년 11월 25일.

1 〈기서寄書—상제를 믿고 나라를 위할 일〉

독일무이하신 상제께서 천지를 창조하시고 우리 인생을 내실 때에 온전히 선히 성품을 주셨으니 감사한 일은 말씀으로 다할 수 없거니와 선한 성품을 지켜 상제께서 주신 은혜를 감당하는 것이 사람의 직책이라. 연이나 그 선한 성품을 지키는 자 적고 세상 정욕을 따라 죄에 빠지는 자 많은 고로 상제께서 독생자 예수씨를 세상에 보내어 우리의 죄를 대속하여 십자가에 피를 흘리셨으니 구세주의 선한 은덕이 얼마나 크다 하리오. 주 강생하신 후 1907년에 십자가 밑에 나가 상제를 믿고 주를 의지하여 나라에 행복된 나라가 많은 중 미국을 독립한 와싱턴 같은 영웅도 처음 전쟁할 때에 다만 77인 민병으로 더불어 싸움을 시작할 때에 군사와 맹세하고 상제께 축사祝辭하여 왈 저의 무리에 독립을 주시던지 죽음을 주시던지 양도 중의 하나는 상제의 뜻대로 하옵소서 하고 독립 찾는 날까지 8년 전에 애국지성으로 황천만 믿고 나가 성사하였으며 세계에 유명한 영국여황 같은 빅토리아도 나라를 다스릴 때에 성경 일권을 손에 쥐고 치국안민한 고로 세계의 일등국이 되었으나 과시 상제의 선하신 능력이 거룩코도 어질도다. 깰지어다. 깰지어다. 전국동포 깰지어다.

　우리나라가 이와 같이 급한 때를 당하여 성신의 방위가 아니면 승전키 어렵도다. 우리 이천만 형제자매가 일심으로 상제를 믿고 대포 앞에 나가 원수를 대적하면 대자대비하신 상제께서 도와주실 것은 명명이 소연토다. 우리의 믿는 정성이 상천께 감동하면 지극히 공평하시고 널리 사랑하시는 상제께서 그 자녀로 하여금 어찌 독립을 주시지 않으리오. 대개 죽음이 여러 가지 죽음이 있는 중에 오직 한가지 요긴한 죽음이 있으니 이는 나라를 위하여 이혈보국의 제일 죽음이니 차는 하나님의 진실된 이치라. 진리를 모르면 어찌 내가 죽고 남을 구할 정신이 있으리오. 우리 상제를 믿는 형제자매여 우리가 이 세상에서 보는 나라와 동포를 사랑하여 선을 행치 못하면 어찌 보이지 않는 천국을 사랑한다 하리오. 이는 거짓 착한 체하는 자라. 어찌 실상으로 믿는다 하리오. 선이라 하는 근본을 행치 않고 오직…… [일행 판독 불능] 대저 선악이라 하는 것은 행하는 데 있으므로 사람이 선을 한번 행한 즉 복이 지금 돌아오지는 않지만은 악은 멀어지고 사람이 악을 한번 행한 즉 화가 지금 돌아오지는 않을지라도 복은 이미 멀리 떠났은즉 실로 가탄할 일이라. 그러므로 묻노니 우리 이천만 동포는 어서 속히 정신을 차려 이 때에 선을 행하며 살신구국하며 망한 국권을 회복하여 이천만 동포를 구하는 선과 내 한 몸 사는 사사정욕과 두 가지 중에 어느 것을 취하느뇨. 취하리라 취하리라 이혈보국 취하리라. 저 원수의 대포알이 우리 한국 독립 결과될 꽃봉이라. 이 내 몸은 대포알에 집이 될지라도 내 나라만 독립되면 나의 죽음 꽃이로다. 동포 동포여 내가 참으로 고하노니 나라를 위하여 피흘리는 것은 백성된 의무요 동포를 위하여 피흘리는 것은 사람의 직책이라. 우리의 직책을 다하여 세상에 빛이 되고 나라에 꽃이 되옵시다. 나는 이 세상에 성명없는 일개 여자로서 애국하시는 동포에게 이같이 말씀하는 것이 당돌한 듯하나 나라를 위하여 동포를 사랑하는 데는 남녀가 없음이요 또한 나라가 망하는 지경에 어찌 적은 체면을 차리고 수수방관만 하리요. 이러므로 붓을 잡고 두어줄 글월을 기록하여 애국하시는 형제자매에게 청컨대 우리의 붉은 피로 대한제국의 독립을 찾아 대대손손에 빛내기를 축수하고 바라나이다.

2 〈조선여자교육회 The Korean Women's Educational Association〉

근래에 교육회가 조선 여성들에 의해서 조직되었는데, 그 목적은 조선의 여성들에게 교육을 보급하기 위한 것이다. 이 교육회는 세 가지 주요활동을 하는데, 하나는 야간학교, 다른 하나는 잡지 발행, 그리고 또 하나는 월례강연회이다. 얼마 전 이 교육운동의 지도자 김미리사 부인이 경기도 학무국에 불려가서 새 활동 계획에 관하여 질문을 받았다. 그 자리에서 나눈 대화를 통해 조선여자교육회 지도자들이 바라는 여성교육운동의 범위와 목적, 앞으로의 방향 등을 알 수 있다.

문: 당신은 무엇을 가르치려 하는가?
답: 우리는 여자들에게 보통교육을 가르치려 한다.

문: 왜 월례강연회를 개최하려 하는가?
답: 학교교육만으로는 충분하지 않다. 현재로서는 여성들이 그들의 가사에 관련된 대화만 할 수 있다. 우리는 여성들이 좁은 울타리를 벗어나 가정 바깥의 일, 세계정세에 대해서도 알기를 희망한다. 그래서 월례강연회를 개최하는 것이다.

문: 조선 여성이 어떤 여성들이 될 수 있도록 가르치려 하는가? 미

국여성과 같이 되기를 원하는가, 아니면 일본여성 또는 중국여성과 같이 되기를 원하는가?

답: 특이한 질문이다. 우리는 조선 여성도 미국여성같이 기독교 교육을 받아 사회적으로 평등한 기회를 갖기를 원한다. 우리는 일본여성같이 부지런하기를 원하나 그들의 복식을 받아들이는 것은 원치 않는다. 중국여성들에게서는 성실함을 배우기를 원한다. 그리고 조선 여성들은 위의 모든 좋은 점에다 우리 고유의 겸손과 순결을 지키기를 원한다.

문: 왜 잡지는 발간하는가?

답: 잡지를 발간함으로써 인쇄물을 통해 서울에서 십리 혹은 백리 떨어진 여인들도 배울 수 있기 때문이다. 우리는 또한 잡지가 조선 여성들을 결속하고 유대를 강화하는 수단이 되기를 바란다.

문: 야간학교의 연령 제한이 있는가?

답: 15세부터 40세까지 모든 여성이다.

문: 감옥에 갔던 사람들도 입학시키는가?

답: 우리는 단 두 부류의 여성만 받지 않는데 그들은 첩과 기생이다. 우리는 도움이 필요한 모든 여성을 돕고자 한다. 당연히 나약하고 과오가 있는 여성들은 도움을 필요로 할 것이며, 우리는 즐거운 마음으로 그들을 위해 우리가 할 수 있는 일을 다 할 것이다. 이 단체의 목적은 섬기는 데 있다.

문: 이 일을 어느 수준까지 추진할 계획인가?

답: 출중한 자질을 가진 사람들을 외국에 유학 보낼 수 있기를 기대하며 그들이 귀국하여 4천년 동안 이 땅에서 여성들을 속박해온 억압의 끈을 끊을 수 있도록 할 것이다.

문: 당신의 장래성 높은 제자들을 어느 나라에 보내려 하는가?

답: 우리는 그 문제가 제기될 때 결정할 것이다.

야간학교는 전혀 교육을 받지 않았거나 조금 받은 조선 여성을 위해 설립되었다. 이 학교는 지난 4월 18일 18명의 학생으로 시작하였다. 과목들은 성경, 국어, 영어, 한문, 도덕, 생리학, 위생, 일어, 지리, 산수, 음악, 역사 그리고 작문이다. 10명의 교사들은 상당한 교육을 받은 기독교 여성이며 자원봉사하고 있다. 그들은 낮에는 가정이나 직장에서 일하고 저녁에는 매일 7시부터 10시까지 세 시간을 이 야간학교에서 가르친다. 현재 야학은 서울의 종교교회에서 시행하고 있다. 학생들은 교과서, 공책, 연필 등을 준비하고 전기료등 사소한 경비를 위해 적은 액수의 등록금을 낸다. 학교는 지난 봄 개학한 이후 급속히 성장하여 현재는 160명의 학생들이 다니고 있다. 교육의 기회에 여성들의 반응은 굉장히 열성적이어서 학교는 여름에도 쉬지 않고 계속했다. 학생들의 열의와 교사들의 헌신으로 여성들을 위한 야학이란 이 첫 실험은 가장 흥미 있고 유망하게 되었다. 이 최초의 성공적인 경험으로 인해 다른 곳에서도 이 같은 학교가 설립할 것을 확신한다.

야학 외에 여성을 교육시키고 결속하는 또 다른 조직은 이 조선여자교육회 산하에 만들어진 잡지 간행이다. 이 월간은 언문으로 인쇄되는데 벌써 5백30명이나 신청하였다. 가격은 한권에 35전, 일 년 구독에 4원이다. 잡지 이름은 '여자시론'이다. 초기 잡지의 목차에는 '우리 젊은 여성다움', '과학의 입장에서 보는 성의 동등성', '남녀 간의 친구적인 사귐', '소년소녀간의 교육평등', '독서 습관의 배양' 등이다. 오직 '가정주부의 의무'라는 제목이 여성의 지위를 옛날의 관점에서 논하는 것 같지만, 이 주제조차도 실제로는 새롭고 놀랄만한 아이디어를 이 영역에 도입하려는 것인지도 모른다. 이 잡지를 일반에게 소개하기위해 창간호는 2천부를 인쇄하여 널리 배부하였다. 그 다음 호는 1천부를 인쇄하여 대부분 판매되었다. 현재 잡지는 제자리를 잡아 많은 가정에서 여성들이 구독한다. 아마도 너무나 많은 잡지를 가진 서양여성들보다 조선 여성들은 이 귀한 잡지를 즐기는 것이 아닐까 한다.

조선여자교육회의 세 번째 조직은 월례강연회이다. 이 강연회의 목적은 교육의 중요성을 널리 보급하고 나아가서 최근 세계 사정을 알리는데 있다. 또 강연회가 조선 여성들 간에 도덕적 격려와 사회적 유대를 진작시키기를 바라고 있다. 월례강연회에는 많은 청중들이 참석한다. 그리고 그 영향력은 커서 이 같은 강연회가 조선 사회에서 인기 있는 행사가 되었다.

결론적으로 여자교육회의 운동을 열정과 효율로 이끌어가는 주도적인 사람들의 말을 빌린다면 "우리는 이 기독교인의 사회운동 그리고 교육운동이 조선 여성의 교육과 발전에 커다란 기여를 할 것을 확신한다. 그리고 그것은 예수 그리스도와 그리스도의 은총을 알도록 그들을 인도하는데 커다란 영향력을 행사할 것이다. 이것이 이 단체 지도자들의 신념이고 참된 소망이다."(영문판을 한글로 번역한 것임)

3 〈신진여류新進女流의 기염氣焰—일천만一千萬의 여자女子에게 새 생명을 주고자 하노라〉

조선여자의 교육! 이것이야 말로 우리 사회에서 가장 큰 문데올시다. 지금 우리 사회에는 여러 가지의 할 일이 만히 잇고 해결하여야 할 문제가 허다하지만은 교육문제가치 큰 문제는 업슬줄로 생각합니다. 그리고 교육문제에도 가장 급한 것은 여자교육으로 생각합니다. 이것은 내가 여자인고로 제논에만 물을 대이랴하는 수작이 아니라 과연 여자교육이 급한 것은 여러분 남자편에서도 간절한 늣김이 잇슬 줄로 생각합니다. 봅시오 요사이 걸핏하면 리혼離婚이니 무엇이니하여 우리네의 가정家庭에 풍파가 끈일 날이 업는 것은 모다 여자교육을 진심으로 요구하는 현상이 올시다. 물론 리혼에는 여러 가지 사고가 잇겟지만은 대개는 여자가 남자보다 지식상智識上 부족함을 말미암아 여러 가지 칭절[層節]이 생김에 잇는 줄로 생각합니다. 그뿐 아니라 사람의 사회社會라 하는 것은 본래에 '사나히'와 '게집' 두가지로 된것인대 종래에는 게집은 아모 사람다운 갑이 업시 살아오지 아니하얏슴니까 혹자는 말하기를 이것은 여자의 큰 수치라 하나 나는 말하되 온인류의 큰수치라 하겟슴니다 수레의 두바퀴와 가튼 남녀의 관계가 종래와 현재에는 한쪽이 기우러졌으닛가 이것을 바로잡자함이 곳 여자교육의 필요로 생각합니다. 이와 가튼 생각으로 우리 몃사람은 작년에 조선여자교육회朝鮮女子敎育會라는 것을 이르키어서 지금까지 비록 미미하나마 사업을 계속하야 왓습니다. 그런데 그동안은 내가 학교 '배화녀학교'의 일을 보느라고 교육회의 일은 비교뎍 등한하얏스나 이번에 학교 당국자의 량해도 어덧슴즉 이제부터는 나의 한몸을 조선여자교육에 밧치어 아조 헌신을 하랴 합니다. 현재 조선에 여자교육기관은 관공사립의 학교가 잇서서 해마다 수천의 졸업생을 내인다 하나 이것은 모다 정부政府의 힘이나 외국 사람의 힘으로 하는 것이오 우리 사람—더욱히 우리 녀자의 손으로 하는 것은 하나도 업슴니다. 우리는 이에 분개하야 지식도 금전도 아모것도 업슴도 불구하고 일천만의 조선여자 제용과 가치 아모 감각도 업는 우리의 자매를 위하야 일하랴 하는것이올시다. 색기 손가락 하나를 깨물어도 왼손이 압흠과 가치 우리 몃사람이 비록 미미하나 목슴울 밧치어 일한다 하면 일천만의 제용도 어느때던지 깨일날이 잇고 새생명을 누릴날이 올 줄로 밋슴니다. 그러나 다만 걱정은 우리의 힘이 너무 약하고 외로움으로 뜻한 바가 이루기도 전에 우리의 거름이 멈출까 하는 것이올시다. 이에 대하야는 일반사회의 깁흔동정을 바라는 바올시다.

4 〈지방여자계地方女子界의 현상現狀〉

우리회의 간부가 작년 하기휴가에 순회강연단을 조직하야가지고 각 지방에를 순회하는 가온데 비록 단시일일망정 우리 사회의 현상— 더구나 우리여자계의 현상에 대하야 만흔 늣김과 만흔 인상을 어덧습니다. 우리가 제일 먼저 늣긴 것은 엇더한 지방에를 가던지 교육열이 남녀를 통하야 팽창하여진 것이 올시다. 이는 실로 우리 사회의 장래를 위하야 희열함을 마지아니하지 못할 현상이올시다. 우리는 이가튼 희열을 늣기는 동시에 얼마쯤 유감으로 생각하는 것은 현금의 교육자—더욱이 여자교육자가 과연 철저히 정신적으로 열성으로 또는 능히 중대한 그 책임을 완전히 수행할 수 있을까 하는 의문을 발치 아니할 수 없음이올시다. 우리 여자의 교육을 흥왕興旺케 하려면 이 시기—남녀를 물론하고 교육열이 팽창한 이 시기—에 제際하야 경향을 물론하고 완전한 교육자를 양성하는 것이 무엇보다도 급하겠습니다. 그는 웨 그러냐 하면 교육이란 것이 여명기에 있는 우리 사회에는 무엇보다도 급선적急先的으로 필요한 것이오 교육자는 이 중대하고도 중대한 책임을 두 어깨에 짊어지는 자者이므로써외다.

둘재로는 지방에는 도처에 신진청년여자의 단체가 만히 잇습니다. 그런데 그는 거의 기독교회에 부속한 종교색채를 띄은 것이오 다른 사회의 단체는 적습니다. 그럼으로 지방의 깨인 여자는 거의 기독교회내에 잇다하야도 가㣓하겟사외다. 이와 반대로 남자의 단체는 종교의 색채를 벗어난 사회적의 것이 만습니다. 그리고 방청열도 만습니다. 신진여자 뿐 만 아니라 구가정의 부인네들도 만히 방청하러 나옵니다. 그도 역시 기독교인이오 또는 간접으로 다 기독교회가 잇서 그 감화를 바든 이들이올시다. 더욱이 평안북도 지방에는 이 가튼 경향이 만하 조선 야소교회의 〈예루살렘〉을 일우엇습니다. 그럼으로 우리는 이렇게 생각합니다. 기독교가 과거시에 세계여자의 인격가치 人格 價値를 향상하야 주었고 나아가 우리 조선여자의 각성을 촉진하얏지마는 장래에도 일층 우리 일천만의 여자계에 만흔 교훈과 각성을 부여하야 철저한 의미로 인간성의 존엄을 자식自識케 할 거시오 일천만의 남자와 협력동심하야 이상적 낙토樂土를 건설케 할 줄 압니다. 그럼으로 우리는 지방의 신진여자기독교의 감화를 바다 부단不斷히 노력하는 청년여자의 단체의 장래사명을 위하야 만히 기대期待하는 바가 잇습니다.

셋재로는 여자의 직업열이 성대하야 진 것이외다. 원산, 함흥, 제주, 개성 등지의 여자는 더욱이 남자에게 지지 안케 외직外職에 활동하는 이가 만히 잇습니다. 개성 가튼대는 여자들이 어찌 부즈런한지 어떠한 곳에를 가보더라도 나무동이 멋식 잇스며 그리 부富하지는 못할지언정 모다 상당히 어렵지 안케 지냅니다. 그 외 어느 곳이던지 여자가 부즈런히 이 내직內職일지라도 하는 것을 볼 때에는 감탄치 아니할 수 업습니다.

우리가 우리 일천만 여자에게 바라는 것은 아모쪼록 원대한 이상과 고상한 포부를 가지고 정신적으로 깨어서 여자의 진의眞義□와 여자의 진사명眞使命을 이해 하야 오로지 의식을 남자에게 의뢰依賴함에만 집착치 말고 인간된 본분과 인간된 존엄을 이해하는 동시에 안해 된 모친 된 책임의 중대함을 자각하여야 할 것이 올시다. 우리는 해방이니 동등이니 자유니 하는 언사를 쓸대 업시 부르짓지 안습니다. 오즉 여자를 교육하야 각자의 인격을 완성하야 자수自手로 해방과 자유를 차지하야 피동적으로 실력도 업시 남자의 준다는 해방과 자유를 밧기를 바라지안습니다.

마즈막으로 우리 회의 사업에 대하야 한마듸 말씀드리랴 합니다. 우리 회는 원래 《조선여자교육회》라 칭하던 것인데 금반에 《조선여자교육협회》라는 이름으로 인가를 엇게 되엇습니다. 인가 뒤에는 지방에 다수한 지부를 두고 우리 여자계의 교육의 보급을 시도하랴는 결심이올시다. 우리회는 금년에 재봉부를 신설하고 회원에게 재봉을 가르치기로 하야 이미 사업에 착수하였습니다. 재봉은 연초공사이나 정미소의 노동과 달라 본래의 적합한 여성의 직업으로 신속한 기계機械의 힘을 빌어 □□□金□을 □□ 놉게 할 뿐만 아니라 여자로 하여금 여자의게 □한 의뢰심을 버리고 자유의 도를 □ [한줄 판독불가] 유일한 직업이올시다. 그럼으로 본회에서는 금년에는 이 재봉□의 필요를 지방의 여자에게 대대적으로 선전하랴 합니다.

5 〈단발斷髮은 머리 해방解放을 엇는 것임니다—
단발하면 전보다 더 보기 됴흘것 임니다〉

쪽진머리가 아니고 트레머리라도 거기에는 돈과 시간은 결코 작지 아니합니다. 부잣집 며느리가 머리를 비슬 때 머리빗기는 사람 부채 질하는 사람 당긔와 다리꼭지 다령하는 사람 이럿케 네사람이 한나 절을 허비하는 것은 말도 말고 자긔 손으로 자긔 머리를 빗는 사람이 라도 얼마나 만흔 시간과 돈과 힘을 드리는지 모릅니다. 그럿케 힘드 리고 돈드려 비서논 머리가 말할 수 업시 비위생非衛生인 것은 참말 딱한 일이지요.

그 다음에 지금 트레머리도 또 그럿슴니다. 금비나[금비녀]나 금귀 개 갓흔 것은 꼿지 안는다 하드래도 붓채만한 간사시니 무어니하는 장식을 모조리 하자면 불소한 돈이 드는 것이요. 그것도 서양사람 갓 흐면 다리꼭지 대신 머리속에 드러가는 것이 만허서 어느 연회나 회 의에 한번 가려면 그 때 당장에만 드는 독['돈'의 오기]이 2원 50전씩 임니다. 그런데 이졔 그 쓸데업시 주체스러운 머리를 깎는다 하면 우 에 말슴한 폐해는 전혀 업서질 것임니다. 시간 돈 위생 이 세가지로 유익할 것은 물론이고 그로 하여 자긔의 심신을 일신하고 딸아 생활 로나 사상으로나 퍽 새로워질 수 잇게 될 것임니다. 그러나 아모리 시간과 돈 안들고 위생에 좃타 하드래도 녀자에게는 아름다워야 한 다美는 조건이 잇슨즉 중머리처럼 빨갓케 깍거나 또는 신선공부하다

나온 사람처럼 억개 우에 흐트러지게 깎는 것은 아름답지 못할 것임니다. 귀밋헤서 가지런하게 잘느면 오히려 머리가 잇슬 적보다 더 아름다워 보이고 싀원하고 돈 안들고 시간 안걸니고 다만 빗 한 개만 잇스면 아모 때라도 곱게 치장될 것임니다. 깎는 것이 좃코 말고요. 적어도 머리에서 해방을 엇는 것임니다.

그런데 지금 녀학생들은 웬일인지 트레머리를 하고 학교에 다니다가도 싀집을 가면 그 뿕안 당긔와 비나[비녀]가 꼿고 십어서 쪽을 찌는 사람이 만흐닛가요 한편에서브터 얼른얼른 깍고 나스지 안흐면 좀처럼 깍고 나설 용긔가 업슬 것임니다.

6 〈물산을 장려하여 자작자급이 필요〉

근화학원장槿花學院長 김미리사金美理士녀사를 방문하고 의견을 무른 즉 "일상 말해야 꼭 갓흔말이지요. 여자의 경제적 독립經濟的獨立과 한가지로 전조선민족의 넉으러운 금융융통金融融通이지요 따라서 단념斷念키 어려운 것은 역시 조선물산장려朝鮮物産奬勵입니다.

그럼으로 우리들이 근본을 해결치 못하고 아모리 경제 경제 떠들드래도 비를 들지안코 몬지처치를 외치는 종류의 일밧게 되지안음니다. 그럼으로 우리는 경제적으로 무능한 백성에게 문화적생활文化的生活을 권할 수 없슴니다. 그리하야 이것은 일반민족에게 외치는 말이지만 개인의 가정에게도 외단이나 양단옷을 몸에 감는것보담은 조선물산을 입으라하는 것입니다. 그것도 잇던것을 버리고 새것으로 일부러 사라는 것이 안이지요 할수잇는대로 사치할것업시 틈잇는대로 부지런히 일만하되 무슨 긔계를 사드려서 영주실이나 무명실이나를 뽑으라는 것이 아니지요 즉 가정부인들이 쓸데업는 말이나 짓거리고 담배나 피우는 시간을 리용하야 넷날 법대로라도 길삼을 시작하고 또 터전이 있는 이는 조금이야채를 갓구워서 만찬거리로라도 보태일경륜을 할 것입니다. 다른 말업슴니다. 우리 생활이 크거나 적거나 자족자급自足自給하는것 밧게 가정에 이르러서도 무슨개량여부가 업지요 다만 게을리지말고 부지런하라고 내게나 남에게 다 가치 일을 말박게업는것입니다" 하더라.

7 〈춘풍추우오십년간春風秋雨五十年間에서
　다루다한多淚多恨한 나의 역사歷史〉

◇ 나의 본성本姓은 차씨車氏

이제까지 세상사람들이 나를 김미리사金美理士라고 부르고 나도 또한 김미리사金美理士로 행세하여 왔으니까 일반 사람들은 나의 성姓이 김씨金氏인줄로만 알기 쉬울 것이다. 그러나 本姓은 뚜렷한 延安車氏다. 진소위 가난한 놈은 성도 없다고 나는 약자인 여자로 태어나온 까닭에 소위 여필종부라는 옛 습관에 의지하여 나의 본성을 떼어버리고 남편인 김씨의 성을 따러서부탁 김씨가 된 것이다. (조선습관에는 여자가 반드시 남편의 성을 따르는 것이 아니나 서양이나 일본에는 여자가 대개는 남편의 성을 따르는데 나도 예수교회에 들어갈 때에 교회습관에 의지하여 성명을 그와 같이 지었다). 지금와서 다시 차씨로 행세하기는 도리어 새삼스러운 일 같아서 아직 그대로 행세를 하나그러나 금전상거래(예를 들면 은행통장 같은 경우)의 증명문서 같은 데는 차미리사로 행세를 한다.

◇ 치마를 쓰고 예배당출입禮拜堂出入

나의 출생지로 말하면 서울에서 멀지도 않은 고양군 공덕리이다. 열일곱살 되던 해[1894년] 봄에 그 근동의 김씨 집으로 출가를 하였는데 삼년이 불과하여 전생의 악연이라할지 이 생의 박명이라할지 남편되는 김씨는 불행이 병으로 신음하다가 백약이 무효하고 최후에는 내가 단지까지 하였으나 또한 아무 효과도 보지 못하고 그는 영원한 천당의 길로 가고 다만 일점의 혈육인 딸 자식 하나를 남겨두었으니 그 때에 나의 나이는 겨우 열아홉살[1896년]이었다. 지금 같으면 과부가 시집가기를 예사로 여기지만 그 때만 하여도 여간 행세 낫나 하는 사람의 가정에서야 차라리 죽으면 죽었지 그러한 생각인들 염두에나 먹었을 수 있었으랴. 다만 어린 딸을 데리고 친가로 돌아와서 눈물겨운 고독한 생활을 하며 무정한 세월을 보낼 뿐이었다. 그 때에 우리 고모님 한 분이 계시었는데 그는 역시 나와 같은 박명한 과수댁으로서 천주교를 신앙하였다가 중도에 신앙을 고치여서 북감리교파인 상동예배당에를 다니셨다. 그는 나의 고독한 생활을 불쌍히 여기시고 특히 권유하야 하늘님의 사랑을 받게 하였었다. 그 때만 하여도 여자들이 바깥 출입을 잘들 하지 않고 간혹 한다 하여도 교군을 타거나 그렇지 않으면 장옷이나 치마 같은 것을 쓰고 다니던 때이라 나도 역시 치마를 쓰고 상동예배당 출입을 하게 되었다.

◇철석鐵石보다 더 굳은 나의 신앙信仰
한심은 겨워서 동남풍되고 눈물은 흘러서 한강수된다 …… 는 노래는 아마 청춘과수의 설움을 두고 한 노래인 것 같다. 내가 예배당 출입을 하기 전까지에는 친가에 있어서 비록 어머니의 따뜻한 사랑을 받더라도 나의 고적한 회포를 도저히 위로할 수 없었다. 금화산에 해 떨어질 때에 까마귀의 지저귀는 소리를 들어도 남편의 죽던 때 생각이 나고 한강어구에 봄들 때에 푸른 버들을 보아도 눈물이 자연 흘렀다. 더욱이 가을바람이 선들선들 불고 나뭇잎이 뚝뚝 떨어지며 기러기 무리가 짝을 불러 만리창공으로 훨훨 내려올 때에는 산란한 심회를 금하기 어려웠다. 그 중에도 아비없는 어린아이가 …… 이웃집 아이들과 놀다가 와서 나는 왜! 아버지가 없느냐고 물을 때에는 불쌍도 하고 측은도 하여—아무 대답도 못하고—가슴이 미어서 가만히 …… 앉아 있을 적이 많았었다. 그러나 한번 예배당에를 가서 한울님께 단단한 맹세를 한 뒤에는 전일의 비애와 고독이 다 어디로 살아지고 앞길에 희망과 광명만 있을 뿐이었다. 눈을 뜨면 천당이 황연히 보이고 귀글 들면 한울님의 말씀이 순순히 들리는 듯 하였다. 더구나 동무 신자들과 같이 찬미도 하고 풍금도 치며 놀 때에는 세상의 만사를 다 잊어버리고 환락의 세계에서 사는 것 같았다. 그때에 나의 신심이야말로 참으로 철석보다도 더 굳었었다.

◇소주학창蘇州學窓에서 미주米洲로 만유漫遊
나는 신심이 그와 같이 굳은이 만큼 교회의 여러 사람에게 많은 신용을 얻었었다. 그때 같은 여자 신도 중에 조신성趙信聖이라 하는 동무는 그 중에 선각자로서 항상 나를 권유하여 미국으로 유학가라고 하였었다. 그의 충동을 받은 나는 외국에 유학하고 싶은 열이 날로 타오르기를 시작하였었다. 그러나 그때나 지금이나 돈없는 사람은 아무리 큰 뜻이 있어도 어찌할 수 없는 터이다. 다만 한가지 마음에만

애를 태울 뿐이더니 마침 어떤 친한 이의 소개로 서양사람 선교사 헐 벗트를 알게 됨에 그는 나의 뜻을 가상히 생각하고 중국 소주교회에 있는 고목사에게 소개하여 먼저 중국으로 가게 되었었다. 70이 넘은 늙은 어머니와 아버지도 없는 여섯 살 먹은 어린 딸을 다 버리고 산 설고 물설은 외국으로 가는 것이 차마 인정에 못할 일이지마는 유학 열이 가슴에 탱중한 나는 그것도 저것도 다 잊어버리고 다만 교회의 조신성씨에게 집의 일을 부탁하고 표연히 소주로 향하였었다(당시 나이 23세)[1900년]. 소주에 가서는 신학교에 입학하여 약 4개년간을 신학 전공을 하였었는데 공부에 매우 열심한 까닭이던지 이역풍토에 고생을 너무한 까닭이던지 격렬한 뇌신경병에 걸리어서 여러 달 동안을 신음하였었다. 일시에는 위험한 상태에까지 이르렀었다. 지금에 나의 귀가 어두워서 신문이나 잡지 기자의 붓끝에 조롱을 이따금 받게 된 것도 그 때에 생긴 병이다. 그 뒤에 미주에 가서 있기는 약 9개년 동안이었는데 거기서도 공부한 것은 역시 신학이오, 거기에 가게 된 것도 역시 교회의 일로 가게된 것이었다.

◇백화여학교培花女學校에서 십년교편十年敎鞭
내가 미주에 있을 때에는 공부보다도 사회의 일에 비교적 많은 활동을 하였었다. 혹은 국민회 혹은 신문사 혹은 부인회 기타 각 방면으로 거기에 있는 여러 동지들과 같이 일을 하였었다. 지금 여기에서 자세한 말은 발표할 자유가 없음으로 생략하지만은 그 때에는 그래도 자유가 많은 까닭에 우리의 활동도 다소 볼만한 일이 많았었다. 나도 특별히 한 일은 없었으나 많은 노력을 한 것은 사실이었다. 몸은 약하고 일은 많았던 관계로 소주에서 생긴 뇌신경병腦神經病은 더욱 격렬하여 일시에는 뇌일혈腦溢血까지 생기어서 정신을 상실한 위험한 일도 있었다. 그 병은 나의 종신지질이라 하여도 과언이 아니다. 지금에도 몸이 좀 약하던지 무슨 생각을 많이 하면 머리가 아프고 귀가 더 어두워서 정신을 차릴 수가 없다. 몸은 그와 같이 약하여지고 경술년에 소위 한일합방이 된 이후에는 외국에 가서 있느니 보다는 차라리 고국에 돌아와서 여러 동지들과 손을 잡고 직접으로 사회의 일도 하며 청년여성들을 교육시키어서 우리의 실력을 양성하는 것이 무엇보다도 필요하다 하고 그해에 돌연히 귀국하였었다. 처음의 생각에는 조선십삼十三도를 방방곡곡으로 돌아다니며 구경도 하고 동지들로 많이 모아 무슨 사업을 하려고 하였었더니 교회에서 나를 붙잡고 또 배화여학교의 일을 맡아 보라 함으로 그 역시 저버리지 못하여 그 학교에서 교편을 잡은 것이 그럭저럭 열十개 성상을 보내게 되었었다.

◇조선여자교육회朝鮮女子教育會와 근화여학교설립槿花女學校設立
기미년에 ○○운동이 일어난 뒤로 나는 무슨 충동이 있었던지 구가정의 부인들로 한번 가르쳐 보았으면 하는 생각이 나서 거기에 대한 결심을 하고 다년간 정들었던 배화학교를 사퇴하고 새문안 염정동鹽

井洞 예배당의 지하실을 빌려 가지고 부인 야학을 설시하였으니 이것이 오늘날 근화여학교槿花女學校의 전신이다. 그와 동시에 여러 부인 동지들과 또 조선여자교육협회를 조직하여 혹은 서울로 혹은 지방으로 돌아다니며 순회강연도 하고 순회 소인극素人劇도 하여 만천하 인사의 다대한 환영도 받고 원조도 얻어서 불완전하나마 근화여학교의 기초를 확립하게 되었다. 현재 청진동에 있는 여자교육협회 소유 가옥은 가격으로 말하면 몇 천 원 어치에 불과하지마는 그것은 서양사람의 돈이나 기타 외국사람의 돈이라고는 한푼도 섞이지 않고 순연한 우리 조선사람의 뜨거운 사랑과 땀과 피의 결정으로 생긴 것이다. 그것은 우리 여자교육협회 또는 우리 근화여학교의 한 기초재산이다. 이 앞으로 일반사회에서 많은 동정과 후원이 있기를 희망한다.

◇작일홍안昨日紅顔이 금일백발今日白髮
세월이란 참으로 빠른 것이다. 청춘의 홍안이 어제와 같은데 어언간 벌써 51세가 되어 두 귀 밑에는 백발이 성성하게 되었다. 지금에 있어서 옛일을 생각하니 실로 감개무량하다. 꽃이 떨어지고 물이 흘러가는 50여년 간에 이 세상은 과연 얼마나 변천이 되었으며 나의 한 사업은 과연 무엇인가. 왕사는 말할 것도 없거니와 앞으로는 우리 조선사람에게 광명의 길이 열려 날로날로 행복스러운 일이 생기기만 희망하고 나도 최후까지 여자교육에 힘을 써서 우리 사회에 한도움이 될까 한다. 이것이 소위 백수한산에 심불로白首寒山心不老라 할는지.

◇평생平生에 일대한사一大恨事

내가 미주에 가서 있을 때에 七十노모의 돌아가시는 것을 임종못한 것도 평생에 유한이 되는 일이지마는 그보다도 더 가슴에 맺히고 쓰린 것은 본국 떠나갈 때에 두고간 여섯 살 먹은 딸의 소식을 알지 못하는 그것이다. 그 자식이 그 뒤에 죽고 말았는지 혹은 살아서 이 세상에 있는 것을 내가 잘 알지를 못하는지 아직 의혹을 풀지 못하였다. 내가 미주에 가던 그해 가을에 모친의 편지를 본즉 그 아이가 놀러나갔다가 행위불명이 되었다는 말이 있었다. 그러나 그 해에는 공부에 잠심을 하는 까닭에 그저 심상히만 생각하고 또 잃어버렸더라도 그동안 찾았거니만 믿었더니 급기야 귀국하여본즉 가족이라고는 다각처로 흩어져서 어찌 되었는지 알 수가 없고 딸의 소식도 들어보지 못하였었다. 그리하여 지방 각교인과 선교사들이 래왕할 때이면 딸을 좀 찾아달라고 부탁도 하고 신문(그해 매일신보)에다 광고까지 하였었다. 일년이면 찾아오는 가짜 딸도 몇사람인지 알 수 없었고 내가 찾아가본 가짜 딸도 몇인지 알 수 없었다. 성만 비슷하여도 가보고 조실부모하였다는 여자만 보아도 유심히 살피었었다. 그러나 한 사람도 내가 믿을 만한 사람은 보지를 못했다. 그러다가 한 십여년전十餘年前에 어떠한 이가 말하기를 황토현 서씨 집에 여자 하나가 있는데 분명한 나의 딸이라고 하였었다. 그리하여 나는 백사를 제지하고 찾아가서 본즉 전형典形은 도무지 알 수가 없었다. 다만 어렸을 때에 보던 우두자리와 수가마 위에 험險이 있는 것이 부합할 뿐이다. 그 여자에게 그 집에 가서 어찌된 내력을 들은즉 자기도 역시 알지못하고 다만 이웃 사람의 말을 들은즉 자기의 본성 김씨요 서씨가 아니고 아명도 ○○ 라고할 뿐이오 생년월일도 또한 모른다. 모녀가 다 증거가 확실치 못한즉 피차에 어떠하다고 말할 수 있으리오. 가슴만 더 답답하고 섭섭만 더할 뿐이었었다. 그러나 그 뒤로부터는 그 여자도 어미집이라고 가끔 찾아오고 나도 다른 사람과는 달리 생각하였었다. 그러다가 기미년[1919년] 소란통에 그 또한 어디로 갔는지 아주 소식도 닿지 못하게 되었었다. 항상 궁금하던차에 재재작년 부업공진회 때에 그는 서울을 오게 되어 서로 만났었는데 박인국朴仁國이라는 청년과 결혼을 하여 진남포에 가서 사는데 벌써 아들까지 낳다고 한다. 근일에 사위되는 박씨가 차저까지 왔다 같었다. 아~ 인간의 일이란 참으로 알 수가 없다. 내가 낳은 자식이라도 내가 참으로 알 수가 없다. 그 여자가 과연 나의 딸인가 또는 아닌가 생각할수록 가슴만 답답하다. 평소에는 과히 그러한 줄을 모르지만 밤이 고요하던지 몸이 좀 아프던지 하여 혼자 누었을 때에는 여러 가지의 생각이 머리위에서 돌 뿐이다.

8 〈여자들도 몸을 우리들 사업에 밧치라 그뒤에 여자의 권리를 웨치라〉

금년에 잇서서는 임의 오래 전부터 계획중이든 여자실업학교女子實業學校를 설치하야 어느때든지 그럿치만 여자에게 잇서서 빵문제라는 것은 남자 이상으로 자긔 개인에게 대하야 중대한 문제가 잇는 이만큼 이 문제를 해결식히고저 합니다. 금년 봄에는 허가가 나올터이지요.

여자들이 남녀평등을 부르짓고 사회적 지위를 보장하려고 떠들게 되는 것은 무론 자긔의 권리權利를 찾자는 것이라고 하겠습니다

여자가 엇지하야 남녀평등을 윗치고 자기의 권리를 찾자는 것은 어듸잇느냐 하면 여자는 넷이나 지금이나 남자들에게 권리에 눌리여서 어떠한 일이든지 남자들이 지배하는대로 쫏게되는데 잇습니다. 이와가티 여자들이 남자에게 지배를 밧게되는 것은 긔의 자몸을['자긔의 몸을' 의 오기] 자긔가 스스로 해결치 못하고 《빵》 문제를 전연이 남자에게 의탁하고 잇는 까닭이라 하겠습니다. 그럼으로 여자들이 입으로 먼저 남녀평등을 외치지 말고 우선 남녀평등이 되고 여자의 권리를 여자가 가지도록

실천주의를 써서 실행이 되도록 하여야만 하겠습니다.

그러면 먼저 남자에게 의탁되든바 여자의 몸을 해방토록 하여야만 하겠습니다. 이러케 하려면 무엇보담도 여자들의 경제문제 즉 《빵》 문제를 여자들이 해결하도록 하여야만 하겠습니다. 그리고 여자의 몸이

사회적으로나 가정적으로 엇더한 방면이든지 리용이 되도록 하여서 남자이상으로 사회적으로 활동하는 사람이 되어야 하겟고 따라서 무론 가정적으로도 남자이상으로 리용이 되여야 하겟습니다 이러케 하기위하야 그전부터도 그래야만 하겟지만 금년부터는 조선의 여자들은 한자를 알고 두자를 이용하여서 과거에 해결치 못하든 여자의 문제를 해결하도록 구녀성이나 신녀성을 물론하고 힘써야 하겟습니다.

여긔에 잇서서 가정의 부인들은 큰 자본은 업드라도 가정에서 재봉침같은 것이라도 한번에 돈을 내서 사지 못할지언정 월부라도 어더서 자긔의 빵문제를 해결하고 또한 가정경제를 남자 이상으로 해결하도록 할 것이며 새로이 진출하는 조선녀성들은 남자와 억개를 견우고 가투의 직업 선상에서 활동하도록 힘써야만 하겟습니다. 그럼으로 나는 이러한 문제를 조선녀성들과 가치 해결키위하야 여자실업학교의 설치를 급급히하고 잇는 것입니다. 그리하야 조선의 녀성들을 엇더한 부문이든지 리용되는 몸을 만들고저 합니다.

9 〈조선여성朝鮮女性이여 자립自立하라〉

학창으로 떠나는 여러분들은 다―각각 자기의 형편에 따라서 가장
으로 상급학교로 혹은 직업전선으로 이렇게 진출이라하고 있습니다.
어디로 가든지 누구나 자기의 하는 일에 충실해야 가장 마땅한 일일
것은 두말할 것도 없겠으나, 부탁하고 싶은 말씀은 가정보다도 상급
학교보다도 오직 직업전선에 나서서 사회와 싸우라는 것입니다. 여
자의 일은 가정을 다스리고 아이를 기르고 남편과 시부모를 섬겨야
한다는―오랫동안―우리가 지켜오던 인습과 풍속이 옳고 그르고
간에 우리는 우리들 앞에 전개되어 잇는 현상을 바라볼 줄을 몰라서
는 안됩니다. 우리는 너무나 오랫동안 자아自我를 잃어버리고 있었습
니다. 단지 남의 종속물로서 노예의 생활을 해왔던 것입니다.

여자도 인간인 이상―자기도 이 사회를 구성한 한 분자分子라는 것
을 의식한다면 남의 기생자寄生者가 될 필요必要가 없을 것을 절실히
느껴야 하겠지요.

생활生活이 곤궁困窮하다고 직업을 가지고 여유餘裕가 있다고 직업
을 버린다는 것은 아무 철모른 여자들의 하는 일이겠으나 우리는 항
상 내가 무엇 때문에 살며 또 무엇 때문에 허덕거려야 한다는 데 대
해서 각오가 있어야 하겠습니다.

결혼만 하면 직업이고 무엇이고 다 집어치우는 여성들을 우리는 많

이 목격할 수 있습니다. 그러기에 여자는 결혼이 안전취직安全就職이라는 말까지 듣게 되는데요 이러한 여성들은 교육 없는 여성들보다 오히려 가정에 들어 서가서도 집치장이나 몸치장에 분주해 책 한 줄 읽을 생각 없이 지낼 것이며 기생충 노릇을 할 것이라고 생각하게 됩니다.

물론 결혼이란 것이 무지몽매한 원시시대에서부터 우리 인생에게 존재해있었던 만큼 누구나 그 길을 피할 수는 없을 것입니다마는 여러분은 결혼보다도 먼저 현명한 여성이 되기를 바랍니다. 자아自我를 잃은 곳에 무슨 참된 아내가 있으며 진실한 어머니가 있겠습니까?

위에서 말씀한 것을 또 한번 반복하는 것 같아서 웃읍습니다마는 여러분은 결혼준비하기 위해서나 생활이 군색함으로써 부득이 직업을 가지는 이가 되지 말고 내 생활은 내 손으로 개척해나간다는 굳은 신념을 가지고 사회와 싸우는 동시에 사회를 알고 자기를 알도록 노력하십시오.

10 〈지행知行의 일치一致〉

위선爲先 우리알어야하겠습니다. 조흔것과 납분것 해야할 것과 하지 말러야 할것을 분명히 알어야하고 안다음에는 곳 실행實行해야합니다. 아는데만 그치면 그것은 죽은 지식이요, 소용所用업는 이론理論이올시다.

인간의 실제 생활에 잇서서 이론理論이란 그리 필요가 업습니다. 오묘奧妙한 학리의 설명이 업시도 사람은 넉넉히 생활하는 것이 사실이올시다. 이론理論은 즉卽 실행實行이요 실행實行은 즉卽 이론理論이여서 이론을 떠나 실행을 구할수도 업고 실행을 떠나 이론을 구할 수도 업습니다. 〈천만가지 이론보다 한가지 실행!〉 진부한 듯하면서 항상 새로운 이말을 나는 외치고 십습니다.

11 〈"안국동 할머니"를 추모하면서〉

고 차미리사 여사는 나의 유일한 친조모와 같은 인물이셨다. 나의 모친께서 배화고녀 재학시 복부수술차 세브란스 병원에 입원 중 젊은 의학도셨든 나의 부친[최동]과 상봉하셔서 당시 배화 기숙사 사감을 겸임하고 계시든 차여사께서 나의 조부님[최정익]과 미국에서 구국운동의 동지이셨든 연줄로 나의 양친의 혼인을 중매하셨다고 들었다.

그 후 나의 부친께서 캐나다 유학하시던 동안 차여사께서 우리 모자를 안국동 구 근화여고 교 사내 사택에 거처하게 하셨다. 그 때의 일화로 어린 아이가 강당에서 흘러나오는 피아노 소리만 듣고 독주자가 당시 음악 전임강사이시던 독고獨孤선생인가 나의 모친인가를 알았다고 말씀하셨다. 나의 부친께서 귀국하신 후 하기 방학의 틈을 타서 차여사를 모시고 내금강 석왕사 근방 어떤 여관에서 피서 체류하였을 때 시냇가 나무에 걸린 해먹hammock에 누우셔서 책을 읽으시던 차여사의 평화스럽던 모습이 기억에 생생하다.

차여사께서 학교 명칭이 덕성으로 변경되며 교장직을 송금선씨에게 이양하시고 은퇴하신 후 내가 화동에 있던 경기중학교에 다닐 때 가끔 귀가 도중 삼청동 댁을 방문하였다, 늘 반갑게 맞아주시고 저녁식사를 같이 하고 가라고 붙드셨다. 그 때 청력쇠퇴증이 심하셔서 나팔 같은 보청기를 쓰고 계셔서 대화라고는 가족이니 친척의 안부 문답에 불과

하였으나 항상 느끼던 애정은 불변하였다. 1949년에 미국 유학이 확정되자 출발 전 삼청동 댁으로 인사하러 갔을 때 "네게 이제 날개가 달리게 되었다"하시며 기뻐하셨다. 그때가 최후로 얼굴을 뵙게 되는 것이 되리라 미리 알 수 없었다.

차미리사 선생님은 검소하시고 부지런하시며 조금도 흐트러짐이 없이 항시 단정하시고 인정이 많으시며 못 배우고 어려운 여성들을 도우셨으며 불의를 용서하지 않으시며 항시 조국의 독립에 대하여 몸을 아끼지 않고 말씀하시여 민족의 앞날을 걱정하셨으며 …… 귓밥은 도톰하셨고, 복된 모습이었으며 까미머리를 하셨고―까미머리란 머리카락을 도르르 위로 바나나같이 말아서 가느다란 양끝이 양쪽 귀 뒤쪽으로 향하고 그 가운데가 계란만한 크기로 두툼하며―길게 늘어난 U자형 머리핀으로 도톰한 곳에 한 개와 양쪽 귀퉁이에 한 개씩 모두 3개의 핀이 안보이게 꼽으셨었지, 그 외에 머리장식 같은 것은 일체 하지 않으셨지요…….

찾아보기

【ㄱ】

가정 개량 149, 167, 198, 200, 257

가톨릭 370, 371

강습회 102, 224

강연회 117, 124, 128~131, 133~135,
137~139, 141, 153, 165, 169~179,
183, 213, 216, 303, 321

개교5주년기념식 262, 263

개량서당 101

개성여자교육회 170~172

개조 16, 26, 82, 95, 100, 109, 115, 118,
129, 140~144, 156, 171, 180, 184,
199, 200, 218, 249

건국준비위원회 363

건국훈장 애족장 8, 372

경성여자기독교청년회YWCA 110, 134,
334, 340

고등과 148, 240, 241, 244, 245, 273, 327

고등교육 154~156, 253, 254, 287

공옥초등학교/공옥학교 37, 38

관·공립학교 98, 260, 300, 301

관립경성여자고등보통학교/경성여자고등
보통학교/경성여고 174, 226, 297, 322,
331, 339, 376, 377

관립여학교 107, 194

관립한성고등여학교 107, 205, 297

광주학생운동 105, 261, 293, 339, 346, 347

교원배척운동 260

교육운동가 11, 268, 294, 374

교장근속10주년기념식 261, 262

〈구혼〉 312, 313

국체명징 354, 362

근우회 44, 112, 334

근우회발기총회 112

근화무도반 321, 322

근화납량음악(대)회/납량음악회 315~317, 376, 377

근화실업학원 276, 277

근화여자실업학교 14, 269, 277~283, 292, 293, 355, 356

근화여학교 14, 31, 60, 63, 140, 174, 175, 239~241, 243~248, 250, 252, 254, 255, 258, 259, 262~269, 271~278, 288, 290~294, 299~303, 307, 311, 312, 314, 315, 317, 322~324, 326, 327, 331~333, 337~339, 344~350, 355, 356, 376~378

근화여학교 교훈 33, 250~252, 254

근화여학교 후원회 307, 308, 310, 311

근화연극대회/근화연극회/근화연극제 311~313, 376

(근화)유치원 263, 264

근화음악대회/근화음악회 307

근화코러스대 307, 309, 314

근화학우회 305

근화학원 14, 88, 124, 138, 154, 155, 227~231, 237~240, 242~245, 255, 288, 305~308, 320~322, 358, 372

기근동정음악회 344,

기독교 교육 103, 126

기예과 244, 259

김구 14, 362, 365, 367, 368

김규식 368

김명순 18

김미리사 15, 42, 44, 54, 117, 128, 129, 132, 153

김상용 237, 238

김성수 155, 228, 230

김원복 317, 377

김일엽 6, 18, 116, 206

김정혜 43

김진옥 34

김헌묵 266

김활란 6, 20, 112, 116, 148, 363, 365

【ㄴ】

〈나라가는 공작〉 308, 310

나혜석 6, 18, 116

낙천사 237

남궁억 49, 86, 88, 89, 229

남북연석회의 367, 368

〈남북협상을 성원함〉 366, 379

남북회담 368

남북회담 지지성명 368

남조선지방순회연극단/순회연극단/남선순
  극단 232, 234, 235, 289, 306

납량연극공연 307~310

내선융화 351

내선일체 351, 352, 357, 362

내외법 106, 194, 196, 197, 205, 206

노정일 138, 139, 210

【ㄷ】

다이쇼 데모크라시 318

《대도》 64

대동고아원 66, 67, 264

《대동공보》 26, 64, 70, 74, 75

대동교육회 15, 26, 53~57, 64, 69, 75,
  372

대동보국회 26, 57, 60, 64, 66, 67, 69, 70,
  73~75, 372

대동사상 55, 111

대중교육(론) 6, 20, 116, 155, 157, 158

《대한흥학보》 67

덕성여자실업학교 14, 16, 283, 284, 356,
  359, 363, 372

덕성학원 4, 12~14, 16, 370, 371

덕성학원 설립자 4, 13, 370, 371

덴가츠 예술단 308, 310

독립운동가 4, 10~13, 17, 367, 374, 379

독립협회 39, 106, 132, 140

동경 여학생 강연단 212

동덕/동덕여자의숙/동덕여학교 270, 298,
  299, 322, 339, 347, 349, 377, 378

동맹휴학/맹휴 96, 102, 104, 105, 261,
  265, 291

동양평화론 69

동화정책 97, 350, 351

【ㅁ】

〈마작〉 312

만세운동 88, 92, 140, 348, 350

멜리사/미리사 44, 357, 379

명동성당 370, 371

모스크바삼상회의 365

무궁화 88, 89, 220, 228, 239, 240,
　277~279, 288, 355, 356, 372, 373

무궁화 수본 88, 89

무도회 305, 306

문양목 63, 64

문화운동 101, 102, 109, 156, 180~182,
　184, 211, 212, 214, 216, 217, 335, 339

미스 레이크/미스 마거리타 레이크 60,
　61, 67, 75

민립대학 설립운동 140, 156, 157, 230,
　236

민립대학기성회(창립총회) 156, 236

〈민족적 경륜〉 335

【ㅂ】

바자회 303, 319~327, 330, 331, 333~335,
　338, 377

박금동 246~248

박에스더 46, 47

박인덕 269, 270, 292

반탁치여자대회 365

방사겸 53, 54, 56

배구자 308~310

배화/배화여학교 86, 89, 94, 228, 297,
　339, 349

배화여자보통학교 154, 155, 322, 347,
　377, 378

배화학당 15, 49, 64, 85~89, 91~94, 118,
　129, 133, 153, 161, 166, 192, 229

백의 폐지 184, 191, 193

버지니아 여학교 49

보통교육 106, 155, 205, 254, 255, 259,
　272, 274, 285, 293, 374

보통학교 96~98, 100, 101, 240, 241,
　244, 259, 265, 272, 286, 293

보황적 성향 55

부인야학강습소 16, 88, 118~121, 124,
　125, 141, 149~151, 161, 222, 225,
　228, 231, 239, 243, 255

빈민 동정 345, 346

【ㅅ】

사립학교 13, 97~99, 101, 103, 226, 261,
　300, 301, 307, 326, 347, 355, 356

사회복음/사회복음정신/사회복음주의 44,
　45, 61, 62, 158, 374

사회복지가 58, 77, 373

삼강오륜 113

삼종지도 113

상동교회 건립성금 명부 81

상동엡윗청년회 123, 222

상동예배당/상동교회 38, 40, 41, 44, 45,
   52, 62, 81, 158

상동청년회 39, 40

상업과 227

〈상제를 믿고 나라를 위할 일〉 26, 70

〈새로운 길〉 305

새문안교회 119, 124, 165, 222

서당개량론/서당개량운동 101

서당교육 99, 100

서상석 315, 316

《서유견문》 106

선교사학교 121

섭섭이 15, 29~32, 34~42

셔먼부인 58

손병희 270, 298

송금선 12, 14, 21, 359~363

수선장이 301, 302

숙명여학교/숙명여자고등보통학교 49,
   297, 314, 315, 322, 347

순회강연단 보고강연회 209, 210

스미스 교장 92

스캐리트 신학교/스캐리트 (여자)성경학원
   4, 75~78, 85, 86

스크랜턴 38, 41, 42, 81

승동교회 131~133, 137

〈승자와 패자〉 312, 313

신봉조 121, 153, 211, 228, 230

신알베트 20, 110, 160, 266, 267

신탁통치 364, 365

신탁통치반대국민총동원위원회 365

《신한민보》 64, 65, 75

신한청년당 270

실력양성론/실력양성운동 69, 70, 135,
   156, 157, 180, 214, 226, 229, 236, 335

실업교육/실업교육론 20, 256, 257, 259,
   260, 271, 272, 274, 276, 277, 280, 281,
   285~287, 289, 290, 292, 374

실천교육 254, 255, 286

심우섭 236, 237

《씨부리는 여인—차미리사의 생애》 174,
   175

【ㅇ】

안보승 317, 377

안재홍 263, 350

안창호 55, 57, 229

양복과 62, 225

양주삼 48, 49, 63, 119

양현여학교 266, 267

엄비 297

엡윗청년회 123, 170, 172, 222

여성교육/여성교육론/여성교육운동(가)
12, 16, 43, 64, 68, 86, 87, 89, 90,
106~108, 114, 115, 121, 124, 137,
138, 144, 151, 155, 160, 161, 165, 169,
184, 205~207, 210, 211, 216, 217,
231, 236, 250, 254, 257, 270, 284, 285,
297, 340, 342

여성운동(가) 4, 94, 115, 124, 151, 181,
229

여성해방/여성해방론 12, 16, 17, 19~21,
107, 108, 110, 111, 131, 132, 142, 144,
145, 148, 150, 160, 167, 209,
211~213, 215, 217, 257, 271, 286,
287, 340, 372, 373

여운형 132, 269, 270, 363, 366

여자사진과 258, 290

《여자시론》 118, 141~145

여자야학회 119, 123, 124, 161

여자청년회 173

여학생연합바자(대)회 174, 175, 307,
322~324, 326, 327, 333, 334,
336~339, 377, 378

연극회 301, 305, 306, 307, 310, 311

연희전문학교/연희전문 153, 230, 315~317,
358, 377

영결식 369~371

영보제국신문운동 74

우민화교육론/우민화정책 286

우산 5, 194, 197

유각경 112, 134, 135, 269

유길준 106, 134, 229

유수만 314~316

윤근 210, 232, 265, 291

윤백남 268, 269, 305

윤심덕 20, 188, 307

윤치호 147, 155, 228, 229, 263, 265,
266, 276, 291, 357, 358, 371, 379

《윤치호일기》 379

음악과 244, 307, 314, 315

음악회 301, 303, 305, 307, 308, 314,
315, 317, 321, 344, 376, 377

의복 개량 184, 191~193

이상재 140, 152

이승만 64, 66, 276, 363, 365, 368

이월화 308, 310, 311

이인 276

이혈보국 71~73

이홍경 259, 290

이화여학교/이화여자고등보통학교 46,
47, 129, 148, 197, 228, 270, 297, 322,
339, 347, 349, 377, 378

인고단련 360, 362

인류평등주의 61

〈인형의 집〉 310, 311

임시민주정부 수립 364, 365

임재덕 165, 167

입학난 100~102, 226, 240

【ㅈ】

자선사업 62

장경 53, 54, 56, 57, 63, 64

장덕수 155, 228

장옷/쓰개치마 5, 36, 37, 45, 48, 85, 91,
125, 169, 194~197, 205, 373

장인환 64, 66, 67

재미/미주 한인사회 55, 58, 59, 64, 67,
75, 373

전국순회강연 5, 14, 16, 51, 154, 166,
180, 181, 183, 200, 211~217, 224,
229, 230, 232, 235, 244, 300

전조선물산바자대회 335, 336

전조선순회강연단/순회강연단/여자강연대
153, 167, 168, 225

전조선여학교연합바자회 174, 175, 327,
378

정신여학교 129, 130, 134, 241, 322, 347,
377, 378

정읍 유치원 264

정조(관) 18, 20, 127, 202~204

정종명 19, 111, 112, 211

정화여학교 43, 170, 172

《제국신문》 74

제1회 여학교연합바자회/연합바자회 323,
324, 326

제2회 전조선여학교연합바자회 327, 378

제3회 전조선여학교연합바자회/제3회 대
회조동식 333

제4회 전조선여학교연합바자회 337

조선교육령 99, 286, 353

조선교육회 140, 152, 155, 156, 159, 167,
213, 223, 224

(조선)물산장려운동 156, 157, 335~338

조선물산장려회 263, 336

조선여성동우회 111, 112, 154, 287

조선여자교육협회 223, 224, 229, 237, 306

조선여자교육회 16, 51, 110, 115,
117~119, 212, 123~125, 128~131,
133~141, 145, 148~155, 158~162,
165, 168, 170~172, 177, 179~181,
183, 187, 208~213, 215~217,
222~226, 228~231, 234~237, 242,
255, 258, 287, 290, 344, 372, 374

조선여자교육회 창립 일(1)주년 148, 149

조선 여자계의 급선무 133, 135

조선여자청년회 110, 111

조신성 46, 47

조혼 184~189

종다리 예배당/종교교회 90, 91, 118, 119,
128, 161, 222, 230, 255

주·야학강습소/강습회 101, 102, 341

주세죽 19, 154

중서서원 48, 49, 52, 63, 76, 229

중앙기독교청년회(관) 120, 258, 269, 292,
307, 308, 310, 311, 320~323, 334,
335, 377

중일전쟁 351, 362

진명여학교/진명여자고등보통학교 297,

322, 377, 378

진주청년회 183, 184, 235

집단농장 59

【ㅊ】

차상진 131

차재명 124, 221, 222

창씨 개명 353, 360

청각 장애(인) 51, 52

청년회 39, 101, 102, 151, 179, 180~183,
187

최남선 140

최동 64, 65

최은희 112, 174, 175, 197

최정익 63~65

축첩 184, 188~190

칠거지악 113, 190

【ㅋ】

카이로선언 365

《코리아 미션 필드 The Korea Mission
Field》 121, 122, 125

【ㅌ】

테라우치寺内正毅 99, 285

토론회 117, 128, 132, 133, 138, 141,
153, 165, 183, 216, 303, 321

토월회 304, 305, 311

통일운동가 374

트레머리 130

【ㅍ】

팔여학교연합畊~사대회 322, 377

패서디나 53~55, 57

포츠담선언 365

필운대 92, 93

허정숙 19, 88, 111, 154, 155, 166, 167,
170, 210, 287, 340, 342

허헌 88, 154, 155, 210, 228

헐버트 47~49

호적등본 81

호텔 그린 53~55

홍난파 307, 317, 377

황국신민/황국신민화(정책) 11, 16, 352,
353, 355~364

황국신민서사/황국신민의 서사 350, 353, 357

후쿠자와 에이코福澤玲子 14, 360

【ㅎ】

하와이 (한인)노동자 58

학생시위(운동) 347, 348

한국부인회 61, 63, 64, 66, 67, 75, 374

한성고등여학교 42, 107, 205, 285, 297

한인노동자 58, 59, 61, 68

(한인)협성협회 60, 74

행정조치법/제589호 74, 75

향토미/향토색 327, 328, 332, 378

차미리사 평전

● 2008년 7월 16일 초판 1쇄 발행
● 2013년 4월 29일 초판 3쇄 발행
● 지은이   한상권
● 발행인   박혜숙
● 책임편집   정호영
● 디자인   이보용
● 영업·제작   변재원
● 펴낸곳   도서출판 푸른역사
            우 110-040 서울시 종로구 통의동 82
            전화: 02)720 - 8921(편집부) 02)720 - 8920(영업부)
            팩스: 02)720 - 9887
            전자우편: 2013history@naver.com
            등록: 1997년 2월 14일 제13-483호

ISBN   978-89-91510-74-6   03900

● 잘못 만들어진 책은 교환해드립니다.